莊子集釋

〈上〉

清・郭慶藩 編
王孝魚 整理

莊子集釋　目錄

雜　篇

莊子集釋序

郭君子瀞為《莊子集釋》成，以授先謙讀之，而其年適有東夷之亂，作而歎曰：莊子其有不得已於中乎！夫其遭是否塞，拯之末由，神彷徨乎馮閎，驗小大之無垠，究天地之終始，懼然而為是言也。

騶衍曰：「儒者所謂中國，於天下乃八十一分居其一分耳。赤縣神州外自有九州，裨海環之，大瀛海環其外。」惠施曰：「我知天下之中央，燕之北，越之南是也。」而莊子稱之，亦言儵與忽鑿混沌死，其說若豫睹將來而推厥終極，亦異人矣哉！

子貢為挈水之槔，而漢陰丈人笑之。今之機械機事，倍於槔者相萬也。使莊子見之，奈何？蠻觸氏爭地於蝸角，伏尸數萬，逐北旬日。今之蠻觸氏不知其幾也，而莊子奈何？

是故以黃帝為君而有蚩尤，以堯為君而有叢枝、宗、膾、胥敖。黃帝、堯非好事也，然而欲虛其國，刑其人，其不能以虛靜治，決矣。彼莊子者，求其術而不得，將遂獨立於寥闊之野，以幸全其身而樂其生，烏足及天下！

且其書嘗暴著於後矣。晉演為玄學，無解於胡羯之氛；唐尊為真經，無救於安史之禍。徒以藥世主淫侈，澹末俗利欲，庶有一二之助焉。

而其文又絕奇，郭君愛翫之不已，因有《集釋》之作，附之以文，益之以博。使莊子見之，得毋曰「此猶吾之糟粕」乎？雖然，無迹奚以測履，無糟粕奚以觀於古美矣！郭君於是書為副墨之子，將群天下為洛誦之孫已夫！

光緒二十年歲次甲午冬十二月，長沙愚弟王先謙謹撰。

莊子序

河南郭象子玄撰

夫莊子者，可謂知本矣，故未始藏其狂言，言雖無會而獨應者也。夫應而非會，則雖當無用；言非物事，則雖高不行；與夫寂然不動，不得已而後起者，固有間矣，斯可謂知無心者也。夫心無為，則隨感而應，應隨其時，言唯謹爾。故與化為體，流萬代而冥物，豈曾設對獨遘而游談乎方外哉！此其所以不經而為百家之冠也。

然莊生雖未體之，言則至矣。通天地之統，序萬物之性，達死生之變，而明內聖外王之道，上知造物無物，下知有物之自造也。其言宏綽，其旨玄妙。至至之道，融微旨雅；泰然遺放，放而不敖。故曰不知義之所適，猖狂妄行而蹈其大方；含哺而熙乎澹泊，鼓腹而游乎混芒①。至（人）〔仁〕②極乎無親，孝慈終於兼忘，禮樂復乎已能，忠信發乎天光。用其光則其朴自成，是以神器獨化於玄冥之境而源流深長③也。

故其長波之所蕩，高風之所扇，暢乎物宜，適乎民願。弘其鄙，解其懸，灑落之功未加，而矜夸所以散。故觀其書，超然自以為已當，經崑崙，涉太虛，而游惚怳之庭矣。雖復貪婪之人，進躁之士，暫而攬其餘芳，味其溢流，彷彿其音影，猶足曠然有忘形自得之懷，況探其遠情而玩永年者乎！遂綿邈清遐，去離塵埃而返冥極者也。

【校】①芒字宋趙諫議本作茫。②仁字依《古逸叢書》覆宋本改。③源流深長，趙諫議本作源深流長。

經典釋文序錄

唐陸德明撰

莊子

莊子者，姓莊，名周，（太史公云：字子休。）梁國蒙縣人也。六國時，為漆園吏，與魏惠王、齊宣王、楚威王同時，（李頤云：與齊愍王同時。）齊楚嘗聘以為相，不應。時人皆尚遊說，莊生獨高尚其事，優遊自得，依老氏之旨，著書十餘萬言，以逍遙自然無為齊物而已；大抵皆寓言，歸之於理，不可案文責也。

然莊生弘才命世，辭趣華深，正言若反，故莫能暢其弘致；後人增足，漸失其真。故郭子玄云：「一曲之才，妄竄奇說，若《閼弈》、《意脩》之首，《危言》、《游鳧》、《子胥》之篇、凡諸巧雜，十分有三。」《漢書・藝文志》「《莊子》五十二篇」，即司馬彪、孟氏所注是也。言多詭誕，或似《山海經》，或類《占夢書》，故注者以意去取。其《內篇》眾家並同，自餘或有《外》而無《雜》。惟子玄所《注》，特會莊生之旨，故為世所貴。徐仙民、李弘範作《音》，皆依郭本。今以郭為主。

崔譔注十卷，二十七篇。（清河人，晉議郎。《內篇》七，《外篇》二十。）

向秀《注》二十卷，二十六篇。（一作二十七篇，一作二十八篇，亦無《雜篇》。為《音》三卷。）

司馬彪《注》二十一卷，五十二篇。（字紹統，河內人，晉祕書監。《內篇》七，《外篇》二十八，《雜篇》十四，《解說》三。為《音》三卷。）

郭象《注》三十三卷，三十三篇。（字子玄，河內人，晉太傅主簿。《內篇》七，《外篇》十五，《雜篇》十一。為《音》三卷。）

李頤《集解》三十卷，三十篇。（字景真，潁川襄城人，晉丞相參軍，自號玄道子。一作三十五篇，為《音》一卷。）

孟氏《注》十八卷，五十二篇。（不詳何人。）

王叔之《義疏》三卷。（字穆□，琅邪人，宋處士。亦作《注》。）

李軌《音》一卷。

徐邈《音》三卷。

莊子序

唐西華法師成玄英撰

夫《莊子》者，所以申道德之深根，述重玄之妙旨，暢无為之恬淡，明獨化之窅冥，鉗揵九流，括囊百氏，諒區中之至教，實象外之微言者也。

其人姓莊，名周，字子休，生宋國睢陽蒙縣，師長桑公子，受號南華仙人。當戰國之初，降（襄）〔衰〕周之末，歎蒼生之業薄，傷道德之陵夷，乃慷慨發憤，爰著斯論。其言大而博，其旨深而遠，非下士之所聞，豈淺識之能究！

所言子者，是有德之嘉號，古人稱師曰子。亦言子是書名，非但三篇之總名，亦是百家之通題。所言《內篇》者，內以待外立名，篇以編簡為義。古者殺青為簡，以韋為編；編簡成篇，猶今連紙成卷也。故元愷云：「大事書之於策，小事簡牘而已。」《內》則談於理本，《外》則語其事迹。事雖彰著，非理不通；理既幽微，非事莫顯；欲先明妙理，故前標《內篇》。《內篇》理深，故每於文外別立篇目，郭象仍於題下即注解之，《逍遙》、《齊物》之類是也。自《外篇》以去，則取篇首二字為其題目，《駢拇》、《馬蹄》之類是也。

所言《逍遙遊》者，古今解釋不同。今汎舉紘綱，略為三釋。所言三者：

第一，顧桐柏云：「逍者，銷也；遙者，遠也。銷盡有為累，遠見無為理。以斯而遊，故曰逍遙。」

第二，支道林云：「物物而不物於物，故逍然不我待；玄感不疾而速，故遙然靡所不為。以斯而遊天下，故曰逍遙遊。」

第三，穆夜云：「逍遙者，蓋是放狂自得之名也。至德內充，无時不適；忘懷應物，何往不通！以斯而遊天下，故曰逍遙遊。」

《內篇》明於理本，《外篇》語其事迹，《雜篇》雜明於理事。《內篇》雖明理本，不无事迹；《外篇》雖明事迹，甚有妙理；但立教分篇，據多論耳。

所以《逍遙》建初者，言達道之士，智德明敏，所造皆適，遇物逍遙，故以《逍遙》命物。夫無待聖人，照機若鏡，既明權實之二智，故能大齊於萬境，故以《齊物》次之。既指馬（蹄）①天地，混同庶物，心靈凝澹，可以攝衛養生，故以《養生主》次之。既善惡兩忘，境智俱妙，隨變任化，可以處涉人間，故以《人間世》次之。內德圓滿，故能支離其德，外以接物，既而隨物昇降，內外冥契，故以《德充符》次之。止水流鑑，接物無心，忘德忘形，契外會內之極，可以匠成庶品，故以《大宗師》次之。古之真聖，知天知人，與造化同功，即寂即應，既而驅馭群品，故以《應帝王》次之。《駢拇》以下，皆以篇首二字為題，既無別義，今不復次篇也。

而自古高士，晉漢逸人，皆莫不躭翫，為之義訓；雖注述無可間然，並有美辭，咸能索隱。玄英不揆庸昧，少而習焉，研精覃思三十矣。依子玄所注三十篇，輒為疏解，總三十卷。雖復詞情疏拙，亦頗有心跡指歸；不敢貽厥後人，聊自記其遺忘耳。

【校】①蹄字覆宋本亦誤衍，依《齊物論篇》「天地一指也，萬物一馬也」義刪。

莊子集釋 卷一上

內篇❶逍遙遊第一❷

❶【釋文】〔「內篇①」〕內者，對外立名。《說文》：篇，書也。字從竹；從艸者草名耳，非也。

❷【注】夫小大雖殊，而放於自得之場，則物任其性，事稱其能，各②當其分，逍遙一也，豈容勝負於其間哉！◎慶藩案劉義慶《世說新語》文學類云：《莊子・逍遙篇》，舊是難處；諸名賢所可鑽味，而不能拔理於郭向之外。支道林在白馬寺中，將馮太常共語，因及《逍遙》。支卓然標新理於二家之表，立異義於眾賢之外，皆是諸名賢尋味之所不得，後遂用支理。劉孝標《注》云：向子期、郭子玄《逍遙義》曰：「夫大鵬之上九萬，尺鷃之起榆枋，小大雖差，各任其性，苟當其分，逍遙一也。然物之芸芸，同資有待，得其所待，然後逍遙耳。唯聖人與物冥而循大變，爲能無待而常通。豈獨自通而已！又從有待者不失其所待，不失則同於大通矣。」支氏《逍遙論》曰：「夫逍遙者，明至人之心也。莊生建言大道，而寄指鵬鷃。鵬以營生之路曠，故失適於體外；鷃以在近而笑遠，有矜伐於心內。至人乘天正而高興，遊無窮於放浪。物物而不物於物，則遙然不我得；玄感不爲，不疾而速，則逍然靡不適。此所以爲逍遙也。若夫有欲當其所足，足於所足，快然有似天

真，猶饑者一飽，渴者一盈，豈忘烝嘗於糗糧，絕觴爵於醪醴哉！苟非至足，豈所以逍遙乎！」此向郭之注所未盡。

【釋文】「逍」音銷，亦作消。「遙」如字。亦作搖。◎慶藩案逍遙二字，《說文》不收，作消搖者是也。《禮・檀弓》消搖於門，《漢書・司馬相如傳》消搖乎襄羊，京山引《太玄》《翕首》雖欲消搖，天不之茲，漢《開母石闕》則文燿以消搖，《文選》宋玉《九辯》聊消搖以相羊，《後漢・東平憲王蒼傳》消搖相羊，字並從水作消，從手作搖。唐釋湛然《止觀輔行傳》弘決引王瞀夜云：消搖者，調暢逸豫之意。夫至理內足，無時不適；止懷應物，何往不通。以斯而遊天下，故曰消搖。又曰：理無幽隱，消然而當，形無鉅細，搖然而通，故曰消搖。解消搖義，視諸儒為長。「遊」如字。亦作游。《逍遙遊》者，篇名，義取閒放不拘，怡適自得。◎慶藩案家世父侍郎公曰：《天下篇》莊子自言其道術充實不可以已，上與造物者遊。首篇曰《逍遙遊》者，莊子用其無端崖之詞以自喻也。注謂小大雖殊，逍遙一也，似失莊子之恉。◎又案《文選》潘安仁《秋興賦注》引司馬彪云：言逍遙無為者能遊大道也。《釋文》闕。「夫小大」音符。「之場」直良反。「事稱」尺證反。「各當」丁浪反。「其分」符問反。

【校】①依通志堂本《經典釋文》補。②各字宋趙諫議本作名。

北冥有魚，其名為鯤。鯤之大，不知其幾千里也❶。化而為鳥，其名為鵬❷。鵬之背，不知其幾千里也；怒而飛，其翼若垂天之雲❸。是鳥也，海運則將徙於南冥。南冥者，天池也❹。

❶【疏】溟，猶海也，取其溟漠無涯，故（爲）〔謂〕①之溟。東方朔《十洲記》云：溟海無風而洪波百丈。巨海之內，有此大魚，欲明物性自然，故標爲章首。《玄中記》云：東方有大魚焉，行者一日過魚頭，七日過魚尾；產三日，碧海爲之變紅。故知大物生於大處，豈獨北溟而已。

【釋文】「北冥」本亦作溟，覓經反，北海也。嵇康云：取其溟漠無涯也。梁簡文帝云：窅冥無極，故謂之冥。東方朔《十洲記》云：水黑色謂之冥海，無風洪波百丈。◎慶藩案慧琳《一切經音義》三十一《大乘入楞伽經》卷二引司馬云：溟，謂南北極也。去日月遠，故以溟為名也。《釋文》闕。「鯤」徐音昆，李侯溫反。大魚名也。崔譔云：鯤當為鯨，簡文同。◎慶藩案方以智曰：鯤本小魚之名，莊子用為大魚之名。其說是也。《爾雅·釋魚》：鯤，魚子。凡魚之子名鯤，《魯語》魚禁鯤鮞，韋昭注：鯤，魚子也。張衡（東）〔《西》〕②《京賦》摷鯤鮞，薛綜注：鯤，魚子也。《說文》無鯤篆。段玉裁曰：魚子未生者曰鯤。鯤即卵字，許慎作丱，古音讀如關，亦讀如昆。《禮·內則》濡魚卵醬，鄭讀卵若鯤。凡未出者曰卵，已出者曰子。鯤即魚卵，故叔重以丱字包之。莊子謂絕大之魚為鯤，此則齊物之寓言，所謂汪洋自恣以適己者也。《釋文》引李頤云鯤，大魚名也，崔譔、簡文並云鯤當為鯨，皆失之。「其幾」居豈反。下同。

❷【注】鵬鯤之實，吾所未詳也。夫莊子之大意，在乎逍遙遊放，無爲而自得，故極小大之致以明性分之適。達觀之士，宜要其會歸而遺其所寄，不足事事曲與生說。自不害其弘旨，皆可略之耳。

【疏】夫四序風馳，三光電卷，是以負山岳而捨故，揚舟壑以趨新。故化魚爲鳥，欲明變化之大理也。

【釋文】「鵬」步登反。徐音朋。郭甫登反。崔音鳳，云：鵬即古鳳字，非來儀之鳳也。《說文》云：朋及鵬，皆古文鳳字也。朋鳥象形。鳳飛，群鳥從以萬數，故以朋爲朋黨字。《字林》云：鵬，朋黨也，古以爲鳳字。◎盧文弨曰：以朋舊作以鵬，今案文義（政）〔改〕正。◎慶藩案《廣川書跋·寶龢鍾銘》、《通雅》四十五並引司馬云：鵬者鳳也。《釋文》闕。「夫莊」音符。發句之端皆同。「性分」符問反。下皆同。「達觀」古亂反。「宜要」一遙反。

❸【疏】魚論其大，以表頭尾難知；鳥言其背，亦示修短叵測。故下文云未有知其修者也。鼓怒翅翼，奮迅毛衣，既欲摶風，方將擊水。遂乃斷絕雲氣，背負青天，騫翥翱翔，淩摩霄漢，垂陰布影，若天涯之降行雲也。

【釋文】「垂天之雲」司馬彪云：若雲垂天旁。崔云：垂，猶邊也，其大如天一面雲也。

❹【注】非冥海不足以運其身，非九萬里不足以負其翼。此豈好奇哉？直以大物必自生於大處，大處亦必自生此大物，理固自然，不患其失，又何厝心於其間哉。

【疏】運，轉也。是，指斥也。即此鵬鳥，其形重大，若不海中運轉，無以自致高昇，皆不得不然，非樂然也。且形既遷革，情亦隨變。昔日爲魚，涵泳北海；今時作鳥，騰翥南溟；雖復昇沈性殊，逍遙一也。亦猶死生聚散，所遇斯適，千變萬化，未始非吾。所以化魚爲鳥，自北徂南者，鳥是淩虛之物，南即啓明之方；魚乃滯溺之蟲，北蓋幽冥之地；欲表向明背暗，捨滯求進，故舉南北鳥魚以示爲道之逕耳。而大海洪川，原夫造化，非人所作，故曰天池也。

【釋文】「海運」司馬云：運，轉也。向秀云：非海不行，故曰海運。簡文云：運，徙也。◎慶藩案《玉篇》：運，行也。《渾天儀》云：天運如車轂，謂天之行不息也。此運字亦當訓行。莊子言鵬之運行不息於海，則將徙天池而休息矣。（《說文》：徙，迻也。段注：乍行乍止而竟止，則迻其所矣。）下文引《齊諧》六月息之言可證。郭氏謂非冥海不足以運其身，《釋文》引司馬向秀之說，皆失之。「豈好」呼報反。下皆同。「大處」昌慮反。下同。「何厝」七故反。本又作措。◎盧文弨曰：案《說文》：厝，厲石也；措，置也；俗多通用。今《莊子注》作措，與《說文》合。

【校】①爲謂古多混用，今以義別。後不複出。②依《文選》改。

《齊諧》者，志怪者也。《諧》之言曰：「鵬之徙於南冥也，水擊三千里，摶扶搖而上者九萬里❶，去以六月息者也。❷」野馬也，塵埃也，生物之以息相吹也❸。天之蒼蒼，其正色邪？其遠而無所至極邪？其視下也，亦①若是則②已矣❹。

❶【注】夫翼大則難舉，故摶扶搖而後能上，九萬里乃足自③勝耳。既有斯翼，豈得決然而起，數仞而下哉！此皆不得不然，非樂然也。

【疏】姓齊，名諧，人姓名也。亦言書名也，齊國有此（徘）〔俳〕諧之書也。誌，記也。擊，打也。摶，鬭也。扶搖，旋風也。齊諧所著之書，多記怪異之事，莊子引以爲證，明己所說不虛。大鵬既將適南溟，不可決然而起，所以舉擊兩翅，動蕩三千，踉蹌而行，方能離水。然後繚戾宛轉，鼓怒徘徊，風氣相扶，搖動而上。塗經九萬，時隔半年，從容志滿，方言憩止。適足而已，豈措情乎哉！

【釋文】「齊諧」戶皆反。司馬及崔並云人姓名。簡文云書。◎俞樾曰：按下文諧之言曰，則當作人名為允。若是書名，不得但稱諧。「志怪」志，記也。怪，異也。「水擊」崔云：將飛舉翼，擊水踉蹌也。踉，音亮。蹌，音七亮反。「摶」徒端反。司馬云：摶飛而上也。一音博。崔云：拊翼徘徊而上也。◎盧文弨曰：當云本一作搏，音博，陸氏於《考工記》之搏（植）〔埴〕④，亦云劉音博，不分別字體，非。◎慶藩案慧琳《一切經音義》七十二引司馬云：擊，猶動也。《釋文》闕。又《文選》江文通《雜體詩注》引司馬云：摶，圜也。扶搖，上行風也，圜飛而上行者若扶搖也。范彥龍《古意贈王中書詩注》引司馬曰：摶，圜也。圜飛而上若扶搖也。張景陽《七命注》、《御覽》九及九百二十七、《初學記》一竝引司馬曰：扶搖，上行風也。諸書所引，互有異同，與《釋文》亦小異。◎又案《說文》：摶，以手圜之也。古借作專。《漢書·天文志》騎氣卑而布卒氣摶，如淳注：摶，專也。《集韻》：摶，擅也，（擅亦有專義。）又曰：聚也，摶扶搖而上，言專聚風力而高舉也。《釋文》所引，未得摶字之義。「扶搖」徐音遙，風名也。司馬云：上行風謂之扶搖。《爾雅》云：扶搖謂之飇。郭璞云：暴風從下上也。◎盧文弨曰：從下上倒，今據《爾雅注》改正。「而上」時掌反。《注》同。「自勝」音升。下同。「決然」喜缺反。下同。「數仞」色主反。下同。「非樂」音嶽，又五孝反。

❷【注】夫大鳥一去半歲，至天池而息；小鳥一飛半朝，搶榆枋而止。此比所能則有閒矣，其於適性一也。

【釋文】「搶」七羊反。「枋」音方。◎家世父曰：去以六月息，猶言乘長風也，與下時則不至而控於地對文。《莊》文多不能專於字句求之。⑤

❸【注】此皆鵬之所馮以飛者耳。野馬者，游氣也。

【疏】《爾雅》云：邑外曰郊，郊外曰牧，牧外曰野。此言青春之時，陽氣發動，遙望藪澤之中，猶如奔馬，故謂之野馬也。揚土曰塵，塵之細者曰埃。天地之閒，生物氣息更相吹動以舉於鵬者也。夫四生雜沓，萬物參差，形性不同，資待宜異。故鵬鼓垂天之翼，託風氣以逍遙；蜩張決起之翅，搶榆枋而自得。斯皆率性而動，稟之造化，非有情於遐邇，豈措意於驕矜！體斯趣者，於何而語夸企乎！

【釋文】「野馬」司馬云：春月澤中游氣也。崔云：天地閒氣如野馬馳也。「塵埃」音哀。崔云：天地閒氣蓊鬱似塵埃揚也。「相吹」如字。崔本作炊。◎慶藩案吹炊二字古通用。《集韻》：炊，累動而升也。《荀子·仲尼篇》可炊而僓也，本書《在宥篇》從容無為而萬物炊累焉，《注》並云：炊與吹同。◎又案莊生既言鵬之飛與息各適其性，又申言野馬塵埃皆生物之以息相吹，蓋喻鵬之純任自然，亦猶野馬塵埃之累動而升，無成心也。郭氏謂鵬之所馮以飛者，疑誤。「所馮」皮冰反。本亦作憑。◎盧文弨曰：今《注》作憑，改正。

❹【注】今觀天之蒼蒼，竟未知便是天之正色邪，天之爲遠而無極邪。鵬之自上以視地，亦若人之自（此）〔地〕⑥視天。則止而圖南矣⑦，言鵬不知道里之遠近，趣足以自勝而逝。

【疏】仰視圓穹，甚爲迢遞，碧空高遠，算數無窮，蒼蒼茫昧，豈天正色！然鵬處中天，人居下地，而鵬之俯視，不異人之仰觀。人既不辨天之正色，鵬亦詎知地之遠近！自勝取足，適至南溟，鵬之圖度，止在於是矣。

【釋文】「色邪」餘嗟反，助句不定之辭。後放此。◎盧文弨曰：舊也嗟反，今據《易釋文》正。

【校】①《闕誤》云：文如海本亦作則。②《闕誤》則作而。③趙諫議本足自作自足。④埴字依《考工記》改。⑤以上三十八字，原誤置上《注》文之下。⑥地字依《續古逸叢書》本改。⑦趙本無矣字。

且夫水之積也不厚，則其負大舟也無力。覆杯水於坳堂之上，則芥為之舟；置杯焉則膠，水淺而舟大也❶。風之積也不厚，則其負大翼也無力。故九萬里，則風斯在下矣❷，而後乃今培風；背負青天而莫之夭閼者，而後乃今將圖南❸。

❶【注】此皆明鵬之所以高飛者，翼大故耳。夫質小者所資不待大，則質大者所用不得小矣。故理有至分，物有定極，各足稱事，其濟一也。若乃失乎忘生之（主）〔生〕①而營生於至當之外，事不任力，動不稱情，則雖垂天之翼不能無窮，決起之飛不能無困矣。

【疏】且者假借，是聊略之辭。夫者開發，在語之端緒。積，聚也。厚，深也。杯，小器也。坳，污陷也，謂堂庭坳陷之地也。芥，草也。膠，黏也。此起譬也。夫翻覆一杯之水於坳污堂地之間，將草葉爲舟，則浮汎靡滯；若還用杯爲舟，理必不可。何者？水淺舟大，則黏地不行故也。是以大舟必須深水，小芥不待洪流，苟其大小得宜，則物皆逍遙。

【釋文】「且夫」音符。「覆」芳服反，「杯」崔本作盃。「坳堂」於交反，又烏了反，李又伊九反。

崔云：堂道謂之坳。司馬云：塗地令平。支遁云：謂有坳垤形也。「芥」吉邁反，徐古邁反，一音古黠反。李云：小草也。「則膠」徐、李古孝反，一音如字。崔云：膠著地也。李云：黏也。「稱事」尺證反。後同。「其濟」子細反，本又作齊，如字。「之生」本亦作主字。「至當」丁浪反。後皆同。

❷【疏】此合喻也。夫水不深厚，則大舟不可載浮；風不崇高，大翼無由淩霄漢。〔是〕②以小鳥半朝，決起〔搶〕榆〔枋〕③之上；大鵬九萬，飄風鼓扇其下也。

❸【注】夫所以乃今將圖南者，非其好高而慕遠也，風不積則夭閼不通故耳。此大鵬之逍遙也。

【疏】培，重也。夭，折也。閼，塞也。初賴扶搖，故能昇翥；重積風吹，然後飛行。既而上負青天，下乘風脊，一淩霄漢，六月方止。網羅不逮，畢弋無侵，折塞之禍，於何而至！良由資待合宜，自致得所，逍遙南海，不亦宜乎！

【釋文】「而後乃今培」音裴，重也。徐扶杯反，又父宰反，三音扶北反。本或作陪。◎盧文弨曰：今本三作一，非。「風」絕句。◎慶藩案王念孫曰：培之言馮也。馮，乘也。〔見《周官》馮相氏《注》。〕風在鵬下，故言負；鵬在風上，故言馮。必九萬里而後在風之上，在風之上而後能馮風，故曰而後乃今培風。若訓培為重，則與上文了不相涉矣。馮與培，聲相近，故義亦相通。《漢書．周緤傳》，更封緤為〔蒯〕〔鄘〕④城侯，顏師古曰：〔蒯〕〔鄘〕，呂忱音陪，而《楚漢春秋》作馮城侯。陪馮聲相近，是其證也。〔馮字古音在蒸部，陪字古音在之部。之部之音與蒸部相近，故陪馮聲亦相近。《說文》曰：陪，滿也。王注《離騷》曰：馮，滿也。陪馮聲相近，故皆訓為滿。文穎注《漢書．文帝紀》曰：陪，輔也。張晏注《百官公卿表》曰：馮，輔也。《說文》曰：倗，輔也。陪馮倗，聲並相近，故皆訓為輔。《說文》曰：倗，從人，朋聲，讀若陪位。鄘，從邑，崩聲，讀若陪。《漢書・王尊傳》南山群盜傰宗等，蘇林曰：傰，音朋。晉灼曰：音倍。《墨子・尚賢篇》守城則倍畔，《非命篇》倍作崩。皆其例也。）今案《說文》：培，益也。培風者，以風益大翼之力，助其高飛也。陸氏訓重，未明，當從王氏為允。「背負青天」一讀以背字屬上句。「夭」於表反。司馬云：折也。「閼」徐於葛反，一音謁。司馬云：止也。李云：塞也。◎慶藩案《文選》劉孝標《辨命論》注引司馬云：夭，折；閼，止也；言無有夭止使不通者也。視《釋文》所引為詳。

【校】①生字依《釋文》及世德堂本改。②是字依劉文典《補正》本補。③依下《疏》文「小鳥決起榆枋」句改。④鄘字依《漢書》改。

蜩與學鳩笑之曰：「我決起而飛，（槍）〔搶〕①榆枋②，時則不至而控於地而已矣，奚以之九萬里而南為？」❶適莽蒼者，三飡而反，腹猶果③然；適百里者，宿舂糧；適千里者，三月聚糧❷。之二蟲又何知④❸！

❶【注】苟足於其性，則雖大鵬無以自貴於小鳥，小鳥無羡於天池，而榮願有餘矣。故小大雖殊，逍遙一也。

【疏】蜩，蟬也，生七八月，紫青色，一名蛁蟟。鷽鳩，鶻鳩也，即今之班鳩是也。決，卒疾之貌。（槍）〔搶〕，集也，亦突也。枋，檀木也。控，投也，引也，窮也。奚，何也。之，適也。蜩鳩聞鵬鳥之弘大，資風水以高飛，故嗤彼形大而劬勞，欣我質小而逸豫。且騰躍不過數仞，突榆檀而栖集；時困不到前林，投地息而更起，逍遙適性，樂在其中。何須時經六月，途遙九萬，跋涉辛苦，南適胡爲！以小笑大，夸企自息而不逍遙者，未之有也。

【釋文】「蜩」音條。司馬云：蟬。「學鳩」如字。一音於角反。本又作鷽，音同。本或作鸒，音預。崔云：學讀為滑，滑鳩，一名滑雕。司馬云：學鳩，小鳩也。李云：鶻鳩也。《毛詩・草木疏》云：鶻鳩，班鳩也。簡文云：《月令》云鳴鳩拂其羽是也。◎慶藩案俞樾曰：《釋文》曰：學，本或作鸒，音預。據《文選》江文通《雜體詩》鸒斯蒿下飛，李善《注》即以《莊子》此文說之。又引司馬云：鸒鳩，小鳥。毛萇《詩傳》曰：鸒斯，鵯居；鵯居，鴉烏也。音豫。然則李氏所據本固作鸒，不作學也。今《釋文》引司馬云，學鳩，小鳩也，此經後人竄改，非其原文矣。今案《釋文》，學（亦或）〔本又〕作鷽。《說文》：鷽，雗鷽，山鵲，知來事鳥，或作雤。《爾雅・釋鳥》：鷽，山鵲。作學者，蓋鷽叚借字。鳩為五鳩之總名，鷽、鳩當是兩物，《釋文》引諸說似未分曉。「我決」向、徐喜缺反，李呼穴反。李頤云：疾貌。（槍）〔搶〕，七良反。司馬、李云：猶集也。崔云：著也。支遁云：（槍）〔搶〕，突也。◎俞樾曰：王氏引之《經傳釋詞》曰：則，猶或也。引《史記・陳丞相世家》則恐後悔為證。此文則字亦當訓為或。「榆」徐音踰，木名也。「枋」徐音方。李云：檀木也。崔云：本也。或曰：木名。◎盧文弨曰：今本作崔云木也，與下複，係字誤。「控」苦貢反。司馬云：投也。又云引也。崔云：叩也。◎俞樾曰：而字下當有圖字。上文而後乃今將圖南，此即承上文而言也。《文選注》引此，正作奚以之九萬里而圖南為。

❷**【注】**所適彌遠，則聚糧彌多，故其翼彌大，則積氣彌厚也。

【疏】適，往也。莽蒼，郊野之色，遥望之不甚分明也。果然，飽貌也。往於郊野，來去三食，路既非遥，腹猶充飽。百里之行，路程稍遠，舂擣糧食，爲一宿之借。適於千里之途，路既迢遥，聚積三月之糧，方充往來之食。故郭《注》云，所適彌遠，則聚糧彌多，故其翼彌大，則積氣彌厚者也。

【釋文】「莽」莫浪反，或莫郎反。「蒼」七蕩反，或如字。司馬云：莽蒼，近郊之色也。李云：近野也。支遁云：冢間也。崔云：草野之色。「三飡」七丹反。「果然」徐如字，又苦火反。衆家皆云：飽貌。「舂」束容反。「糧」音良。

❸【注】二蟲，謂鵬蜩也。對大於小，所以均異趣也。夫趣之所以異，豈知異而異哉？皆不知所以然而自然耳。自然耳，不爲也。此逍遥之大意。

【疏】郭《注》云：二蟲，鵬蜩也；對大於小，所以均異趣也。且大鵬摶風九萬，小鳥決起榆枋，雖復遠近不同，適性均也。咸不知道里之遠近，各取足而自勝，天機自張，不知所以。既無意於高卑，豈有情於優劣！逍遥之致，其在茲乎！而呼鵬爲蟲者，《大戴禮》云：東方鱗蟲三百六十，應龍爲其長；南方羽蟲三百六十，鳳皇爲其長；西方毛蟲三百六十，麒麟爲其長；北方甲蟲三百六十，靈龜爲其長；中央躶蟲三百六十，聖人爲其長。通而爲語，故名鵬爲蟲也。◎俞樾曰：二蟲即承上文蜩、鳩之笑而言，謂蜩、鳩至小，不足以知鵬之大也。郭《注》云二蟲謂鵬、蜩也。失之。

【校】①搶字依《釋文》原本改，下並同。②《闕誤》引文本及江南舊本枋下有而止二字。③

《闕誤》引文本果作顆。④《闕誤》引文本此句上下有彼也二字。

小知不及大知，小年不及大年❶。奚以知其然也❷？朝菌不知晦朔，蟪蛄不知春秋，此小年也❸。楚之南有冥靈者，以五百歲為春，五百歲為秋；上古有大椿者，以八千歲為春，八千歲為秋①。❹而彭祖乃今以久特聞，眾人匹之，不亦悲乎❺！

❶【注】物各有性，性各有極，皆如年知，豈跂尚之所及哉！自此已下至於列子，歷舉年知之大小，各信其一方，未有足以相傾者也。然後統以無待之人，遺彼忘我，冥此群異，異方同得而我無功名。是故統小大者，無小無大者也；苟有乎大小，則雖大鵬之與斥鴳，宰官之與御風，同為累物耳。齊死生者，無死無生者也；苟有乎死生，則雖大椿之與蟪蛄，彭祖之與朝菌，均於短折耳。故遊於無小無大者，無窮者也；冥乎不死不生者，無極者也。若夫逍遙而繫於有方，則雖放之使遊而有所窮矣，未能無待也。

【疏】夫物受氣不同，稟分各異，智則有明有暗，年則或短或長，故舉朝菌冥靈、宰官榮子，皆如年知，豈企尚之所及哉！故知物性不同，不可強相希效也。

【釋文】「小知」音智，本亦作智。下大知並《注》同。下年知放此。「跂尚」丘豉反。後同。「累物」劣偽反。下皆同。

❷【疏】奚，何也。然，如此也。此何以知年知不相及若此之縣（解）②耶？假設其問以生後

答。

❸【疏】此答前問也。朝菌者，謂天時滯雨，於糞堆之上熱蒸而生，陰溼則生，見日便死，亦謂之大芝，生於朝而死於暮，故曰朝菌。月終謂之晦，月旦謂之朔；假令逢陰，數日便萎，終不涉三旬，故不知晦朔也。蟪蛄，夏蟬也。生於麥梗，亦謂之麥節，夏生秋死，故不知春秋也。菌則朝生暮死，蟬則夏長秋殂，斯言齡命短促，故謂之小年也。

【釋文】「朝菌」徐其隕反。司馬云：大芝也。天陰生糞上，見日則死，一名日及，故不知月之終始也。崔云：糞上芝，朝生暮死，晦者不及朔，朔者不及晦。支遁云：一名舜英，朝生暮落。潘尼云：木槿也。簡文云：欻生之芝也。欻，音況物反。◎盧文弨曰：案菌，芝類，故字從艸。支遁潘尼以木槿當之，說殊誤。◎慶藩案慧琳《一切經音義》八十四《集古今佛道論衡》卷三引司馬云：朝菌，大芝也，江東呼為土菌，一曰道廚。又《御覽》九百九十八引司馬云：朝菌，大芝也，天陰時生糞上，見陽則萎，故不知月之始終。與《釋文》所引小異。◎又案王引之曰：案《淮南．道應篇》引此，朝菌作朝秀。（今本《淮南》作朝菌，乃後人據《莊子》改之。《文選辯命論注》及《太平御覽》蟲豸部六引《淮南》並作朝秀，今據改。）高《注》曰：朝秀，朝生暮死之蟲也，生水上，狀似蠶蛾，一名孳母。據此，則朝秀與蟪蛄，皆蟲名也。朝菌朝秀，語之轉耳，非謂芝菌，亦非謂木槿也。上文云之二蟲又何知，謂蜩與學鳩；此云不知晦朔，亦必謂朝菌之蟲。蟲者微有知之物，故以知不知言之；若草木無知之物，何須言不知乎？今案王說是也。《廣雅》正作朝蜏，以其為蟲，故字從虫耳。「晦朔」晦，冥也。朔，旦也。◎盧文弨曰：此以一日之蚤莫言，不若以一月之終始言。蓋朝生者不及暮，然固知朝矣；暮生者不及朝，然固知暮矣。故晦朔不當從日為解。「惠」本亦作蟪，同。◎盧文弨曰：今本作蟪，係《說文》新附字。「蛄」音姑。司馬云：惠蛄，寒蟬也，一名蝭蟧，春生夏死，夏生秋死。崔云：蛁蟧也。或曰山蟬。秋鳴者不及春，春鳴者不及秋。《廣雅》云：蟪蛄，蛁（螃）〔蟧〕也。案即《楚辭》所云寒螿者也。蝭，音提。蟧，音勞，又音遼。蛁，音彫。螿，音將。◎慶藩案《御覽》九百四十九引司馬云：惠蛄，亦名蝭蟧，春生夏死，夏生秋死，故不知歲有春秋也。與《釋文》所引小異。

❹【疏】冥靈大椿，並木名也，以葉生爲春，以葉落爲秋。冥靈生於楚之南，以二千歲爲一年也。而言上古者，伏犧時也。大椿之木長於上古，以三萬二千歲爲一年也。冥靈五百歲而花生，大椿八千歲而葉落，並以春秋賒永，故謂之大年也。

【釋文】「冥」本或作榠，同。「靈」李頤云：冥靈，木名也，江南生，以葉生為春，葉落為秋。此木以二千歲為一年。◎盧文弨曰：案《說文》云：以五百歲為春，以五百歲為秋。言春秋則包乎冬夏矣，則當云以千歲為一年。下大椿亦當云此木萬六千歲為一年，不當云三萬二千歲。◎慶藩案《齊民要術》靈作泠，引司馬云：木生江南，千歲為一年。《釋文》漏引。「大椿」丑倫反。司馬云：木，一名橓。橓，木槿也。崔音橓華，同。李云：生江南。一云生北戶南。此木三萬二千歲為一年。◎慶藩案《齊民要術》引司馬云：木槿也，以萬六千歲為一年。一名蕣椿。與《釋文》所引小異。

❺【注】夫年知不相及若此之懸也，比於眾人之所悲，亦可悲矣。而眾人未嘗悲此者，以其性各有極也。苟知其極，則毫分不可相跂，天下又何所悲乎哉！夫物未嘗以大欲小，而必以小羨大，故舉小大之殊各有定分，非羨欲所及，則羨欲之累可以絕矣。夫悲生於累，累絕則悲去，悲去而性命

不安者，未之有也。

❻【疏】彭祖者，姓籛，名鏗，帝顓頊之玄孫也。善養性，能調鼎，進雉羹於堯，堯封於彭城，其道可祖，故謂之彭祖。歷夏經殷至周，年八百歲矣。特，獨也。以其年長壽，所以聲〔名〕獨聞於世。而世人比匹彭祖，深可悲傷；而不悲者，爲彭祖稟性遐壽，非我氣類，置之言外，不敢嗟傷。故知生也有涯，豈唯彭祖去己一毫不可企及，於是均椿菌，混彭殤，各止其分而性命安矣。

【釋文】「彭祖」李云：名鏗。堯臣，封於彭城。歷虞夏至商，年七百歲，故以久壽見聞。《世本》云：姓籛，名鏗，在商為守藏史，在周為柱下史，年八百歲。籛，音翦。一云：即老子也。崔云：堯臣，仕殷世，其人甫壽七百年。王逸注《楚辭・天問》云：彭鏗即彭祖，事帝堯。彭祖至七百歲，猶曰悔不壽，恨（杖晚）〔枕高〕③而唾遠云。帝嚳之玄孫。◎盧文弨曰：《玉篇》：籛，子踐切，姓也，與此正合。是古讀皆然，或據《廣韻》改作音箋，非是。◎慶藩案《神仙傳》曰：彭祖諱鏗，帝顓頊之玄孫，至殷末年，七百六十七歲而不衰老，遂往流沙之西，非壽終也。今案《史記・楚世家》，顓頊生稱，稱生卷章，卷章生重黎。重黎為帝嚳所殺，以其弟吳回後重黎為火正。吳回生陸終，陸終生彭祖。以世系推之，彭祖乃顓頊玄孫陸終之子，《禮》所謂來孫也。成疏緣《神仙傳》作顓頊之玄孫，誤。《釋文》引王逸《楚辭章句》，以為帝嚳之玄孫，亦非。（帝嚳為顓頊之姪，名夋。彭祖乃顓頊子稱之玄孫，帝嚳之姪玄孫也。）「特聞」如字。崔本作待問。「之懸」音玄。「豪分」符問反，又方云反。

【校】①《闕誤》引成玄英本秋下有此大年也句。②解字依下《注》文刪。③枕高，《釋文》原本亦誤，依《楚辭》王逸《注》改。

湯之問棘也是已❶。窮髮之北有冥海者，天池也。有魚焉，其廣數千里，未有知其修者，其名為鯤❷。有鳥焉，其名為鵬，背若太山①，翼若垂天之雲，摶扶搖羊角而上者九萬里，絕雲氣，負青天，然後圖南❸，且適南冥也。斥鴳笑之曰：「彼且奚適也？我騰躍而上，不過數仞而下，翱翔蓬蒿之間，此亦飛之至也。而彼且奚適也？」此小大之辯也❹。

❶【注】湯之問棘，亦云物各有極，任之則條暢，故莊子以所問爲是也。

【疏】湯是帝嚳之後，契之苗裔，姓子，名履，字天乙。母氏扶都，見白氣貫月，感而生湯。豐下兌上，身長九尺。仕夏爲諸侯，有聖德，諸侯歸之。遭桀無道，囚於夏臺。後得免，乃與諸侯同盟於景亳之地，會桀於昆吾之墟，大戰於鳴條之野，桀奔於南巢。湯既克桀，讓天下於務光，務光不受。湯即位，乃都於亳，後改爲商，殷開基之主也。棘者，湯時賢人，亦云湯之博士。《列子》謂之夏革，革棘聲類，蓋字之誤也。而棘既是賢人，湯師事之，故湯問於棘，詢其至道，云物性不同，各有素分，循而直往，因而任之。殷湯請益，深有玄趣，莊子許其所問，故云是已。

【釋文】「棘」李云：湯時賢人。又云是棘子。崔云：齊諧之徒識冥靈大椿者名也。簡文云：一曰：湯，廣大也，棘，狹小也。◎俞樾曰：李云湯時賢人，是。簡文云湯大也，棘狹小也，以湯棘為寓名，殆未讀《列子》者。（此篇全本《列子》，上文所說鯤鵬及冥靈大椿，皆《湯問篇》文。）◎慶藩案《列子．湯問篇》殷湯問夏革，張《注》：夏革即夏棘，字子棘，湯時賢大夫。革棘古同聲通用。《論語》棘子成，《漢書．古今人表》作革子成。《詩》匪棘其欲，《禮．坊記》引作匪革其猶。《漢書》煮棗侯革朱，《史記·索隱》革音棘。皆其證。

❷【疏】修，長也。地以草爲毛髮，北方寒沍之地，草木不生，故名窮髮，所謂不毛之地。鯤魚廣闊數千，未有知其長者，明其大也。然冥海鯤鵬，前文已出，如今重顯者，正言前引《齊諧》，足爲典實，今牽《列子》，再證非虛，鄭重殷勤以成其義者也。

【釋文】「窮髮」李云：髮，猶毛也。司馬云：北極之下無毛之地也。崔云：北方無毛地也。案毛，草也。《地理書》云：山以草木為髮。◎慶藩案窮髮之北，《列子》作窮髮北之北。《北史·蠕蠕傳》：蠕蠕者，匈奴之裔，根本莫尋，翦之窮髮之野，逐之無人之鄉。窮髮，言極荒遠之地也。「其廣」古曠反。「數千」色主反。下同。

❸【疏】鵬背弘巨，狀若嵩華；旋風曲戾，猶如羊角。既而淩摩蒼昊，遏絕雲霄，鼓怒放暢，圖度南海。故禦寇《湯問篇》云：世豈知有此物哉？大禹行而見之，伯益知而名之，夷堅聞而誌之，是也。

【釋文】「羊角」司馬云：風曲上行若羊角。「而上」時掌反。下同。

❹【注】各以得性爲至，自盡爲極也。向言二蟲殊翼，故所至不同，或翺翔天池，或畢志榆枋，直各稱體而足，不知所以然也。今言小大之辯，各有自然之素，既非跂慕之所及，亦各安其天性，不悲所以異，故再出之。

【疏】且，將也，亦語助也。斥，小澤也。鴳，雀也。八尺曰仞。翺翔，猶嬉戲也。而鴳雀小鳥，縱任斥澤之中，騰舉踴躍，自得蓬蒿之內，故能嗤九萬之遠適，欣數仞之近飛。斯蓋辯小大之性殊，論各足之不二也。

【釋文】「且適」如字，舊子餘反。下同。「斥」如字。司馬云：小澤也。本亦作尺，崔本同。簡文云：作尺非。「鴳」於諫反。字亦作鷃。司馬云：鴳，鴳雀也。◎慶藩案斥鴳，《釋文》引崔本作尺鴳，是也。《說文》：鴳，鴳雇也。（犍為舍人、李巡、孫炎《爾雅注》皆云：鳸，一名鴳，鴳雀也，郭《注》同。）斥尺古字通。《文選》曹植《七啟注》：鷃雀飛不過一尺，言其劣弱也，正釋尺字之義。《淮南》高《注》：斥澤之鷃，為飛不出頃畝，喻弱也。《文選》宋玉《對楚王問》尺澤之鯢《注》：尺澤，言小也。夏侯湛《抵疑》尺鷃不能陵桑榆，字正作尺。《一切經音義》尺鷃下云：鷃長惟尺，即以尺名。《釋文》引簡文云作尺非，失之。「騰躍」（曲）〔由〕②若反。「翺翔」五刀反。「蓬蒿」好刀反。

【校】①太山，趙諫議本作大山，世德堂本作泰山。②由字依世德堂本改。

故夫知效一官，行比一鄉，德合一君，而徵一國者，其自視也亦若此矣❶。而宋榮子猶然笑之❷。且舉世而譽之而不加勸，舉世而非之而不加沮❸，定乎內外之分❹，辯乎榮辱之境①❺，斯已矣❻。彼其於世未數數然也❼。雖然，猶有未樹也❽。夫列子御風而行，泠然善也❾，旬有五日而後反❿。彼於致福者，未數數然也⓫。此雖免乎行，猶有所待者也⓬。若夫乘天地之正，而②御六氣之辯，以遊无窮者，彼且惡乎待哉⓭！故曰，至人无己⓮，神人无功⓯，聖人无名⓰。

❶【注】亦猶鳥之自得於一方也。

【疏】故是仍前之語，夫是生後之詞。國是五等之邦，鄉是萬二千五百家也。自有智數功效，堪莅一官；自有名譽著聞，比周鄉黨；自有道德弘博，可使南面，徵成邦國，安育黎元。此三者，稟分不同，優劣斯異，其於各足，未始不齊，視己所能，亦猶鳥之自得於一方。

【釋文】「知效」音智。下戶教反。「行」下孟反。「比」毗至反，徐扶至反。李云：合也。「而徵」如字。司馬云：信也。崔、支云：成也。◎慶藩案而徵一國，《釋文》及郭《注》無訓，成《疏》讀而為轉語，非也。而字當讀為能，能而古聲近通用也。官、鄉、君、國相對，知、仁、德、能亦相對，則而字非轉語詞明矣。《淮南·原道篇》而以少正多，高《注》：而，能也。《呂覽·去私》、《不屈》諸篇《注》皆曰：而，能也。《墨子·尚同篇》：故古者聖王唯而審以尚同以為正長。又曰：天下所以治者何也？唯而以尚同一義為政故也。《非命篇》：不而矯其耳目之欲。《楚辭·九章》：世孰云而知之？《齊策》：子孰而與我赴諸侯乎？而並與能同。《堯典》柔遠能邇，漢《督郵班碑》作而邇。《皋陶謨》能哲而惠，《衛尉衡方碑》作能悊能惠，《史記·夏本記》作能智能惠。《禮運·正義》曰：劉向《說苑》能字皆作而。是其例。

❷【注】未能齊，故有笑。

【疏】子者，有德之稱，姓榮氏，宋人也。猶然，如是。榮子雖能忘有，未能遣無，故笑。宰官之徒，滯於爵祿，虛淡之人，猶懷嗤笑，見如是所以不齊。前既以小笑大，示大者不夸；今則以大笑小，小者不企；而性命不安者，理未之聞也。

【釋文】「宋榮子」司馬、李云：宋國人也。崔云：賢者也。「猶然笑之」崔、李云：猶，笑貌。案謂猶以為笑。

❸【注】審自得也。

【疏】舉，皆也。勸，勵勉也。沮，怨喪也。榮子率性懷道，謷然超俗，假令世皆譽讚，亦不增其勸獎，率土非毀，亦不加其沮喪，審自得也。

【釋文】「譽之」音餘。「加沮」慈呂反，敗也。

❹【注】內我而外物。

【疏】榮子知內既非我，外亦非物，內外雙遣，物我兩忘，故於內外之分定而不忒也。

❺【注】榮己而辱人。

【疏】忘勸沮於非譽，混窮通於榮辱，故能返照明乎心智，玄鑒辯於物境，不復內我而外物，榮己而辱人也。

【釋文】「之竟」居領反。◎慶藩案《釋文》作竟，古竟境字通。

❻【注】亦不能復過此。

【疏】斯，此也。已，止也，宋榮子智德止盡於斯也。

【釋文】「能復」扶又反。

❼【注】足於身，故閒於世也。

【疏】數數，猶汲汲也。宋榮子率性虛淡，任理直前，未嘗運智推求，役心爲道，栖身物外，故不汲汲然者也。

【釋文】「數數」音朔。下同。徐所祿反。一音桑縷反。司馬云：猶汲汲也。崔云：迫促意也。簡文所喻反，謂計數。「故閒」音閑。本亦作閑。

❽【注】唯能自是耳，未能無所不可也。

【疏】樹，立也。榮子捨有證無，溺在偏滯，故於無待之心，未立逍遙之趣，智尚虧也。

【釋文】「未樹」司馬云：樹，立也，未立至德也。

❾【注】泠然，輕妙之貌。

【疏】姓列，名禦寇，鄭人也。與鄭繻公同時，師於壺丘子林，著書八卷。得風仙之道，乘風遊行，泠然輕舉，所以稱善也。

【釋文】「列子」李云：鄭人，名禦寇，得風仙，乘風而行，與鄭穆公同時。「泠」音零。◎慶藩案《初學記》、《太平御覽》九引司馬云：列子，鄭人列禦寇也。泠然，涼貌也。《文選》江文通《雜體詩注》引同。《釋文》闕。

❿【注】苟有待焉，則雖御風而行，不能以一時而周也。

【疏】旬，十日也。既得風仙，遊行天下，每經一十五日回反歸家，未能無所不乘，故不可一時周也。

⓫【注】自然御風行耳，非數數然求之也。

【疏】致，得也。彼列禦寇得於風仙之福者，蓋由炎涼無心，虛懷任運，非關役情取捨，汲汲求之。欲明爲道之要，要在忘心，若運役智慮，去之遠矣。◎家世父曰：未數數然也，猶《戴記》

之云天下一人而已。致福，謂備致自然之休。御風而行，猶待天機之動焉。郭象云，自然御風行，非數數然求之，誤。

⑫【注】非風則不得行，斯必有待也，唯無所不乘者無待耳。

【疏】乘風輕舉，雖免步行，非風不進，猶有須待。自宰官已下及宋榮禦寇，歷舉智德優劣不同，既未洞忘，咸歸有待。唯當順萬物之性，遊變化之塗，而能無所不成者，方盡逍遙之妙致者也。

⑬【注】天地者，萬物之總名也。天地以萬物爲體，而萬物必以自然爲正，自然者，不爲而自然者也。故大鵬之能高，斥鴳之能下，椿木之能長，朝菌之能短，凡此皆自然之所能，非爲之所能也。不爲而自能，所以爲正也。故乘天地之正者，即是順萬物之性也；御六氣之辯者，即是遊變化之塗也；如斯以往，則何往而有窮哉！所遇斯乘，又將惡乎待哉！此乃至德之人玄同彼我者之逍遙也。苟有待焉，則雖列子之輕妙，猶不能以無風而行，故必得其所待，然後逍遙耳，而況大鵬乎！夫唯與物冥而循大變者，爲能無待而常通，豈〔獨〕③自通而已哉！又順有待者，使不失其所待，所待不失，則同於大通矣。故有待無待，吾所不能齊也；至於各安其性，天機自張，受而不知，則吾所不能殊也。夫無待猶不足以殊有待，況有待者之巨細乎！

【疏】天地者，萬物之總名。萬物者，自然之別稱。六氣者，李頤云：平旦朝霞，日午正陽，日入飛泉，夜半沆瀣，並天地二氣爲六氣也。又杜預云：六氣者，陰陽風雨晦明也。又支道林云：六氣，天地四時也。辯者，變也。惡乎，猶於何也。言無待聖人，虛懷體道，故能乘兩儀之正理，順萬物之自然，御六氣以逍遙，混群靈以變化。苟無物而不順，亦何往而不通哉！明徹於無窮，將於何而有待者也！

【釋文】「六氣」司馬云：陰陽風雨晦明也。李云：平旦為朝霞，日中為正陽，日入為飛泉，夜半為沆瀣，天玄地黃為六氣。王逸注《楚辭》云：陵陽子《明經》言，春食朝霞，朝霞者，日欲出時黃氣也。秋食淪陰，淪陰者，日沒已後赤黃氣也。冬食沆瀣，沆瀣者，北方夜半氣也。夏食正陽，正陽者，南方日中氣也。並天玄地黃之氣，是為六氣。沆，音戶黨反。瀣，音下界反。支云：天地四時之氣。◎慶藩案《釋文》引諸家訓六氣，各有不同。司馬以陰陽風雨晦（冥）〔明〕為六氣，其說最古。李氏以平旦日中日入夜半並天玄地黃為六氣，頗近牽強。王逸支遁以天地四時為六氣。夫天地之氣，大莫與京，四時皆承天地之氣以為氣，似不得以四時與天地並列為六。王應麟云：六氣，少陰君火，太陰溼土，少陽相火，陽明燥金，太陽寒水，厥陰風木，而火獨有二。天以六為節，故氣以六朞為一備。《左傳》述醫和之言，天有六氣，（《注》云：陰陽風雨晦（冥）〔明〕也。）降生五味。即《素問》五六之數。（全祖望云：天五地（五）〔六〕④，見於《大易》，天六地五，見於《國語》。〔故〕⑤《漢志》云，五六天地之中合。然左氏之說，又與素問不同。）沈括《筆談》：六氣，方家以配六神，所謂青龍者，東方厥陰之氣也；其他取象皆如是。唯北方有二：曰玄武，太陽寒水之氣也；曰螣蛇，少陽相火之氣也，其在人為腎，腎有二：左太陽寒水，右少陽相火，此坎離之交也。中央太（陽）〔陰〕⑥土為句陳，配脾也。六氣之說，聚訟棼如，莫衷一是。愚謂有二說焉：一，《洪範》雨暘燠寒風時為六氣也。雨，木也；暘，金也；燠，火也；寒，水也；風，土也；是為五氣。五氣得時，是為五行之和氣，合之則為六氣。氣有和有乖，乖則變也，變則宜有以御之，故曰御六氣之變。一，六氣即六情也。《漢書・翼奉傳》奉又引師說六情云：北方之情，好也，好行貪狼，申子主之；東方之情，怒也，怒行陰〔餓〕〔賊〕⑦，亥卯主之；南方之情，惡也，惡行廉貞，寅午主之；西方之情，喜也，喜行寬大，己酉主之；上方之情，樂也，樂行姦邪，辰未主之；下方之情，哀也，哀行公正，戌丑主之。此二說似亦可備參證。「之辯」如字。變也。崔本作和。◎慶藩案辯與正對文，辯讀為變。《廣雅》：辯，變也。《易・坤文言》〔猶〕〔由〕辯之不早辯也，荀本作變。辯變古通用。崔訓和，失之。「惡乎」音烏。《注》同。

⑭【注】無己，故順物，順物而至⑧矣。

【釋文】「无己」音紀。《注》同。◎盧文弨曰：今本无作無，下並同。「而王」于況反。本亦作至。

⑮【注】夫物未嘗有謝生於自然者，而必欣賴於針石，故理至則迹滅矣。今順而不助，與至理爲一，故無功。

【釋文】「於針」之〔鳩〕〔鴆〕⑨反，或之林反。

⑯【注】聖人者，物得性之名耳，未足以名其所以得也。

【疏】至言其體，神言其用，聖言其名。故就體語至，就用語神，就名語聖，其實一也。詣於靈極，故謂之至；陰陽不測，故謂之神；正名百物，故謂之聖也。一人之上，其有此三，欲顯功用名殊，故有三人之別。此三人者，則是前文乘天地之正、御六氣之辯人也。欲結此人無待之德，彰其體用，乃言故曰耳。

◎慶藩案《文選》任彥昇《到大司馬記室牋注》引司馬云：神人無功，言修自然，不立功也。聖人無名，不立名也。《釋文》闕。

【校】①世德堂本境作竟，與《釋文》同。趙諫議本作境。②唐寫本無而字。③獨字依王叔岷說補。④六字依《困學紀聞》改。⑤故字依《困學紀聞》補。⑥陰字依《夢溪筆談》改。⑦賊字依《漢書》改。⑧世德堂本至作王，與《釋文》同。⑨鴂字依《釋文》改。

堯讓天下於許由❶，曰：「日月出矣而爝火不息，其於光也，不亦難乎！時雨降矣而猶浸灌，其於澤也，不亦勞乎❷！夫子立而天下治，而我猶尸之，吾自視缺然。請致天下❸。」

❶【疏】堯者，帝嚳之子，姓伊祁，字放勛，母慶都，（嚳）感赤龍而生，身長一丈，兌上而豐下，眉有八彩，足履翼星，有聖德。年十五，封唐侯，二十一，代兄登帝位，都平陽，號曰陶唐。在位七十二年，乃授舜。年百二十八歲崩，葬於陽城，謚曰堯。依謚法，翼善傳聖曰堯，言其有傳舜之功也。許由，隱者也，姓許，名由，字仲武，潁川陽城人也。隱於箕山，師於齧缺，依山而食，就河而飲。堯知其賢，讓以帝位。許由聞之，乃臨河洗耳。巢父飲犢，牽而避之，曰：「惡吾水也。」死後，堯封其墓，謚曰箕公，即堯之師也。

【釋文】「堯」唐帝也。「許由」隱人也，隱於箕山。司馬云：潁州陽城人。簡文云：陽城槐里人。李云：字仲武。

❷【疏】爝火，猶炬火也，亦小火也。神農時十五日一雨，謂之時雨也。且以日月照燭，詎假炬火之光；時雨滂沱，無勞浸灌之澤。堯既撝謙克讓，退己進人，所以致此之辭，盛推仲武也。

【釋文】「爝」本亦作燋，音爵。郭祖繳反。司馬云：然也。向云：人所然火也。一云：燋火，謂小火也。《字林》云：爝，炬火也，子召反。燋，所以然持火者，子約反。◎慶藩案《說文》：爝，苣火（袚）〔祓〕也。呂不韋曰：湯（時）〔得〕①伊尹，爝以爟火，釁以犧豭。（案苣，束葦燒之也。祓，除惡之祭也。）燋，所以然持火也。段玉裁《注》：持火者，人所持之火也。《禮・少儀》執燭抱燋，凡執之曰燭，未爇曰燋，燋即燭也。細繹許說，則燋本為未爇之燭，未爇則不得云不息。《釋文》引司馬氏李氏本亦作燋，非。（《廣韻》：燋，傷火也，與焦通。別一義。）「浸」子鴆反。「灌」古亂反。◎慶藩案《正韻》：浸，漬也，又漸也。《陰符經》云：天地之道浸，故陰陽勝。《易》之《臨》曰：剛浸而長。浸者，漸也。《博雅》：灌，聚也，又溉也。浸灌蓋浸潤漸漬之謂。

❸【疏】治，正也。尸，主也。致，與也。堯既師於許由，故謂之爲夫子。若仲武立爲天子，寓內必致太平，而我猶爲物主，自視缺然不足，請將帝位讓與賢人。

【釋文】「天下治」直吏反。下已治、《注》天下治、而治者也、既治、而治實、而治者、得以治者皆同。

【校】①祓字得字並依《說文》原本改。

許由曰：「子治天下，天下既已治也❶。而我猶代子，吾將為名乎？名者，實之賓也。吾將為賓①乎❷？鷦鷯巢於深林，不過一枝；偃鼠飲河，不過滿腹❸。歸休乎君，予无所用天下為❹！庖人雖不治庖，尸祝不越樽俎而代之矣❺。」

❶【注】夫能令天下治，不治天下者也。故堯以不治治之，非治之而治者也。今許由方明既治，則無所代之。而治實由堯，故有子治之言，宜忘言以尋其所況。而或者遂云：治之而治者，堯也；不治而堯得以治者，許由也。斯失之遠矣。夫治之由乎不治，爲之出乎無爲也，取於堯而足，豈借之許由哉！若謂拱默乎山林之中而後得稱無爲者，此莊老之談所以見棄於當塗。〔當塗〕②者自必於有爲之域而不反者，斯之由也。

【疏】治，謂理也。既，盡也。言堯治天下，久以昇平，四海八荒，盡皆清謐，何勞讓我，過爲辭費。然睹莊文則貶堯而推許，尋郭《注》乃劣許而優堯者，何邪？欲明放勛大聖，仲武大賢，賢聖二塗，相去遠矣。故堯負扆汾陽而喪天下，許由不夷其俗而獨立高山，圓照偏溺，斷可知矣。是以莊子援禪讓之迹，故有爝火之談；郭生祭無待之心，更致不治之說。可謂探微索隱，了文合義，（宣）〔宜〕尋其旨況，無所稍嫌也。

【釋文】「能令」力呈反，下同。

❷【注】夫自任者對物，而順物者與物無對，故堯無對於天下，而許由與稷契爲匹矣。何以言其然邪？夫與物冥者，故群物之所不能離也。是以無心玄應，唯感之從，汎乎若不繫之舟，東西之非己也，故無行而不與百姓共者，亦無往而不爲天下之君矣。以此爲君，若天之自高，實君之德也。若獨亢然立乎高山之頂，非夫人有情於自守，守一家之偏尙，何得專此！此故俗中之一物，而爲堯

之外臣耳。若以外臣代乎內主，斯有爲君之名而無任君之實也。

【疏】許由偃蹇箕山，逍遙潁水，膻腥榮利，厭穢聲名。而堯殷勤致請，猶希代己，許由若高九五，將爲萬乘之名。然實以生名，名從實起，實則是內是主，名便是外是賓。捨主取賓，喪內求外，既非隱者所尚，故云吾將爲賓也。

【釋文】「稷契」息列反，皆唐虞臣也。稷，周之始祖，名棄。契，殷之始祖名。「能離」力智反。「玄應」應對之應。「(汎)〔汎〕乎」芳劍反。「非夫」音扶。下明夫同。

❸**【注】**性各有極，苟足其極，則餘天下之財也！

【疏】鷦鷯，巧婦鳥也，一名工雀，一名女匠，亦名桃蟲，好深處而巧爲巢也。偃鼠，形大小如牛，赤黑色，獐腳，腳有三甲，耳似象耳，尾端白，好入河飲水。而鳥巢一枝之外，不假茂林；獸飲滿腹之餘，无勞浩汗。況許由安茲蓬蓽，不顧金蘭，樂彼疏食，詎勞玉食也！

【釋文】「鷦」子遙反。「鷯」音遼。李云：鷦鷯，小鳥也。郭璞云：鷦鷯，桃雀。「偃鼠」如字。李云：鼷鼠也。《說文》：鼢鼠，一曰偃鼠。鼢，音扶問反。◎盧文弨曰：舊無音字。今案凡不見正文及注之字而加音者，例有音字。今依前後例增。◎慶藩案李楨曰：偃鼠；李云鼷鼠也。案《說文》鼢下云：地行鼠，伯勞所化也，一曰偃鼠。偃，或作鼴，俗作鼹。《玉篇》：鼴，大鼠也。《廣雅》：鼴鼠，鼢鼠。《本艸》，鼴鼠在土中行，陶注：俗一名隱鼠，一名鼢鼠，常穿耕地中行，討掘即得。《說文》鼷下云：鼷，小鼠也。《爾雅》：鼷，鼠有螫毒者。《公羊》成七年傳《注》云：鼷鼠，鼠中之微者。《博物志》：鼷鼠，鼠之類最小者，食物，當時不覺痛，或名甘鼠。據此，知偃鼠、鼷鼠，判然為二，李說誤。

❹【注】均之無用，而堯獨有之。明夫懷豁者無方，故天下樂推而不厭。

【疏】予，我也。許由寡欲清廉，不受堯讓，故謂堯云：君宜速還黃屋，歸反紫微，禪讓之辭，宜其休息。四海之尊，於我無用，九五之貴，予何用爲！

【釋文】「歸休乎君」絶句。一讀至乎字絶句，君別讀。「懷豁」呼活反。「樂推」音洛。「不厭」於豔反。

❺【注】庖人尸祝，各安其所司；鳥獸萬物，各足於所受；帝堯許由，各靜其所遇；此乃天下之至實也。各得其實，又何所爲乎哉？自得而已矣。故堯許之行③雖異，其於逍遙一也。

【疏】庖人，謂掌庖廚之人，則今之太官供膳是也。尸者，太廟中神主也；祝者，則今太常太祝是也；執祭版對尸而祝之，故謂之尸祝也。樽，酒器也。俎，肉器也。而庖人尸祝者，各有司存。假令膳夫懈怠，不肯治庖，尸祝之人，終不越局濫職，棄於樽俎而代之宰烹；亦猶帝堯禪讓，不治天下，許由亦不去彼山林，就茲帝位；故《注》云帝堯許由各靜於所遇也已。

【釋文】「庖人」鮑交反，徐扶交反，掌廚人也。《周禮》有庖人職。◎慶藩案《說文》：庖，廚也。《禮・王制》三為充君之庖，《注》：庖，今之廚也。《周禮》庖人《注》：庖之為言苞也，苞裹肉曰苞苴。（裹之曰庖，藉之曰苴。）《釋文》一本庖下無人字，非是。「尸祝」之六反。傳鬼神辭曰祝。「樽」子存反，本亦作尊。◎盧文弨曰：案尊乃正體。「俎」徐側呂反。

【校】①俞樾云：此本作吾將爲實乎，與上吾將爲名乎相對成文。實與賓形似，又涉上句實之賓也而誤。②當塗二字依世德堂本補。③之行二字趙諫議本作之地，世德堂本作天地。

肩吾問於連叔曰：「吾聞言於接輿❶，大而无當，往而不返。吾驚怖其言，猶河漢而无極也❷；大有逕庭，不近人情焉❸。」

❶【疏】肩吾連叔，並古之懷道人也。接輿者，姓陸，名通，字接輿，楚之賢人隱者也，與孔子同時。而佯狂不仕，常以躬耕爲務，楚王知其賢，聘以黃金百鎰，車駟二乘，並不受。於是夫負妻戴，以遊山海，莫知所終。肩吾聞接輿之言過無準的，故問連叔，詢其義旨。而言吾聞言於接輿者，聞接輿之言也。莊生寄三賢以明堯之一聖，所聞之狀具列於下文也。

【釋文】「肩吾」李云：賢人也。司馬云：神名。「連叔」李云：懷道人也。「接輿」本又作與，同，音餘，接輿，楚人也，姓陸，名通。皇甫謐曰：接輿躬耕，楚王遣使以黃金百鎰車二駟聘之，不應。

❷【疏】所聞接輿之言，（怖）〔恢〕弘而無的當，一往而陳梗概，曾無反覆可尋。吾竊聞之，驚疑怖恐，猶如上天河漢，迢遞清高，尋其源流，略無窮極也。

【釋文】「無當」丁浪反。司馬云：言語弘大，無隱當也。「驚怖」普布反，《廣雅》云：懼也。

❸【疏】逕庭，猶過差，亦是直往不顧之貌也。謂接輿之言，不偶於俗，多有過差，不附世情，故大言不合於里耳也。

【釋文】「大有」音泰，徐勑佐反。「逕」徐古定反。司馬本作莖。「庭」勑定反。李云：逕庭，謂激過也。◎慶藩案《文選》劉孝標《辯命論注》引司馬云:極,崖也,言廣若河漢無有崖也。逕庭,激過之辭也。《釋文》闕。「不近」附近之近。

連叔曰:「其言謂何哉❶?」

❶【疏】陸通之說其若何?此則反質肩吾所聞意謂。

曰:「藐姑射之山,有神人居焉,肌膚若冰雪,(綽)〔淖〕①約若處子❶。不食五穀,吸風飲露❷。乘雲氣,御飛龍,而遊乎四海之外❸。其神凝,使物不疵癘而年穀熟。吾以是狂而不信也❹。」

❶【注】此皆寄言耳。夫神人即今所謂聖人也。夫聖人雖在廟堂之上,然其心無異於山林之中,世豈識之哉!徒見其戴黄屋,佩玉璽,便謂足以纓紱②其心矣;見其歷山川,同民事,便謂足以憔悴其神矣;豈知至至者之不虧哉!今言王德之人而寄之此山,將明世所無由識,故乃託之於絶垠之外而推之於視聽之表耳。處子者,不以外傷内。

【疏】藐,遠也。《山海經》云:姑射山在寰海之外,有神聖之人,戢機應物。時須揖讓,既爲堯舜;時須干戈,即爲湯武。綽約,柔弱也。處子,未嫁女也。言聖人動寂相應,則空有並照,雖居廊廟,無異山林,和光同塵,在染不染。冰雪取其潔淨,綽約譬以柔和,處子不爲物傷,姑射語其絶遠。此明堯之盛德,窈冥玄妙,故託之絶垠之外,推之視聽之表。斯蓋寓言耳,亦何必有姑射之實乎,宜忘言以尋其所況。此即肩吾述己昔聞以答連叔之辭者也。

【釋文】「藐」音邈，又妙紹反。簡文云：遠也。「姑射」徐音夜，又食亦反，李實夜反。山名，在北海中。◎李楨曰：姑射山，《釋文》云在北海中。下文姑射在汾水之陽。考《山海經》本有兩姑射。《東山經》：盧其之山，又南三百八十里，曰姑射之山，無草木，多水。又南，水行三百里，流沙百里，曰北姑射之山，無草木，多水。又南三百里，曰南姑射之山，無草木，多水。《海內北經》：列姑射在海河洲中，姑射國在海中，屬列姑射，西南山環之。《列子・黃帝篇》，列姑射在海河洲中。與《海內北經》同。（下文山上有神人云云，大致與《莊子》同。足證《音義》云姑射在北海中不誤。）唐殷敬順《列子釋文》引《山海經》曰：姑射國在海中，西南山環之。從國南水行百里，曰姑射之山。又西南行三百八十里，曰姑射山。郭云河水所經海上也。言遙望諸姑射山行列在海河之閒也。與今本《山海經》不同。《隋書・地理志》，臨汾有姑射山，此即《東山經》之姑射。《莊子》所謂姑射之山，汾水之陽是也。據秦氏恩復《列子補注》云：臨汾姑射，即今平陽府西之九孔山。前後左右並無所謂南北姑射者。證之殷氏《釋文》，則《東山經》北姑射南姑射兩條，當在《海內北經》西南山環之之下。蓋必有諸姑射環列，而後可以列姑射名之也。且殷所據《山海經》為唐時本，度古本元如此，不知何時脫寫，羼入《東山經》姑射山一條之後，遂成今本。賴有《列子釋文》，可以正《山海經》之誤。而《莊子》兩言姑射，一在北海，一在臨汾，亦免混合為一。（畢氏沅注《山海經》引《莊子》，誤混為一。）雖其文並屬寓言，而山名所在，既皆確有可據，要無妨辨證及之耳。「肌」居其反。◎慶藩案冰，古凝字，肌膚若冰雪，即《詩》所謂膚如凝脂也，（《風俗通義》引《詩》云，既白且滑。）《說文》，冰正字，凝俗字。《爾雅》冰脂也，孫炎本作凝。冰脂以滑白言，冰雪以潔白言也。「淖」郭昌略反，又徒學反。字林丈卓反。蘇林《漢書》音：火也。「約」如字。李云：淖約，柔弱貌。司馬云：好貌。「處子」在室女也。「黃屋」車蓋以黃為裏。一云，冕裏黃也。「玉璽」音徙。「纓」字或作嬰。「紱」方物反。字或作紼。◎盧文弨曰：今《注》本作纓紼。案《說文》：紼，亂系也。此纓紼當作嬰拂解，不當以為冠紱。紱亦俗字，《說文》本作市，重文作韍。「憔悴」在遙反。下在醉反。「至至者」本亦作至足者。「王德」于況反。本亦作至。「絕垠」音銀，又五根反。本又作限。

❷【注】俱食五穀而獨爲神人，明神人者非五穀所爲，而特稟自然之妙氣。

【疏】五穀者，黍稷麻菽麥也。言神聖之人，降生應物，挺淳粹之精靈，稟陰陽之秀氣。雖順物以資待，非五穀之所爲，託風露以清虛，豈四時之能變也！

【釋文】「吸」許及反。

❸【疏】智照靈通，無心順物，故曰乘雲氣。不疾而速，變現無常，故曰御飛龍。寄生萬物之上而神超六合之表，故曰遊乎四海之外也。

❹【注】夫體神居靈而窮理極妙者，雖靜默閒堂之裡，而玄同四海之表，故乘兩儀而御六氣，同人群而驅萬物。苟無物而不順，則浮雲斯乘矣；無形而不載，則飛龍斯御矣。遺身而自得，雖淡然而不待，坐忘行忘，忘而爲之，故行若曳枯木，止若聚死灰，是以云其神凝也。其神凝，則不凝者自得矣。世皆齊其所見而斷之，豈嘗信此哉！

【疏】凝，靜也。疵癘，疾病也。五穀熟，謂有年也。聖人形同枯木，心若死灰，本迹一時，動寂俱妙，凝照潛通，虛懷利物。遂使四時順序，五穀豐登，人無災害，物無夭枉。聖人之處世，有此功能，肩吾未悟至言，謂爲狂而不信。

【釋文】「神凝」魚升反。「疵」在斯反，病也。司馬云：毀也。一音子爾反。「癘」音厲，李音賴，惡病也。本或作厲。「狂」求匡反。李云：癡也。李又九況反。「閒」音閑。「澹然」徒暫反，恬靜也。「皆齊」才細反。又如字。「而斷」丁亂反。

【校】①淖字依《釋文》及世德堂本改。②世德堂本紱作紼。

連叔曰：「然。瞽者无以與乎文章之觀，聾者无以與乎鐘鼓之聲。豈唯形骸有聾盲①哉？夫知亦有之❶。是其言也，猶時女也❷。之人也，之德也，將旁礴萬物以為一世蘄乎亂，孰弊弊焉以天下為事❸！之人也，物莫之傷❹，大浸稽天而不溺，大旱金石流土山焦而不熱❺。是其塵垢粃糠，將猶陶鑄堯舜者也，孰肯以物為事❻！宋人資章甫而適諸越，越人斷髮文身，無所用之❼。堯治天下之民，平海內之政，往見四子藐姑射之山，汾水之陽，窅然喪其天下焉❽。」

❶【注】不知至言之極妙，而以爲狂而不信，此知之聾盲也。

【疏】瞽者，謂眼無眹縫，冥冥如鼓皮也。聾者，耳病也。盲者，眼根敗也。夫目視耳聽，蓋有物之常情也，既瞽既聾，不可示之以聲色也。亦猶至言妙道，唯懸解者能知。愚惑之徒，終身未悟，良由智障盲闇，不能照察，豈唯形質獨有之耶！是以聞接輿之言，謂爲狂而不信。自此以下，是連叔答肩吾之辭也。

【釋文】「瞽」音古。盲者無目，如鼓皮也。「與乎」徐音豫。下同。「之觀」古亂反。「聾」鹿工反，不聞也。「之聾」崔、向、司馬本此下更有眇者無以與乎眉目之好，夫刖者不自為假文屨。「夫知」音智。《注》知之同。

❷【注】謂此接輿之所言者，自然爲物所求，但知之聾盲者謂無此理。

【疏】是者，指斥之言也。時女，少年處室之女也。指此接輿之言，猶如窈窕之女，綽約凝潔，爲君子所求，但知之聾盲者謂無此理也。

【釋文】「時女」司馬云：猶處女也。向云：時女虛靜柔順，和而不喧，未嘗求人而為人所求也。◎慶藩案時，是也。猶時女也，謂猶是女也。猶時二字連讀。易女子貞不字，女即處女也。司馬訓時女猶處女，疑誤。《詩・大雅・綿篇》曰止曰時，《箋》曰：時，是也。是其證。

❸【注】夫聖人之心，極兩儀之至會，窮萬物之妙數。故能體化合變，無往不可，旁礴萬物，無物不然。世以亂故求我，我無心也。我苟無心，亦何爲不應世哉！然則體玄而極妙者，其所以會通萬物之性，而陶鑄天下之化，以成堯舜之名者，常以不爲爲之耳。孰弊弊焉勞神苦思，以事爲事，然後能乎！

【疏】之是語助，亦歎美也。旁礴，猶混同也。蘄，求也。孰，誰也。之人者，歎堯是聖人；之德者，歎堯之盛德也。言聖人德合二儀，道齊群品，混同萬物，制馭百靈。世道荒淫，蒼生離亂，故求大聖君臨安撫。而虛舟懸鏡，應感無心，誰肯勞形弊智，經營區宇，以事爲事，然後能事。故《老子》云爲無爲，事無事，又云取天下常以無事，及其有事不足以取天下也。

【釋文】「旁」薄剛反，李鋪剛反。字又作磅，同。「礴」薄博反，李普各反。司馬云：旁礴，猶混同也。◎李楨曰：漢《司馬相如傳》旁魄四塞，注，旁魄，廣被也。魄與礴通。《揚雄傳》旁薄群生，注：旁薄，猶言蕩薄也。蕩薄即廣被之意。旁礴萬物，承上之德也三字，言其德將廣被萬物。以為一世蘄乎亂，亂，治也，猶《虞書》亂而敬之亂。舉世望治，德握其符，神人無功，豈肯有勞天下之迹！《老子》云，我無為而民自化，此之謂也。「世蘄」徐音祈。李云：求也。◎盧文弨曰：舊蘄作鄿，譌，今從宋本正。「弊弊」李扶世反。徐扶計反。簡文云：弊弊，經營貌。司馬本作蔽蔽。「不應」應對之應。「苦思」息嗣反。

❹【注】夫安於所傷，則傷不能傷；傷不能傷，而物亦不傷之也。

❺【注】無往而不安，則所在皆適，死生無變於己，況溺熱之間哉！故至人之不嬰乎禍難，非避之也，推理直前而自然與吉會。

【疏】稽，至也。夫達於生死，則無死無生；宜於水火，則不溺不熱。假令陽九流金之災，百六滔天之禍，紛紜自彼，於我何爲！故郭《注》云，死生無變於己，何況溺熱之間也哉！

【釋文】「大浸」子鴆反。「稽天」音雞，徐、李音啟。司馬云：至也。「不溺」奴歷反，或奴學反。「禍難」乃旦反，「非辟」音避。

❻【注】堯舜者，世事之名耳；爲名者，非名也。故夫堯舜者，豈直堯舜而已哉？必有神人之實焉。今所稱堯舜者，徒名其塵垢粃糠耳。

【疏】散爲塵，膩爲垢，穀不熟爲粃，穀皮曰糠，皆猥物也。鎔金曰鑄，範土曰陶。謚法，翼善傳聖曰堯，仁聖盛明曰舜。夫堯至（本）〔聖〕，妙絕形名，混迹同塵，物甘其德，故立名諡以彰聖體。然名者粗法，不異粃糠；諡者世事，何殊塵垢。既而矯諂佞妄，將彼塵垢鍛鑄爲堯，用此粃糠埏埴作舜。豈知妙體胡可言邪！是以誰肯以物爲事者也。

【釋文】「塵垢」古口反。塵垢，猶染污。「粃」本又作秕。徐甫姊反，又悲矣反。◎盧文弨曰：案《說文》作秕。「穅」字亦作糠，音康。粃穅，猶煩碎。◎盧文弨曰：舊本糠作康，今依《注》本改。穅亦俗字。似當云音康，字亦作康為是，疑後人亂之，而又妄改也。康已從米，何必又贅米旁。「陶」徒刀反，李移昭反。本亦作鉤，音同。「鑄」之樹反。

⑦【疏】此起譬也。資，貨也。越國逼近江湖，斷髮文身，以避蛟龍之難也。章甫，冠名也。故孔子生於魯，衣縫掖；長於宋，冠章甫。而宋實微子之裔，越乃太伯之苗，二國貿遷往來，乃以章甫爲貨。且章甫本充首飾，必須雲鬟承冠，越人斷髮文身，資貨便成無用。亦如榮華本猶滯著，富貴起自驕矜。堯既體道洞忘，故能無用天下。故郭《注》云，夫堯之無所用天下爲，亦猶越人無所用章甫耳。

【釋文】「宋人」宋，今梁國睢陽縣，殷後，微子所封。「資章甫」李云：資，貨也。章甫，殷冠也。以冠為貨。「越」今會稽山陰縣。◎慶藩案《文選》張景陽《雜詩注》引司馬云：資，取也。章甫，冠名也。（嵇叔夜《與山巨源絕交書注》引同。）諸，於也。《釋文》闕。◎李楨曰：諸越，猶云於越。《春秋》定五年《經》於越入吳，杜《注》：於，發聲也。《公羊傳》：於越者，未能以其名通也，何休《注》：越人自名於越。此作諸者，《廣雅·釋言》：諸，於也。《禮記·射義注》：諸，猶於也。是疊韻假借。「斷」丁管反。李徒短反。司馬本作敦，云：敦，斷也。

❽【注】夫堯之無用天下爲，亦猶越人之無所用章甫耳。然遺天下者，固天下之所宗。天下雖宗堯，而堯未嘗有天下也，故窅然喪之，而嘗遊心於絕冥之境，雖寄坐萬物之上而未始不逍遙也。四子者蓋寄言，以明堯之不一於堯耳。夫堯實冥矣，其迹則堯也。自迹觀冥，內外異域，未足怪也。世徒見堯之爲堯，豈識其冥哉！故將求四子於海外而據堯於所見，因謂與物同波者，失其所以逍遙也。然未知至遠之（迹）〔所〕②順者更近，而至高之所會者反下也。若乃厲然以獨高爲至而不夷乎俗累，斯山谷之士，非無待者也，奚足以語至極而遊無窮哉！

【疏】治，言緝理；政，言風教。此合喻也。汾水出自太原，西入於河。水北曰陽，則今之晉州平陽縣，在汾水北，昔堯都也。窅然者寂寥，是深遠之名。喪之言忘，是遺蕩之義。而四子者，四德也：一本，二迹，三非本非迹，四非非本迹也。言堯反照心源，洞見道境，超茲四句，故言往見四子也。夫聖人無心，有感斯應，故能緝理萬邦，和平九土。雖復凝神四子，端拱而坐汾陽；統御萬機，窅然而喪天下。斯蓋即本即迹，即體即用，空有雙照，動寂一時。是以姑射不異汾陽，山林豈殊黃屋！世人齊其所見，曷嘗信此邪！而馬彪將四子爲齧缺，便未達於遠理；劉璋推汾水於射山，更迷惑於近事。今所解釋，稍異於斯。故郭《注》云，四子者蓋寄言，明堯之不一於堯耳，世徒見堯之迹，豈識其（真）〔冥〕③哉！

【釋文】「四子」司馬、李云：王倪，齧缺，被衣，許由。「汾水」徐扶云反，郭方聞反。案汾水出太原，今莊生寓言也。司馬、崔本作盆水。◎李楨曰：《東山經》之姑射，是否為冀州域內之山，經文究無可攷。《隋志》以屬之臨汾，或後世據此篇汾水之陽一語以名其地之山，亦未可知。上文所稱姑射，遠在北海中，故曰藐，藐者遠也。汾陽，堯所居，若有姑射，何為亦云藐哉！蓋堯之心未嘗有天下，其心即姑射神人之心，其身亦如姑射神人之身，雖垂衣廟堂，如逍遙海外，是以彼山藐遠，無殊近在帝都。（四子本無其人，徵名以實之則鑿矣。）《注疏》推闡，並極精妙。余前辨證一條，謂山名不可混合為一，然恐有失莊生玄旨，故復論及之。汾水，司馬、崔本並作盆水，古讀汾如盆，非別一水，說見錢氏大昕《養新錄》。「窅然」徐烏了反。郭武駢反。李云：窅然，猶悵然。◎盧文弨曰：郭必以為（寘）〔窴〕④字，故如此音。「喪其」息浪反，《注》同。「絕冥」亡丁反。「之竟」音境。本亦作境。◎盧文弨曰：今《注》作境。

【校】①《闕誤》引天台山方瀛觀古藏本盲作瞽。②所字依宋本改。③冥字依《注》文改。④窴字依抱經堂原本改。按原刻本似亦有誤。《說文》：窴，塞也，從穴，真聲。徐待年切。即今填字。武駢與待年同韻異攝，殆非其字，以窴然狀喪天下，語亦不倫。疑郭本作冥，《釋文》郭下脫作冥二字，冥字古與瞑眠通。《列禦寇篇》而甘冥乎無何有之鄉，《釋文》云：本又作瞑，音眠。俞樾謂《淮南子‧俶真篇》甘瞑乎溷澖之域即本此，甘瞑即甘眠。《說文》：瞑，翕目也，從目冥，冥亦聲。徐鉉曰：今俗別作眠，非是。武延切。《漢書‧揚雄傳》目冥眴而無見，冥眴即《孟子‧滕文公》之瞑眩，並疊韻連詞。又作眩眠或眩湣，如《史記‧司馬相如傳》視眩眠而無見兮及紅杳渺而眩湣兮皆是。諸字並義近音同。陸冥武駢切，與徐瞑武延切，而《漢書》顏《注》冥莫見反，孫奭《孟子音義》瞑莫甸切，《史記‧索隱》引蘇林湣音麵，韻攝皆同，（古無輕脣音，武莫聲同。）惟平仄異耳。冥與窅義亦相通，故常連用。《逍遙篇》北冥有魚，《釋文》引簡文云，窅冥無極，故謂之冥是也。二字又形近，故今本作窅，郭本作冥。郭於此注連用四冥字，皆就冥然立言，足爲的證。上句故窅然喪之之窅，疑本亦作冥，後人依今本正文改之耳。

惠子謂莊子曰：「魏王貽我大瓠之種❶，我樹之成而實五石，以盛水漿，其堅不能自舉也❷。剖之以為瓢，則瓠落無所容。非不呺然大也，吾為其無用而掊之❸。」

❶【疏】姓惠，名施，宋人也，爲梁國相。謂，語也。貽，遺也。瓠，匏之類也。魏王即梁惠王也。昔居安邑，國號爲魏，後爲強秦所逼，徙於大梁，復改爲梁，僭號稱王也。惠子所以起此大匏之譬，以譏莊子之書，雖復詞旨恢弘，而不切機務，故致此詞而更相激發者也。

【釋文】「惠子」司馬云：姓惠，名施，為梁相。「魏王」司馬云：梁惠王也。案魏自河東遷大梁，故謂之魏，或謂之梁也。「貽」徐音怡，郭與志反，遺也。「大瓠」徐音護。「之種」章勇反。

❷【疏】樹者，藝植之謂也。實者，子也。惠施既得瓠種，藝之成就，生子甚大，容受五石，仍持此瓠以盛水漿，虛脆不堅，故不能自勝舉也。

【釋文】「而實五石」司馬云：實中容五石。「以盛」音成。

❸【疏】剖，分割之也。瓢，勺也。瓠落，平淺也。呺然，虛大也。掊，打破也。用而盛水，虛脆不能自勝；分剖爲瓢，平淺不容多物。眾謂無用，打破棄之。刺莊子之言，不救時要，有同此

（言）〔瓠〕，應須屏削也。

【釋文】「剖之」普口反。「為瓢」毗遙反。徐扶堯反。「則瓠」戶郭反，司馬音護。下同。「落」簡文云：瓠落，猶廓落也。司馬云：瓠，布護也；落，零落也。言其形平而淺，受水則零落而不容也。「呺然」本亦作号。徐許憍反。李云：号然，虛大貌。崔作謌，簡文同。「吾為」于偽反。「掊之」徐方垢反。司馬云：擊破也。◎慶藩案《文選》謝靈運之《郡初發都詩注》引司馬云：瓠，布護；落，零落也。枵然，大貌。掊，謂擊破之也。喻莊子之言大也，若巨瓠之無施也。較《釋文》引為詳。◎俞樾曰：《說文》：号，痛聲也。呺謌，《說文》所無，蓋皆号之俗體，施之於此，義不可通。《文選》謝靈運《初發都詩》李善《注》引此文作枵，當從之。《爾雅・釋天》：玄枵，虛也。虛則有大義，故曰枵然大也。《釋文》引李云号然虛大貌，是固以枵字之義說之。

莊子曰：「夫子固拙於用大矣。宋人有善為不龜手之藥者，世世以洴澼絖為事❶。客聞之，請買其方①百金❷。聚族而謀曰：『我世世為洴澼絖，不過數金；今一朝而鬻技百金，請與之❸。』客得之，以說吳王。越有難，吳王使之將，冬與越人水戰，大敗越人，裂地而封之❹。能不龜手，一也；或以封，或不免於洴澼絖，則所用之異也❺。今子有五石之瓠，何不慮以為大樽而浮乎江湖，而憂其瓠落無所容？則夫子猶有蓬之心也夫❻！」

❶【注】其藥能令手不拘坼，故常漂絮於水中也。

【疏】洴，浮；澼，漂也。絖，絮也。世世，年也。宋人隆冬涉水，漂絮以作牽離，手指生瘡，拘坼有同龜背。故世世相承，家傳此藥，令其手不拘坼，常得漂絮水中，保斯事業，永無虧替。又云：澼，擗也；絖，纊也，謂擗纊於水中之故也。

【釋文】「龜手」愧悲反。徐舉倫反。李居危反。向云：拘坼也。司馬云：文坼如龜文也。又云：如龜攣縮也。◎俞樾曰：《釋文》引司馬云文坼如龜文也，又云如龜攣縮也，義皆未安。向云如拘坼也，郭《注》亦云能令手不拘坼，然則龜字宜即讀如拘。蓋龜有丘音，《後漢・西域傳》龜茲讀曰丘慈，是也。古丘音與區同，故亦得讀如拘矣。拘，拘攣也，不龜②者，不拘攣也。龜文之說雖非，攣縮之說則是，但不必以如龜為說耳。◎李楨曰：龜手，《釋文》云徐舉倫反，蓋以龜為皸之叚借。按龜皸雙聲。《眾經音義》卷十一：皸，居雲、去雲二反。《通俗文》：手足坼裂曰皸，經文或作龜坼。下引《莊》此文及郭《注》為證。是玄應以龜皸音義互通。《集韻十八諄》：皸，區倫切，皴也。《漢書・趙充國傳》，將軍士寒，手足皸瘃，文穎曰：皸，坼裂也；瘃，寒創也。《唐書・李甘傳》，凍膚皸瘃。不龜手，猶言不皸手耳。皸，《說文》作⿰足囷。鈕氏樹玉、鄭氏珍以韗下或體皸為皸字，不足據。「洴」徐扶經反。「澼」普歷反。徐敷歷反。郭、李恪歷反，澼，聲。◎盧文弨曰：案今本書作澼聲，疑洴澼是擊絮之聲。洴澼二字本雙聲，蓋亦象其聲也。「絖」音曠。《小爾雅》云：絮細者謂之絖。李云：洴澼絖者，漂絮於水上。絖，絮也。「能令」力呈反。「不拘」紀于反。依字宜作跔，紀于、求于二反。《周書》云天寒足跔是也。「坼」敕白反。◎盧文弨曰：坼，俗本多從手，非。「漂」匹妙反，韋昭云：以水擊絮為漂。《說文》作潎，豐市反，又匹例反。◎盧文弨曰：潎舊譌作敝，今改正。「絮」胥慮反。

❷【疏】金方一寸重一斤爲一金也。他國遊客，偶爾聞之，請買手瘡一術，遂費百金之價者也。

【釋文】「百金」李云：金方寸重一斤為一金。百金，百斤也。

❸【疏】鬻，賣也。估價既高，聚族謀議。世世洴澼，爲利蓋寡，一朝賣術，資貨極多。異口同音，僉曰請與。

【釋文】「數金」色主反。「鬻」音育。司馬云：賣也。「技」本或作伎，竭彼反。

❹【疏】吳越比鄰，地帶江海，兵戈相接，必用艫船，戰士隆冬，手多拘坼。而客素稟雄才，天生睿智，既得方術，遂說吳王。越國兵難侵吳，吳王使爲將帥，賴此名藥，而兵手不拘坼。旌旗才舉，越人亂轍。獲此大捷，獻凱而旋，勳庸克著，胙之茆土。

【釋文】「以說」始銳反，又如字。「有難」乃旦反。「之將」子匠反。「大敗」必邁反。

❺【疏】或，不定也。方藥無工〔拙〕③而用者有殊，故行客得之以封侯，宋人用之以洴澼，此則所用工拙之異。

❻【注】蓬，非直達者也。此章言物各有宜，苟得其宜，安往而不逍遙也。

【疏】慮者，繩絡之也。樽者，漆之如酒罇，以繩結縛，用渡江湖，南人所謂腰舟者也。蓬，草名，拳曲不直也。夫，歎也。言大瓠浮汎江湖，可以舟船淪溺；至教興行世境，可以濟渡群迷。而惠生既有蓬心，未能直達玄理，故妄起掊擊之譬，譏刺莊子之書。爲用失宜，深可歎之。

【釋文】「不慮以為大樽」本亦作尊。司馬云：樽如酒器，縛之於身，浮於江湖，可以自渡。慮，猶結綴也。案所謂腰舟。◎盧文弨曰：縛舊作縛，今從宋本正④。「蓬之心」郭云：蓬，生非直達者。

向云：蓬者短不暢，曲士之謂。◎盧文弨曰：士，舊譌土，今改正。

【校】①《闕誤》引江南古藏本方下有以字。②龜字依《諸子平議》補。③拙字依下文補。④按盧說非是。《說文》：縛，束也。縛，白鮮色也，段注改色爲巵，云，《聲類》以爲今正絹字，據許則縛與絹各物。若羽人十摶爲縛，《左傳》縛一如瑱，又皆卷縛之義，非字之本義。朱珔《叚借義證》謂縛與縛音隔，疑以形近而誤，其說是也。是束縛字正當作縛，宋本誤。

惠子謂莊子曰：「吾有大樹，人謂之樗❶。其大本擁腫而不中繩墨，其小枝卷曲而不中規矩，立之塗，匠者不顧❷。今子之言，大而无用，眾所同去也❸。」

❶【疏】樗，栲漆之類，嗅之甚臭，惡木者也。世間名字，例皆虛假，相與嗅之，未知的當，故言人謂之樗也。

【釋文】「樗」勑魚反，木名。

❷【疏】擁腫，槃瘿也。卷曲，不端直也。規圓而矩方。塗，道也。樗栲之樹，不材之木，根本擁腫，枝榦攣卷，繩墨不加，方圓無取，立之行路之旁，匠人曾不顧盼也。

【釋文】「擁腫」章勇反。李云：擁腫，猶盤瘿。「不中」丁仲反。下同。「卷曲」本又作拳，同。音權，徐紀阮反。李丘圓反。

❸【疏】樹既擁腫不材，匠人不顧；言（迹）〔亦〕迂誕無用，眾所不歸。此合喻者也。

【釋文】「同去」如字。李羌呂反。◎慶藩案大而無用，猶言迂遠無當於事情也。《禮・文王世子》

況于其身以善其君乎，鄭注曰：于讀為迂，猶廣也，大也。是大與迂同義。《老子道德經》云，天下皆謂道大似不肖，亦此大字之義。

莊子曰：「子獨不見狸狌乎？卑身而伏，以候敖者；東西跳梁，不辟高下；中於機辟，死於罔罟❶。今夫斄牛，其大若垂天之雲。此能為大矣，而不能執鼠❷。今子有大樹，患其无用，何不樹之於无何有之鄉，廣莫之野❸，彷徨乎无為其側，逍遙乎寢臥其下❹。不夭斤斧，物无害者，无所可用，安所❶困苦①哉❺！」

❶【疏】狌，野貓也。跳梁，猶走躑也，辟，法也，謂機關之類也。罔罟，罝罘也。子獨不見狸狌捕鼠之狀乎？卑伏其身，伺候傲慢之鼠；東西跳躑，不避高下之地；而中於機關之法，身死罔罟之中，皆以利惑其小，不謀大故也。亦猶擎跪曲拳，執持聖迹，僞情矯性，以要時利，前雖遂意，後必危亡，而商鞅、蘇、張，即是其事。此何異乎捕鼠狸狌死於罔罟也。

【釋文】「狸」力之反。「狌」徐音姓。郭音生。又音星。司馬云：猶也。猶，音由救反。「敖者」徐、李五到反。支云：伺彼怠敖，謂承夫閒②殆也。本又作儌，同。司馬音邀，謂伺邀翔之物而食之，雞鼠之屬也。「跳」音條。「不辟」音避。今本多作避。下放此。「機辟」毗赤反。司馬云：罔也。◎盧文弨曰：案當作毗亦反。◎慶藩案辟疑為繴之借字。《爾雅》：繴謂之罿，罿，罬也；罬謂之罦，罦，覆車也。郭璞曰：今之翻車也，有兩轅，中施罥以捕鳥。司馬曰辟罔也，誤。辟若訓罔，則下文死於罔罟為贅矣。《楚辭·九章》設張辟以娛君兮，王逸《注》：辟，法也，言讒人設張峻法以娛樂君，（王念孫曰：《楚辭・九章》以張辟連讀，非以設張連讀。張讀弧張之張。《周官》冥氏掌弧張，鄭《注》：弧張，罿罦之屬，所以肩絹禽獸。）頗費解義。《墨子・非儒篇》：盜賊將作，若機辟將發也，《鹽鐵論・刑法篇》曰：辟陷設而當其蹊，皆當作檗。（《楚辭・哀時命》，外迫脅於機臂兮，機臂與機辟同。《玉篇》、王《注》以為弩身，亦失之。）「罟」徐音古。

❷【疏】斄牛，猶旄牛也，出西南夷。其形甚大，山中遠望，如天際之雲。藪澤之中，逍遙養性，跳梁投鼠，不及野狸。亦猶莊子之言，不狎流俗，可以理國治身，且長且久者也。

【釋文】「斄牛」郭呂之反。徐、李音來。又音離。司馬云：旄牛。

❸【疏】無何有，猶無有也。莫，無也。謂寬曠無人之處，不問何物，悉皆無有，故曰無何有之鄉也。

【釋文】「无何有之鄉廣莫之野」謂寂絕無為之地也。簡文云：莫，大也。

❹【疏】彷徨，縱任之名；逍遙，自得之稱；亦是異言一致，互其文耳。不材之木，枝葉茂盛，婆娑蔭映，蔽日來風，故行李經過，徘徊憩息，徙倚顧步，寢臥其下。亦猶莊子之言，無爲虛淡，可以逍遙適性，蔭庇蒼生也。

【釋文】「彷」薄剛反，又音房。「徨」音皇。彷徨，猶翱翔也。崔本作方羊，簡文同。《廣雅》云：彷徉，徙倚也。

❺【注】夫小大之物，苟失其極，則利害之理均；用得其所，則物皆逍遙也。

【疏】擁腫不材，拳曲無取，匠人不顧，斤斧無加，夭折之災，何從而至，故得終其天年，盡其生理。無用之用，何所困苦哉！亦猶莊子之言，乖俗會道，可以攝衞，可以全真，既不夭枉於世途，詎肯困苦於生分也！

【校】①《闕誤》引文本困苦作窮困。②世德堂本閒作隕。

莊子集釋 卷一下

內篇 齊物論第二❶

❶【注】夫自是而非彼，美己而惡人，物莫不皆然。然，故是非雖異而彼我均也。

【釋文】「齊物論」力頓反。李如字。「而惡」烏路反。

南郭子綦隱机而坐，仰天而噓，荅焉似喪其耦❶。顏成子游立侍乎前，曰：「何居乎？形固可使如槁木，而心固可使如死灰乎❷？今之隱机者，非昔之隱机者也❸。」

❶【注】同天人，均彼我，故外無與爲歡，而荅焉解①體，若失其配匹。

【疏】楚昭王之庶弟，楚莊王之司馬，字子綦。古人淳質，多以居處爲號，居於南郭，故號南郭，亦猶市南宜僚、東郭順子之類。其人懷道抱德，虛心忘淡，故《莊子》羨其清高而託爲論首。隱，憑也。噓，嘆也。荅焉，解釋貌。耦，匹也，(爲)〔謂〕身與神爲匹，物與我〔爲〕②耦也。子綦憑几坐忘，凝神遐想，仰天而歎，妙悟自然，離形去智，荅焉墜體，身心俱遣，物我(無)

〔兼〕忘，故若喪其匹耦也。

【釋文】「南郭子綦」音其。司馬云：居南郭，因為號。「隱」於靳反，馮也。「机」音紀。李本作几。◎盧文弨曰：案今本作几。「而噓」音虛。吐氣為噓。向云：息也。「荅焉」本又作嗒，同。吐荅反，又都納反。《注》同。解體貌。◎盧文弨曰：今本作嗒。案解體，即趙岐《孟子注》所云解罷枝也。◎慶藩案慧琳《一切經音義》八十八《終南山龍田寺釋法琳本傳》卷四引司馬云：荅焉，云失其所，故有似喪耦也。《釋文》闕。「其耦」本亦作偶，五口反。匹也，對也。司馬云：耦，身也，身與神為耦。◎俞樾曰：喪其耦，即下文所謂吾喪我也。郭《注》曰若失其配匹，未合喪我之義。司馬云耦身也，此說得之。然云身與神為耦則非也。耦當讀為寓。寓，寄也，神寄於身，故謂身為寓。

❷【注】死灰槁木，取其寂莫③無情耳。夫任自然而忘是非者，其體中獨任天真而已，又何所有哉！故止若立枯木，動若運槁枝，坐若死灰，行若遊塵。動止之容，吾所不能一也；其於無心而自得④，吾所不能二也⑤。

【疏】姓顏，名偃，字子游。居，安處也。方欲請益，故起而立侍。如何安處，神識凝寂，頓異從來，遂使形將槁木而不殊，心與死灰而無別。必有妙術，請示所由。

【釋文】「顏成子游」李云：子綦弟子也，姓顏，名偃，謚成，字子游。「何居」如字，又音姬。司馬云：猶故也。「槁木」古老反。《注》同。「家」音寂，本亦作寂。◎盧文弨曰：家，舊譌家。今案《大宗師》云，其容家，《釋文》云：本亦作寂，崔本作宋，據改正。《方言》云：家，安靜也。漢人碑版多作此字。《老子銘》，顯虛無之清家，《張公神碑》，畺界家靜，《成皋令任伯嗣碑》，官朝家靜，《巴郡太守張納碑》，四竟冢謚。《博陵太守孔彪碑》，冢兮冥冥，皆如此作。今《注》作寂寞。「莫」本亦作漠。

❸【注】子游嘗見隱机者，而未有⑥若子綦也。

【疏】子游昔見坐忘，未盡元妙；今逢隱機，實異曩時。怪其寂泊無情，故發驚疑之旨。

【校】①趙諫議本無解字。②爲字依上句例補。③冢莫，趙本作寂漠，世德堂本作寂寞。④其於無心而自得，趙本作無心自得。⑤二也，世德堂本作一也。趙本二亦作一，與上句一字下均無也字。⑥世德堂本嘗作常，有作見。

子綦曰：「偃，不亦善乎，而問之也！今者吾喪我，汝知之乎❶？女聞人籟而未聞地籟，女聞地籟而未聞天籟夫❷！」

❶【注】吾喪我，我自忘矣；我自忘矣，天下有何物足識哉！故都忘外內，然後超然俱得。

【疏】而，猶汝也。喪，猶忘也。許其所問，故言不亦善乎。而子綦境智兩忘，物我雙絕，子游不悟，而以驚疑，故示隱几之能，汝頗知不。

❷【注】籟，簫也。夫簫管參差，宮商異律，故有短長高下萬殊之聲。聲雖萬殊，而所稟之度一也，然則優劣無所錯其閒矣。況之風物，異音同是，而咸自取焉，則天地之籟見矣。

【疏】（人）①籟，簫也，長一尺二寸，十六管，象鳳翅，舜作也。夫簫管參差，所受各足，況之風物，咸稟自然，故寄此二賢以明三籟之義。釋在下文。

【釋文】「女聞」音汝。下皆同。本亦作汝。◎盧文弨曰：上汝知何以不一律作女？「人籟」力帶反，簫也。「籟夫」音扶。「參」初林反。「差」初宜反。「所錯」七故反。「見矣」賢遍反。

【校】①人字依《注》文刪。

子游曰：「敢問其方❶。」

❶【疏】方，道術也。雖聞其名，未解其義，故請三籟，其術如何。

子綦曰：「夫大塊噫氣，其名為風❶。是唯无作，作則萬竅怒呺❷。而獨不聞之翏翏①乎❸？山林之畏佳❹，大木百圍之竅穴，似鼻，似口，似耳，似枅，似圈，似臼，似洼者，似污者❺；激者，謞者，叱者，吸者，叫者，譹者，宎者，咬者❻，前者唱于而隨者唱喁。泠風則小和，飄風則大和❼，厲風濟則眾竅為虛❽。而獨不見之調調，之（刁刁）〔刀刀〕②乎❾？」

❶【注】大塊者，無物也。夫噫氣者，豈有物哉？氣塊然而自噫耳。物之生也，莫不塊然而自生，則塊然之體大矣，故遂以大塊爲名。

【疏】大塊者，造物之名，亦自然之稱也。言自然之理通生萬物，不知所以然而然。大塊之中，噫而出氣，仍名此氣而爲風也。

【釋文】「大塊」苦怪反。李苦對反。《說文》同，云：俗凷字也。徐口回反，徐、李又胡罪反。郭又苦猥反。司馬云：大朴之貌，眾家或作大槐，班固同。《淮南子》作大昧。解者或以為無，或以為元氣，或以為混成，或以為天，謬也。◎慶藩案慧琳《一切經音義》九十五《正誣經》卷五引司馬云：大塊，謂天也。與《釋文》所引異。◎俞樾曰：大塊者，地也。塊乃凷之或體。《說文》土部：凷，墣也。蓋即《中庸》所謂一撮土之多者，積而至於廣大，則成地矣，故以地為大塊也。司馬云大朴之貌，郭《注》曰大塊者無物也，並失其義。此本說地籟，然則大塊者，非地而何？「噫」乙戒反。注同。一③音蔭。

❷【注】言風唯無作，作則萬竅皆怒動而爲聲也。

【疏】是者，指此風也。作，起也。言此大風唯當不起，若其動作，則萬殊之穴皆鼓怒呺叫也。

【釋文】「萬竅」苦弔反。「怒呺」胡刀反，徐又〔詐〕〔許〕④口反，又胡到反。

❸【注】長風之聲。

【釋文】「翏翏」良救反，又六收反。長風聲也。李本作飂，音同。又力竹反。

❹【注】大風之所扇動也。

【疏】翏翏，長風之聲。畏佳，扇動之貌。而翏翏清吹，擊蕩山林，遂使樹木枝條，畏佳扇動。世皆共覩，汝獨不聞之邪？下文云。

【釋文】「畏」於鬼反。郭烏罪反。崔本作嵔。「佳」醉癸反。徐子唯反。郭祖罪反。李諸鬼反。李頤云：畏佳，山阜貌。◎盧文弨曰：佳，舊本作佳，今《莊子》眾家本皆作佳。《韻會》支韻內引此，似亦可讀追。此所音〔唯〕〔雖〕⑤皆仄聲，然實與佳本音皆相近，故從眾家本改正。

❺【注】此略舉眾竅之所似。

【疏】竅穴，樹孔也。枅，柱頭木也，今之斗栱是也。圈，畜獸闌也。木既百圍，穴亦奇眾，故或似人之口鼻，或似獸之闌圈，或似人之耳孔，或似舍之枅栱，或洼曲而擁腫，或污下而不平。形勢無窮，略陳此八事。亦（由）〔猶〕⑥世間萬物，種類不同，或醜或妍，蓋稟之造化。

【釋文】「之竅」崔本作窽。「似鼻似口」司馬云：言風吹竅穴動作，或似人鼻，或似人口。「似枅」音雞，又音肩。《字林》云：柱上方木也。簡文云：欂櫨也。「似圈」起權反。郭音權，杯圈也。徐其阮反，言如羊豕之闌圈也。「似臼」其九反。「似洼者」（鳥）〔烏〕⑦攜反，李於花反，又烏乖反，郭烏蛙反。司馬云：若洼曲。「污者」音烏。司馬云：若污下。

❻【注】此略舉（異）〔眾〕⑧竅之聲殊。

【疏】激者，如水湍激聲也。謞者，如箭鏃頭孔聲〔也〕⑨。叱者，咄聲也。吸者，如呼吸聲也。叫者，如叫呼聲也。譹者，哭聲也。宎者，深也，若深谷然。咬者，哀切聲也。略舉樹穴，即有八種；風吹木竅，還作八聲。亦（由）〔猶〕人稟分不同，種種差異，率性而動，莫不均齊。假令小大夭壽，未足以相傾。

【釋文】「激者」經歷反，如水激也。李古弔反。司馬云：聲若激喚也。李又驅弔反。◎慶藩案慧琳《一切經音義》六十八《阿毘達摩大婆沙論》卷四引司馬云：流急曰激也。《七十八音經律異相》卷十四、九十、《高僧傳》十三引並同。又《文選》盧子諒《時興詩注》、玄應《眾經音義》十四引亦同。與《釋文》所引異。「謞者」音孝。李虛交反。簡文云：若箭去之聲。司馬云：若讙謞聲。◎盧文弨曰：舊音考，謞。今《注》本音孝，從之。「叱者」昌實反。徐音七。司馬云：若叱咄聲。「吸者」許及反。司馬云：若嘘吸聲也。「叫者」古弔反。郭古幼反。李居曜反。司馬云：若叫呼聲也。「譹者」音豪。郭又戶報反。司馬云：若譹哭聲。◎盧文弨曰：舊脫者字，今增，與眾句一例。「宎者」徐於堯反。一音杳。又於弔反。司馬云：深者也，若深宎宎然。「咬者」於交反。或音狡。司馬云：聲哀切咬咬然。又許拜反。

❼【注】夫聲之宮商雖千變萬化，唱和大小，莫不稱其所受而各當其分。

【疏】泠，小風也。飄，大風也。于喁，皆是風吹樹動前後相隨之聲也。故泠〔泠〕清風，和聲即小；暴疾飄風，和聲即大；各稱所受，曾無勝劣，以況萬物稟氣自然。

【釋文】「唱于」如字。「唱喁」五恭反。徐又音愚。又五斗反。李云：于喁，聲之相和也。「泠風」音零。李云：泠泠，小風也。「小和」胡臥反。下及《注》皆同。「飄風」鼻遙反，又符遙反。李敷遙反。司馬云：疾風也。《爾雅》云：回風為飄。「不稱」尺證反。「其分」符問反。下不出者同。

❽【注】濟，止也。烈風作則眾竅實，及其止則眾竅虛。虛實雖異，其於各得則同。

【疏】厲，大也，烈也。濟，止也。言大風止則眾竅虛，及其動則眾竅實。虛實雖異，各得則同耳。況四序盈虛，二儀生殺，既無心於亭毒，豈有意於虔劉！

【釋文】「厲風」司馬云：大風。向、郭云：烈風。「濟」子細反。向云：止也。◎慶藩案厲風濟，濟者止也。《詩・鄘風載馳篇》旋濟，《毛傳》曰：濟，止也。風止則萬竅寂然，故曰眾竅為虛。

❾【注】調調〔刁刁〕〔刀刀〕，動搖貌也。言物聲既異，而形之動搖亦又不同也。動雖不同，其

得齊一耳，豈調調獨是而（刁刁）〔刀刀〕獨非乎！

【疏】而，汝也。調調（刁刁）〔刀刀〕，動搖之貌也。言物形既異，動亦不同，雖有調（刁）〔刀〕之殊，而終無是非之異。況盈虛聚散，生死窮通，物理自然，不得不爾，豈有是非臧否於其間哉！

【釋文】「調調」音條。「刀刀」徐都堯反。向云：調調刀刀，皆動搖貌。◎盧文弨曰：舊俱作刁，俗；今改依正體。「動搖」如字，又羊照反。

【校】①《闕誤》引李本翏作飂，力救切。②刀字依世德堂本及盧校改，下《注》及《疏》文並同。③一下疑脫作喑二字。《知北遊篇》生者喑醷物也，《釋文》喑音陰，引李郭云：喑醷，聚氣貌。喑氣亦即聚氣。④許字依《釋文》原本改。⑤抱經堂原刻本唯作雕，誤。此本作唯，亦非。字當作雖。⑥由猶古通用，今以義別之，後不複出。⑦烏字依《釋文》原本改。⑧眾字依世德堂本及上《注》文改。趙諫議本亦作異。⑨也字依上下文句例補。

子游曰：「地籟則眾竅是已，人籟則比竹是已。敢問天籟。」❶

❶【疏】地籟則竅穴之徒，人籟則簫管之類，並皆眼見，此則可知。惟天籟深玄，卒難頓悟，敢陳庸，昧請決所疑。

【釋文】「比竹」毗志反。又必履反。李扶必反。注同。

子綦曰：「夫吹萬不同，而使其自己也❶，咸其自取，怒者其誰邪❷！」

❶【注】此天籟也。夫天籟者，豈復別有一物哉？即衆竅比竹之屬，接乎有生之類，會而共成一天耳。無既無矣，則不能生有；有之未生，又不能爲生。然則生生者誰哉？塊然而自生耳。自生耳，非我生也。我既不能生物，物亦不能生我，則我自然矣。自己而然，則謂之天然。天然耳，非爲也，故以天言之。〔以天言之〕①所以明其自然也，豈蒼蒼之謂哉！而或者謂天籟役物使從己也。夫天且不能自有，況能有物哉！故天者，萬物之總名也，莫適爲天，誰主役物乎？故物各自生而無所出焉，此天道也。

【疏】夫天者，萬物之總名，自然之別稱，豈蒼蒼之謂哉！故夫天籟者，豈別有一物邪？即比竹衆竅接乎有生之類是爾。尋夫生生者誰乎，蓋無物也。故外不待乎物，內不資乎我，塊然而生，獨化者也。是以郭《注》云，自己而然，則謂之天然。故以天然言之者，所以明其自然也。而言吹萬不同。且風唯一體，竅則萬殊，雖復大小不同，而各稱所受，咸率自知，豈賴他哉！此天籟也。故知春生夏長，目視耳聽，近取諸身，遠託諸物，皆不知其所以，悉莫辨其所然。使其自己，當分各足，率性而動，不由心智，所謂亭之毒之，此天籟之大意者也。

【釋文】「豈復」扶又反。「莫適」丁歷反。◎慶藩案《文選》謝〔宣城〕〔靈運〕②《九日從宋公戲馬臺集送孔令詩注》引司馬云：吹萬，言天氣吹煦，生養萬物，形氣不同。已，止也，使各得其性而止。謝靈運《道路憶山中詩注》、江文通《雜體詩注》引同。《釋文》闕。

❷【注】物皆自得之耳，誰主怒之使然哉！此重明天籟也。

【疏】自取，〔由〕〔猶〕自得也。言風竅不同，形聲乃異，至於各自取足，未始不齊，而怒動爲聲，誰使之然也！欲明群生糺紛，萬象參差，分內自取，未嘗不足，或飛或走，誰使其然，故知鼓之怒之，莫知其宰。此則重明天籟之義者也。

【釋文】「此重」直用反。

【校】①四字依世德堂本補。②靈運二字依《文選》原本改。

大知閑閑，小知閒閒❶；大言炎炎，小言詹詹❷。其寐也魂交，其覺也形開❸，與接為搆，日以心鬭。縵者，窖者，密者❹。小恐惴惴，大恐縵縵❺。其發若機栝，其司是非之謂也❻；其留如詛盟，其守勝之謂也❼；其殺若秋冬，以言其日消也❽；其溺之所為之，不可使復之也❾；其厭也如緘，以言其老洫①也❿；近死之心，莫使復陽也⓫。喜怒哀樂，慮嘆變慹，姚佚啟態⓬；樂出虛，蒸成菌⓭。日夜相代乎前，而莫知其所萌⓮。已乎！日暮得此，其所由以生乎⓯！

❶【注】此蓋知之不同。

【疏】閑閑，寬裕也。閒閒，分別也。夫智惠寬大之人，率性虛淡，無是無非；小知狹劣之人，性靈褊促，有取有捨。〔有取有捨〕②，故閒隔而分別；無是無非，故閑暇而寬裕也。

【釋文】「大知」音智。下及注同。「閑閑」李云：無所容貌。簡文云：廣博之貌。「閒閒」古閑反，有所閒別也。◎俞樾曰：《廣雅釋詁》：閒，覗也。小知閒閒，當從此義，謂好覗察人也。《釋文》曰有所閒別，非是。

❷【注】此蓋言語之異。

【疏】炎炎，猛烈也。詹詹，詞費也。夫詮理大言，(由)〔猶〕猛火炎燎原野，清蕩無遺。儒墨小言，滯於競辯，徒有詞費，無益教方。

【釋文】「炎炎」于廉于凡二反，又音談。李作淡，徒濫反。◎李頤云：同是非也。簡文云：美盛貌。「詹詹」音占。李頤云：小辯之貌。崔本作閻。

❸【注】此蓋寤寐之異。

【疏】凡鄙之人，心靈馳躁，耽滯前境，無得暫停。故其夢寐也，魂神妄緣而交接；其覺悟也，則形質開朗而取染也。

【釋文】「魂交」司馬云：精神交錯也。「其覺」古孝反。「形開」司馬云：目開意悟也。

❹【注】此蓋交接之異。

【疏】構，合也。窖，深也，今穴地藏穀是也。密，隱也。交接世事，構合根塵，妄心既重，(渴)〔愒〕日不足，故惜彼寸陰，心與日鬬也。其運心逐境，情性萬殊，略而言之，有此三別也。

【釋文】「與接為構」司馬云：人道交接，構給驩愛也。「縵者」(末)〔未〕旦反。簡文云：寬心也。「窖者」古孝反。司馬云：深也。李云：穴也。案穴地藏穀曰窖。簡文云：深心也。

❺【注】此蓋恐悸之異。

【疏】惴惴，怵惕也。縵縵，沮喪也，夫境有違從，而心恆憂度，慮其不遂，恐懼交懷。是以小恐惴慄而怵惕，大恐寬暇而沮喪也。

【釋文】「小恐」曲勇反。下及注同。「惴惴」之瑞反。李云：小心貌。《爾雅》云：懼也。「縵縵」李云：齊死生貌。「悸」其季反。

❻【疏】機，弩牙也。栝，箭栝也。司，主也。言發心逐境，速如箭栝；役情拒害，猛若弩牙。唯主意是非，更無他謂也。

【釋文】「機栝」古活反。機，弩牙。栝，箭栝。◎慶藩案《文選》鮑明遠《苦熱行》注引司馬云：言生死是非，臧否交校，則禍敗之來，若機栝之發。《釋文》闕。◎又案機謂弩牙。（見《易繫辭》鄭注。）《釋名》曰：弩，（弩）〔怒也③。〕鉤弦者曰牙，牙外曰郭，（郭）下曰縣刀，合名之（則）曰機（栝），言如機之巧。（機栝與樞機義各不同。樞為戶樞，機為門橛。《廣雅》：朱也。朱與梱同。《說文》：梱，門橛也。王引之曰：樞為戶樞，所以利轉。機為門梱，所以止扉。故以樞機並言，謂開闔有節也。書傳機與栝並言弩牙也。

❼【注】此蓋動止之異。

【疏】詛，祝也。盟，誓也。言役意是非，（由）〔猶〕如祝詛，留心取境，不異誓盟。堅守確乎，情在勝物。

【釋文】「詛」側據反。「盟」音明，徐武耕反，郭武病反。

❽【注】其衰殺日消有如此者。

【疏】夫素秋搖落，玄冬肅殺，物景貿遷，驟如交臂，愚惑之類，豈能覺邪！唯爭虛妄是非，詎知日新消毀，人之衰老，其狀例然。

【釋文】「其殺」色界反，徐色例反。注同。

⑨【注】其溺而遂往有如此者。

【疏】滯溺於境，其來已久，所爲之事，背道乖真。欲使復命還源，無由可致。

【釋文】「其溺」奴狄反，郭奴徼反。

⑩【注】其厭沒於欲，老而愈洫，有如此者。

【疏】厭，沒溺也。顛倒之流，厭沒於欲，惑情堅固，有類緘繩。豈唯壯年縱恣，抑乃老而愈洫。

【釋文】「其厭」於葉反，徐於冉反，又於感反。「如緘」徐古咸反。「老洫」本亦作溢，同。音逸。郭許鵙反，又已質反。

⑪【注】其利患輕禍，陰結遂志，有如此者。

【疏】莫，無也。陽，生也。耽滯之心，鄰乎死地，欲使反於生道，無由得之。

【釋文】「近死」附近之近。「復陽」陽，謂生也。◎家世父曰：日以心鬭，百變不窮。司是非者有萬應之機，守勝者有一成之見。或久倦思反而殺如秋令，或沈迷不悟而溺為之，亦有深緘其機，無復生人之氣者。人心之相搆，各視所藏之機，以探而取之。

⑫【注】此蓋性情之異者。

【疏】凡品愚迷，(則)〔耽〕執違順，順則喜樂，違則哀怒。然哀樂則重，喜怒則輕。故喜則心生懽悅，樂則形於舞忭。怒則當時嗔恨，哀則舉體悲號，慮則抑度未來，嘆則咨嗟已往，變則改易舊事，慹則屈服不伸，姚則輕浮躁動，佚則奢華縱放，啓則開張情慾，態則嬌淫妖冶。衆生心識，變轉無窮，略而言之，有此十二。審而察之，物情斯見矣。

【釋文】「哀樂」音洛。「慹」之涉反。司馬云：不動貌。「姚」郭音遙，徐李勑弔反。「佚」音逸。「態」勑代反，李又奴載反。

⑬**【注】**此蓋事變之異也。自此以上，略舉天籟之無方；自此以下，明無方之自然也。物各自然，不知所以然而然，則形雖彌異，其⑤然彌同也。

【疏】夫簫管內虛，故能出於雅樂；濕暑氣蒸，故能生成朝菌。亦猶二儀萬物，虛假不真，從無生有，例如菌樂。浮幻若是，喜怒何施！

【釋文】「蒸」之膺反。「成菌」其隕反。向云：結也。「以上」時掌反。

⑭**【注】**日夜相代，代故以新也。夫天地萬物，變化日新，與時俱往，何物萌之哉？自然而然耳。

【疏】日晝月夜，輪轉循環，更相遞代，互爲前後。推求根緒，莫知其狀者也。

【釋文】「萌」武耕反。

⑮**【注】**言其自生。

【疏】已，止也。推求日夜，前後難知，起心虞度，不如止息。又重推旦暮，覆察昏明，亦莫測其所由，固不知其端緒。欲明世間萬法，虛妄不真，推求生死，即體皆寂。故《老經》云，迎之不見其首，隨之而不見其後，理由若此。

【釋文】「旦暮」本又作莫，音同。

【校】①《闕誤》引江南《古藏本》洫作溢。②依下句例補。③怒也依《釋名》改，以下郭則栝三字均依《釋名》刪。④世德堂本其作自。

非彼无我，非我无所取。是亦近矣❶，而不知其所為使❷。若有真宰，而特不得其眹❸。可行已信❹，而不見其形❺，有情而无形❻。百骸，九竅，六藏，賅而存焉❼，吾誰與為親❽？汝皆說之乎？其有私焉❾？如是皆有為臣妾乎❿？其臣妾不足以相治乎⓫？其遞相為君臣乎⓬？其有真君存焉⓭？如求得其情與不得，無益損乎其真⓮。一受其成形，不忘以待盡⓯。與物相刃相靡，其行盡如馳，而莫之能止，不亦悲乎⓰！終身役役而不見其成功⓱，苶然疲役而不知其所歸，可不哀邪⓲！人謂之不死，奚益⓳！其形化，其心與之然，可不謂大哀乎⓴？人之生也，固若是芒乎？其我獨芒，而人亦有不芒者乎㉑？夫隨其成心而師之，誰獨且无師乎㉒？奚必知代而心自取者有之？愚者與有焉㉓。未成乎心而有是非，是今日適越而昔至也㉔。是以無有為有。無有為有，雖有神禹，且不能知，吾獨且奈何哉㉕！

❶【注】彼，自然也。自然生我，我自然生。故自然者，即我之自然，豈遠之哉！

【疏】彼，自然也。取，稟受也。若非自然，誰能生我？若無有我，誰稟自然乎？然我則自然，自然則我，其理非遠，故曰是亦近矣。

❷【注】凡物云云，皆自爾耳，非相爲使也，故任之而理自至矣。

【疏】言我稟受自然，其理已具。足行手捉，耳聽目視，功能御用，各有司存。亭之毒之，非相爲使，無勞措意，直置任之。

【釋文】「相為」于偽反。下未為同。

❸【注】萬物萬情，趣舍不同，若有①真宰使之然也。起索真宰之朕迹，而亦終不得，則明物皆自然，無使物然也。

【疏】夫肢體不同，而御用各異，似有真性，竟無宰主。朕迹攸肇，從何而有？

【釋文】「而特」崔云：特，辭也。「其朕」李除忍反。兆也。「趣舍」七喻反。字或作取。下音捨，或音赦。下皆倣此。「起索」所百反。

❹【注】今夫行者，信己可得行也。

【疏】信己而用，可意而行，天機自張，率性而動，自濟自足，豈假物哉！

❺【注】不見所以得行之形。

【疏】物皆信己而行，不見信可行之貌者也。

❻【注】情當其物，故形不別見也。

【疏】有可行之情智，無信己之形質。

【釋文】「情當」丁浪反，下皆同。「別見」賢遍反。

❼【注】付之自然，而莫不皆存也。

【疏】百骸，百骨節也。九竅，謂眼耳鼻舌口及下二漏也。六藏，六腑也，謂大腸小腸膀胱三焦也。藏，謂五藏，肝心脾肺腎也。賅，備也。言體骨在外，藏腑在內，竅通內外。備此三事以成一身，故言存。

【釋文】「百骸」戶皆反。「六藏」才浪反。案心肺肝脾腎，謂之五藏。大小腸膀胱三焦，謂之六府。身別有九藏氣，天地人。天以候頭角之氣，人候耳目之氣，地候口齒之氣。三部各有天地人，三三而九，神藏五，形藏四，故九。今此云六藏，未見所出。◎李楨曰：《釋文》云，此云六藏，未見所出。成疏遂穿鑿以六為六腑，藏（謂）〔為〕五藏，致與上百官九竅，訓不一例。按《難經》三十九難，五藏亦有六藏者，謂腎有兩藏也。其左為腎，右為命門。命門者，謂精神之所舍也。其氣與腎通，故言藏有六也。「賅」徐古來反。司馬云備也。《小爾雅》同。簡文云：兼也。

⑧【注】直自②存耳。

⑨【注】皆說之，則是有所私也。有私則不能賅而存矣，故不說而自存，不爲而自生也。

【疏】言夫六根九竅，俱是一身，豈有親疏，私存愛悅！若有心愛悅，便是有私。身而私之，理在不可。莫不任置，自有司存。於身既然，在物亦爾。

【釋文】「皆說」音悅，注同。今本多即作悅字。後皆倣此。

⑩【注】若皆私之，則志過其分，上下相冒，而莫爲臣妾矣。臣妾之才，而不安臣妾之任，則失矣。故知君臣上下，手足外內，乃天理自然，豈真人之所爲哉！

【疏】臣妾者，士女之賤職也。且人之一身，亦有君臣之別，至如見色則目爲君而耳爲臣，行步則足爲君手爲臣也。斯乃出自天理，豈人之所爲乎！非關係意親疏，故爲君臣也。郭《注》云，時之所賢者爲君，才不應世者爲臣。治國治身，內外無異。

⑪【注】夫臣妾但各當其分耳，未爲不足以相治也。相治者，若手足耳目，四肢百體，各有所司而更相御用也。

【疏】夫臣妾御用，各有職司，（知）〔如〕手執腳行，當分自足，豈爲手之不足而腳爲行乎？蓋天機自張，無心相爲而治理之也。舉此手足，諸事可知也。

【釋文】「而更」音庚。

⑫【注】夫時之所賢者爲君，才不應世者爲臣。若天之自高，地之自卑，首自在上，足自居下，豈有遞哉！雖無錯於當而必自當也。

【疏】夫首自在上，足自居下；目能視色，耳能聽聲。而用捨有時，故有貴賤。豈措情於上下，而遞代爲君臣乎？但任置無心而必自當也。

【釋文】「其遞」音弟。徐又音第。「不應」應對之應。「無錯」七素反。下同。

⑬【注】任之而自爾，則非僞也。

【疏】直置忘懷，無勞措意，此即真君妙道，存乎其中矣。又解：真君即前之真宰也。言取捨之心，青黃等色，本無自性，緣合而成，不自不他，非無非有，故假設疑問，以明無有真君也。

⑭【注】凡得真性，用其自爲者，雖復皁隸，猶不顧毀譽而自安其業。故知與不知，皆自若也。若乃開希幸之路，以下冒上，物喪其真，人忘其本，則毀譽之間，俯仰失錯也。

【疏】夫心境相感，欲染斯興。是以求得稱情，即謂之爲益；如其不得，即謂之爲損。斯言凡情迷執，有得喪以攖心；道智觀之，無損益於其真性者也。◎家世父曰：彼我相形而有是非，而是非之成於心者，先入而爲之主。是之非之，隨人以爲役，皆臣妾也，而百骸九竅六藏悉攝而從之。夫此攝而從之以聽役於人，與其心之主宰，果有辨乎，果無辨乎？心之主宰有是非，於人何與！求得人之情而是之非之，無能爲益，不得無能爲損。而既搆一是非之形，役心以從之，終其身守而不化，夫是之謂成心。成心者，臣妾之所以聽役也。

【釋文】「雖復」扶又反。下同。「毀譽」音餘。「物喪」息浪反。

⑮**【注】**言性各有分，故知者守知以待終，而愚者抱愚以至死，豈有能中易其性者也！

【疏】夫稟受形性，各有涯量，不可改愚以爲智，安得易醜以爲姸！是故形性一成，終不中途亡失，適可守其分內，待盡天年矣。

⑯**【注】**群品云云，逆順相交，各信其偏見而恣其所行，莫能自反。此（皆）〔比〕③衆人之所悲者，亦可悲矣。而衆人未嘗以此爲悲者，性然故也。物各性然，又何物足悲哉！

【疏】刃，逆也。靡，順也。群品云云，銳情逐境。境既有逆有順，心便執是執非。行有終年，速如馳驟；唯知貪境，曾無止息。格量物理，深可悲傷。

⑰**【注】**夫物情無極，知足者鮮。故得（止）〔此〕④不止，復逐於彼。皆疲役終身，未厭其志，死而後已。故其成功者無時可見也。

【疏】夫物浮競，知足者稀，故得此不休，復逐於彼。所以終身疲役，沒命貪殘，持影繫風，功成何日。

【釋文】「者鮮」息淺反。

⑱【注】凡物各以所好役其形骸，至於疲困苶然。不知所以好此之歸趣云何也！

【疏】苶然，疲頓貌也。而所好情篤，勞役心靈，形魂既弊，苶然困苦。直以信心，好此貪競，責其意謂，亦不知所歸。愚癡之甚，深可哀歎。

【釋文】「苶然」乃結反，徐李乃協反。崔音捻，云：忘貌。簡文云：疲病困之狀。◎盧文弨曰：苶當作茶，字小變耳。今注本乃作薾⑤。《說文》引詩彼薾維何，音義與此異。◎慶藩案苶，司馬作薾。《文選》謝靈運過《始寧墅詩》注引司馬云：薾，極貌也。《釋文》闕。「所好」呼報反。下同。

⑲【注】言其實與死同。

【疏】奚，何也。耽滯如斯，困而不已，有損行業，無益神氣，可謂雖生之日猶死之年也。

⑳【注】言其心形並馳，困而不反，比於凡人所哀，則此真哀之大也。然凡人未嘗以此為哀，則凡所哀者，不足哀也。

【疏】然，猶如此也。念念遷移，新新流謝，其化而為老，心識隨而昏昧，形神俱變，故謂與之然。世之悲哀，莫此甚也。

㉑【注】凡此上事，皆不知其所以然而然，故曰芒也。今未知者皆不知所以知而自知矣，生者〔皆〕⑥不知所以生而自生矣。萬物雖異，至於生不由知，則未有不同者也，故天下莫不芒也。

【疏】芒，闇昧也。言凡人在生，芒昧如是，舉世皆惑，豈有一人不昧者！而莊子體道真人，智用明達，俯同塵俗，故云而我獨芒。郭注稍乖，今不依用。

【釋文】「芒乎」莫剛反，又音亡。芒，芒昧也。簡文云：芒，同也。

㉒【注】夫心之足以制一身之用者，謂之成心。人自師其成心，則人各自有師矣。人各自有師，故付之而自當。

【疏】夫域情滯著，執一家之偏見者，謂之成心。夫隨順封執之心，師之以爲準的，世皆如此，故誰獨無師乎。

㉓【注】夫以成代不成，非知也，心自得耳。故愚者亦師其成心，未肯用其所謂短而舍其所謂長者也。

【疏】愚惑之類，堅執是非，何必知他理長，代己之短，唯欲斥他爲短，自取爲長。如此之人，處處皆有，愚癡之輩，先豫其中。

【釋文】「與有」音豫。◎家世父曰：《說文》，代，更也。今日以為是，明月以為非，而一成乎心，是非迭出而不窮，故曰知代。心以為是，則取所謂是者而是之，心以為非，則取所謂非者而非之，故曰心自取。「而舍」音捨，字亦作捨。下同。

㉔【注】今日適越，昨日何由至哉？未成乎心，是非何由生哉？明夫是非者，群品之所不能無，故至人兩順之。

【疏】吳越路遙，必須積旬方達，今朝發途，昨日何由至哉？欲明是非彼我，生自妄心。言心必也未生，是非從何而有？故先分別而後是非，先造途而後至越。

【釋文】「昔至」崔云：昔，夕也。向云：昔者，昨日之謂也。◎家世父曰：是非者，人我相接而成者也。而必其心先有一是非之凖，而後以為是而是之，以為非而非之。人之心萬應焉而無窮，則是非亦與為無窮。是非因人心而生，物論之所以不齊也。

㉕【注】理無是非，而惑者以爲有，此以無有爲有也。惑心已成，雖聖人不能解，故付之自若而不強知也。

【疏】夏禹，字文命，鯀子，啓父也。《謚法》：泉源流通曰禹，又云：受禪成功曰禹。理無是非而惑者爲有，此用無有爲有也。迷執日久，惑心已成，雖有大禹神人，亦不〔能〕令其解悟。莊生深懷慈救，獨奈之何？故付之自若，不強知之者也。

【釋文】「不強」其丈反。

【校】①趙諫議本若有作有若。②趙本自作目。③④比字及此字依宋本及世德堂本改。⑤世德堂本作蘙。⑥皆字依《道藏》焦竑本補。

夫言非吹也，言者有言❶，其所言者特未定也❷。果有言邪❸？其未嘗有言邪❹？其以為異於鷇音，亦有辯乎，其無辯乎❺？道惡乎隱而有真偽❻？言惡乎隱而有是非❼？道惡乎往而不存❽？言惡乎存而不可❾？道隱於小成❿，言隱於榮華⓫。故有儒墨之是非⓬，以是其所非而非其所是⓭。欲是其所非而非其所是，則莫若以明⓮。

❶【注】各有所說，故異於吹。

【疏】夫名言之與風吹，皆是聲法，而言者必有詮辯，故曰有言。

【釋文】「吹也」如字，又叱瑞反。崔云：吹，猶籟也。

❷【注】我以爲是而彼以爲非，彼之所是，我又非之，故未定也。未定也者，由彼我之情偏。

【疏】雖有此言，異於風吹，而咸言我是，僉曰彼非。既彼我情偏，故獨未定者也。

❸【注】以爲有言邪？然未足以有所定。

❹【注】以爲無言邪？則據己已有言。

【疏】果，決定也。此以爲是，彼以爲非，此以爲非，而彼以爲是。既而是非不定，言何所詮！故不足稱定有言也。然彼此偏見，各執是非，據己所言，故不可以爲無言也。

❺【注】夫言與鷇音，其致一也，有辯無辯，誠未可定也。天下之情不必同而所言不能異，故是非紛紜，莫知所定。

【疏】辯，別也。鳥子欲出卵中而鳴，謂之鷇音也，言亦帶殼曰鷇。夫彼此偏執，不定是非，亦何異鷇鳥之音，有聲無辯！故將言說異於鷇音者，恐未足以爲別者也。

【釋文】「鷇」苦豆反，李音㲉。司馬云：鳥子欲出者也。

❻【疏】惡乎，謂於何也。虛通至道，非真非僞，於何逃匿而真僞生焉？

【釋文】「惡乎」音烏。下皆同。「真僞」一本作真詭。崔本作真然。

❼【注】道焉不在！言何隱蔽而有真僞，是非之名紛然而起？

【疏】至教至言，非非非是，於何隱蔽，有是有非者哉？

【釋文】「道焉」於虔反。

⑧【注】皆存。

【疏】存，在也。陶鑄生靈，周行不殆，道無不徧，于何不在乎！所以在僞在真而非真非僞也。

⑨【注】皆可。

【疏】玄道真言，隨物生殺，何往不可而言隱邪？故可是可非，而非非非是者也。

⑩【疏】小成者，謂仁義五德，小道而有所成得者，謂之小成也。世薄時澆，唯行仁義，不能行於大道，故言道隱於小成，而道不可隱也。故老君云，大道廢，有仁義。

⑪【注】夫小成榮華，自隱於道，而道不可隱。則真僞是非者，行於榮華而止於實當，見於小成而滅於大全也。

【疏】榮華者，謂浮辯之辭，華美之言也。只爲滯於華辯，所以蔽隱至言。所以《老君經》云，信言不美，美言不信。

【釋文】「實當」丁浪反。後可以意求，不復重出。「見於」賢遍反。

⑫【疏】昔有鄭人名緩，學於（求）〔裘〕①氏之地，三年藝成而化爲儒。儒者祖述堯舜，憲章文武，行仁義之道，辯尊卑之位，故謂之儒也。緩弟名翟，緩化其弟，遂成於墨。墨者，禹道也。尚賢崇禮，儉以兼愛，摩頂放踵以救蒼生，此謂之墨也。而緩翟二人，親則兄弟，各執一教，更相

是非。緩恨其弟，感激而死。然彼我是非，其來久矣。爭競之甚，起自二賢，故指此二賢爲亂群之帥。是知道喪言隱，方督是非。

⑬【注】儒墨更相是非，而天下皆儒墨也。故百家並起，各私所見，而未始出其方也。

【疏】天下莫不自以爲是，以彼爲非，彼亦與汝爲非，自以爲是。故各用己是是彼非，各用己非非彼是。

【釋文】「更相」音庚。

⑭【注】夫有是有非者，儒墨之所是也；無是無非者，儒墨之所非也。今欲是儒墨之所非而非儒墨之所是者，乃欲明無是無非也。欲明無是無非，則莫若還以儒墨反覆相明。反覆相明，則所是者非是而所非者非非矣。非非則無非，非是則無是。

【疏】世皆以他爲非，用己爲是。今欲翻非作是，翻是作非者，無過還用彼我，反覆相明。反覆相明，則所非者非非則無非，所是者非是則無是。無是則無非，故知是非皆虛妄耳。◎家世父曰：郭象云，有是有非者儒墨之所是也，無是無非者儒墨之所非也。今欲是儒墨之所非而非儒墨之所是，莫若還以儒墨反覆相明，則所是者非是而所非者非非矣。今觀墨子之書及孟子之闢楊墨，儒墨互相是非，各據所見以求勝，墨者是之，儒者非焉。是非所由成，彼是之所由分也。彼是有對待之形，而是非兩立，則所持之是非非是非也，彼是之見存也。莫若以明者，還以彼是之所明，互取以相證也。郭注誤。

【釋文】「反覆」芳服反。下同。

【校】①裘字依漁父篇改。

物无非彼，物无非是❶。自彼則不見，自知則知之❷。故曰彼出於是，是亦因彼❸。彼是方生之說也，雖然，方生方死，方死方生；方可方不可，方不可方可；因是因非，因非因是❹。是以聖人不由，而照之於天，亦因是也❺。是亦彼也❻，彼亦是也❼。彼亦一是非，此亦一是非❽。果且有彼是乎哉？果且无彼是乎哉❾？彼是莫得其偶，謂之道樞❿。樞始得其環中，以應无窮⓫。是亦一无窮，非亦一无窮也⓬。故曰莫若以明。以指喻指之非指，不若以非指喻指之非指也；以馬喻馬之非馬，不若以非馬喻馬之非馬也⓭。天地一指也，萬物一馬也⓮。

❶【注】物皆自是，故無非是；物皆相彼，故無非彼。無非彼，則天下無是矣；無非是，則天下無彼矣。無彼無是，所以玄同也。

【疏】注曰，物皆自是，故無非是，物皆相彼，故無非彼。無非彼也，則天下無是矣；無非是也，則天下無彼矣。無彼無是，所以玄同。此注理盡，無勞別釋。

❷【疏】自爲彼所彼，此則不自見，自知己爲是，便則知之；物之有偏也，例皆如是。若審能見他見自，故無是無非也。

❸【注】夫物之偏也，皆不見彼之所見，而獨自知其所知。自知其所知，則自以爲是。自以爲是，則以彼爲非矣。故曰彼出於是，是亦因彼，彼是相因而生者也。

【疏】夫彼對於此，是待於非，文家之大體也。今言彼出於是者，言約理微，舉彼角勢也；欲示舉彼明此，舉是明非也。而彼此是非，相因而有，推求分析，即體皆空也。

❹【注】夫死生之變，猶春秋冬夏四時行耳。故死生之狀雖異，其於各安所遇，一也。今生者方自謂生爲生，而死者方自謂生爲死，則無生矣。生者方自謂死爲死，而死者方自謂死爲生，則無死矣。無生無死，無可無不可，故儒墨之辨，吾所不能同也；至於各冥其分，吾所不能異也。

【疏】方，方將也。言彼此是非，無異生死之說也。夫生死交謝，(由)〔猶〕寒暑之遞遷。而生者以生爲生，而死者將生爲死，亦如是者以是爲是，而非者以是爲非。故知因是而非，因非而是。因非而是，則無是矣；因是而非，則無非矣。是以無是無非，非生無死，無可無不可，何彼此之論乎！

❺【注】夫懷豁者，因天下之是非而自無是非也。故不由是非之塗而是非無患不當者，直明其天然而無所奪故也。

【疏】天，自然也。聖人達悟，不由是得非，直置虛凝，照以自然之智。只因此是非而得無非無是，終不奪有而別證無。

❻【注】我亦爲彼所彼。

❼【注】彼亦自以爲是。

【疏】我自以爲是，亦爲彼之所非；我以彼爲非，而彼亦以自爲是也。

❽【注】此亦自是而非彼，彼亦自是而非此，此與彼各有一是一非於體中也。

【疏】此既自是，彼亦自是；此既非彼，彼亦非此；故各有一是，各有一非也。

❾【注】今欲謂彼爲彼，而彼復自是；欲謂是爲是，而是復爲彼所彼；故彼是有無，未果定也。

【疏】夫彼此是非，相待而立，反覆推討，舉體浮虛。自以爲是，此則不無；爲彼所彼，此則不有。有無彼此，未可決定。

【釋文】「彼復」扶又反。下同。

❿【注】偶，對也。彼是相對，而聖人兩順之。故無心者與物冥，而未嘗有對於天下也。（樞，要也）①。此居其樞要而會其玄極，以應夫無方也。

【疏】偶，對也。樞，要也。體夫彼此俱空，是非兩幻，凝神獨見而無對於天下者，可謂會其玄極，得道樞要也。前則假問有無，待奪不定；此則重明彼此，當體自空。前淺後深，所以爲次也。

【釋文】「道樞」尺朱反。樞，要也。「以應」應對之應。前注同。後可以意求，不復重音。

⓫【注】夫是非反覆，相尋無窮，故謂之環。環中，空矣；今以是非爲環而得其中者，無是無非也。無是無非，故能應夫是非。是非無窮，故應亦無窮。

【疏】夫絕待獨化，道之本始，爲學之要，故謂之樞。環者，假有二竅；中者，真空一道。環中空矣，以明無是無非。是非無窮，故應亦無窮也。◎家世父曰：是非兩化而道存焉，故曰道樞。握道之樞以游乎環中，中，空也。是非反復，相尋無窮，若循環然。游乎空中，不爲是非所役，而後可以應無窮。◎慶藩案唐釋湛然《止觀輔行傳》宏決引《莊子古注》云：以圓環內空體無際，故曰環中。

⑫【注】天下莫不自是而莫不相非，故一是一非，兩行無窮。唯涉空得中者，曠然無懷，乘之以游也。

【疏】夫物莫不自是，故是亦一無窮；莫不相非，故非亦一無窮。唯彼我兩忘，是非雙遣，而得環中之道者，故能大順蒼生，乘之遊也。

⑬【疏】指，手指也。馬，戲籌也。喻，比也。言人是非各執，彼我異情，故用己指比他指，即用他指爲非指；復將他指比汝指，汝指於他指復爲非指矣。指義既爾，馬亦如之。所以諸法之中獨奉指者，欲明近取諸身，切要無過於指，遠託諸物，勝負莫先於馬，故舉二事以況是非。

⑭【注】夫自是而非彼，彼我之常情也。故以我指喻彼指，則彼指於我指獨爲非指矣。此以指喻指之非指也。若復以彼指還喻我指，則我指於彼指復爲非指矣。此(亦)〔以〕②非指喻指之非指也。將明無是無非，莫若反覆相喻。反覆相喻，則彼之與我，既同於自是，又均於相非。均於相非，則天下無是；同於自是，則天下無非。何以明其然邪？是若果是，則天下不得(彼)〔復〕③有非之者也。非若果非，〔則天下〕④亦不得復有是之者也。今是非無主，紛然淆亂，明此區區者各信其偏見而同於一致耳。仰觀俯察，莫不皆然。是以至人知天地一指也，萬物一馬也，故浩然大寧，而天地萬物各當其分，同於自得，而無是無非也。

【疏】天下雖大，一指可以蔽之；萬物雖多，一馬可以理盡。何以知其然邪？今以彼我是非反覆相喻，則所是者非是，所非者非非。故知二儀萬物，無是無非者也。

【釋文】「天地一指也萬物一馬也」崔云：指，百體之一體；馬，萬物之一物。「浩然」戶老反。

【校】①樞要也三字依焦竑本補。②③以字復字依宋本改。④則天下三字依焦竑本補。

可乎可❶，不可乎不可❷。道行之而成❸，物謂之而然❹。惡乎然？然於然。惡乎不然？不然於不然❺。物固有所然，物固有所可❻。无物不然，无物不可❼。故為是舉莛與楹，厲與西施，恢恑憰怪，道通為一❽。其分也，成也❾；其成也，毀也❿。凡物无成與毀，復通為一⓫。唯達者知通為一，為是不用而寓諸庸⓬。庸也者，用也；用也者，通也；通也者，得也⓭；適得而幾矣⓮。因是已⓯。已而不知其然，謂之道⓰。勞神明為一而不知其同也⓱，謂之朝三⓲。何謂朝三？狙公賦芧，曰：「朝三而暮四，」眾狙皆怒。曰：「然則朝四而暮三，」眾狙皆悅。名實未虧而喜怒為用，亦因是也⓳。是以聖人和之以是非而休乎天鈞⓴，是之謂兩行㉑。

❶【注】可於己者，即謂之可。

❷【注】不可於己者，即謂之不可。

【疏】夫理無是非，而物有違順，故順其意者則謂之可，乖其情者則謂之不可。違順既空，故知可不可皆妄也。

❸【注】無不成也。

【疏】大道曠蕩，亭毒含靈，周行萬物，無不成就。故在可成於可，而不當於可；在不可成不可，亦不當於不可也。

❹【注】無不然也。

【疏】物情顛倒，不達違從，虛計是非，妄爲然不。

❺【疏】心境兩空，物我雙幻，於何而有然法，遂執爲然？於何不然爲不然也？

❻【注】各然其所然，各可其所可。

【疏】物情執滯，觸境皆迷，必固（爲）〔謂〕有然，必固謂有可，豈知可則不可，然則不然邪！

❼【疏】群品云云，各私所見，皆然其所然，可其所可。

【釋文】「無物不然無物不可」崔本此下更有可於可，而不可於不可，不可於不可，而可於可也。

❽【注】夫莛橫而楹縱，厲醜而西施好。所謂齊者，豈必齊形狀，同規矩哉！故舉縱橫好醜，恢恑憰怪，各然其所然，各①可其所可，則理雖萬殊而性同得，故曰道通爲一也。

【疏】爲是義故，略舉八事以破之。莛，屋梁也。楹，舍柱也。厲，病醜人也。西施，吳王美姬也。恢者，寬大之名。恑者，奇變之稱。憰者，矯詐之心。怪者，妖異之物。夫縱橫美惡，物見所以萬殊；恢憰奇異，世情用（之）爲顛倒。故有是非可不可，迷執其分。今以玄道觀之，本來無二，是以妍醜之狀萬殊，自得之情惟一，故曰道通爲一也。

【釋文】「故為」于僞反。下為是皆同。「莛」徐音庭，李音挺。司馬云：屋梁也。「楹」音盈。司馬云：屋柱也。◎俞樾曰：司馬以莛為屋梁，楹為屋柱，故郭云莛橫而楹縱。案《說文》：莛，莖也。屋梁之說，初非本義。《漢書・東方朔傳》以莛撞鍾，《文選・答客難篇》莛作筳。李注引《說苑》曰：建天下之鳴鐘，撞之以筳，豈能發其音聲哉！筳與莛通。是古書言莛者，謂其小也。莛楹以大小言，厲西施以好醜言。舊說非是。「厲」如字，惡也。李音賴。司馬云：病癩。「西施」司馬云：夏姬也。案句踐所獻吳王美女也。「恢」徐苦回反，大也。郭苦虺反。簡文本作弔。◎盧文弨曰：案弔音的。下恑字與詭同。弔詭見下文。「恑」九委反，徐九彼反。李云：戾也。「憰怪」音決。李云：憰，乖也。怪，異也。◎家世父曰：可不可，然不然，達者委而不用，而即寓用於不用之中，故通為一。「楹縱」本亦作從，同。將容反。

⑨【注】夫物或此以爲散而彼以爲成。

【疏】夫物或於此爲散，於彼爲成，欲明聚散無恆，不可定執。此則於不二之理更舉論端者也。

【釋文】「其分」如字。

⑩【注】我之所謂成而彼或謂之毀。

【疏】或於此爲成，於彼爲毀。物之涉用，有此不同，則散毛成氈，伐木爲舍等也。

⑪【注】夫成毀者，生於自見而不見彼也。故無成與毀，猶無是與非也。

【疏】夫成毀是非，生次偏滯者也。既成毀不定，是非無主，故無成毀，通而一之。

【釋文】「復通」扶又反。

⑫【疏】寓，寄也。庸，用也。唯當達道之夫，凝神玄鑒，故能去彼二偏，通而爲一。爲是義故，成功不處，用而忘用，寄用群材也。

⑬【注】夫達者無滯於一方，故忽然自忘，而寄當於自用。自用者，莫不條暢而自得也。

【疏】夫有夫至功而推功於物，馳馭億兆而寄用群材者，其惟聖人乎！是以應感無心，靈通不滯，可謂冥真體道，得玄珠於赤水者也。

⑭【注】幾，盡也。至理盡於自得也。

【疏】幾，盡也。夫得者，內不資於我，外不資於物，無思無爲，絕學絕待，適爾而得，蓋無所由，與理相應，故能盡妙也。

【釋文】「幾矣」音機，盡也。下同。徐具衣反。

⑮【注】達者因而不作。

【疏】夫達道之士，無作無心，故能因是非而無是非，循彼我而無彼我。我因循而已，豈措情哉！

⑯【注】夫達者之因是，豈知因爲善而因之哉？不知所以因而自因耳，故謂之道也。

【疏】已而者，仍前生後之辭也。夫至人無心，有感斯應，譬彼明鏡，方茲虛谷，因循萬物，影響蒼生，不知所以然，不知所以應，豈有情於臧否而係於利害者乎！以法因人，可謂自然之道也。

【釋文】「謂之道」向郭絕句。崔讀謂之道勞，云：因自然是道之功也。

⑰【疏】夫玄道妙一，常湛凝然，非由心智謀度而後不二。而愚者勞役神明邂逅言辯而求一者，與彼不一無以異矣，不足〔類〕〔賴〕②也。不知至理，理自混同，豈俟措心，方稱不二耶！

⑱【疏】此起譬也。◎家世父曰：謂之朝三，明以朝三爲義也。蓋賦芧在朝，故以得四而喜，得三而怒，皆所見惟目前之一隅也，是以謂之因也。疏謂混同萬物以爲其一因以爲一者無異衆狙之惑解因是也一語，大謬。

⑲【注】夫達者之於一，豈勞神哉？若勞神明於爲一，不足賴也，與彼不一者無以異矣。亦同衆狙之惑，因所好而自是也。

【疏】此解譬也。狙，獼猴也。賦，付與也。芧，橡子也，似栗而小也。《列子》曰：宋有養狙老翁，善解其意，戲狙曰：「吾與汝芧，朝三而暮四，足乎？」衆狙皆起而怒。又曰：「我與汝朝四而暮三，足乎？」衆狙皆伏而喜焉。朝三暮四，朝四暮三，其於七數，並皆是一。名既不虧，實亦無損，而一喜一怒，爲用愚迷。此亦同其所好，自以爲是。亦猶勞役心慮，辯飾言詞，混同萬物以爲其一因以爲一者，亦何異衆狙之惑耶！

【釋文】「狙公」七徐反，又緇慮反。司馬云：狙公，典狙官也。崔云：養猨狙者也。李云：老狙也。《廣雅》云：狙，獼猴。「賦芧」音序，徐食汝反，李音予。司馬云：橡子也。「朝三暮四」司馬云：朝三升，暮四升也。「所好」呼報反。下文皆同。

⑳【注】莫之偏任，故付之自均而止也。

【疏】天均者，自然均平之理也。夫達道聖人，虛懷不執，故能和是於無是，同非於無非，所以息智乎均平之鄉，休心乎自然之境也。

【釋文】「天鈞」本又作均。崔云：鈞，陶鈞也。

㉑**【注】**任天下之是非。

【疏】不離是非而得無是非，故謂之兩行。

【校】①趙諫議本無各字。②賴字依下注文改。

古之人，其知有所至矣❶。惡乎至❷？有以為未始有物者，至矣，盡矣，不可以加矣❸。其次以為有物矣，而未始有封也❹。其次以為有封焉，而未始有是非也❺。是非之彰也，道之所以虧也❻。道之所以虧，愛之所之成❼。果且有成與虧乎哉？果且无成與虧乎哉❽？有成與虧，故昭氏之鼓琴也；無成與虧，故昭氏之不鼓琴也❾。昭文之鼓琴也，師曠之枝策也，惠子之據梧也，三子之知幾乎❿，皆其盛者也，故載之末年⓫。唯其好之也，以異於彼⓬，其好之也，欲以明之⓭。彼非所明而明之，故以堅白之昧終⓮。而其子又以文之綸終，終身无成⓯。若是而可謂成乎？雖我亦成也①⓰。若是而不可謂成乎？物與我無成也⓱。是故滑疑之耀，聖人之所圖也。為是不用而寓諸庸，此之謂以明⓲。

❶**【疏】**至，造極之名也。淳古聖人，運智虛妙，雖復和光混俗，而智則無知，動不乖寂，常真妙本。所至之義，列在下文也。

❷【疏】假設疑問，於何而造極耶？

❸【注】此忘天地，遺萬物，外不察乎宇宙，內不覺其一身，故能曠然無累，與物俱往，而無所不應也。

【疏】未始，猶未曾。世所有法，悉皆非有，唯物與我，內外咸空，四句皆非，蕩然虛靜，理盡於此，不復可加。答於前問，意以明至極者也。

❹【注】雖未都忘，猶能忘其彼此。

【疏】初學大賢，鄰乎聖境，雖復見空有之異，而未曾封執。

❺【注】雖未能忘彼此，猶能忘彼此之是非也。

【疏】通欲難除，滯物之情已有；別惑易遣，是非之見猶忘也。

❻【注】無是非乃全也。

【疏】夫有非有是，流俗之鄙情；無是無非，達人之通鑒。故知彼我彰而至道隱，是非息而妙理全矣。

❼【注】道虧則情有所偏而愛有所成，未能忘愛釋私，玄同彼我②也。

【疏】虛玄之道，既以虧損，愛染之情，於是乎成著矣。

❽【注】有之與無，斯不能知，乃至。

【疏】果，決定也。夫道無增減，物有虧成。是以物愛既成，謂道爲損，而道實無虧也。故假設論端以明其義。有無既不決定，虧成理非實錄。

⑨【注】夫聲不可勝舉也。故吹管操絃，雖有繁手，遺聲多矣。而執籥鳴弦者，欲以彰聲也，彰聲而聲遺，不彰聲而聲全。故欲成而虧之者，昭文之鼓琴也；不成而無虧者，昭文之不鼓琴也。

【疏】姓昭，名文，古之善鼓琴者也。夫昭氏鼓琴，雖云巧妙，而鼓商則喪角，揮宮則失徵，未若置而不鼓，則五音自全。亦（由）〔猶〕有成有虧，存情所以乖道；無成無虧，忘智所以合真者也。

【釋文】「可勝」音升。「操弦」七刀反，「執籥」羊灼反。「昭文」司馬云：古善琴者。

⑩【注】幾，盡也。夫三子者，皆欲辯非己所明以明之，故知盡慮窮，形勞神倦，或枝策假寐，或據梧而瞑。

【疏】師曠，字子野，晉平公樂師，甚知音律。支，柱也。策，打鼓（枝）〔杖〕也，亦言擊節（枝）〔杖〕③也。梧，琴也；今謂不爾。昭文已能鼓琴，何容二人共同一伎？況檢典籍，無惠子善琴之文。而言據梧者，只是以梧几而據之談說，猶隱几者也。幾，盡也。昭文善能鼓琴，師曠妙知音律，惠施好談名理。而三子之性，稟自天然，各以己能明示於世。世既不悟，己又疲怠，遂使柱策假寐，或復凭几而瞑。三子之能，咸盡於此。

【釋文】「枝策」司馬云：枝，柱也。策，杖也。崔云：舉杖以擊節。「據梧」音吾。司馬云：梧，琴也。崔云：琴瑟也。「之知」音智。「而瞑」亡千反。

⑪【注】賴其盛，故能久，不爾早困也。

【疏】惠施之徒，皆少年盛壯，故能運載形智。至於衰末之年，是非少盛，久當困苦也。

【釋文】「故載之末年」崔云：書之於今也。

⑫【注】言此三子，唯獨好其所明，自以殊於眾人。

【疏】三子各以己之所好，耽而翫之，方欲矜其所能，獨異於物。

⑬【注】明示眾人，欲使同乎我之所好。

【疏】所以疲倦形神好之不已者，欲將己之道術明示眾人也。

⑭【注】是猶對牛鼓簧耳。彼竟不明，故己之道術終於昧然也。

【疏】彼，眾人也。所明，道術也。白，即公孫龍守白馬論也。姓公孫，名龍，趙人。當六國時，弟子孔穿之徒，堅執此論，橫行天下，服眾人之口，不服眾人之心。言物稟性不同，所好各異，故知三子道異，非眾人所明。非明而強示之，彼此終成暗昧。亦何異乎堅執守白之論眩惑世間，雖弘辯如流，終有言而無理也！

【釋文】「堅白」司馬云：謂堅石白馬之辯也。又云：公孫龍有淬劍之法，謂之堅白。崔同。又云：或曰，設矛伐之說為堅，辯白馬之名為白。◎盧文弨曰：伐即盾也，亦作瞂，又作瞂，音皆同。「鼓簧」音黃。

⑮【注】昭文之子又乃終文之緒，亦卒不成。

【疏】綸，緒也。音昭文之子亦乃荷其父業，終其綸緒，卒其年命，竟無所成。況在它人，如何放哉？

【釋文】「之綸」音倫。崔云：琴瑟絃也。◎俞樾曰：《釋文》綸音倫，崔云琴瑟絃也。然以文之絃終，其義未安。郭《注》曰，昭文之子又乃終文之緒，則是訓綸為緒。今以文義求之。上文曰彼非所明而明之，故以堅白之昧終，之昧與之綸，必相對為文。《周易・繫辭傳》，故能彌綸天地之道，京房注曰：綸，知也。《淮南子・說山篇》，以小明大，以近論遠，高誘注曰：論，知也。古字綸與論通。《淮南》與明對言，則綸亦明也。以文之綸終，謂以文之所知者終，即是以文之明終。蓋彼非所明而明之，故以堅白之昧終；而昭文之子又以文之明終，則仍是非所明而明矣，故下曰終身無成也。郭注尚未達其恉。

⑯【注】此三子雖求明於彼，彼竟不明，所以終身無成。若三子而可謂成，則雖我之不成亦可謂成也。

【疏】我，眾人也。若三子異於眾人，遂自以爲成，而眾人異於三子，亦可謂之成也。

⑰【注】物皆自明而不明彼，若彼不明，即謂不成，則萬物皆相與無成矣。故聖人不顯此以耀彼，不捨己而逐物，從而任之，各（宜）〔冥〕④其所能，故曲成而不遺也。今三子欲以己之所好明示於彼，不亦妄乎！

【疏】若三子之與眾物相與而不謂之成乎？故知眾人之與三子，彼此共無成矣。

⑱【注】夫聖人無我者也。故滑疑之耀，則圖而域之；恢恑憰怪，則通而一之；使群異各安其所安，眾人不失其所是，則己不用於物，而萬物之用用矣。物皆自用，則孰是孰非哉！故雖放蕩之變，屈奇之異，曲而從之，寄之自用，則用雖萬殊，歷然自明。

【疏】夫聖人者，與天地合其德，與日月齊其明。故能晦迹同凡，韜光接物，終不眩耀群品，亂惑蒼生，亦不矜己以率人，而各域限於分內，忘懷大順於萬物，爲是寄〔用〕於群才。而此運心，斯可謂聖明真知也。

【釋文】「滑疑」古沒反。司馬云：亂也。「屈奇」求物反。

【校】①《闕誤》引江南《古藏》本作雖我無成亦可謂成矣。②趙諫議本我作此。③杖字依《釋文》改。④冥字依宋本及世德堂本改。

今且有言於此，不知其與是類乎？其與是不類乎？類與不類，相與為類，則與彼无以異矣❶。雖然，請嘗言之❷。有始也者❸，有未始有始也者❹，有未始有夫未始有始也者❺。有有也者❻，有无也者❼，有未始有无也者❽，有未始有夫未始有无也者❾。俄而有无矣，而未知有无之果孰有孰无也❿。今我則已有謂矣⓫，而未知吾所謂之其果有謂乎，其果无謂乎⓬？天下莫大於秋豪之末，而大山為小；莫壽於殤子，而彭祖為夭。天地與我並生，而萬物與我為一⓭。既已為一矣，且得有言乎⓮？既已謂之一矣，且得无言乎⓯？一與言為二，二與一為三。自此以往，巧曆不能得，而況其凡乎⓰！故自无適有以至於三，而況自有適有乎⓱！无適焉，因是已⓲。

❶【注】今以言無是非，則不知其與言有者類乎不類乎？欲謂之類，則我以無爲是，而彼以無爲非，斯不類矣。然此雖是非不同，亦固未免於有是非也，則與彼類矣。故曰類與不類又相與爲類，

則與彼無以異也。然則將大不類，莫若無心，既遣①是非，又遣其遣。遣之又遣之以至於無遣，然後無遣無不遣而是非自去矣。

【疏】類者，輩徒相似之類也。但群生愚迷，滯是滯非。今論乃欲反彼世情，破茲迷執，故假且說無是無非，則用爲真道。是故復言相與爲類，此則遣於無是無非也。既而遣之又遣，方至重玄也。

❷【注】至理無言，言則與類，故試寄②言之。

【疏】嘗，試也。夫至理雖復無言，而非言無以詮理，故試寄言，彷象其義。

❸【注】有始則有終。

【疏】此假設疑問，以明至道無始無終，此遣於始終也。

❹【注】謂無終始而一死生。

【疏】未始，猶未曾也。此又假問，有未曾有始終不。此遣於無始終也。

❺【注】夫一之者，未若不一而自齊，斯又忘其一也。

【疏】此又假問，有未曾有始也者。斯則遣於無始無終也。

❻【注】有有則美惡是非具也。

【疏】夫萬象森羅，悉皆虛幻，故標此有，明即以有體空。此句遣有也。

❼【注】有無而未知無無也，則是非好惡猶未離懷。

【疏】假問有此無不。今明非但有即不有，亦乃無即不無。此句遣於無也。

【釋文】「好惡」並如字。「未離」力智反。

❽【注】知無無矣，而猶未能無知。

【疏】假問有未曾有無不。此句遣非。

❾【疏】假問有未曾未曾有無不。此句遣非非無也。而自淺之深，從麁入妙，始乎有有，終乎非無。是知離百非，超四句，明矣。前言始終，此則明時；今言有無，此則辯法；唯時與法，皆虛靜者也。

❿【注】此都忘其知也，爾乃俄然始了無耳。了無，則天地萬物，彼我是非，豁然確斯也。

【疏】前從有無之迹入非非有無之本，今從非非有無之體出有無之用。而言俄者，明即體即用，俄爾之間，蓋非賒遠也。夫玄道窈冥，真宗微妙。故俄而用，則非有無而有無，用而體，則有無非有無也。是以有無不定，體用無恆，誰能決定無耶？誰能決定有耶？此又就有無之用明非有非無之體者也。

【釋文】「俄而」徐音峩。「確斯」苦角反。斯，又作澌，音賜，李思利反。◎盧文弨曰：斯訓盡，與澌賜義同。

⓫【注】謂無是非，即復有謂。

【釋文】「即復」扶又反。

⓬【注】又不知謂之有無，爾乃蕩然無纖芥於胷中也。

【疏】謂，言也。莊生復無言也。理出有言之教，即前請嘗言之類是也。既寄此言以詮於理，未知斯言定有言耶，定無言耶。欲明理家非默非言，教亦非無非有。恐學者滯於文字，故致此辭。

【釋文】「纖介」古邁反，又音界。◎盧文弨曰：今本介作芥。

⑬【注】夫以形相對，則大山大於秋豪也。若各據其性分，物冥其極，則形大未爲有餘，形小不爲不足。〔苟各足〕③於其性，則秋豪不獨小其小而大山不獨大其大矣。若以性足爲大，則天下之足未有過於秋豪也；〔其〕〔若〕性足者〔爲〕〔非〕④大，則雖大山亦可稱小矣。故曰天下莫大於秋豪之末而大山爲小。大山爲小，則天下無大矣；秋豪爲大，則天下無小也。無小無大，無壽無夭，是以蟪蛄不羨大椿而欣然自得，斥鴳不貴天池而榮願以足。苟足於天然而安其性命⑤，故雖天地未足爲壽而與我並生，萬物未足爲異而與我同得。則天地之生又何不併，萬物之得又何不一哉！

【疏】秋時獸生豪毛，其末至微，故謂秋豪之末也。人生在於襁褓而亡，謂之殤子。太，大也。夫物之生也，形氣不同，有小有大，有夭有壽。若以性分言之，無不自足。是故以性足爲大，天下莫大於豪末；無餘爲小，天下莫小於大山。大山爲小，則天下無大；豪末爲大，則天下無小。小大既爾，夭壽亦然。是以兩儀雖大，各足之性乃均；萬物雖多，自得之義唯一。前明不終不始，非有非無；此明非小非大，無夭無壽耳。

【釋文】「秋豪」如字。依字應作毫。司馬云：兔毫在秋而成。王逸注《楚辭》云：鋭毛也。案毛至秋而耎細，故以喻小也。「大山」音泰。「殤子」短命者也。或云：年十九以下為殤。

⑭【注】萬物萬形，同於自得，其得一也。已自一矣，理無所言。

⑮【注】夫名謂生於不明者也。物或不能自明其一而以此逐彼，故謂一以正之。既謂之一，即是

有言矣。

【疏】夫玄道冥寂，理絕形聲，誘引迷途，稱謂斯起。故一雖玄統，而猶是名教。既謂之一，豈曰無言乎！

⑯【注】夫以言言一，而一非言也，則一〔與〕⑥言爲二矣。一既一矣，言又二之；有一有二，得不謂之三乎！夫以一言言之，猶乃成三，況尋其支流，凡物殊稱，雖有善數，莫之能紀也。故一之者與彼未殊，而忘⑦一者無言而自一。

【疏】夫妙一之理，理非所言，是知以言言一而一非言也。且一既一矣，言又言焉；有一有言，二名斯起。覆將後時之二名，對前時之妙一，有一有二，得不謂之三乎！從三以往，假有善巧算曆之人，亦不能紀得其數，而況凡夫之類乎！

【釋文】「殊稱」尺證反。「善數」色主反。

⑰【注】夫一，無言也，而有言則至三。況尋其末數，其可窮乎！

【疏】自，從也。適，往也。夫至理無言，言則名起。故從無言以往有言，纔言則至乎三。況從有言往有言，枝流分派，其可窮乎！此明一切萬法，本無名字，從無生有，遂至於斯矣。

⑱【注】各止於其所能，乃最是也。

【疏】夫諸法空幻，何獨名言！是知無即非無，有即非有，有無名數，當體皆寂。既不從無以適有，豈復自有以適有耶！故無所措意於往來，因循物性而已矣。

【校】①趙諫議本遺作遺，下並同。②趙本寄作嘗。③苟各足三字依趙本及世德堂本補。④若字非字依趙本及世德堂本改。⑤命字趙本作分，世德堂本作命。⑥與字依世德堂本補。⑦趙本忘作亡。

夫道未始有封❶，言未始有常❷，為是而有畛也❸，請言其畛❹：有左，有右❺，有倫，有義❻，有分，有辯❼，有競，有爭❽，此之謂八德❾。六合之外，聖人存而不論❿；六合之內，聖人論而不議⓫。春秋經世先王之志，聖人議而不辯⓬。故分也者，有不分也；辯也者，有不辯也⓭。曰：何也⓮？聖人懷之⓯，眾人辯之以相示也。故曰辯也者有不見也⓰。夫大道不稱⓱，大辯不言⓲，大仁不仁⓳，大廉不嗛⓴，大勇不忮㉑。道昭而不道㉒，言辯而不及㉓，仁常而不成①㉔，廉清而不信㉕，勇忮而不成㉖。五者园而幾向方矣㉗，故知止其所不知，至矣㉘。孰知不言之辯，不道之道？若有能知，此之謂天府㉙。注焉而不滿，酌焉而不竭㉚，而不知其所由來㉛，此之謂葆光㉜。

❶【注】冥然無不在也。

【疏】夫道無不在，所在皆無，蕩然無際，有何封域也。

【釋文】「夫道未始有封」崔云，《齊物》七章，此連上章，而班固說在外篇。

❷【注】彼此言之，故是非無定。

【疏】道理虛通，既無限域，故言教隨物，亦無常定也。

❸【注】道無封，故萬物得恣其分域。

【疏】畛，界畔也。理無崖域，教隨物變，（是）爲〔是〕義故，畛分不同。

【釋文】「為是」于僞反。「有畛」徐之忍反，郭李音真。謂封域畛陌也。

❹【疏】（畛）假設問旨，發起後文也。

❺【注】各異便也。

【疏】左，陽也。右，陰也。理雖凝寂，教必隨機。畛域不同，昇沈各異，故有東西左右，春秋生殺。

【釋文】「有左有右」崔本作宥，在宥也。◎盧文弨曰：舊作崔本作有，譌。案下云在宥也，則當作宥明甚。今改正。「異便」婢面反。

❻【注】物物有理，事事有宜。

【疏】倫，理也。義，宜也。群物糾紛，有理存焉，萬事參差，各隨宜便者也。

【釋文】「有倫有義」崔本作有論有議。◎俞樾曰：《釋文》云，崔本作有論有議，當從之。下文云，六合之外，聖人存而不論；六合之內，聖人論而不議。又曰，故分也者，有不分也；辯也者，有不辯也。彼所謂分辯，即此有分有辯；然則彼所謂論議，即此有論有議矣。

❼【注】群分而類別也。

【疏】辯，別也。飛走雖衆，各有群分；物性萬殊，自隨類別矣。

【釋文】「有分」如字。注同。「類別」彼列反。下皆同。

❽【注】並逐曰競，對辯曰爭。
【疏】夫物性昏愚，彼我封執，既而並逐勝負，對辯是非也。
【釋文】「有爭」爭鬭之爭。注同。
❾【注】略而判之，有此八德。
【疏】德者，功用之名也。群生功用，轉變無窮，略而陳之，有此八種。斯則釋前有畛之義也。
❿【注】夫六合之外，謂萬物性分之表耳。夫物之性表，雖有理存焉，而非性分之內，則未嘗以感聖人也，故聖人未嘗論之。〔若論之〕②，則是引萬物使學其所不能也。故不論其外，而八畛同於自得也。
【疏】六合者，謂天地四方也。六合之外，謂衆生性分之表，重玄至道之鄉也。夫玄宗（罔）〔罔〕象，出四句之端；妙理希夷，超六合之外。既非神口所辯，所以存而不論也。
⓫【注】陳其性而安之。
【疏】六合之內，謂蒼生所稟之性分。夫云云取捨，皆起妄情，尋責根源，並同虛有。聖人隨其機感，陳而應之。既曰馮虛，亦無可詳議，故下文云，我亦妄說之。
⓬【注】順其成迹而凝乎至當之極，不執其所是以非衆人也。
【疏】春秋者，時代也。經者，典誥也。先王者，三皇五帝也。誌，記也。夫祖述軒頊，憲章堯舜，記錄時代，以爲典謨，軌轍蒼生，流傳人世。而聖人議論，利益當時，終不執是辯非，滯於

陳迹。

⑬【注】夫物物自分，事事自別。而欲由己以分別之者，不見彼之自別也。

【疏】夫理無分別，而物有是非。故於無封無域之中，而起有分有辯之見者，此乃一曲之士，偏滯之人，亦何能剖析於精微，分辯於事物者也！

【釋文】「故分」如字。下及注同。

⑭【疏】假問質疑，發生義旨。

⑮【注】以不辯爲懷耳，聖人無懷。

【疏】夫達理聖人，冥心會道，故能懷藏物我，包括是非，枯木死灰，曾無分別矣。

⑯【注】不見彼之自辯，故辯己所知以示之。

【疏】眾多之人，即眾生之別稱也。凡庸迷執，未解虛〔忘〕〔妄〕，故辯所知，示見於物，豈唯不見彼之自別亦乃不鑒己之妙道，故云有不見也。

⑰【注】付之自稱，無所稱謂。

【疏】大道虛廓，妙絕形名，既非色聲，故不可稱。謂體道之人，消聲亦爾也。

【釋文】「不稱」尺證反，注同。

⑱【注】已自別也。

【疏】妙悟真宗，無可稱說，故辯彫萬物，而言無所言。

⑲【注】無愛而自存也。

【疏】亭毒群品，（汎）〔汎〕愛無心，譬彼青春，非爲仁也。

⑳【注】夫至足者，物之去來非我也，故無所容其嗛盈。

【疏】夫玄悟之人，鑒達空有，知萬境虛幻，無一可貪，物我俱空，何所遜讓。

【釋文】「不嗛」郭欺簟反。徐音謙。

㉑【注】無往而不順，故能無險而不往。

【疏】忮，逆也。內蘊慈悲，外弘接物，故能俯順塵俗，惠救蒼生，虛己逗機，終無迕逆。

【釋文】「不忮」徐之豉反，又音跂，李之移反。害也。李云：健也。

㉒【注】以此明彼，彼此俱失矣。

【疏】明己功名，炫燿於物，此乃淫僞，不是真道。

【釋文】「道昭」音照。

㉓【注】不能及其自分。

【疏】不能玄默，唯滯名言，華詞浮辯，不達深理。

㉔【注】物無常愛，而常愛必不周。

【疏】不能忘愛釋知，玄同彼我，而恆懷恩惠，每挾親情，欲效成功，無時可見。

㉕【注】皦然廉清，貪名者耳，非真廉也。

【疏】皎然異俗，卓爾不群，意在聲名，非實廉也。

㉖【注】忮逆之勇，天下共疾之，無聲舉足之地也。

【疏】捨慈而勇，忮逆物情，眾共疾之，必無成遂也。

㉗【注】此五者，皆以有爲傷當者也，不能止乎本性，而求外無已。夫外不可求而求，譬猶以圓學方，以魚慕鳥耳。雖希翼鸞鳳，擬規日月，此愈近彼，愈遠實，學彌得而性彌失。故齊物而偏尚之累去矣。

【疏】园，圓也。幾，近也。五者，即已前道昭等也。夫學道之人，直須韜晦；而乃矜炫己之能，顯燿於物其於道也，不亦遠乎！猶如慕方而學园圓，愛飛而好游泳，雖希翼鸞鳳，終無騫翥之能，擬規日月，詎有幾方，之效故也。

【釋文】「园」崔音刓。徐五丸反。司馬云：圓也。郭音團。「而幾」徐其衣反。「向方」本亦作嚮，音同。下皆放此。「近彼」附近之近。「遠實」于萬反。

㉘【注】所不知者，皆性分之外也。故止於所知之內而至也。

【疏】夫境有大小，智有明闇，智不逮者，不須強知。故知止其分，學之造極也。

㉙【注】浩然都任之也。

【疏】孰，誰也。天，自然也。誰知言不言之言，道不道之道？以此積辯，用茲通物者，可謂合於自然之府藏也。

㉚【注】至人之心若鏡，應而不藏，故曠然無盈虛之變也。

【釋文】「注焉」徐之喻反。

㉛【注】至理之來，自然無迹。

【疏】夫巨海深弘，莫測涯際，百川注之而不滿，尾閭泄之而不竭。體道大聖，其義亦然。萬機頓起而不撓其神，千難殊對而不忤其慮，故能囊括群有，府藏含靈。又譬懸鏡高堂，物來斯照。能照之智，不知其所由來，可謂即照而忘，忘而能照者也。

㉜【注】任其自明，故其光不弊也。

【疏】葆，蔽也。至忘而照，即照而忘，故能韜蔽其光，其光彌朗。此結以前天府之義。

【釋文】「葆光」音保。崔云：若有若无，謂之葆光。

【校】①《闕誤》引江南《古藏》本成作周。②若論之三字依趙本及世德堂本補。

故昔者堯問於舜曰：「我欲伐宗、膾、胥敖，南面而不釋然。其故何也❶？」舜曰：「夫三子者，猶存乎蓬艾之間❷。若不釋然，何哉❸？昔者十日並出，萬物皆照❹，而況德之進乎日者乎❺！」

❶【注】於安任之道未弘，故聽朝而不怡也。將寄明齊一之理於大聖，故發自怪之問以起對也。

【疏】釋然，怡悅貌也。宗、膾、胥敖，是堯時小蕃三國號也。南面，君位也。舜者，顓頊六世孫也。父曰瞽瞍，母曰握登，感大虹而生舜。舜生於姚墟，因即姓姚，住於嬀水，亦曰嬀氏，目有重瞳子，因字重華。以仁孝著於鄉黨，堯聞其賢，妻以二女，封邑於虞。年三十，總百揆，三十三，受堯禪。即位之後，都於蒲坂。在位四十年，讓禹。後崩，葬於蒼梧之野。而三國貢賦既愆，所以應須問罪，謀事未定，故聽朝不怡。欲明齊物之一理，故寄問答於二聖。

【釋文】「宗膾」徐古外反。「胥」息徐反。華胥國。「敖」徐五高反。司馬云：宗、膾、胥敖，三國名也。崔云：宗一也，膾二也，胥敖三也。「聽朝」直遙反。

❷【注】夫物之所安無陋也，則蓬艾乃三子之妙處也。

【釋文】「妙處」昌慮反。

❸【疏】三字，即三國之君也。言蓬艾賤草，斥鴳足以逍遙，況蕃國雖卑，三子足以存養，乃不釋然，有何意謂也。

❹【注】夫重明登天，六合俱照，無有蓬艾而不光被也。

【釋文】「重明」直龍反。「統被」皮寄反。

❺【注】夫日月雖無私於照，猶有所不及，德則無不得也。而今欲奪蓬艾之願而伐使從己，於至道豈弘哉！故不釋然神解耳。若乃物暢其性，各安其所安，無遠邇幽深，付之自若，皆得其極，則彼無不當而我無不怡也。

【疏】進，過也。《淮南子》云，昔堯時十日並出，焦禾稼，殺草木，封豨長虵，皆爲民害。於是堯使羿上射十日，遂落其九；下殺長虵，以除民害。夫十日登天，六合俱照，覆盆隱處，猶有不明。而聖德所臨，無幽不燭，運茲二智，過彼三光，乃欲興動干戈，伐令從己，於安任之道，豈曰弘通者耶！◎家世父曰：伐國者，是非之見之積而成者也。而於此有不釋然，左右倫義分辯競爭八德，交戰於中而不知。夫三子者，蓬艾之間，無爲辯而分之。萬物受日之照而不能遯其形，而於此累十日焉，皆求得萬物而照之，則萬物之神必敝。日之照，無心者也。德之求辯乎是非，方且以有心出之，又進乎日之照矣。人何所措手足乎！◎慶藩案《文選》謝靈運《出游京口北固應詔詩》注引司馬云：言陽（克）〔光〕①麗天，則無不鑒。《釋文》闕。

【釋文】「神解」音蟹。

【校】①光字依《文選》注原文改。

齧缺問乎王倪曰：「子知物之所同是乎❶？」

❶【疏】齧缺，許由之師，王倪弟子，並堯時賢人也。託此二人，明其齊一。言物情顛倒，執見不同，悉皆自是非他，頗知此情是否。

【釋文】「齧」五結反。「缺」丘悅反。「王倪」徐五嵇反，李音詣。《高士傳》云：王倪，堯時賢人也。《天地篇》云，齧缺之師。

曰：「吾惡乎知之❶！」

❶【注】所同未必是，所異不獨非，故彼我莫能相正，故無所用其知。

【疏】王倪答齧缺云：「彼此各有是非，遂成無主。我若用知知彼，我知還是是非，故我於何知之！」言無所用其知也。

【釋文】「惡乎」音烏。下皆同。

「子知子之所不知邪❶？」

❶【疏】「子既不知物之同是，頗自知己之不知乎？」此從麁入妙，次第窮質，假託師資，以顯深趣。

曰：「吾惡乎知之❶！」

❶【注】若自知其所不知，即爲有知。有知則不能任群才之自當。

【疏】若以知知不知，不知還是知。故重言於何知之，還以不知答也。

「然則物无知邪❶？」

❶【疏】重責云：「汝既自無知，物豈無知者邪？」

曰：「吾惡乎知之❶！」

❶【注】都不知，乃曠然無不任矣。

【疏】豈獨不知我，亦乃不知物。唯物與我，內外都忘，故無所措其知也。

雖然，嘗試言之❶。庸詎知吾所謂知之非不知邪❷？庸詎知吾所謂不知之非知邪❸？

❶【注】以其不知，故未敢正言，試言之耳。

【疏】然乎，猶雖然也。既其無知，理無所說，不可的當，故嘗試之也。

❷【注】魚游於水，水物所同，咸謂之知。然自鳥觀之，則向所謂知者，復爲不知矣。夫蛣蜣之

知在於轉丸，而笑蛣蜣者乃以蘇合爲貴。故所同之知，未可正據。

【疏】夫物或此知而彼不知，彼知而此不知。魚鳥水陸，即其義也。故知即不知，不知即知。凡庸之人，詎知此理耶！

【釋文】「庸詎」徐本作巨，其庶反。郭音鉅。李云：庸，用也；詎，何也；猶言何用也。服虔云：詎，猶未也。「復為」扶又反。「蛣」丘一反。「蜣」丘良反。《爾雅》云：蛣蜣，蜣蜋也。

❸【注】所謂不知者，直是不同耳，亦自一家之知。

【疏】所謂不知者，彼此不相通耳，非謂不知也。◎慶藩案《文選》潘安仁《秋興賦注》引司馬云：庸，猶何用也。《釋文》闕。◎又案庸詎，猶言何遽也。詎遽距鉅巨通用，或作渠。《史記·甘茂傳》何遽叱乎？《淮南·人間篇》此何遽不能爲福乎？《韓子·難篇》衛奚距然哉？《荀子·正論篇》是定鉅知見侮之爲不辱哉？《王制篇》豈渠得免夫累乎？皆其證。

且吾嘗試問乎女❶：民溼寢則腰疾偏死，鰌然乎哉？木處則惴慄恂懼，猨猴然乎哉？三者孰知正處❷？民食芻豢，麋鹿食薦，蝍蛆甘帶，鴟鴉耆鼠，四者孰知正味❸？猨猵狙以為雌，麋與鹿交，鰌與魚游。毛嬙麗姬，人之所美也；魚見之深入，鳥見之高飛，麋鹿見之決驟。四者孰知天下之正色哉❹？自我觀之，仁義之端，是非之塗，樊然殽亂，吾惡能知其辯❺！

❶【注】已不知其正，故①試問女。

【疏】理既無言，不敢正據，聊復反質，試問乎女。

【釋文】「乎女」音汝。注及下同。「已不知」音紀。

❷【注】此略舉三者，以明萬物之異便。

【疏】惴慄恂懼，是恐迫之別名。然乎哉，謂不如此也。言人溼地臥寢，則病腰跨偏枯而死，泥鰌豈如此乎？人於樹上居處，則迫怖不安，猨猴跳躑，曾無所畏。物性不同，便宜各異。故舉此三者，以明萬物誰知正定處所乎。是知蓬戶金閨，榮辱安在。

【釋文】「偏死」司馬云：偏枯死也。「鰌」徐音秋。司馬云：魚名。「惴」之瑞反。「慄」音栗。「恂」郭音荀，徐音峻。恐貌。崔云：戰也。班固作眴也。「猨」音猿。「猴」音侯。「異便」婢面反。

❸【注】此略舉四者，以明美惡之無主②。

【疏】芻，草也，是牛羊之類；豢，養也，是犬豕之徒；皆以所食爲名也。麋與鹿而食長薦茂草，鴟鳶鵶鳥便嗜腐鼠，蜈蚣食虵。略舉四者，定與誰爲滋味乎？故知盛饌疏食，其致一者也。

【釋文】「芻」初俱反，《小爾雅》云：秆謂之芻。秆，音古但反。「豢」徐音患，又胡滿反。司馬云：牛羊曰芻，犬豕曰豢，以所食得名也。「麋」音眉。「薦」牋練反。司馬云：美草也。崔云：甘草也。郭璞云：《三蒼》云，六畜所食曰薦。◎慶藩案《說文》：薦，獸之所食艸，從廌從艸。古者神人以廌遺黃帝，帝曰：何食？曰：食薦。《漢書·趙充國傳》，今虜亡其美地薦艸。《三蒼》郭注云：六畜所食曰薦。《管子·八觀篇》，薦艸多衍，則六畜易繁也。「蝍」音即。「且」手或作蛆，子徐反。李云：蝍且，蟲名也。《廣雅》云：蜈公也。《爾雅》云，蒺蔾蝍蛆，郭璞注云：似蝗，大腹，長角，能食蛇腦。

蒺，音疾，藜，音黎。「帶」如字。崔云：蛇也。司馬云：小蛇也，蝍蛆好食其眼。「鴟」尺夷反。「鴉」本亦作鵶，於加反。崔云：烏也，「耆」市志反。字或作嗜。崔本作甘。「美惡」烏路反。

❹【注】此略舉四者，以明天下所好之不同也。不同者而非之，則無以知所同之必是。

【疏】猨猴狙以爲雌雄，麋鹿更相接，泥鰌與魚游戲。毛嬙，越王嬖妾；麗姬，晉國之寵嬪。此二人者，姝妍冠世，人謂之美也。然魚見怖而深入，鳥見驚而高飛，麋鹿走而不顧。舉此四者，誰知宇內定是美色耶？故知凡夫愚迷，妄生憎愛，以理觀察，孰是非哉？決，卒疾貌也。

【釋文】「猵」篇面反，徐敷面反，又敷畏反，郭李音偏，「狙」七餘反。司馬云：狙，一名獦牂，似猨而狗頭，憙與雌猨交也。崔云：猵狙，一名獦牂，其雄憙與猨雌為牝牡。向云：猵狙以猨為雌也。獦，音葛。「為雌」音妻，一音如字。◎慶藩案《御覽》九百十引司馬云：猵狙似猨而狗頭，食獮猴，好與雄狙接。與《釋文》所引異。「毛嬙」徐在良反。司馬云：毛嬙，古美人，一云越王美姬也。「麗姬」力知反。下同。麗姬，晉獻公之嬖，以為夫人。崔本作西施。「決」喜缺反。李云：疾貌。崔云：疾足不顧為決。徐古惠反，郭音古穴反。「騤」士救反，又在遘反。◎慶藩案決騤即決趮也。（《說文》《廣雅》並云：趮，疾也。）《易》〔繫辭下〕〔說卦〕《傳》，為決躁，（躁與趮同。）《正義》作決騤，云取其剛〔勁〕〔動〕③也。其正字當作趹趣。《說文》：趹，馬行貌。又云：趹，踶也。《淮南・脩務篇》敕蹻趹，高注云：趹，趣。亦與駃同。《廣雅》云：駃，奔也。《史記・張儀傳》，探前趹〔後〕④，蹄間三尋，《索隱》曰：言馬之走勢疾也。與崔氏訓疾走不顧義同。「所好」呼報反。

❺【注】夫利於彼者或害於此，而天下之彼我無窮，則是非之竟無常。故唯莫之辯而任其自是，

然後蕩然俱得。

【疏】夫物乃眾而未嘗非我，故行仁履義，損益不同，或於我爲利，於彼爲害，或於彼爲是，則於我爲非。是以從彼我而互觀之，是非之路，仁義之緒，樊亂糾紛，若殽饌之雜亂，既無定法，吾何能知其分別耶！

【釋文】「樊然」音煩，「殽亂」徐戶交反。郭作散，悉旦反。◎慶藩案殽，郭本作散，非也。《說文》：殽，雜錯也。散，雜肉也。（雜乃離之誤，辯見《說文攷正》。）義不相通。隸書殽或作散，（見《漢殽阮君神祠碑》。）與散相似；散或作殽（見《李翕析橋郙閣頌》）。與殽亦相似；殽散以形相似而誤。《太玄元瑩》，晝夜殽者其禍福雜，今本殽誤散。《淮南·原道篇》，不與物殽，粹之至也，《精神篇》，不與物殽而天下自服，今本皆誤作散。（高注曰：散，雜兒。案諸書散字，無雜亂之訓，故散皆當作殽。）「之竟」音境。今本多作境。下放此。

【校】①趙諫議本無故字。②趙本無略舉二字及以字之字。③動字依《正義》原文改。④後字依《史記》原文補。

齧缺曰：「子不知利害，則至人固不知利害乎❶？」

❶【注】未能妙其不知，故猶嫌至人當知之。斯懸之未解也。

【疏】齧缺曰，未悟彼此之不知，更起利害之疑。請云：「子是至人，應知利害。必其不辯，迷暗若夜遊。」重爲此難，冀圖後荅之矣。

【釋文】「未解」音蟹。

王倪曰：「至人神矣❶！大澤焚而不能熱，河漢沍而不能寒，疾雷破山〔飄〕①，風振海而不能驚❷。若然者，乘雲氣❸，騎日月❹，而遊乎四海之外❺。死生无變於己❻，而況利害之端乎❼！」

❶【注】無心而無不順。

【疏】至者，妙極之體；神者，不測之用。夫聖人虛己，應物無方，知而不知，辯而不辯，豈得以名言心慮億度至人耶！

❷【注】夫神全形具而體與物冥者，雖涉至變而未始非我，故蕩然無〔蠆〕〔蠆〕②介於胸中也。

【疏】沍，凍也。原澤焚燎，河漢冰凝，雷霆奮發而破山，飄風濤蕩而振海。而至人神凝未兆，體與物冥，水火既不爲災，風雷詎能驚駭。

【釋文】「沍」戶故反。徐又戶各反。李戶格反。向云：凍也。崔云：沍，猶涸也。◎家世父曰：大浸稽天而不溺，大旱金石流土山焦而不熱。能不以物為〔是〕〔事〕，而天地造化自存於吾心，則外境不足以相累。莊子之自期許如此，故屢及之。「蠆」勑邁反，又音豸。「介」古邁反，又音界。

❸【注】寄物而行，非我動也。

【疏】〔若然〕，猶如此也。虛淡無心，方之雲氣，蔭芘群品，順物而行。

❹【注】有晝夜而無死生也。

【疏】昏明代序，有晝夜之可分；處順安時，無死生之能異。而控馭群物，運載含靈，故有乘騎之名也耳。

❺【注】夫唯無其知而任天下之自爲，故馳萬物而不窮也。

【疏】動寂相即，（真）〔冥〕應一時，端坐寰宇之中，而心遊四海之外矣。

❻【注】與變爲體，故死生若一。

❼【注】況利害於死生，愈不足以介意。

【疏】夫利害者，生涯之損益耳。既死生爲晝夜，乘變化以遨遊，況利害於死生，曾何足以介意矣！

【校】①飄字依趙諫議本補。②蘁字依世德堂本改。

瞿鵲子問乎長梧子曰：「吾聞諸夫子，聖人不從事於務❶，不就利，不違害❷，不喜求❸，不緣道❹；无謂有謂，有謂无謂❺，而遊乎塵垢之外❻。夫子以為孟浪之言，而我以為妙道之行也。吾子以為奚若❼？」

❶【注】務自來而理自應耳，非從而事之也。

【疏】務，猶事也。諸，於也。瞿鵲是長梧弟子，故謂師爲夫子。夫體道聖人，忘懷冥物，雖涉事有而不以爲務。混迹塵俗，泊爾無心，豈措意存情，從於事物！瞿鵲既欲請益，是以述昔之所聞者也。

【釋文】「瞿鵲」其俱反。「長梧子」李云：居長梧下，因以為名。崔云：名丘。簡文云，長梧封人也。「夫子」向云：瞿鵲之師。◎俞樾曰：瞿鵲子必七十子之後人，所稱聞之夫子，謂聞之孔子也。下文長梧子曰，是黃帝之所聽熒也，而丘也何足以知之？丘即是孔子名，因瞿鵲子述孔子之言，故曰丘也何足以知之也。而讀者不達其意，誤以丘也為長梧子自稱其名，故《釋文》云，長梧子，崔云名丘。此大不然。下文云，丘也與女皆夢也，予謂女夢亦夢也。夫予者，長梧子自謂也。既云丘與女皆夢，又云予亦夢，則安得即以丘為長梧子之名乎？

❷【注】任而直前，無所避就。

【疏】違，避也。體窮通之關命，達利害之有時，故推理直前，而無所避就也。

❸【注】求之不喜，直取不怒。

【疏】妙悟從（遠）〔違〕也。故物求之而不忻喜矣。

❹【注】獨至者也。

【疏】夫聖智凝湛，照物無情，不將不迎，無生無滅，固不以攀緣之心行乎虛通至道者也。

❺【注】凡有稱謂者，皆非吾所謂也，彼各自謂耳，故無彼有謂而有此無謂也。

【疏】謂，言教也。夫體道至人，虛夷寂絕，從本降迹，感而遂通。故能理而教，無謂而有謂，教而理，有謂而無謂者也。

【釋文】「稱謂」尺證反。下放此。

❻【注】凡非真性，皆塵垢也。

【疏】和光同塵，處染不染，故雖在囂俗之中，而心自遊於塵垢之外者矣。

【釋文】「而遊」崔本作而施。

❼【疏】孟浪，猶率略也。奚，何也；若，如也；如何。所謂不緣道等，乃窮理盡性。瞿鵲將爲妙道之行，長梧用作率略之談。未知其理如何，以何爲是。

【釋文】「孟」如字。徐武黨反，又或武葬反。「浪」如字，徐力蕩反。向云：孟浪，音漫瀾，無所趣舍之謂。李云：猶較略也。崔云：不精要之貌。◎慶藩案《文選》左太沖《吳都賦》注引司馬云：孟浪，鄙野之語。《釋文》闕。又案：孟浪，猶莫絡，不委細之意。（見劉逵注《文選》左思《吳都賦》。）莫絡一作摹略。《墨子・小取篇》，摹略萬物之然。摹略者，總括之詞。莫絡摹略孟浪，皆一聲之轉也。「之行」如字，又下孟反。

長梧子曰：「是（皇）〔黃〕①帝之所聽熒也，而丘也何足以知之❶！且女亦大早計，見卵而求時夜，見彈而求鴞炙❷。

❶【疏】聽熒，疑惑不明之貌也。夫至道深玄，非名言而可究。雖復三皇五帝，乃是聖人，而詮辯至理，不盡其妙，聽熒至竟，疑惑不明。我是何人，猶能曉了。本亦有作黃字者，則是軒轅。

【釋文】「皇帝」本又作黃帝。◎盧文弨曰：皇黃通用。今本作黃帝。「聽」勑定反。「熒」音瑩磨之瑩。本亦作瑩，於迴反。向司馬云：聽熒，疑惑也。李云：不光明貌。崔云：小明不大了也。向崔本作韡榮。◎盧文弨曰：《字彙補》云：韡字見《釋典》中。《隨函》云：韡與輝同。

❷【注】夫物有自然，理有至極。循而直往，則冥然自合，非所言也。故言之者孟浪，而聞之者聽熒。雖復黃帝，猶不能使萬物無懷，而聽熒至竟。故聖人付當於塵垢之外，而玄合乎視聽之表，照之以天而不逆計，放之自爾而不推明也。今瞿鵲子方聞孟浪之言而便以爲妙道之行，斯亦無異見卵而責司晨之功，見彈而求鴞炙之實也。夫②不能安時處順而探變求化，當生而慮死，執是以辯非，皆逆計之徒也。

【疏】鴞即鵬鳥，賈誼之所賦者也。大小如雌雞，而似斑鳩，青綠色，其肉甚美，堪作羹炙，出江南。然卵有生雞之用，而卵時未能司晨，彈有得鴞之功，而彈時未堪爲炙；亦猶教能詮於妙理，而教時非理，今瞿鵲纔聞言說，將爲妙道，此計用之太早。

【釋文】「且女」音汝。下同。「亦大」音泰，徐李敕佐反。注同。「時夜」崔云：時夜，司夜，謂雞也。「見彈」徒旦反。「鴞」于驕反。司馬云：小鳩，可炙。《毛詩・草木疏》云：大如斑鳩，綠色，其肉甚美。「雖復」扶又反。下皆同。下章注亦準此。

【校】①黃字依世德堂本改。②趙諫議本無夫字。

予嘗為女妄言之❶，女以妄聽之。奚①❷旁日月，挾宇宙❸？為其脗②合，置其滑涽，以隸相尊❹。眾人役役❺，聖人愚芚③❻，參萬歲而一成純❼。萬物盡然❽，而以是相蘊❾。

❶【注】言之則孟浪也，故試妄言之。

【釋文】「嘗為」于僞反。

❷【注】若正聽妄言，復爲太早計也。故亦妄聽之，何？

【疏】予，我也。奚，何也。夫至理無言，言則孟浪。我試爲汝妄說，汝亦妄聽何如？亦言，奚者即何之聲也。

❸【注】以死生爲晝夜，旁日月之喻也；以萬物爲一體，挾宇宙之譬也。

【疏】旁，依附也。挾，懷藏也。天地四方曰宇，往來古今曰宙。契理聖人，忘物忘我，既而囊括萬有，冥一死生。故郭注云，以死生爲晝夜，旁日月之喻也；以萬物爲一體，挾宇宙之喻也。

【釋文】「旁日月」薄葬反，徐扶葬反。司馬云：依也。崔本作謗。◎盧文弨曰：官校本改謗為傍，未必是。◎家世父曰：郭象以女以妄聽之奚斷句，熟玩文義，奚旁日月挾宇宙自為句，言操何術以超出天地之表。◎慶藩案旁當為放之借字。放，依也。《論語·里仁篇》放於利而行，鄭孔注並曰：放，依也。《墨子·法儀篇》放依以從事，放亦依也。亦通作方。詩維鳩方之，言鵲有巢而鳩依之也。（見王氏《經義述聞》。）又通作傍。旁日月，謂依日月也。應從司馬訓依之義為正。崔本作謗者非也。「挾」戶牒反。崔本作扶。「宇宙」治救反。《尸子》云：天地四方曰宇，往古來今曰宙。《說文》云：舟輿所極覆曰宙。

❹【注】以有所賤，故尊卑生焉，而滑涽紛亂，莫之能正，各自是於一方矣。故爲脗然自合之道，莫若置之勿言，委之自爾也。涽然，無波際之謂也。

【疏】脗，無分別之貌也。置，任也。滑，亂也。涽，闇也。隸，皁僕之類也，蓋賤稱也。夫物情顛倒，妄執尊卑。今聖人欲祛此惑，（無）〔爲〕④脗然合同之道者，莫若滑亂昏雜，隨而任之，以隸相尊，一於貴賤也。

【釋文】「脗」本或作䐇。郭音泯，徐武軫反，李武粉反。无波際之貌。司馬云：合也。向音脣，云：若兩脣之相合也。◎盧文弨曰：今《注》本波作被⑤，似誤。「滑」徐古沒反，亂也。向本作汩，音同。崔戶八反，云：栝口（本）〔木〕⑥也。「涽」徐音昏。向云：汨昏，未定之謂。崔本作緡，武巾反，云：繩也。◎盧文弨曰：舊作涽。宋本從氏，並注中昏涽並從氏，今從之。

❺【注】馳騖於是非之境也。

❻【注】芚然無知而直往之貌。

【疏】役役，馳動之容也。愚芚，無知之貌。凡俗之人，馳逐前境，勞役而不息；體道之士，忘知廢照，芚然而若愚也。

【釋文】「芚」徐徒奔反。郭治本反。司馬云：渾沌不分察也。崔〔云〕⑦：文厚貌也。或云：束也。李丑倫反。

❼【注】純者，不雜者也。夫舉萬歲而參其變，而眾人謂之雜矣，故役役然勞形怵心而去彼就此。唯大聖無執，故芚然直往而與變化爲一，一變化而常遊於獨者也。故雖參糅億載，千殊萬異，道行之而成，則古今一成也；物謂之而然，則萬物一然也。無物不然，無時不成；斯可謂純也。

【疏】夫聖人者，與二儀合其德，萬物同其體，故能隨變任化，與世相宜。雖復代歷古今，時經夷險，參雜塵俗，千殊萬異，而淡然自若，不以介懷，抱一精純，而常居妙極也。◎家世父曰：眾人役役，較量今日，又較量明日。今日見爲是，明日又見爲非，今日見爲非非，明日又見爲非是。聖人愚芚，爲是不用而寓諸庸，參萬歲以極其量。一者，渾然無彼此之別；成者，怡然無然可之差；純者，泊然無是非之辯。聖人以此應萬物之變而相蘊於無窮，斯爲參萬歲而一成純。

【釋文】「怵心」勑律反。「參糅」如救反。

❽【注】無物不然。

❾【注】蘊，積也。積是於萬歲，則萬歲一是也；積然於萬物，則萬物盡然也。故不知死生先後之所在，彼我勝負之所如也。

【疏】蘊，積也。夫物情封執，爲日已久。是以橫論萬物，莫不我然彼不然；（堅）〔豎〕說古今，悉皆自是他不是。雖復萬物之多，古今之遠，是非蘊積，未有休時。聖人順世汙隆，動而常寂，參糅億載而純一凝然也。

【釋文】「相蘊」本亦作縕。徐於憤反，郭於本反，李於問反。積也。

【校】①朱桂曜本奚下有若字。②趙諫議本作腯，下同。③《闕誤》引劉同一本芚作芼，云：芼，治本切，無知直往之貌。④爲字依覆宋本改。⑤世德堂本作被，本書依《釋文》原本改。⑥木字依世德堂本改。⑦云字依世德堂本補。

予惡乎知說生之非惑邪❶！予惡乎知惡死之非弱喪而不知歸者邪❷！麗之姬，

艾封人之子也。晉國之始得之也，涕泣沾襟；及其至於王所，與王同筐牀，食芻豢，而後悔其泣也❸。予惡乎知夫死者不悔其始之蘄生乎❹！

❶【注】死生一也，而獨說生，欲與變化相背，故未知其非惑也。

【疏】夫鑪錘萬物，未始不均；變化死生，其理唯一。而獨悅生惡死，非惑如何！

【釋文】「予惡」音烏。下惡乎皆同。「說」音悅。注同。「相背」音佩。

❷【注】少而失其故居，名爲弱喪。夫弱喪者，遂安於所在而不知①歸於故鄉也。焉知生之非夫弱喪，焉知死之非夫還歸而惡之②哉！

【疏】弱者弱齡，喪之言失。謂少年遭亂，喪失桑梓，遂安他土而不知歸，謂之弱失。從無出有，謂之爲生；自有還無，謂之爲死。遂其戀生惡死，豈非弱喪不知歸邪！

【釋文】「惡死」烏路反。注同。「弱喪」悉浪反。注同。「少而」詩照反。「焉知」於虔反。下同。

❸【注】一生之內，情變若此。當此之日，則不知彼，況夫死生之變，惡能相知哉！

【疏】昔秦穆公與晉獻公共伐麗戎之國，得美女一，玉環二。秦取環而晉取女，即麗戎國艾地守封疆人之女也。筐，正也。初去麗戎，離別親戚，懷土之戀，故涕泣沾襟。後至晉邦，寵愛隆重，與獻公同方牀而燕處，進牢饌以盈廚，情好既移，所以悔其先泣。一生之內，情變若此。況死生之異，何能知哉！莊子寓言，故稱獻公爲王耳。

【釋文】「至於王所」崔云：六國時諸侯僭稱王，因此謂獻公為王也。「筐」本亦作匡。徐起狂反。「牀」徐音床。司馬云：筐牀，安牀也。崔云：筐，方也。一云：正牀也。

❹【注】蘄，求也。

【疏】蘄，求也。麗姬至晉。悔其先泣，焉知死者之不卻悔初始在生之日求生之意也！

【釋文】「蘄」音祈，求也。

【校】①趙諫議本不知下有所謂二字。②趙本無之字。

夢飲酒者，旦而哭泣；夢哭泣者，旦而田獵❶。方其夢也，不知其夢也❷。夢之中又占其夢焉❸，覺而後知其夢也❹。且有大覺而後知此其大夢也❺，而愚者自以為覺，竊竊然知之。君乎，牧乎，固哉❻！丘也與女，皆夢也❼；予謂女夢，亦夢也❽。是其言也，其名為弔詭❾。萬世之後而一遇大聖，知其解者，是旦暮遇之也❿。

❶【注】此寤寐之事變也。事苟變，情亦異，則死生之願不得同矣。故生時樂生，則死時樂死矣，死生雖異，其於各得所願一也，則何係哉！

【疏】夫死生之變，猶覺夢之異耳。夫覺夢之事既殊，故死生之情亦別，而世有覺凶而夢吉，亦何妨死樂而生憂邪！是知寤寐之間，未足可係也。

【釋文】「樂生」音洛。下同。

❷【注】由此觀之，當死之時，亦不知其死而自適其志也。

【疏】方將爲夢之時，不知夢之是夢，亦猶方將處死之日，不知死之爲死。各適其志，何所戀哉！

❸【注】夫夢者乃復夢中占其夢，則無以異於寤者也。

❹【注】當所遇，無不足也，何爲方生而憂死哉！

【疏】夫人在睡夢之中，謂是真實，亦復占候夢想，思度吉凶，既覺以後，方知是夢。是故生時樂生，死時樂死，何爲當生而憂死哉！

【釋文】「覺而」音教。下及注皆同。

❺【注】夫大覺者，聖人也。大覺者乃知夫患慮在懷者皆未寤也。

【疏】夫擾擾生民，芸芸群品，馳騖有爲之境，昏迷大夢之中，唯有體道聖人，朗然獨覺，知夫患慮在懷者皆未寤也。

❻【注】夫愚者大夢而自以爲寤，故竊竊然以所好爲君上而所惡爲牧圉，欣然信一家之偏見，可謂固陋矣。

【疏】夫物情愚惑，暗若夜遊，昏在夢中，自以爲覺，竊竊然議專所知。情之好者爲君上，情之惡者同牧圉，以此爲情懷，可謂固陋。牛曰牧，馬曰圉也。

【釋文】「竊竊」司馬云：猶察察也。「牧乎」崔本作跂乎，云：踶跂，強羊貌。「所好」呼報反。注同。「所惡」烏路反。

❼【注】未能忘言而神解，故非大覺也。

【疏】丘是長梧名也。夫照達真原，猶稱爲夢，況愚徒竊竊，豈有覺哉！

【釋文】「神解」音蟹。徐戶解反。

❽【注】即復夢中之占夢也。夫自以爲夢，猶未寤也，況竊竊然自以爲覺哉！

【疏】夫迷情無覺，論夢還在夢中；聲說非真，妙辯猶居言內。是故夢中占夢，夢所以皆空；言內試言，言所以虛假。此託夢中之占夢，亦結孟浪之譚耳。

❾【注】夫非常之談，故非常人之所知，故謂之弔當卓詭，而不識其懸解。

【疏】夫舉世皆夢，此乃玄談。非常之言，不顧於俗，弔當卓詭，駭異物情，自非清通，豈識深遠哉！

【釋文】「弔」如字，又音的，至也。◎盧文弨曰：舊脫又字，今補。「詭」九委反，異也。

❿【注】言能蛻然無係而玄同死生者至希也。

【疏】且世〔歷〕萬年而一逢大聖，知三界悉空，四生非有，彼我言說，皆在夢中。如此解人，其爲希遇，論其賒促，是旦暮逢之。三十年爲一世也。

【釋文】「其解」音蟹，徐戶解反。「蛻然」音帨，又始銳反。

既使我與若辯矣，若勝我，我不若勝，若果是也，我果非也邪❶？我勝若，若不吾勝，我果是也，而果非也邪❷？其或是也，其或非也邪❸？其俱是也，其俱非也邪❹？我與若不能相知也，則人固受其黮闇。吾誰使正之❺？使同乎若者正之？既與若同矣，惡能正之❻！使同乎我者正之？既同乎我矣，惡能正之❼！使異乎我與若者正之？既異乎我與若矣，惡能正之❽！使同乎我與若者正之？既同乎我與若矣，惡能正之❾！然則我與若與人俱不能相知也，而待彼也邪❿？

❶【疏】若，而，皆汝也。若不勝汝也耶，假問之詞也。夫是非彼我，舉體不真，倒置之徒，妄爲臧否。假使我與汝對爭，汝勝我不勝，汝勝定是，我不勝定非耶？固不可也。

❷【注】若，而，皆汝也。

【疏】假令我勝於汝，汝不及我，我決是也，汝定非也？各據偏執，未足可依也。

❸【疏】或，不定也。我之與汝，或是或非，彼此言之，勝負不定，故或是則非是，或非則非非也。

❹【疏】俱是則無非，俱非則無是。故是非彼我，出自妄情也。

❺【注】不知而後推，不見而後辯，辯之而不足以自信，以其與物對也。辯對終日黮闇，至竟莫能正之，故當付之自正耳。

【疏】彼我二人，各執偏見，咸謂自是，故不能相知。必也相知，己之所非者，他家之是也。假令別有一人，遣定臧否，此人還有彼此，亦不離是非，各據妄情，總成闇惑，心必懷愛，此見所以黮闇不明。三人各執，使誰正之？黮闇，不明之謂也。

【釋文】「黮闇」貪闇反。李云：黮闇，不明貌。

❻【疏】既將汝同見，則與汝不殊，與汝不殊，何能正定！此覆釋第一句。

【釋文】「惡能」音烏。下皆同。

❼【注】同故是之，未足信也。

【疏】注云，同故是之耳，未足信也。此覆釋第二句也。

❽【注】異故相非耳，亦不足據。

【疏】既異我汝，故別起是非。別起是非，亦何足可據？此覆解第三句。

❾【注】是若果是，則天下不得復有非之者也；非若信非，則亦無緣復有是之者也；今是其所同而非其所異，異同既具而是非無主。故夫是非者，生於好辯而休乎天均，付之兩行而息乎自正也。

【疏】彼此曲從，是非兩順，不異我汝，亦何能正之？此解第四句。

❿【注】各自正耳。待彼不足以正此，則天下莫能相正也，故付之自正而至矣。

【疏】我與汝及人，固受黮闇之人。總有三人，各執一見，咸言我是，故俱不相知。三人既不能定，豈復更須一人！若別待一人，亦與前何異！〔待〕彼也耶，言其不待之也。

何謂和之以天倪❶？曰：是不是，然不然。是若果是也，則是之異乎不是也亦无辯；然若果然也，則然之異乎不然也亦无辯①❷。化聲之相待，若其不相待❸。和之以天倪，因之以曼衍，所以窮年也❹。忘年忘義，振於无竟，故寓諸无竟❺。」

❶【注】天倪者，自然之分也。

【疏】天，自然也。倪，分也。夫彼我妄執，是非無主，所以三人四句，不能正之。故假設論端，託爲問荅，和以自然之分。令歸無是無非。天倪之義，次列於下文。

【釋文】「和之」如字，崔胡臥反。「天倪」李音崖，徐音詣，郭音五底反。李云：分也。崔云：或作霓，音同，際也。班固曰：天研。◎盧文弨曰：舊本崖譌崔，今據《大宗師篇》改正。倪音近研，故計倪亦作計研。

❷【注】是非然否，彼我更對，故無辯。無辯，故和之以天倪，安其自然之分而已，不待彼以正之。

【疏】辯，別也。夫是非然否，出自妄情，以理推求，舉體虛幻，所是則不是，然則不然。何以知其然耶？是若定是，是則異非；然若定然，然則異否。而今此謂之是，彼謂之非；彼之所然，此以爲否。故知是非然否，理在不殊，彼我更對，妄爲分別，故無辯也矣。

❸【注】是非之辯爲化聲。夫化聲之相待，俱不足以相正，故若不相待也。

【疏】夫是非彼我，相待而成，以理推尋，待亦非實。故變化聲說，有此待名；名既不真，待便虛待。待即非待，故知不相待者也。◎家世父曰：言隨物而變，謂之化聲。是與不是，然與不然，在人者也。待人之爲是爲然而是之然之，與其無待於人而自是自然，一皆無與於其心，是謂和之以天倪。

❹【注】和之以自然之分，任其無極之化，尋斯以往，則是非之境自泯，而性命之致自窮也。

【疏】曼衍，猶變化也。因，任也。窮，盡也。和以自然之分，所以無是無非；任其無極之化，故能不滯不著。既而處順安時，盡天年之性命也。

【釋文】「曼」徐音萬，郭武半反。「衍」徐以戰反。司馬云：曼衍，無極也。

❺【注】夫忘年故玄同死生，忘義故彌貫是非。是非死生蕩而爲一，斯至理也。至理暢於無極，故寄之者不得有窮也。

【疏】振，暢也。竟，窮也。寓，寄也。夫年者，生之所稟也，既同於生死，所以忘年也；義者，裁於是非也，既一於是非，所以忘義也。此則遣前知是非無窮之義也。既而生死是非蕩而爲一，故能通暢妙理，洞照無窮。寄言無窮，亦無無窮之可暢，斯又遣於無極者也。

【釋文】「振」如字。崔云：止也。又之忍反。「无竟」如字，極也。崔作境。

【校】①《闕誤》引江南《古藏本》是也下亦無辯作其無辯矣，然也下亦無辯作亦無辯矣。

罔兩問景曰：「曩子行，今子止；曩子坐，今子起；何其无特操與❶？」

❶【注】罔兩，景外之微陰也。

【疏】罔兩，景外之微陰也。曩，昔也，（特）向也。〔特〕，獨也。莊子寓言以暢玄理，故寄景與罔兩，明於獨化之義。而罔兩問景云：「汝向行今止，昔坐今起。然則子行止坐起，制在於形，唯欲隨逐於他，都無獨立志操者，何耶？」

【釋文】「罔兩」郭云：景外之微陰也。向云：景之景也。崔本作罔浪，云：有無之狀。◎慶藩案罔兩，司馬作罔浪。《文選》班孟堅《幽通賦注》引司馬云：罔浪，景外重陰也。《釋文》引崔本作罔浪，云有無之狀，與司馬訓異義。「景」暎永反，又如字。本或作影，俗也。「曩」徐乃蕩反。李云：曏者也。「無特」本或作持。崔云：特，辭也。向云：無特者，行止無常也。「操與」音餘。

景曰：「吾有待而然者邪❶？吾所待又有待而然者邪❷？吾待蛇蚹蜩翼邪❸？惡識所以然！惡識所以不然！❹」

❶【注】言天機自爾，坐起無待。無待而獨得者，孰知其故，而責其所以哉？

【疏】夫物之形質，咸稟自然，事似有因，理在無待。而形影非遠，尚有天機，故曰萬類參差無非獨化者也。

❷【注】若責其所待而尋其所由，則尋責無極，（而）〔卒〕①至於無待，而獨化之理明矣。

【疏】影之所待，即是形也。若使影待於形，形待造物，請問造物復何待乎？斯則待待無窮，卒乎無待也。

❸【注】若待蛇蚹蜩翼，則無特操之所由，未爲難識也。今所以不識，正由不待斯類而獨化故耳。

【疏】昔諸講人及郭生注意，皆云蛇蚹是腹下齟齬。蜩翼者是蜩翅也。言蛇待蚹而行，蜩待翼而飛，影待形而有也，蓋不然乎。若使待翼而飛，待足而走，飛禽走獸，其類無窮，何勞獨舉蛇蚹，頗引爲譬？即今解蚹者，蛇蛻皮也，蜩翼者，蜩甲也。言蛇蛻舊皮，蜩新出甲，不知所以，莫辯其然，獨化而生，蓋無待也。而蛇蜩二蟲，猶蛻皮甲，稱異諸物，所以引之。故《外篇》云，吾待蛇蚹蜩甲耶，是知形影之義，與蚹甲無異者也。

【釋文】「蛇附」音附，徐又音敷。司馬云：謂蛇腹下齟齬可以行者也。齟，音士女反，齬，音魚女反。「蜩」徐音條。

❹【注】世或謂罔兩待景，景待形，形待造物者。請問：夫造物者，有耶無耶？無也？則胡能造物哉？有也？則不足以物眾形。故明眾形之自物而後始可與言造物耳。是以涉有物之域，雖復罔兩，未有不獨化於玄冥者也。故造物②者無主，而物各自造，物各自造而無所待焉，此天地之正也。故彼我相因，形景俱生，雖復玄合，而非待也。明斯理也，將使萬物各反所宗於體中而不待乎外，外無所謝而內無所矜，是以誘然皆生而不知所以生，同焉皆得而不知所以得也。今罔兩之因景，猶云俱生而非待也，則萬物雖聚而共成乎天，而皆歷然莫不獨見矣。故罔兩非景之所制，而景非形之所使，形非無之所化也，則化與不化，然與不然，從人之與由己，莫不自爾，吾安識其所以哉！故任而不助，則本末內外，暢然俱得，泯然無迹。若乃責此近因而忘其自爾，宗物於外，喪主於內，而愛尙生矣。雖欲推而齊之，然其所尙已存乎胷中，何夷之得有哉！

【疏】夫待與不待，然與不然，天機自張，莫知其宰，豈措情於尋責而思慮於心識者乎！

【釋文】「喪」息浪反。

【校】①卒字依宋本及世德堂本改。②世德堂本物作化。

昔者莊周夢為胡蝶，栩栩然胡蝶也，自喻適志與❶！不知周也❷。俄然覺，則蘧蘧然周也❸。不知周之夢為胡蝶與，胡蝶之夢為周與❹？周與胡蝶，則必有分矣

5。此之謂物化6。

1【注】自快得意，悅豫而行。

【疏】栩栩，忻暢貌也。喻，曉也。夫生滅交謝，寒暑遞遷，蓋天地之常，萬物之理也。而莊生暉明鏡以照燭，(汎)〔汎〕上善以遨遊，故能託夢覺於死生，寄自他於物化。是以夢爲胡蝶，栩栩而適其心；覺乃莊周，蘧蘧而暢其志者也。

【釋文】「胡蝶」徐徒協反。司馬崔云：蛺蝶也。「栩」徐況羽反，喜貌。崔本作翩。「自喻」李云：喻，快也。「志與」音餘。下同。崔云：與，哉。

2【注】方其夢爲胡蝶而不知周，則與殊死不異也。然所在無不適志，則當生而係生者，必當死而戀死矣。由此觀之，知夫在生而哀死者誤也。

【疏】方爲胡蝶，曉了分明，快意適情，悅豫之甚，只言是蝶，(宜)〔不〕識莊周。死不知生，其義亦爾。

3【注】自周而言，故稱覺耳，未必非夢也。

【疏】蘧蘧，驚動之貌也。俄頃之間，夢罷而覺，驚怪思省，方是莊周。故注云，自周而言，故稱覺耳，未必非夢也。

【釋文】「然覺」古孝反。「蘧蘧」徐音渠，又其慮反。李云：有形貌。崔作據據，引《大宗師》云據然覺。

4【注】今之不知胡蝶，無異於夢之不知周也；而各適一時之志，則無以明胡蝶之不夢爲周矣。

世有假寐而夢經百年者，則無以明今之百年非假寐之夢者也。

【疏】昔夢爲蝶，甚有暢情；今作莊周，亦言適志。是以覺夢既無的當，莊蝶豈辯真虛者哉！

❺【注】夫覺夢之分，無異於死生之辯也。今所以自喻適志，由其分定，非由無分也。

【疏】既覺既夢，有蝶有莊，乃曰浮虛，亦不無崖分也。

❻【注】夫時不暫停，而今不遂存，故昨日之夢，於今化矣。死生之變，豈異於此，而勞心於其間哉！方爲此則不知彼，夢爲胡蝶是也。取之於人，則一生之中，今不知後，麗姬是也。而愚者竊竊然自以爲知生之可樂，死之可苦，未聞物化之謂也。

【疏】夫新新變化，物物遷流，譬彼窮指，方茲交臂。是以周蝶覺夢，俄頃之間，後不知前，此不知彼。而何爲當生慮死，妄起憂悲！故知生死往來，物理之變化也。

【釋文】「可樂」音洛。

莊子集釋　卷二上

內篇　養生主第三❶

❶【注】夫生以養存，則養生者理之極也。若乃養過其極，以養傷生，非養生之主也。

【釋文】養生以此為主也。

吾生也有涯❶，而知也无涯❷。以有涯隨无涯，殆已；❸已而為知者，殆而已矣❹。為善无近名，為惡無近刑❺。緣督以為經❻，可以保身，可以全生，可以養親❼，可以盡年❽。

❶【注】所稟之分各有極也。

【疏】涯，分也。夫生也受形之載，稟之自然，愚智脩短，各有涯分。而知止守分，不蕩於外者，養生之妙也。然黔首之類，莫不稱吾，則凡稱吾者，皆有極者也。

【釋文】「有涯」本亦作崖，魚佳反。

❷【注】夫舉重攜輕而①神氣自若，此力之所限也。而尚名好勝者，雖復絕膂，猶未足以慊其

願，此知之無涯也。故知之爲名，生於失當而滅於冥極。冥極者，任其至分而無毫銖之加。是故雖負萬鈞，苟當其所能，則忽然不知重之在身；雖應萬機，泯然不覺事之在己。此養生之主也。

【疏】所禀形性，各有限極，而分別之智，徇物無涯。遂使心困形勞，未慊其願，不能止分，非養生之主也。

【釋文】「而知」音智。注、下同。「好勝」呼報反。下升證反。「雖復」扶又反。下皆同。「絕膂」音旅。「以慊」苦簟反，足也。◎盧文弨曰：古與慊恨之慊同一聲，竝不以音愜者為足之正詁。

❸【注】以有限之性尋無極之知，安得而不困哉！

【疏】夫生也有限，知也無涯，是以用有限之生逐無涯之知，故形勞神弊而危殆者也。

【釋文】「殆已」向云：疲困之謂。

❹【注】已困於知而不知止，又爲知以救之，斯養而傷之者，真大殆也。

【疏】無涯之知，已用於前；有爲之學，救之於後；欲不危殆，其可得乎！◎家世父曰：營營以求知，而極乎無涯，終乎殆矣。而此營營之知存於心，足以累性而害心。冥然而物化，寂然而神凝，使其知不生於心，成性存存，泯知以全生。故曰已而爲知者殆而已矣。

❺【注】忘善惡而居中，任萬物之自爲，悶然與至當爲一，故刑名遠己而全理在身也。

【疏】夫有爲俗學，抑乃多徒，要切而言，莫先善惡。故爲善也無不近乎名譽，爲惡也無不鄰乎刑戮。是知俗智俗學，未足以救前知，適有疲役心靈，更增危殆。

【釋文】「无近」附近之近。下同。◎慶藩案《文選》嵇叔夜《幽憤詩注》引司馬云：勿修名也。

被褐懷玉，穢惡其身，以無陋於形也。《釋文》闕。◎家世父曰：船山云，聲色之類不可名之為善者，即惡也。「悶然」亡本反，又音門。「遠己」于萬反。

❻【注】順中以爲常也。

【疏】緣，順也。督，中也。經，常也。夫善惡兩忘，刑名雙遣，故能順一中之道，處真常之德，虛夷任物，與世推遷。養生之妙，在乎茲矣。

【釋文】「緣督以為經」李云：緣，順也。督，中也。經，常也。郭崔同。◎慶藩案《文選》左太沖《魏都賦注》引司馬云：緣，順也。督，中也。順守道中以為常也。《釋文》闕。◎李楨曰：《素問骨空論》，督（錄）〔脈〕②者，起於少腹以下骨中央。《靈樞本輸篇》，七次脈，頸中央之脈，督脈也。人身惟脊居中，督脈並脊裡而上，故訓中督為奇經之一脈。《莊子》正是叚脈為喻，故下為保身全生等語。家世父曰：船山云，《奇經》八脈，以任督主呼吸之息。身前之中脈曰任，身後之中脈曰督。督者，居靜而不倚於左右，有脈之位而無形質。緣督者，以清微纖妙之氣，循虛而行，止於所不可行，而行自順，以適得其中。

❼【注】養親以適。

【釋文】「以養」羊尚反。注同。

❽【注】苟得中而冥度，則事事無不可也。夫養生非求過分，蓋全理盡年而已矣。

【疏】夫惟妙捨二偏而處於中一者，故能保守身形，全其生道。外可以孝養父母，大順人倫，內可以攝衛生靈，盡其天命。

【校】①趙諫議本而作其。②脈字依《素問》原文改。

庖丁為文惠君解牛，手之所觸，肩之所倚，足之所履，膝之所踦，砉然嚮然，奏刀騞然❶，莫不中音。合於桑林之舞，乃中經首之會❷。

❶【疏】庖丁，謂掌廚丁役之人，今之供膳是也。亦言：丁，名也。文惠君，即梁惠王也。解，宰割之也。踦，下角刺也。言庖丁善能宰牛，見其閒理，故以其手（搏）〔摶〕觸，以肩倚著，用腳蹋履，用膝刺築，遂使皮肉離析，砉然嚮應，進奏鸞刀，騞然大解。此蓋寄庖丁以明養生之術者也。

【釋文】「庖丁」崔本作胞，同。白交反。庖人，丁其名也。《管子》有屠牛坦一朝解九牛，刀可剃毛。◎盧文弨曰：《禮記・祭統》煇胞，亦與庖同。「為」于偽反。「文惠君」崔司馬云：梁惠王也。「所倚」徐於綺反，向偃彼反，徐又於佇反，李音妖。「所踦」徐居彼反，向魚彼反。李云：刺也。「砉然」向呼鵙反，徐許鵙反，崔音畫，又古鵙反，李又呼歷反。司馬云：皮骨相離聲。◎盧文弨曰：舊鵙皆從貝，非。今正從狊。下並同。「嚮然」許丈反，郭許亮反。本或無然字。「奏」如字。崔云：聞也。「騞」呼獲反，徐許嫛反，向他亦反，又音麥。崔云：音近獲，聲大於砉也。

❷【注】言其因便施巧，無不閑解，盡理之甚，既適牛理，又合音節。

【疏】桑林，殷湯樂名也。經首，咸池樂章名，則堯樂也。庖丁神彩從容，妙盡牛理；既而（改）〔宰〕割聲嚮，雅合宮商，所以音中桑林，韻符經首也。

【釋文】「中音」丁仲反。下皆同。「桑林」司馬云：湯樂名。崔云：宋舞樂名。案即《左傳》舞師題以旌夏是也。「經首」向司馬云：咸池樂章也。崔云：樂章名也。或云：奏樂名。「因便」婢面反。「閑解」音蟹。

文惠君曰：「譆，善哉！技蓋至此乎❶？」

❶【疏】譆，歎聲也。惠君既見庖丁因便施巧，奏〔刀〕音節，遠合樂章，故美其技術一至於此者也。

【釋文】「譆」徐音熙。李云：嘆聲也。「技」具綺反。下同。

庖丁釋刀對曰：「臣之所好者道也，進乎技矣❶。始臣之解牛之時，所見无非〔全〕①牛者❷。三年之後，未嘗見全牛也❸。方今之時，臣以神遇而不以目視❹，官知止而神欲行❺。依乎天理❻，批大郤❼，導大窾❽，因其固然❾。技經肯綮之未嘗❿，而況大軱乎⓫！良庖歲更刀　割也⓬；族庖月更刀，折也⓭。今臣之刀十九年矣，所解數千牛矣，而刀刃若新發於硎⓮。彼節者有閒，而刀刃者无厚；以无厚入有閒，恢恢乎其於遊刃必有餘地矣⓯，是以十九年而刀刃若新發於硎⓰。雖然，每至於族，吾見其難為⓱，怵然為戒，視為止⓲，行為遲⓳。動刀甚微，謋然已解②⓴，如土委地㉑。提刀而立，為之四顧，為之躊躇滿志㉒，善刀而藏之㉓。」

❶【注】直寄道理於技耳，所好者非技也。

【疏】捨釋鸞刀，對荅養生之道，故倚技術，進獻於君。又解：進，過也。所好者養生之道，過於解牛之技耳。

【釋文】「所好」呼報反。注同。

❷【注】未能見其理閒③。

【疏】始學屠宰，未見閒理，所覩惟牛。亦猶初學養生，未照真境，是以觸途皆礙。

❸【注】但見其理閒也。

【疏】操刀既久，頓見理閒，所以纔覩有牛，已知空卻。亦猶服道日久，智照漸明，所見塵境，無非虛幻。

❹【注】闇與理會。

【疏】遇，會也。經乎一十九年，合陰陽之妙數，率精神以會理，豈假目以看之！亦猶學道之人，妙契至極，推心靈以虛照，豈用眼以取塵也！

【釋文】「神遇」向云：暗與理會，謂之神遇。

❺【注】司察之官廢，縱心而（順）理〔順〕④。

【疏】官者，主司之謂也；謂目主於色耳司於聲之類是也。既而神通，不用目視，故眼等主司，悉皆停廢，從心所欲，順理而行。善養生者，其義亦然。

【釋文】「官知止」如字。崔云：官知，謂有所掌在也。向音智。專所司察而後動，謂之官智。「而神欲行」如字。向云：從手放意，無心而得，謂之神欲。

❻【注】不橫截也。

【疏】依天然之腠理，終不橫截以傷牛。亦猶養生之妙道，依自然之涯分，必不貪生以夭折也。

❼【注】有際之處，因而批之令離。

【疏】閒卻交際之處，用刀而批戾之，令其筋骨各相離異。亦猶學道之人，生死窮通之際，用心觀照，令其解脫。

【釋文】「批」備結反，一音鋪迷反。《字林》云：擊也，父迷父節二反。「大卻」徐去逆反，郭音卻。崔李云：閒也。◎盧文弨曰：從谷從卩。舊從谷從阝，非。今改正。「令離」力呈反。下同。下力智反。

❽【注】節解窾空，就導令殊。

【疏】窾，空也。骨節空處，（尟）〔就〕⑤導令殊。亦猶學人以有資空，將空導有。

【釋文】「道」音導。注同。「大窾」徐苦管反，又苦禾反。崔郭司馬云：空也。向音空。◎盧文弨曰：今本道作導。窾與科通，故亦同音。◎慶藩案《說文》無窾字，當作款。《史記・太史公自序》，實不中其身者謂之窾，《漢書・司馬遷傳》，窾正作款。服虔注：款，空也。《爾雅・釋器》，鼎款足者謂之鬲，注：款，空也。《淮南・說山》，見款木浮而知為舟，高注：款，空也，《管子・國蓄》，大國內款，楊注：內款，內空也。是其證。「節解」戶賣反。

❾【注】刀不妄加。

【疏】因其空郤之處，然後運刀，亦因其眼見耳聞，必不妄加分別也。

⑩【注】技之妙也，常遊刃於空，未嘗經槩於微礙也。

【釋文】「技經」本或作猗，其綺反。徐音技。◎俞樾曰：郭注以技經為技之所經，殊不成義。技經肯綮四字，必當平列。《釋文》曰：肯，《說文》作肎，《字林》同，著骨肉也。一曰：骨無肉也。綮，司馬云：猶結處也。是肯綮並就牛身言，技經亦當同之。技疑枝字之誤。《素問三部九候論》，治其經絡，王注引《靈樞經》曰：經脈為裏，支而橫者為絡。古字支與枝通。枝，謂枝脈；經，謂經脈。枝經，猶言經絡也。經絡相連之處，亦必有礙於游刃。庖丁惟因其固然，故未嘗礙也。◎李楨曰：俞匡改技為枝，訓為經絡，說信塙矣。未嘗二字，須補訓義。依俞說，嘗當訓試。《說文》：試，用也。言於經絡肎綮之微礙，未肎以刀刃嘗試之，所謂因其固然者。「肯」徐苦等反。《說文》作肎。《字林》同，口乃反，云：著骨肉也。一曰：骨無肉也。崔云：許叔重曰，骨間肉。肯，肯著也。「綮」苦挺反，崔向徐並音啟，李烏係反，又一音罄。司馬云：猶結處也。「經槩」古代反。「微礙」五代反。

⑪【注】軱，戾大骨，衄刀刃也。

【疏】肯綮，肉著骨處也。軱，大骨也。夫伎術之妙，遊刃於空，微礙尚未曾經，大骨理當不犯。況養生運智，妙體真空，細惑尚不染心，麤塵豈能累德！

【釋文】「大軱」音孤。向郭云：觚，戾大骨也。崔云：槃結骨。「衄刀」女六反。

⑫【注】不中其理閒也。

【疏】良善之庖，猶未中理，經乎一歲，更易其刀。況小學之人，未體真道，證空捨有，易奪之心者矣。

【釋文】「良庖」司馬云：良，善也。「割也」司馬云：以刀割肉，故歲歲更作。崔云：歲一易刀，猶堪割也。

⑬【注】中骨而折刀也。

【疏】況凡鄙之夫，心靈闇塞，觸境皆礙，必損智傷神。

【釋文】「族庖」司馬云：族，雜也。崔云：族，眾也。◎俞樾曰：郭注曰，中骨而折刀也，此於文義未合。上文云良庖歲更刀割也。割以用刀言，則折亦以用刀言。折，謂折骨，非謂刀折也。哀元年《左傳》曰：無折骨。

⑭【注】硎，砥石也。

【疏】硎，砥礪石也。(牛)〔十〕，陰數也；九，陽數也；故十九年極陰陽之妙也。是以年經十九，牛解數千，遊空涉虛，不損鋒刃，故其刀銳利，猶若新磨者也。況善養生人，智窮空有，和光處世，妙盡陰陽。雖復千變萬化，而自新其德，參涉萬境，而常湛凝然矣。

【釋文】「硎」音刑，磨石也。崔本作形，云：新所受形也。「砥石」音脂，又之履反。《尚書傳》云，砥細於礪，皆磨石也。

⑮【疏】彼牛骨節，素有閒卻，而刀刃鋒銳，薄而不厚。用無厚之刃，入有閒之牛，故遊刃恢恢，必寬大有餘矣。況養生之士，體道之人，運至忘之妙智，遊虛空之物境，是以安排造適，閒暇有餘，境智相冥，不一不異。

⑯【疏】重疊前文，結成其義。

⑰【注】交錯聚結爲族。

⑱【注】不復屬目於他物也。

【釋文】「為戒」于僞反。下皆同。「屬目」（意）〔章〕⑥欲反。

⑲【注】徐其手也。

【疏】節骨交聚磐結之處，名爲族也。雖復遊刃於空，善見其郤，每至交錯之處，未嘗不留意艱難，爲其怵惕戒慎，專視徐手。況體道之人，雖復達彼虛幻，至於境智交涉，必須戒慎艱難，不得輕染根塵，動傷於寂者也。

⑳【注】得其宜則用力少。

【釋文】「謋然」化百反，徐又許百反。「已解」音蟹。下皆同。

㉑【注】理解而無刀迹，若聚土也。

【疏】謋，化百反。謋然，骨肉離之聲也。運動鸞刀，甚自微妙，依於天理，所以不難，如土委地，有何蹤跡！況運用神智，明照精微，涉於塵境，曾無罣礙，境智冥合，能所泯然。

㉒【注】逸足容豫自得之謂。

【疏】解牛事訖，閒放從容，提挈鸞刀，彷徨徙倚。既而風韻清遠，所以高視四方，志氣盈滿，爲之躊躇自得。養生會理，其義亦然。

【釋文】「提刀」徐徒嵇反。「躊」直留反。「躇」直於反。

㉓【注】拭刀而弢之也。

【疏】善能保愛，故拭而弢之。況（養）〔善〕攝生人，光而不耀。

【釋文】「善刀」善，猶拭也。「拭」音式。「弢之」他刀反。◎盧文弨曰：弢從攴得聲。舊本山下又，譌。今改正。

【校】①全字依趙諫議本補。②《闕誤》引文如海劉得一本此句下有牛不知其死也六字。③趙本無其字閒字。④理順依趙本改。⑤就字依注文改。⑥章字依《釋文》原本改。

文惠君曰：「善哉！吾聞庖丁之言，得養生焉❶。」

❶【注】以刀可養，故知生亦可養。

【疏】魏侯聞庖丁之言，遂悟養生之道也。美其神妙，故歎以善哉。

公文軒見右師而驚曰：「是何人也？惡乎介也❶？天與，其人與❷？」曰：「天也，非人也。天之生是使獨也❸，人之貌有與也❹。以是知其天也，非人也❺。

❶【注】介，偏刖之名。

【疏】姓公文，名軒，宋人也。右師，官名也。介，刖也。公文見右師刖足，故驚問所由，於何犯忤而致此殘刖於足者也？

【釋文】「公文軒」司馬云：姓公文氏，名軒，宋人也。「右師」司馬云：宋人也。簡文云：官名。「惡乎」音烏。「介」音戒，一音兀。司馬云：刖也。向郭云：偏刖也。崔本作兀，又作𧿹，云：斷足也。◎家世父曰：善養生者養以神，神全則生全，形雖介可也。樊中之雉，神固王矣，而固不得其養。則神者，淡然泊然，怡然涣然，無為為之，優遊自得之神也。可以外形骸，齊生死，而何有於介哉！「偏刖」音月，又五刮反。

❷【注】知之所無奈何，天也。犯其所知，人也。

【疏】爲稟自天然，少茲一足？爲犯於人事，故被虧殘？此是公文致問之辭故也？

【釋文】「天與其人與」並音餘，又皆如字。司馬云：為天命，為人事也？

❸【注】偏刖曰獨。夫師一家之知而不能兩存其足，則是知之（無）所（無）①奈何。若以右師之知而必求兩全，則心神內困而形骸外弊矣，豈直偏刖而已哉！

【疏】夫智之明闇，形之虧全，並稟自天然，非關人事。假使犯於王憲，致此形殘，亦是天生頑愚，謀身不足，真知由人以虧其形，不知由天以暗其智，是知有與獨，無非命也。

【釋文】「使獨」司馬云：一足曰獨。「之知」音智。下之知同。

❹【注】兩足共行曰有與。有與之貌，未有疑其非命也。

❺【注】以有與者命也，故知獨者亦非我也。是以達生之情者不務生之所無以爲，達命之情者不務命之所無奈何也，全其自然而已。

【疏】與，共也。凡人之貌，皆有兩足共行，稟之造物。故知我之一腳遭此形殘，亦無非命也。欲明窮通否泰，愚智虧全，定乎冥兆，非由巧拙。達斯理趣者，方可全生。

【校】①所無依《道藏》褚伯秀本改。

澤雉十步一啄，百步一飲，不蘄畜乎樊中❶。神雖王，不善也❷。」

❶【注】蘄，求也。樊，所以籠雉也。夫俯仰乎天地之間，逍遙乎自得之場，固養生之妙處也。又何求於入籠而服養哉！

【疏】蘄，求也。樊中，雉籠也。夫澤中之雉，任於野性，飲啄自在，放曠逍遙，豈欲入樊籠而求服養！譬養生之人，蕭然嘉遁，唯適情於林籟，豈企羨於榮華！又解：澤似雉而非，澤尾長而雉尾短，澤雉之類是也。

【釋文】「一啄」涉角反。「不蘄」音祈，求也。「樊中」音煩。李云：藩也，所以籠雉也。向郭同。崔以為園中也。「妙處」昌慮反。

❷【注】夫始乎適而未嘗不適者，忘適也。雉心神長王，志氣盈豫，而自放於清曠之地，忽然不覺善（爲）之〔爲〕①善也。

【疏】雉居山澤，飲啄自在，心神長王，志氣盈豫。當此時也，忽然不覺善之爲善。既遭樊籠，性情不適，方思昔日，甚爲清暢。鳥既如此，人亦宜然。欲明至適忘適，至善忘善。

【釋文】「雖王」于況反，注同。「長王」丁亮反，又直良反。

【校】①之爲二字依世德堂本改。

老聃死，秦失弔之，三號而出❶。

❶【注】人弔亦弔，人號亦號。

【疏】老君即老子也。姓李，名耳，字伯陽，外字老聃，大聖人也，降生陳國苦縣。當周平王時，去周，西度流沙，適之罽賓。而內外經書，竟無其迹，而此獨云死者，欲明死生之理泯一，凡聖之道均齊。此蓋莊生寓言耳，而老君爲大道之祖，爲天地萬物之宗，豈有生死哉！故託此言聖人亦有死生，以明死生之理也。故老君降生行教昇天，備載諸經，不具言也。秦失者，姓秦，名失，懷道之士，不知何許人也。既死且弔，奚泊三號！而俯迹同凡，事終而出也。

【釋文】「老聃」吐藍反。司馬云：老子也。「秦失」本又作佚，各依字讀，亦皆音逸。「三號」戶羔反。注同。

弟子曰：「非夫子之友邪❶？」

❶【注】怪其不倚戶觀化，乃至三號也。

【疏】秦失老君，俱遊方外，既號且弔，豈曰清高！故門人驚疑，起非友之問。

【釋文】「倚戶」於綺反。

曰：「然❶。」

❶【疏】然，猶是也。秦失答弟子云，是我方外之友。

「然則弔焉若此，可乎❶？」

❶【疏】方外之人，行方內之禮，號弔如此，於理可乎？未解和光，更致斯問者也。

曰：「然❶。始也吾以為其①人也，而今非也❷。向吾入而弔焉，有老者哭之，如哭其子；少者哭之，如哭其母。彼其所以會之，必有不蘄言而言，不蘄哭而哭者❸。是（遯）〔遁〕②天倍情，忘其所受❹，古者謂之遁天之刑❺。適來，夫子時也❻；適去，夫子順也❼。安時而處順，哀樂不能入也❽，古者謂是帝之縣解❾。」

❶【注】至人無情，與眾號耳，故若斯可也。

【疏】然，猶可也。動寂相即，內外冥符，故若斯可也。

❷【疏】秦失初始入弔，謂哭者是方外門人，及見哀痛過，知非老君弟子也。

❸【注】嫌其先物施惠，不在理上往，故致此甚愛也。

【疏】蘄，求也。彼，眾人也。夫聖人虛懷，物感斯應，哀憐兆庶，愍念蒼生，不待勸求，為其演說。故其死也，眾來聚會，號哭悲痛，如於母子。斯乃凡情執滯，妄見死生，感於聖恩，致此哀悼。以此而測，故知非老君門人也。

【釋文】「少者」詩照反。「先物」悉薦反，又如字。「理上往」一本往作住③。

❹【注】天性所受，各有本分，不可逃，亦不可加。

【疏】是，指斥哭人也。倍，加也。言逃遯天然之性，加添流俗之情，妄見死之可哀，故忘失所受之分也。

【釋文】「遯天」徒遜反。又作遁。「倍情」音裴，加也。又布對反。本又作背。

❺【注】感物大深，不止於當，遁天者也。將馳騖於憂樂之境，雖楚戮未加而性情已困，庸非刑

哉！

【疏】夫逃遁天理，倍加俗情，哀樂經懷，心靈困苦，有同捶楚，寧非刑戮！古之達人，有如此議。

【釋文】「大深」音泰。「憂樂」音洛。下文、注同。

❻【注】時自生也。

❼【注】理當死也。

【疏】夫子者，是老君也。秦失歎老君大聖，妙達本源，故適爾生來，皆應時而降誕；蕭然死去，亦順理而返真耳。

❽【注】夫哀樂生於失得者也。今玄通合變之士，無時而不安，無順而不處，冥然與造化爲一，則無往而非我矣，將何得何失，孰死孰生哉！故任其所受，而哀樂無所錯其閒矣。

【疏】安於生時，則不厭於生；處於死順，則不惡於死。千變萬化，未始非吾，所適斯適，故憂樂無錯其懷矣。

【釋文】「所錯」七路反。

❾【注】以有係者爲縣，則無係者縣解也，縣解而性命之情得矣。此養生之要也。

【疏】帝者，天也。爲生死所係者爲縣，則無死無生者縣解也。夫死生不能係，憂樂不能入者，而遠古聖人謂是天然之解脫也。且老君大聖，冥一死生，豈復逃遁天刑，馳騖憂樂？子玄此注，失之遠矣。若然者，何謂安時處順，帝之縣解乎？文勢前後，自相鉾楯。是知遁天之刑，屬在哀慟之徒，非關老君也。

【釋文】「縣」音玄。「解」音蟹。注同。崔云，以生為縣，以死為解。

【校】①《闕誤》引文如海本其作至。②遁字依世德堂本改。③趙諫議本作住。

指窮於為薪，火傳也❶，不知其盡也❷。

❶**【注】**窮，盡也；爲薪，猶前薪也。前薪以指，指盡前薪之理，故火傳而不滅；心得納養之中，故命續而不絕；明夫養生乃生之所以生也。

【疏】窮，盡也。薪，柴樵也。爲，前也。言人然火，用手前之，能盡然火之理者，前薪雖盡，後薪以續，前後相繼，故火不滅也。亦猶善養生者，隨變任化，與物俱遷，故吾新吾，曾無係戀，未始非我，故續而不絕者也。

【釋文】「指窮於為薪」如字。絕句。為，猶前也。「火傳也」直專反。注同。傳者，相傳繼續也。崔云：薪火，爝火也。傳，延也。◎俞樾曰：郭注曰，為薪猶前薪也，前薪以指，指盡前薪之理，故火傳不滅。此說殊未明了。且為之訓前，亦未知何義。郭注非也。《廣雅釋詁》：取，為也。然則為亦猶取也。指窮於為薪者，指窮於取薪也。以指取薪而然之，則有所不給矣，若聽火之自傳，則忽然而不知其薪之盡也。郭得其讀，未得其義。《釋文》引崔云，薪火，爝火也，則並失其讀矣。◎家世父曰：薪盡而火傳，有不盡者存也。太虛來往之氣，人得之以生，猶薪之傳火也，其來也無與拒，其去也無與留，極乎薪而止矣。而薪自火也，火自傳也，取以為無盡也。執薪以求火，執火以求傳，奚當哉！「之中」

丁仲反。

❷【注】夫時不再來，今不一停，故人之生也，一息一得耳。向息非今息，故納養而命續；前火非後火，故爲薪而火傳，火傳①而命續，由夫養得其極也，世豈知其盡而更生哉！

【疏】夫迷忘之徒，役情執固。豈知新新不住，念念遷流，昨日之我，於今已盡，今日之我，更生於後耶！舊來分此一篇爲七章明義，觀其文勢，過爲繁冗。今將爲善合於第一，指窮合於老君，總成五章，無所猜嫌也。

【校】①趙諫議本火傳二字不重。

莊子集釋　卷二中

內篇　人間世第四❶

❶【注】與人群者，不得離人。然人間之變故，世世異宜，唯無心而不自用者，爲能隨變所適而不荷其累也。

【釋文】「人間世」此人間見事，世所常行者也。◎慶藩案〔《文選》〕潘安仁《秋興賦》注引司馬云：言處人間之宜，居亂世之理，與人群者不得離人。然人間之事故，與世異宜，唯無心而不自用者，為能唯變所適而何足累。《釋文》闕。「離人」力智反。「不荷」胡我反，又音河。「其累」力偽反。

顏回見仲尼，請行❶。

❶【疏】姓顏，名回，字子淵，魯人也；孔子三千門人之中，總四科入室弟子也。仲尼者，姓孔，名丘，字仲尼，亦魯人，殷湯之後，生衰周之世，有聖德，即顏回之師也。其根由事迹，偏在儒史，今既解釋《莊子》，意在玄虛，故不復委碎載之耳。然人間事緒，糺紛實難，接物利他，理在不易，故寄顏孔以顯化導之方，託此聖賢以明心齋之術也。孔聖顏賢耳。

【釋文】「顏回」孔子弟子，姓顏，名回，字子淵，魯人也。

曰：「奚之❶？」

❶【疏】奚，何也。〔之〕，適也。質問顏回欲往何處耳。

曰：「將之衛❶。」

❶【疏】衛，即殷紂之都，又是康叔之封，今汲郡衛州是也。此則顏答孔問欲行之所也。

曰：「奚為焉❶？」

❶【疏】欲往衛國，何所云爲？重責顏生行李意謂矣。

曰：「回聞衛君，其年壯，其行獨❶；輕用其國❷，而不見其過❸；輕用民死❹，死者以國量乎澤若蕉❺，民其无如矣❻。回嘗聞之夫子曰：『治國去之，亂國就之，醫門多疾。』願以所聞思其則①，庶幾其國有瘳乎！❼」

❶【注】不與民同欲也。

【疏】衛君，即靈公之子蒯聵也，荒淫昏亂，縱情無道。其年少壯而威猛可畏，獨行凶暴而不順物心。顏子述己所聞以答尼父。

【釋文】「衛君」司馬云：衛莊公蒯聵也。案《左傳》，衛莊公以魯哀十五年冬始入國，時顏回已死，不得為莊公，蓋是出公輒也。「其行」下孟反。「獨」崔云：自專也。向云：與人異也。郭云：不與人同欲。

❷**【注】**夫君人者，動必乘人，一怒則伏尸流血，一喜則軒冕塞路。故君人者之用國，不可輕之也。

【疏】夫民爲邦本，本固則邦寧。不能愛重黎元，方欲輕蔑其用，欲不顛覆，其可得乎！

❸**【注】**莫敢諫也。

【疏】強足以距諫，辨足以飾非，故百姓惶懼而吞聲，有過而無敢諫者也。

❹**【注】**輕用之於死地。

【疏】不凝動靜，泰然自安，乃輕用國民，投諸死地也。

❺**【注】**舉國而輸之死地，不可稱數，視之若草芥也。

【疏】蕉，草芥也。或征戰屢興，或賦稅煩重，而死者其數極多。語其多少，以國爲量，若舉爲數，造次難悉。縱恣一身，不恤百姓，視爲國民，如藪澤之中草芥者也。

【釋文】「國量」音亮。李力章反。「若蕉」似遙反。徐在堯反。向云：草芥也。崔云：芟刈也，其澤如見芟夷，言野無青草。◎盧文弨曰：蕉亦同樵，故可訓芟夷。◎家世父曰：蕉與焦通。《風俗通》，水草交厝，名之為澤。若焦者，水竭草枯，如火爇然，即《詩》如惔如焚之意。《左傳》成九年，雖有姬姜，無棄蕉萃，班固《賓戲》，朝而榮華，夕而焦瘁。蕉焦字通。《博雅》：蕉，黑也，亦通焦。陸氏《音義》引向云艸芥也，崔云芟刈也，並誤。「稱數」所主反。

❻**【注】**無所依歸。

【疏】君上無道，臣子飢荒，非但無可奈何，亦乃無所歸往也。

❼【疏】庶，冀也。幾，近也。瘳，愈也。治邦寧謐，不假匡扶；亂國孤危，應須規諫。顏生今將化衛，是以述昔所聞，思其稟受法言，冀其近於善道。譬彼醫門，多能救疾，方茲賢士，必能拯難，荒淫之疾，庶其瘳愈者也。

【釋文】「治國」直吏反。「醫門」於其反。「思其則」絕句。崔李云：則，法也。「有瘳」丑由反。李云：愈也。

【校】❶《闕誤》引江南李氏本其下有所行二字，則字屬下句。

仲尼曰：「譆！若殆①往而刑耳❶！

❶【注】其道不足以救彼患。

【疏】譆，怪笑聲也。若，汝也。殆，近也。孔子哂其術淺，未足化他，汝若往於衛，必遭刑戮者也。

【釋文】「譆」音熙，又於其反。

【校】❶《闕誤》引張君房本殆在而字下。

夫道不欲雜❶，雜則多，多則擾，擾則憂，憂而不救❷。古之至人，先存諸己而後存諸人❸。所存於己者未定，何暇至於暴人之所行❹！

❶【注】宜正得其人。

❷【注】若夫不得其人。則雖百醫守病，適足致疑而不能一愈也。

【疏】夫靈通之道，唯在純粹。必其喧雜則事緒繁多，事多則中心擾亂，心中擾亂則憂患斯起。藥病既乖，彼此俱困，己尚不立，焉能救物哉！

❸【注】有其具，然後可以接物也。

【疏】諸，於也。存，立也。古昔至德之人，虛懷而遊世間，必先安立己道，然後拯救他人，未有己身不存而能接物者也。援引古人，以爲鑒誡。

❹【注】不虛心以應物，而役思以犯難，故知其所存於己者未定也。夫唯外其知以養真，寄妙當於群才，功名歸物而患慮遠身，然後可以至於暴人之所行也。

【疏】夫唯虛心以應務，忘智以養真，寄當於群才，歸功於萬物者，方可處涉人間，逗機行化也。今顏回存立己身，猶未安定，是非喜怒，勃戰胷中，有何（庸）〔容〕暇，輒至於衛，欲諫暴君！此行未可也。

【釋文】「役思」息嗣反。「遠身」于萬反。

且若亦知夫德之所蕩而知之所為出乎哉？德蕩乎名，知出乎爭❶。名也者，相（札）〔軋〕①也；知也者，爭之器也。二者凶器，非所以盡行也❷。

❶【注】德之所以流蕩者，矜名故也；知之所以橫出者，爭善故也。雖復桀跖，其所矜惜，無非名善也。

【疏】汝頗知德蕩智出所由乎哉？夫德之所以流蕩喪真，爲矜名故也；智之所以橫出逾分者，爭善故也。夫唯善惡兩忘，名實雙遣者，故能（萬）〔至〕②德不蕩，至智不出者也。

【釋文】「而知」音智。下及注同。「所為」于偽反。「爭善」此及下爭名二字依字讀。「雖復」扶又反。下皆同。「桀跖」之石反。桀，夏王也。跖，盜跖也。

❷【注】夫名智者，世之所用也。而名起則相（札）〔軋〕，智用則爭興，故遺名知而後行可盡也。

【疏】札，傷也。夫矜名則更相毀損，顯智則爭競路興。故二者並凶禍之器，（盡）不可〔盡〕③行於世。

【釋文】「相札」徐於八反，又側列反。李云：折也。崔云：夭也。亦作軋。崔又云：或作禮，相賓禮也。◎盧文弨曰：今本作軋。◎慶藩案相札，猶言相甲也。《廣雅》：札，甲也；今本札譌作禮。又：車搹，焦札也；《太平御覽》引作雝禮，鈔本引作鴹禮。古禮字作礼，與札相似，札譌為礼，後人又改為禮耳。（今本《廣雅》作鴹秅，亦札之譌。）《崔譔》札或作禮，亦沿札礼形似而誤。（《淮南・說林篇》鳥力勝日而服於雝禮，禮亦為札之譌。）

【校】①軋字依趙諫議本及世德堂本改。盧校亦作軋。②覆宋本作万，蓋至之破體。③不可盡，依正文及《注》改。

且德厚信矼，未達人氣，名聞不爭，未達人心❶。而強以仁義繩墨之言術①暴人之前者，是以人惡有其美也❷，命之曰菑人。菑人者，人必反菑之❸，若殆為人菑夫！且苟為悅賢而惡不肖，惡用而求有以異❹？若唯无詔，王公必將乘人而鬬其捷❺。而目將熒之❻，而色將平之❼，口將營之❽，容將形之❾，心且成之❿。是以火救火，以水救水，名之曰益多⓫。順始无窮⓬，若殆以不信厚言，必死於暴人之前矣⓭！

❶【疏】矼，確實也。假且道德純厚，信行確實，芳名令聞，不與物爭，而衛君素性頑愚，凶悖少鑒，既未達顏回之意氣，豈識匡扶之心乎！

【釋文】「信矼」徐古江反。崔音控。簡文云：慤實貌。

❷【注】夫投人夜光，鮮不按劍者，未達故也。今回之德信與其不爭之名，彼所未達也，而強以仁義準繩於彼，彼將謂回欲毀人以自成也。是故至人不役志以經世，而虛心以應物，誠信著於天地，不爭暢於萬物，然後萬物歸懷，天地不逆，故德音發而天下響會，景行彰而六合俱應，而後始可以經寒暑，涉治亂，而不與逆鱗迕也。

【疏】繩墨之言，即五德聖智也。回之德性，衛君未達，而強用仁義之術行於暴人之前，所述先王美言，必遭衛君憎惡，故不可也。

【釋文】「而強」其兩反。注同。◎盧文弨曰：今本作彊。書內並同，不重出。◎家世父曰：《祭義》結諸心形諸色而術省之，鄭注：術當作述。術暴人之前，猶言述諸暴人之前。「人惡有」烏路反。下惡不肖及注同。崔本有作育，云：賣也。◎俞樾曰：《釋文》惡音烏路反，非也。美惡相對為文，當讀如本字。有者，育字之誤。《釋文》云，崔本作育，云賣也。《說文》貝部：賣，衒也，讀若育。此育字即買之叚字，經傳每以鬻為之，鬻亦音育也。以人惡育其美，謂以人之惡鬻己之美也。「鮮不」息淺反。「涉治」直吏反。「迕」音誤。

❸【注】適不信受，則謂與己爭名而反害之。

【疏】命，名也。衛侯不達汝心，謂汝菑害於己，既遭疑貳，必被反菑故也。

【釋文】「菑」音災。下皆同。

❹【注】苟能悅賢惡愚，聞義而服，便爲明君也。苟爲明君，則不（若）〔苦〕②無賢臣，汝往亦不足復奇；如其不爾，往必受害。故以有心而往，無往而可；無心而應，其應自來，則無往而不可也。

【疏】殆，近也。夫，歎也。汝若往衛，必近危亡，爲暴人所災害，深可歎也。且衛侯苟能悅愛賢人，憎惡不肖，故當朝多君子，屏黜小人，已有忠臣，何求於汝！汝至於彼，亦何異彼人！既與無異，去便無益。

【釋文】「菑夫」音扶。「不肖」音笑，徐蘇叫反。似也。「惡用」音烏。

❺【注】汝唯有寂然不言耳，言則王公必乘人以君人之勢而角其捷辯，以距諫飾非也。

【疏】詔，言也。王公，衛侯也。汝若行衛，唯當默爾不言，若有箴規，必遭戮辱。且衛侯恃千乘之勢，用五等之威，飾非距諫，鬭其捷辯，汝既恐怖，何暇匡扶也！

【釋文】「若唯」郭如字，一音唯癸反。「無詔」絕句。詔，告也，言也。崔本作詻，音頟，云：逆擊曰諮。「王公必將乘人」絕句。「而鬭其捷」在接反。崔讀若唯無諮王公絕句，必將乘人而鬭絕句。捷作接，其接，引續也。

❻【注】其言辯捷，使人眼眩也。

【疏】熒，眩也。衛侯雖荒淫暴虐，而甚俊辯聰明，加持人君之威，陵藉忠諫之士，故顏回心生惶怖，眼目眩惑者也。

【釋文】「熒之」戶扃反。向崔本作營，音熒。◎慶藩案營熒字，古通用，皆營之借字也。《說文》：營，惑也，從目，熒省聲。《玉篇》：營，唯並胡亭二切。字或作熒，通作營，又通作榮。《史記·孔子世家》匹夫而熒惑諸侯，熒，司馬貞本作營。《漢書·吳王濞傳》、《淮南·王安傳》營惑，《史記》並作熒惑。《否象傳》不可榮以祿，虞翻本榮作營，謂不可惑以祿也。《漢書·禮樂志》〔瑩〕〔營〕亂富貴之耳目，《漢紀》〔瑩〕〔營〕作榮。皆其證。「眼眩」玄遍反。

❼【注】不能復自異於彼也。

【疏】縱有諫心，不敢顯異，顏色靡順，與彼和平。

❽【注】自救解不暇。

【疏】衛侯位望既高，威嚴可畏，顏生恐禍及己，憂懼百端，所以口舌自營，略無容暇。

❾【疏】形，見也。既懼災害，故委順面從，擎跽曲拳，形迹斯見也。

【釋文】「容將形之」謂擎跽也。

❿【注】乃且釋己以從彼也。

【疏】豈直外形從順，亦乃內心和同，不能進善而更成彼惡故也。

⑪【注】適不能救，乃更足以成彼之威。

【疏】以，用也。夫用火救火，猛燎更增；用水救水，波浪彌甚。故顏子之行，適足成衛侯之暴，不能匡勸，可謂益多也。

⑫【注】尋常守故，未肯變也。

⑬【注】未信而諫，雖厚言爲害。

【疏】汝之忠厚之言，近不信用，則雖誠心獻替，而必遭刑戮於暴虐君人之前矣。

【校】①《闕誤》引江南《古藏》本術作衒。②苦字依世德堂本改。③營字依《漢書》改。

且昔者桀殺關龍逢，紂殺王子比干，是皆修其身以下傴拊人之民，以下拂其上者也❶，故其君因其修以擠之。是好名者也❷。昔者堯攻叢枝、胥敖，禹攻有扈，國為虛厲，身為刑戮，其用兵不止，其求實无已。是皆求名實者也，而獨不聞之乎❸？名實者，聖人之①所不能勝也，而況若乎❹！

❶【注】龍逢比干，居下而任上之憂，非其事者也。

【疏】謚法，賊民多殺曰桀，殘義損善曰紂。姓關，字龍逢，夏桀之賢臣，盡誠而遭斬首。比干，殷紂之庶叔，忠諫而被割心。傴拊，猶愛養也。拂，逆戾也。此二子者，並古昔良佐，修飾其身，仗行忠節，以臣下之位，憂君上之民，臣有德而君無道，拂戾其君，咸遭戮辱。援古證今，足爲龜鏡。是知顏回化衛，理未可行也。

【釋文】「關龍逢」夏桀之賢臣。「王子比干」殷紂之叔父。「以下」遐嫁反。「傴」紆甫反。「拊」徐向音撫。李云：傴拊，謂憐愛之也。崔云：猶嘔呴，謂養也。「拂其」符弗反。崔云：違也。又芳弗反。

❷【注】不欲令臣有勝君之名也。

【疏】擠，墜也，陷也，毒也。夏桀殷紂，無道之君，自不揣量，猶貪令譽，故因賢臣之修飾，肆其鴆毒而陷之。意在爭名逐利，遂至於此故也。

【釋文】「以擠」徐子計反，又子禮反。司馬云：毒也。一云：陷也。《方言》云：滅也。簡文云：排也。「是好」呼報反。「欲令」力呈反。

❸【注】夫暴君非徒求恣其欲，復乃求名，但所求者非其道耳。

【疏】堯禹二君，已具前解。叢枝，胥敖，有扈，並是國名。有扈者，今雍州鄠縣是也。宅無人曰虛，鬼無後曰厲。言此三國之君，悉皆無道，好起兵戈，征伐他國。豈唯貪求實利，亦乃規覓虛名，遂使境土丘虛，人民絕滅，身遭刑戮，宗廟顛殞。貪名求實，一至如斯，今古共知，汝獨不聞也。

【釋文】「叢支」才公反。◎盧文弨曰：今本作枝。「有扈」音戶。司馬云：國名，在始平郡。案即今京兆鄠縣也。「虛厲」如字，又音墟。李云：居宅無人曰虛，死而無後為厲。◎慶藩案虛厲即虛戾也。《墨子・魯問篇》是以國為虛戾，趙策齊為虛戾，均作戾。戾厲古音義通。《詩・小雅・節南山篇》

降此大戾，《大雅・瞻卬篇》戾作厲。《小宛》翰飛戾天，《文選・西都賦》〔注〕引《韓詩》作厲。《孟子・滕文公篇》狼戾，《鹽鐵論・未通篇》作梁厲。皆其證。

❹【注】惜名貪欲之君，雖復堯禹，不能勝化也，故與衆攻之，而汝乃欲空手而往，化之以道哉？

【疏】夫庸人暴主，貪利求名，雖堯禹聖君，不能懷之以德，猶興兵衆，問罪夷凶。況顏子匹夫，空手行化，不然之理，亦在無疑故也。

【校】①趙諫議本無之字。

雖然，若必有以也，嘗以語我來❶！」

❶【疏】嘗，試也，汝之化道，雖復未弘，既欲請行，必有所以，試陳汝意，告語我來。

【釋文】「語我」魚據反。下同。◎盧文弨曰：舊作魚豫反，譌。今改正。

顏回曰：「端而虛❶，勉而一❷，則可乎❸？」

❶【注】正其形而虛其心也。

【疏】端正其形，盡人臣之敬；虛豁心慮，竭匡諫之誠。既承高命，敢述所以耳。

❷【注】言遜而不二也。

【疏】勉厲身心，盡誠奉國，言行忠謹，纔無差二。

❸【疏】如前二術，可以行不？

曰：「惡！惡可❶！夫以陽為充孔揚❷，采色不定❸，常人之所不違❹，因案人之所感，以求容與其心❺。名之曰日漸之德不成，而況大德乎❻！將執而不化❼，外合而內不訾，其庸詎可乎❽！」

❶【注】言未可也。

【疏】惡惡，猶於何也。於何而可，言未可也。

【釋文】「惡惡」皆音烏，下同。

❷【注】言衛君亢陽之性充張於內而甚揚於外，強禦之至也。

【疏】陽，剛猛也。充，滿也。孔，甚也。言衛君以剛猛之性滿實內心，強暴之甚，彰揚外迹。

❸【注】喜怒無常。

【疏】順心則喜，違意則嗔，神采氣色，曾無定準。

❹【注】莫之敢逆。

【疏】爲性暴虐，威猛尋常，諫士賢人，詎能逆迕！

❺【注】夫頑強之甚，人以快①事感己，己陵藉而乃抑挫之，以求從容自放而遂其侈心也。

【疏】案，抑也。容與，猶放縱也。人以快善之事箴規感動，君乃因其忠諫而抑挫之，以求快樂縱容，遂其荒淫之意也。

【釋文】「挫之」子臥反。「從容」七容反。

❻【注】言乃少多，無回降之勝也。

【疏】衛侯無道，其來已久。日將漸漬之德，尚不能成，況乎鴻範聖明，如何可望也！

❼【注】故守其本意也。

【疏】飾非闇主，不能從（人）諫如流，固執本心，誰肯變惡爲善者也。

❽【注】外合而內不訾，即向之端虛而勉一耳，言此未足以化之。

【疏】外形擎跽，以盡足恭，內心順從，不敢訾毀。以此請行，行何利益，化衛之道，庸詎可乎！斯則斥前端虛之術未宜行用之矣。

【釋文】「不訾」向徐音紫。崔云：毀也。

【校】❶趙諫議本快作使。

「然則我內直而外曲，成而上比❶。內直者，與天為徒。與天為徒者，知天子之與己皆天之所子，而獨以己言蘄乎而人善之，蘄乎而人不善之邪❷？若然者，人謂之童子，是之謂與天為徒❸。外曲者，與人之①為徒也。擎跽曲拳，人臣之禮也，人皆為之，吾敢不為邪！為人之所為者，人亦无疵焉❹，是之謂與人為徒❺。成而上比者，與古為徒❻。其言雖教，讁之實也❼。古之有也，非吾有也❽。若然者，雖直而不病❾，是之謂與古為徒❿。若是則可乎⓫？」

❶【注】顏回更說此三條也。

【疏】前陳二事，已被詆訶，今設三條，庶其允合。此標題目，下釋其義，顏生述己以簡宣尼是也。

❷【注】物無貴賤，得生一也。故善與不善，付之公當耳，一無所求於人也。

【釋文】「而上」時掌反。下同。

【疏】此下釋義。蘄，求也。言我內心質素誠直，共自然之理而爲徒類。是知帝王與我，皆稟天然，故能忘貴賤於君臣，遺善惡於榮辱，復矜名以避惡，求善於他人乎？具此虛懷，庶其合理。

【釋文】「蘄乎」音祈。

❸【注】依乎天理，推己〔性〕〔信〕②命，若嬰兒之直往也。

【疏】然，如此也。童子，嬰兒也。若如向說，推理直前，行比嬰兒，故人謂之童子。結成前義，故是之謂與天爲徒也。

❹【疏】夫外形委曲，隨順世間者，將人倫爲徒類也。擎手跽足，磬折曲躬，俯仰拜伏者，人臣之禮也。而和同塵垢，污隆任物，人皆行此，我獨不爲邪！是以爲人所爲，故人無怨疾也。

【釋文】「擎」徐其驚反。「跽」徐其里反。《說文》云：長跪也。「曲拳」音權。「无疵」才斯反。

❺【注】外形委曲，隨人事之所當爲者也。

【疏】此結〔成〕〔前〕③也。

❻【注】成於今而比於古也。

【疏】忠諫之事，乃成於今，君臣之義，上比於古，故與古之忠臣比干等類，是其義也。

❼【注】雖是常教，實有諷責之旨。

【疏】謫，責也。所陳之言，雖是教迹，論其意旨，實有諷責之心也。

【釋文】「謫之」直革反。「諷責」非鳳反。

❽【疏】敻古以來，有此忠諫，非我今日獨起箴規者也。

❾【注】寄直於古，故無以病我也。

【疏】若忠諫之道，自古有之，我今誠直，亦幸無憂累。

❿【疏】此結前也。

⓫【疏】呈此三條，未知可不？

【校】①趙諫議本無之字。②信字依趙諫議本改。③依下疏文改。

仲尼曰：「惡！惡可！大多政，法而不諜❶，雖固亦无罪❷。雖然，止是耳矣，夫胡可以及化❸！猶師心者也❹。」

❶【注】當理無二，而張三條以政之，與事不冥也。

【疏】諜，條理也，當也。法苟當理，不俟多端，政設三條，大傷繁冗。於理不當，亦不安恬，故於何而可也。

【釋文】「大多」音泰，徐勑佐反。崔本作太。「不諜」徐徒協反，向吐頰反。李云：安也。崔云：間諜也。◎俞樾曰：政字絕句。大多政者，郭注所謂當理無二而張三條以政之也。法而不諜，四字為句。《列禦寇篇》形諜成光，《釋文》曰：諜，便僻也。此諜字義與彼同，謂有法度而不便僻也。李訓安，崔訓間諜，竝失其義。

❷【注】雖未弘大，亦且不見咎責。

【疏】設此三條，雖復固陋，既未行李，亦幸無咎責者也。

❸【注】罪則無矣，化則未也。

【疏】胡，何也。顏回化衛，止有是法，纔可獨善，未及濟時，故何可以及化也。又解：若止而勿行，於理便是，如其適衛，必自遭殆也。

❹【注】挾三術以適彼，非無心而付之天下也。

【疏】夫聖人虛己，應時無心，譬彼明鏡，方茲虛谷。今顏回預作言教，方思慮可不，既非忘淡薄，故知師其有心也。

【釋文】「挾三」戶牒反。

顏回曰：「吾无以進矣，敢問其方❶。」

❶【疏】顏生三術，一朝頓盡，化衛之道，進趣無方，更請聖師，庶聞妙法。

仲尼曰：「齋，吾將語若！有〔心〕①而為之，其易邪❶？易之者，皞天不宜❷。」

❶【注】夫有其心而爲之②者，誠未易也。

【疏】顏回殷勤致請，尼父爲說心齋。但能虛忘，吾當告汝，必有其心爲作，便乖心齋之妙。故有心而索玄道，誠未易者也。

【釋文】「曰齊」本亦作齋，同，側皆反。下同。◎盧文弨曰：今本作齋。「其易」以豉反。後皆同。向崔云：輕易也。

❷【注】以有爲爲易，未見其宜也。

【疏】《爾雅》云，夏曰皓天。言其氣皓汗也。以有爲之心而行道爲易者，皞天之下，不見其宜。言不宜以有爲心齋也。

【釋文】「皞天」徐胡老反。向云：皞天，自然也。◎盧文弨曰：舊本皞從白，今從注本從日。

【校】①心字依《闕誤》引張君房本及注文補。②趙諫議本無之字。

顏回曰：「回之家貧，唯不飲酒不茹葷者數月矣。如此，則可以為齋乎❶？」

❶【疏】茹，食也。葷，辛菜也。齋，齊也，謂心跡俱不染塵境也。顏子家貧，儒史具悉，無酒可飲，無葷可茹，簞瓢蔬素，已經數月，請若此得爲齋不。

【釋文】「不茹」徐音汝，食也。「葷」徐許云反。「數月」色主反。

曰：「是祭祀之齋，非心齋也❶。」

❶【疏】尼父答言，此是祭祀神君獻宗廟，俗中致齋之法，非所謂心齋者也。

回曰：「敢問心齋❶。」

❶【疏】向說家貧，事當祭祀。心齋之術，請示其方。

仲尼曰：「若一志❶，无聽之以耳而聽之以心❷，无聽之以心而聽之以氣❸！聽止於耳❹，心止於符❺。氣也者，虛而待物者也❻。唯道集虛。虛者，心齋也❼。」

❶【注】去異端而任獨（者）也（乎）①。

【疏】志一汝心，無復異端，凝寂虛忘，冥符獨化。此下答於顏子，廣示心齋之術者也。

【釋文】「去異」起呂反。下同。

❷【疏】耳根虛寂，不凝宮商，反聽無聲，凝神心符。

❸【疏】心有知覺，猶起攀緣；氣無情慮，虛柔任物。故去彼知覺，取此虛柔，遣之又遣，漸階玄妙也乎！

❹【疏】不著聲塵，止於聽。此釋無聽之以耳也。

❺【疏】符，合也。心起緣慮，必與境合，庶令凝寂，不復與境相符。此釋無聽之以心者也。

❻【注】〔遺〕〔遺〕②耳目，去心意，而符氣性之自得，此虛以待物者也。

【疏】如氣柔弱虛空，其心寂泊忘懷，方能應物。此解而聽之以氣也。◎俞樾曰：上文云，無聽之以耳而聽之以心，無聽之以心而聽之以氣。此文聽止於耳，當作耳止於聽，傳寫誤倒也，乃申說無聽之以耳之義。言耳之爲用止於聽而已，故無聽之以耳也。心止於符，乃申說無聽之以心之義。言心之用止於符而已，故無聽之以心也。符之言合也，言與物合也，與物合，則非虛而待物之謂矣。氣也者虛而待物者也，乃申說氣字，明當聽之以氣也。郭《注》曰遺耳目去心意等語，誤以符氣二字連讀，不特失其義，且不成句矣。

❼【注】虛其心則至道集於懷也。

【疏】唯此真道，集在虛心。故如虛心者，心齋妙道也。

【校】①者乎二字依世德堂本删。②遺字依世德堂本及《諸子平議》改。

顏回曰：「回之未始得使，實自回也❶；得使之也，未始有回也❷；可謂虛乎？」

❶【注】未始使心齋也。故有其身。

【疏】未稟心齋之教，猶懷封滯之心，既不能隳體以忘身，尚謂顏回之實有也。

【釋文】「未始得使」絕句。崔讀至實字絕句。

❷【注】既得心齋之使，則無其身。

【疏】既得夫子之教，使其人以虛齋，遂能物我洞忘，未嘗〔回〕之可有也。

夫子曰：「盡矣❶。吾語若！若能入遊其樊而無感其名，❷入則鳴，不入則止❸。無門無毒❹，一宅而寓於不得已❺，則幾矣❻。

❶【疏】夫子向說心齋之妙，妙盡於斯。

❷【注】放心自得之場，當於實而止。

【疏】夫子語顏生化衛之要，慎莫據其樞要，且復遊入蕃傍，亦宜晦迹消聲，不可以名智感物。樊，蕃也。

❸【注】譬之宮商，應而無心，故曰鳴也。夫無心而應者，任彼耳，不強應也。

【疏】若已道狎衛侯，則可鳴聲匡救；如其諫不入耳，則宜緘口忘言。強顯忠貞，必遭禍害。

【釋文】「不強」其丈反。

❹【注】使物自若，無門者也；付天下之自安，無毒者也。毒，治也。

【疏】毒，治也。如水如鏡，應感虛懷，己不預作也。

【釋文】「無毒」如字，治也。崔本作每，云：貪也。◎家世父曰：《說文》：毒，厚也。《老子》：亭之毒之。無門者，入焉不測其方；無毒者，游焉不泥其迹。應乎自然之符，斯能入遊其藩而無感其名。◎李楨曰：門毒對文，毒與門不同類。《說文》：毒，厚也。害人之艸，往往而生，義亦不合。毒乃壔之叚借。許壔下云：保也，亦曰高土也，讀若毒。與此注自安義合。張行孚《說文發疑》曰：壔者，累土為臺以傳信，即《呂氏春秋》所謂為高保禱於王路，寘鼓其上，遠近相聞是也。禱當為壔之譌。壔是保衛之所，故借其義為保衛。《易經》、《莊》、《老》三毒字，正是此義，(《老子》亭之毒之，《周易》以此毒天下而民從之，毒字並是叚借。)《廣雅》所以有毒安也一訓。按(擣)(壔)為毒本字，正與門同類，所以門毒對文。讀都皓切，音之轉也。

❺【注】不得已者，理之必然者也，體至一之宅而會乎必然之符者也。

【疏】宅，居處也。處心至一之道，不得止而應之，機感冥會，非預謀也。

【釋文】「而寓」崔本作如愚。

❻【注】理盡於斯。

【疏】幾，盡也。應物理盡於斯也。

絕迹易，无行地難❶。為人使易以偽，為天使難以偽❷。聞以有翼飛者矣，未聞以无翼飛者也；聞以有知知者矣，未聞以无知知者也❸。瞻彼闋者，虛室生白❹，吉祥止止❺。夫且不止，是之謂坐馳❻。夫徇耳目內通而外於心知，鬼神將來舍，而況人乎❼！是萬物之化也，禹舜之所紐也，伏戲几蘧之所行終，而況散焉者乎❽！」

❶【注】不行則易，欲行而不踐地，不可能也；無爲則易，欲爲而不傷性，不可得也。

【疏】夫端居絕迹，理在不難；行不踐地，故當不易。亦猶無爲虛寂，應感則易；有爲思慮，涉物則難。其理必然，故舉斯譬矣。

【釋文】「絕迹易无」絕句。向崔皆以无字屬下句。◎盧文弨曰：此讀謬甚，何不依注？

❷【注】視聽之所得者粗，故易欺也；至於自然之報細，故難僞也。則失真少者，不全亦少；失真多者，不全亦多；失得之報，未有不當其分者也。而欲違天爲僞，不亦難乎！

【疏】夫人情驅使，其法粗淺，（而）所以易欺；天然馭用，斯理微細，是故難矯。故知人間涉物，必須率性任真也。

【釋文】「者粗」音麄。

❸【注】言必有其具，乃能其事，今無至虛之宅，無由有化物之實也。

【疏】夫鳥無六翮，必不可以摶空；人無二知，亦未能以接物也。

【釋文】「有知知者」上音智，下如字。下句同。

❹【注】夫視有若無，虛室者也。虛室①而純白獨生矣。

【疏】瞻，觀照也。彼，前境也。闋，空也。觀察萬有，悉皆空寂，故能虛其心室，乃照真源，而智惠明白，隨用而生。白，道也。

【釋文】「闋者」徐苦穴反。司馬云：空也。「虛室生白」崔云：白者，日光所照也。司馬云：室比喻心，心能空虛，則純白獨生也。

❺【注】夫吉祥之所集者，至虛至靜也。

【疏】吉者，福善之事。祥者，嘉慶之徵。止者，凝靜之智。言吉祥善福，止在凝靜之心，亦能致吉祥之善應也。◎俞樾曰：止止連文，於義無取。《淮南子・椒真篇》作虛室生白，吉祥止也，疑此文下止字亦也字之誤。唐盧重元注《列子・天瑞篇》曰，虛室生白，吉祥止耳，亦可證止止連文之誤。

❻【注】若夫不止於當，不會於極，此爲以應坐之日而馳騖不息也。故外敵未至而內已困矣，豈能化物哉！

【疏】苟不能形同槁木，心若死灰，則雖容儀端拱，而精神馳騖，（不）〔可〕謂形坐而心馳者也。

❼【注】夫使耳目閉而自然得者，心知之用外矣。故將任性直通，無往不冥，尙無幽昧之責，而況人間之累乎！

【疏】徇，使也。夫能令根竅內通，不緣於物境，精神安靜，（志）〔忘〕外於心知者，斯則外遣於形，內忘於智，則隳體黜聰，虛懷任物，鬼神冥附而舍止，不亦當乎！人倫鑽仰而歸依，固其宜矣。故《外篇》云無鬼責無人非也。

【釋文】「夫徇」辭俊反。徐辭倫反。李云：使也。「心知」音智，注同。

❽【注】言物無貴賤，未有不由心知耳目以自通者也。故世之所謂知者，豈欲知而知哉？所謂見者，豈爲②見而見哉？若夫知見可以欲（而）爲〔而〕③得者，則欲賢可以得賢，爲聖可以得聖乎？固不可矣。而世不知知之自知，因欲爲知以知之；不見見之自見，因欲爲見以見之；不知生之自生，又將爲生以生之。故見目而求離朱之明，見耳而責師曠之聰，故心神奔馳於內，耳目竭喪於外，處身不適而與物不冥矣。不冥矣，而能合乎人間之變，應乎世世之節者，未之有也。

【疏】是，指斥之名也，此近指以前心齋等法，能造化萬物，孕育蒼生也。伏牛乘馬，號曰伏戲，姓風，即太昊。几蘧者，三皇已前無文字之君也。言此心齋之道，夏禹虞舜以爲應物綱紐，伏戲几蘧行之以終其身，而況世間凡鄙疏散之人，軌轍此道而欲化物。

【釋文】「所紐」徐女酒反。崔云：系而行之曰紐。簡文云：紐，本也。「伏戲」本又作羲，亦作犧，同。許宜反。即大皞，三皇之始也。「几蘧」其居反。向云：古之帝王也。李云：上古帝王。「散焉」悉旦反。李云：放也，崔云：德不及聖王為散。「之聽」一本作聽。「竭喪」息浪反。

【校】①虛室二字趙諫議本互易。②爲字世德堂本作謂，趙本亦作爲。③爲而依世德堂本互易。

葉公子高將使於齊，問於仲尼曰：「王使諸梁也甚重❶，齊之待使者，蓋將甚敬而不急❷。匹夫猶未可動，而況諸侯乎！吾甚慄之❸。子常語諸梁曰：『凡事若小若大，寡不道以懽成①❹。事若不成，則必有人道之患❺；事若成，則必有陰陽之患❻。若成若不成而後无患者，唯有德者能之❼。』吾食也執粗而不臧，爨无欲清之人❽。今吾朝受命而夕飲冰，我其內熱與❾！吾未至乎事之情，而既有陰陽之患矣；事若不成，必有人道之患。是兩也❿，為人臣者不足以任之，子其有以語我來⓫！」

❶【注】重其使，欲有所求也。

【疏】楚莊王之玄孫尹成子，名諸梁，字子高，食采於葉，僭號稱公。王者，春秋實爲楚子，而僭稱王。齊，即姜姓太公之裔。其先禹之四岳，或封於呂，故謂太公爲呂望。周武王封太公於營丘，是爲齊國。齊楚二國，結好往來，玉帛使乎，相繼不絕，或急難而求救，或問罪而請兵，情事不輕，委寄甚重，是故諸梁憂慮，詢道仲尼也。

【釋文】「葉公」音攝。「子高」楚大夫，為葉縣尹，僭稱公，姓沈，名諸梁，字子高。「將使」所吏反。注及下待使同。

❷【注】恐直空報其敬，而不肯急應其求也。

【疏】齊侯跡爾往來，心無真實，至於迎待楚使，甚自殷勤，所請事情，未達依允。奉命既重，預有此憂。

❸【疏】匹夫鄙志，尙不可動，況夫五等，如何可動！以此而量，甚爲憂慄之也。

【釋文】「慄之」音栗。李云：懼也。

❹【注】夫事無大小，少有不言以成爲懽者耳。此仲尼之所曾告諸梁者也。

【疏】子者，仲尼。寡之言少。夫經營事緒，抑乃多端。雖復大小不同，而莫不以成遂爲懽適也。故諸梁引前所稟，用發后機也。

【釋文】「常語」魚據反。下同。◎盧文弨曰：今本書常作嘗。

❺【注】夫以成爲懽者，不成則怒矣。此楚王之所不能免也。

【疏】情若乖阻，事不成遂，則有人倫之道，刑罰之憂。

❻【注】人患雖去，然喜懼戰於胷中，固已結冰炭於五藏矣。

【疏】喜則陽舒，憂則陰慘。事既成遂，中情允愜，變昔日之憂爲今時之喜。喜懼交集於一心，陰陽勃戰於五藏，冰炭聚結，非患如何？故下文云。

【釋文】「藏矣」才浪反。

❼【注】成敗若任之於彼而莫足以患心者，唯有德者乎！

【疏】安得喪於靈府，任成敗於前塗，不以憂喜累心者，其唯盛德焉！

❽【注】對火而不思涼，明其所饌儉薄也。

【疏】臧，善也。清，涼也。承命嚴重，心懷怖懼，執用粗飡，不暇精膳。所饌既其儉薄，爨人不欲思涼，燃火不多，無熱可避之也。

【釋文】「執」眾家本並然。簡文作熱。「粗」音麤，又才古反。「而不臧」作郎反，善也。絕句。一音才郎反，句至爨字。「爨」七亂反。「无欲清」七性反，字宜從冫。從氵者，假借也。清，涼也。「之人」言爨火為食而不思清涼，明火微而食宜儉薄。「所饌」士戀反。

❾【注】所饌儉薄而內熱飲冰者，誠憂事之難，非美食之爲也。

【疏】諸梁晨朝受詔，暮夕飲冰，足明怖懼憂愁，內心燻灼。詢道情切，達照此懷也。

【釋文】「內熱與」音餘。下慎與同。向云：食美食者必內熱。

❿【注】事未成則唯恐不成耳。若果不成，則恐懼結於內而刑網羅於外也。

【疏】夫情事未決，成敗不知，而憂喜存懷，是陰陽之患也。事若乖舛，必不成遂，則有人臣之道，刑網斯及。有此二患，何處逃愆？

【釋文】「則恐懼」丘勇反。

⓫【疏】忝爲人臣，濫充末使，位高德薄，不足任之。子既聖人，情兼利物，必有所以，幸來告示！

【釋文】「以任」而林反，一音而鴆反。

【校】①《闕誤》引江南《古藏》本此句作寡有不道以成懽。

仲尼曰：「天下有大戒二：其一，命也；其一，義也❶。子之愛親，命也，不可解於心❷；臣之事君，義也，無適而非君也，無所逃於天地之間❸。是之謂大戒❹。是以夫事其親者，不擇地而安之，孝之至也❺；夫事其君者，不擇事而安之，忠之盛也❻；自事其心者，哀樂不易施乎前，知其不可奈何而安之若命，德之至也❼。為人臣子者，固有所不得已。行事之情而忘其身❽，何暇至於悅生而惡死！夫子其行可矣❾！

❶【疏】戒，法也。寰宇之內，教法極多，要切而論，莫過二事。二事義旨，具列下文。

❷【注】自然結固，不可解也。

【疏】夫孝子事親，盡於愛敬。此之性命，出自天然，中心率由，故不可解。

❸【注】千人聚，不以一人爲主，不亂則散。故多賢不可以多君，無賢不可以無君，此天人之道，必至之宜。

【疏】夫君臣上下，理固必然。故忠臣事君，死成其節，此乃分義相投，非關天性。然六合雖寬，未有無君之國，若有罪責，亦何處逃愆！是以奉命即行，無勞進退。

❹【注】若君可逃而親可解，則不足戒也。

【疏】結成以前君親大戒義矣。

❺【疏】夫孝子養親，務在順適，登仕求祿，不擇高卑，所遇而安，方名至孝也。

❻【疏】夫禮親事主，志盡忠貞，事無夷險，安之若命，豈得揀擇利害，然後奉行！能如此者，是忠臣之盛美也。

❼【注】知不可奈何者命也而安之，則無哀無樂，何易施之有哉！故冥然以所遇爲命而不施心於其間，泯然與至當爲一而無休戚於其中，雖事凡人，猶無往而不適，而況於君親哉！

【疏】夫爲道之士而自安其心智者，體違順之不殊，達得喪之爲一，故能涉哀樂之前境，不輕易施，知窮達之必然，豈人情之能制！是以安心順命，不乖天理。自非至人玄德，孰能如茲也！

【釋文】「哀樂」音洛。注、下同。「施乎」如字。崔以豉反，云：移也。◎慶藩案施讀為移，不易施，猶言不移易也。《晏子春秋・外篇》君臣易施，《荀子・儒效篇》哀虛之相施易也，《漢書・衛綰傳》人之所施易，施並讀為移。正言之則為易施，倒言之則為施易也。（本王氏《讀書雜志》。）

❽【注】事有必至，理固常通，故任之則事濟，事濟而身不存者，未之有也，又何用心於其身哉！

【疏】夫臣子事於君父，必須致命盡情，有事即行，無容簡擇，忘身整務，固是其宜。苟不得止，應須任命也。

❾【注】理無不通，故當任所遇而直前耳。若乃信道不篤而悅惡存懷，不能與至當俱往而謀生慮死，吾未見能成其事者也。

【疏】既曰行人，無容悅惡，奉事君命，但當適齊，有何閒暇謀生慮死也！

【釋文】「而惡」烏路反，下皆同。

丘請復以所聞：凡交近則必相靡以信❶，遠則必忠之以言❷，言必或傳之。夫傳兩喜兩怒之言，天下之難者也❸。夫兩喜必多溢美之言，兩怒必多溢惡之言❹。凡溢之類妄❺，妄則其信之也莫❻，莫則傳言者殃❼。故《法言》曰：『傳其常情，无傳其溢言，則幾乎全❽。』

❶【注】近者得接，故以其信驗親相靡服也。

【釋文】「復以」扶又反。下注同。

❷【注】遙以言傳意也。

【疏】凡交遊鄰近，則以信情靡順；相去遙遠，則以言表忠誠。此仲尼引己所聞勸戒諸梁也。

【釋文】「傳意」丈專反。下文並注同。

❸【注】夫喜怒之言，若過其實，傳之者宜使兩不失中，故未易也。

【疏】以言表意，或使人傳，彼此相投，乍相喜怒。爲此使乎，人間未易。

【釋文】「兩怒」如字。注同。本又作怨。下同。「未易」以豉反。下文、注皆同。

❹【注】溢，過也。喜怒之言常過其當也。

【疏】溢，過也，彼此兩人，互相喜怒，若其順情，則美惡之言必當過者也。

❺【注】嫌非彼言，似傳者妄作。

【疏】類，似也。夫溢當之言，體非真實，聽者既疑，似使人妄構也。

❻【注】莫然疑之也。

【疏】莫，致疑貌也。既似傳者妄作，遂生不信之心，莫然疑之也。

❼【注】就傳過言，似於誕妄①。受者有疑，則傳言者橫以輕重爲罪也。

【疏】受者生疑，心懷不信，傳語使乎，殃過斯及。

❽【注】雖聞臨時之過言而勿傳也，必稱其常情而要其誠致，則近於全也。

【疏】夫處涉人閒，爲使實難，必須探察常情、必使賓主折中，不得傳一時喜怒，致兩言（雖）〔難〕閡。能如是者，近獲全身。夫子引先聖之格言，爲當來之軌轍也。

【釋文】「而要」一遙反。「則近」附近之近。

【校】①趙諫議本作妄誕。

且以巧鬪力者，始乎陽❶，常卒乎陰❷，（大）〔泰〕①至則多奇巧❸；以禮飲酒者，始乎治❹，常卒乎亂❺，（大）〔泰〕至則多奇樂❻。凡事亦然。始乎諒，常卒乎鄙；其作始也簡，其將畢也必巨❼。

❶【注】本共好戲。

【釋文】「共好」呼報反。

❷【注】欲勝情至，潛興害彼者也②。

【疏】陽，喜也。陰，怒也。夫較力相戲，非無機巧。初始戲謔，則情在喜歡；逮乎終卒，則心生忿怒，好勝之情，潛似相害。世間喜怒，情變例然。此舉鬬力以譬之也。◎家世父曰：凡顯見謂之陽，隱伏謂之陰。鬬巧者必多陰謀，極其心思之用以求相勝也。

❸【注】不復循理。

【疏】忿怒之至，欲勝之甚，則情多奇譎，巧詐百端也。

【釋文】「大至」音泰，本亦作泰。徐敕佐反。下同。◎盧文弨曰：今本書作泰。「奇巧」如字，又苦孝反。

❹【注】尊卑有別，旅酬有次。

【釋文】「乎治」直吏反。「有別」彼列反。

❺【注】湛湎淫液也。

【疏】治，理也。夫賓主獻酬，自有倫理，（倒辨）〔側弁〕③之後，無復尊卑，初正卒亂，物皆如此。舉飲酒以爲譬。

【釋文】「湛」直林反，又答南反。「湎」面善反。「淫液」以隻反。

❻【注】淫荒④縱横，無所不至。

【疏】宴賞既酬，荒淫斯甚，當歌屢舞，無復節文，多方奇異，歡樂何極也。

❼【注】夫煩生於簡，事起於微，此必至之勢也。

【疏】凡情常事，亦復如然。莫不始則誠信，終則鄙惡；初起簡少，後必巨大。是以煩生於簡，事起於微。此合喻也。◎俞樾曰：諒與鄙，文不相對。上文云，（使）〔始〕乎陽常卒乎陰，始乎治常卒乎亂，陰陽治亂皆相對，而諒鄙不相對。諒疑諸字之誤。諸讀爲都。《爾雅・釋地》，宋有孟諸《史記・夏本紀》作明都，是其例也。始乎都常卒乎鄙，都鄙正相對。因字通作諸，又誤作諒，遂失其恉矣。《淮南子・詮言篇》曰，故始於都者常大於鄙，即本《莊子》，可據以訂正。彼文大字乃卒字之誤，說見王氏念孫《讀書雜志》。

【校】①泰字依世德堂本及盧校改。②世德堂本無者也二字。③側弁依劉文典《補正》本改。④世德堂本荒作流。

（夫）①言者，風波也；行者，實喪也❶。〔夫〕風波易以動，實喪易以危❷。故忿設无由，巧言偏辭❸。獸死不擇音，氣息茀然，於是並生心厲❹。剋核大②至，則必有不肖之心應之，而不知其然也❺。苟為不知其然也，孰知其所終❻！故《法言》曰：『无遷令❼，无勸成❽，過度益也❾。』遷令勸成殆事❿，美成在久⓫，惡成不及改⓬，可不慎與⓭！且夫乘物以遊心⓮，託不得已以養中，至矣⓯。何作為報也⓰！莫若為致命。此其難者⓱。」

❶【注】夫言者，風波也，故行之則實喪矣。

【疏】夫水因風而起波，譬心因言而喜怒也。故因此風波之言而行喜怒者，則喪於實理者也。

◎慶藩案波當讀爲播。鄭注《禹貢》云：播，散也。波與播，古字通，言風播則易動也。風播與實喪對文，則不可作波浪訓矣。（《外物篇》司馬波臣注云波蕩之臣，波蕩即播蕩也。）僖二十三年《左傳》波及晉國，波亦當爲播，謂播散及晉國也。（本王引之《經義述聞》。）《禹貢》滎波既豬，馬鄭王本並作（熒）〔滎〕播，《索隱》云是播溢之義。皆其證。

【釋文】「實喪」息浪反。注、下同。◎家世父曰：實喪，猶言得失。實者，有而存之；喪者，忽而忘之。佹得而佹失者，行之大患也，故曰危。郭象注，行之則實喪矣，遺風波而弗行則實不喪矣，恐誤。

❷【注】故遺風波而弗行，則實不喪矣。夫事得其實，則危可安而蕩可定〔也〕③。

【疏】風鼓水波，易爲動蕩，譬言喪實理，危殆不難也。

❸【注】夫忿怒之作，無他由也，常由巧言過實，偏辭失當耳。

【疏】夫施設忿怒，更無所由，每爲浮僞巧言偏辭諂佞之故也。

【釋文】「偏辭」音篇。崔本作諞，音辯。

❹【注】譬之野獸，蹴之窮地，音急情盡，則和聲不至而氣息不理，茀然暴怒，俱生瘣疵以相對之。

【疏】夫野獸困窘，（迴）〔迫〕④之窮地，性命將死，鳴不擇音，氣息茀鬱，心生疵疾，忽然暴怒，搏噬於人。此是起譬也。

【釋文】「氣息」並如字。向本作諰器，云：諰，馬氏作息。器，氣也。崔本作諰簭，云：喘息簭不調也。又作華字。◎慶藩案《釋文》氣一本作器。氣器古通用，氣正字，器借字也。《大戴記・文王官人篇》其氣寬以柔，《周書》氣作器，是其證。「茀然」徐符弗反。郭敷末反。李音佛。崔音勃。「心厲」如字，李音賴。「蹴之」子六反。「瘠」疑賣反，又音詣。本又作疣，音尤。「疵」士賣反，又齊計反。上若作疣，此則才知反。◎盧文弨曰：蓋讀與睚眦同。

❺【注】夫寬以容物，物必歸焉。剋核太精，則鄙吝心生而不自覺也。故大人蕩然放物於自得之場，不苦人之能，不竭人之歡，故四海之交可全矣。

【疏】夫剋切責核，逼迫太甚，則不善之心欻然自應，情事相感，物理自然。是知躁則失君，寬則得眾也。

【釋文】「剋核」幸格反。

❻【注】苟不自覺，安能知禍福之所齊詣也！

【疏】夫急躁忤物，必拒之理，數自相召，不知所以。且當時以不肖應之，則誰知終後之禍者邪？

【釋文】「所齊」如字，又才計反。◎慶藩案《文選》鮑明遠《擬古詩》注引司馬云：誰知禍之所終者也⑤。

❼【注】傳彼實也。

【疏】承君令命，以實傳之，不得以臨時喜怒輒爲遷改者也。

❽【注】任其自成。

【疏】直陳君令，任彼事情，無勞勸奬，強令成就也。

❾【注】益則非任實者。

【疏】安於天命，率性任情，無勞添益語言，過於本度也。

❿【注】此事之危殆者。

【疏】故改其君命，強勸彼（我）〔成〕⑥，其於情事，大成危殆。

⓫【注】美成者任其時化，譬之種植，不可一朝成。

【疏】心之所美，率意而成，不由勸獎，故能長久。◎家世父曰：美者久於其道而後化成，一日之成，不足恃也，惡者一成而遂不及改。美惡幾微之辨，而難易形焉。是以就美而去惡者，人之常情也，而勢常不相及，有反施之而習而安焉者矣。注意似隔。

⓬【注】彼之所惡而勸強成之，則悔敗尋至。

【疏】心之所惡，強勸而成，不及多時，尋當改悔。

【釋文】「所惡」烏路反。「勸強」其丈反。下欲強同。

⓭【疏】處涉人世，啣命使乎，先聖法言，深宜戒慎。

⓮【注】寄物以爲意也。

【疏】夫獨化之士，混迹人閒，乘有物以遨遊，運虛心以順世，則何殆之有哉！

⓯【注】任理之必然者，《中庸》之符全矣，斯接物之至者也。

【疏】不得已者，理之必然也。寄必然之事，養中和之心，斯真理之造極，應物之至妙者乎！

⓰【注】當任齊所報之實，何爲爲齊作意於其閒哉！

【疏】率己運命，推理而行，何須預生抑度，爲齊作報（故）也。

【釋文】「為為」上如字，下于偽反。

⑰【注】直爲致命最易，而以喜怒施心，故難也。

【疏】直致率情，任於天命，甚自簡易，豈有難邪！此其難者，言不難。

【校】①夫字依世德堂本移下。②世德堂本大作太。③也字依世德堂本補。④迫字依下疏文逼迫太甚改。⑤原誤在疏文下，今改正。⑥成字依劉文典《補正》本改。

顏闔將傅衛靈公大子❶，而問於蘧伯玉曰：「有人於此，其德天殺❷。與之為无方，則危吾國；與之為有方，則危吾身❸。其知適足以知人之過，而不知其所以過❹。若然者，吾奈之何⑤？」

❶【疏】姓顏，名闔，魯之賢人也。大子，蒯聵也。顏闔自魯適衛，將欲爲太子之師傅也。

【釋文】「顏闔」胡臘反。向崔本作廅。魯之賢人隱者。◎盧文弨曰：今本廅作盍。「衛靈公」《左傳》云名元。「大子」音泰。司馬云：蒯聵也。

❷【疏】姓蘧，名瑗，字伯玉，衛之賢大夫。蒯聵稟天然之凶德，持殺戮以快心。既是衛國之人，故言有人於此。將爲儲君之傅，故詢道於哲人。

【釋文】「蘧」其居反。「伯玉」名瑗，衛大夫。「天殺」如字，謂如天殺物也。徐所列反。

❸【注】夫小人之性，引之軌制則憎己，縱其無度則亂邦。

【疏】方，猶法。稟性凶頑，不履仁義。與之方法，而軌制憎己，所以危身；縱之無度，而荒淫顛蹷，所以亡國。

【釋文】「无方」李云：方，道也。

❹**【注】**不知民過之由己，故罪責於民而不自改。

【疏】己之無道，曾不悛革，百姓有罪，誅戮極深。唯見黔首之愆，不知過之由己。既知如風靡草，是知責在於君。

【釋文】「其知」音智。

❺**【疏】**然，猶如是。將奈之何，詢道蘧瑗，故陳其所以。

蘧伯玉曰：「善哉問乎！戒之，慎之，正女身也①哉❶！形莫若就，心莫若和❷。雖然，之二者有患❸。就不欲入❹，和不欲出❺。形就而入，且為顛為滅，為崩為蹶❻。心和而出，且為聲為名，為妖為孽❼。彼且為嬰兒，亦與之為嬰兒；彼且為无町畦，亦與之為无町畦；彼且為无崖，亦與之為无崖。達之，入於无疵❽。

❶**【注】**反覆與會，俱所以爲正身。

【疏】戒，勗也。己身不可率耳。防慎儲君，勿輕犯觸，身履正道，隨順機宜。前歎其能問，後則示其方法也。

【釋文】「正女」音汝。下同。「反覆」芳服反。

❷【注】形不乖迕，和而不同。
【疏】身形從就，不乖君臣之禮。心智和順，跡混而事濟之也。
❸【疏】前之二條，略標方術。既未盡善，猶有其患累也。
❹【注】就者形順，入者遂與同。
【疏】郭《注》云，就者形順，入者遂與同也。
❺【注】和者（以）義濟，出者自顯伐（也）②。
【疏】心智和順，方便接引，推功儲君，不顯己能，斯不出也。
❻【注】若遂與同，則是顛危而不扶持，與彼俱亡矣。故當（摸）〔模〕③格天地，但不立小異耳。
【疏】顛，覆也。滅，絕也。崩，壞也。蹶，敗也。形容從就，同入彼惡，則是顛危而不扶持，故致顛覆滅絕，崩蹶敗壞，與彼俱亡也矣。
【釋文】「為蹶」徐其月反。郭音厥。李舉衛反。「摸格」莫胡反。◎盧文弨曰：今本摸從木作模。
❼【注】自顯和之，且有含垢之聲；濟彼之名，彼將惡其勝己，妄生妖孽。故當悶然若晦，玄同光塵，然後不可得而親，不可得而疏，不可得而利，不可得而害。
【疏】變物爲妖。孽，災也。雖復和光同塵，而自顯出己智，不能韜光晦迹，故有濟彼之名。蒯聵惡其勝己，謂其妄生妖孽，故以事而害之。◎家世父曰：和，如五味之相濟，甘辛並用，混合無形。若表而出之，則非和矣。時其喜怒，因其緩急，以調伏其機，而不與爲迎拒。有迎拒斯有出

入，和不欲出，爲無拒也。

【釋文】「孽」彥列反。「將惡」烏路反。「悶然」音門。

❽【注】不小立圭角以逆其鱗也。

【疏】町，畔也。畦，埒也。與，共也。入，會也。夫處世接物，其道實難。不可遂與和同，亦無容頓生乖忤。或同嬰兒之愚鄙，且復無知；或類田野之無畦，略無界畔；縱奢侈之貪求，任凶猛之殺戮。然後道之以德，齊之以禮。達斯趣者，方會無累之道也。

【釋文】「嬰兒」李云：喻無意也。崔云：喻驕遊也。「无町」徒頂反。「畦」户圭反。李云：町畦，畔埒也。無畔埒，無威儀也。崔云：喻守節。「无崖」司馬云：不顧法也。「无疵」似移反。病也。

【校】①世德堂本無也字。②以字也字依趙諫議本及世德堂本刪。③模字依世德堂本及盧校改。

汝不知夫螳蜋乎？怒其臂以當車轍，不知其不勝任也，是其才之美者也❶。戒之，慎之！積伐而美者以犯之，幾矣❷。

❶【注】夫螳蜋之怒臂，非不美也；以當車轍，顧非敵耳。今知之所無奈何而欲強當其任，即螳蜋之怒臂也。

【疏】螳蜋，有斧蟲也。夫螳蜋鼓怒其臂以當軒車之轍，雖復自恃才能之美善，而必不勝舉其職任。喻顏闔欲以己之才能以當儲君之勢，何異乎螳蜋怒臂之當車轍也！

【釋文】「不勝」音升。◎慶藩案《御覽》九百四十六引司馬云：非不有美才，顧不勝任耳。《釋文》闕。

❷【注】積汝之才，伐汝之美，以犯此人，危殆之道。

【疏】積，蘊蓄也。而，汝也。幾，危也。既傳儲君，應須戒慎，今乃蘊蓄才能，自矜汝美，犯觸威勢，必致危亡。

汝不知夫養虎者乎？不敢以生物與之，為其殺之之怒也❶；不敢以全物與之，為其決之之怒也❷；時其飢飽，達其怒心❸。虎之與人異類而媚養己者，順也；故其殺者，逆也❹。

❶【注】恐其因有殺心而遂怒也。

【疏】汝頗知世有養虎之法乎？豬羊之類，不可生供猛獸，恐其因殺而生嗔怒也。◎家世父曰：幾矣，言其怒視螳蜋，幾近之也。此不自量其才者也。虎之怒也，而可使馴，馬之良也，而使缺銜毀首碎胸以怒，無他，勿與攖之而已。螳蜋之攖車轍，奚所利而爲之哉！

【釋文】「為其」于偽反。下同。

❷【注】方使虎自齧分之，則因用力而怒矣。

【疏】汝頗知假令以死物投獸，猶須先爲分決，若使虎自齧分，恐因用力而怒之也。

【釋文】「分之」如字。

❸【注】知其所以怒而順之。

【疏】知飢飽之時，達喜怒之節，通於物理，豈復危亡！

❹【注】順理則異類生愛，逆節則至親交兵。

【疏】夫順則悅媚，虎狼可以馴狎；逆則殺害，至親所以交兵。媚己之道既同，涉物之方無別也。◎家世父曰：達其怒心，自有作用。所謂順者，非務徇其欲也，無使殺焉而不導之以爲怒也，無使決焉而不縱之以爲怒也。苟無攖其怒而已，其心常有所自達焉，則順矣。

夫愛馬者，以筐盛矢，以蜄盛溺❶。適有蚉䖟僕緣❷，而拊之不時❸，則缺銜毀首碎胸④。意有所至而愛有所亡，可不慎邪⑤！」

❶【注】矢溺至賤，而以寶器盛之，愛馬之至者也。

【疏】蜄，大蛤也。愛馬之屎，意在貴重。屎溺至賤，以大蜄盛之，情有所滯，遂至於是也。

【釋文】「盛矢」音成。下及注同。矢或作屎，同。「以蜄」徐市軫反，蛤類。「溺」奴弔反。

❷【注】僕僕然群著馬。

【釋文】「蚉」音文。本或作蟁，同。「䖟」孟庚反。「僕緣」普木反，徐敷木反。向云：僕僕然，蚉䖟緣馬稠概之貌。崔音如字，云：僕御。◎王念孫曰：案向崔二說皆非也。僕之言附也，言蚉䖟附緣於馬體也。僕與附，聲近而義同。《大雅・既醉篇》景命有僕，《毛傳》曰：僕，附也。鄭箋曰：天之大命又附著於女。《文選・子虛賦》注引《廣雅》曰：僕，謂附著於人。（案今《廣雅》無此語。）《廣雅》疑廣倉之譌。）「群著」直略反。

❸【注】雖救其患，而掩馬之不意。

【釋文】「而拊」李音撫，又音付，一音附。崔本作府，音附。

❹【注】掩其不備，故驚而至此。

【疏】僕，聚也。拊，拍也。銜，勒也。適有蚉蝱，群聚緣馬，主既愛惜，卒然拊之，意在除害。不定時節，掩馬不意，忽然驚駭，於是馬缺銜勒，挽破轡頭，人遭蹄蹋，毀首碎胷者也。

❺【注】意至除患，率然拊之，以至毀碎，失其所以愛矣。故當世接物，逆順之際，不可不慎也。

【疏】亡，猶失也。意之所（在）〔至〕①，在乎愛馬，既以毀損，即失其所愛。人間涉物，其義亦然，機感參差，即遭禍害。拊馬之喻，深宜慎之也。◎家世父曰：人與人相接而成世，而美惡生焉，從違判焉，順逆形焉。如是而大患因之以生，謂人之不足與處也，而烏知己之不足與處人也！處己以無用，斯得之矣。德蕩乎名，知出乎爭，爲此一篇之主腦。篇尾五段，去名與爭，乃可出入於人間世。

【釋文】「率然」疎律反。本或作卒，七忽反。

【校】①至字依正文及郭《注》改。

匠石之齊，至於曲轅，見櫟社樹❶。其大蔽數千①牛，絜之百圍❷，其高臨山十仞而後有枝，其可以為舟者旁十數❸。觀者如市，匠伯不顧，遂行不輟❹。

❶【疏】之，適也。曲轅，地名也。其道屈曲，猶如嵩山之西有轘轅之道，即斯類也。櫟，木名也。社，土神也。祀封土曰社。社，吐也，言能吐生萬物，故謂之社也。匠是工人之通稱，石乃巧者之私名。其人自魯適齊，塗經曲道，覩茲異木，擁腫不材。欲明處涉人間，必須以無用爲用也。

【釋文】「曲轅」音袁。司馬云：曲轅，曲道也。崔云：道名。「櫟」力狄反。李云：木名，一云：梂也。◎盧文弨曰：梂，眾本作采，譌。今從宋本正。

❷【疏】絜，約束也。櫟社之樹，特高常木，枝葉覆蔭，蔽數千牛，以繩束之，圍麤百尺。江南《莊》本多言其大蔽牛，無數千字，此本應錯。且商丘之木，既結駟千乘，曲轅之樹，豈蔽一牛？以此格量，數千之本是也。

【釋文】「蔽牛」必世反。李云：牛住其旁而不見。「絜」向徐戶結反，徐又虎結反。約束也。◎慶藩案《文選》賈長沙《過秦論》注引司馬云：絜，匝也。《釋文》闕。「百圍」李云：徑尺為圍，蓋十丈也。

❸【疏】七尺曰仞。此樹直竦崟岑七十餘尺，然後挺生枝榦，蔽日捎雲。堪爲船者，旁有數十木之大。蓋其狀如是也。

【釋文】「十仞」《小爾雅》云：四尺曰仞。案七尺曰仞。崔本作千仞。或云：八尺曰仞。「旁十數」所具反。崔云：旁，旁枝也。◎俞樾曰：旁讀為方，古字通用。《尚書・皋陶謨篇》方施象刑惟明，《新序・節士篇》方作旁，《甫刑篇》方告無辜於上，《論衡・變動篇》方作旁，並其證也。《在宥篇》出入無旁，即出入無方，此本書段旁為方之證。《詩・正月篇》民今方殆，鄭箋云：方，且也。其可以為舟者方十數，言可以為舟者且十數也。《釋文》引崔曰，旁，旁枝也，蓋不知旁為方叚字，故語詞而誤以為實義矣。

❹【疏】輟，止也。木大異常，看者甚眾。唯有匠石知其不材，行塗直過，曾不留視也。

【釋文】「觀者」，古奐反，又音官。「匠伯」伯，匠石字也。崔本亦作石。◎慶藩案《文選》何平叔《景福殿賦注》、王子淵《洞簫賦注》、嵇叔夜《琴賦注》、司馬紹統《贈山濤詩注》、張景陽《七命注》，並引司馬云：匠石，字伯。《釋文》闕。「不輟」丁劣反。

【校】①世德堂本無數千二字，與《釋文》同，《闕誤》引江南李氏及張君房本有。

弟子厭觀之，走及匠石，曰：「自吾執斧斤以隨夫子，未嘗見材如此其美也。先生不肯視，行不輟，何邪❶？」

❶【疏】門人驚櫟社之盛美，乃住立以視看。自負笈以從師，未見材有若此（怪）大也。〔怪〕匠之不顧，走及，遂以諮詢。

【釋文】「厭」於豔反，又於瞻反。

曰：「已矣，勿言之矣❶！散木也，以為舟則沈，以為棺槨則速腐❷，以為器則速毀❸，以為門戶則液樠，以為柱則蠹❹。是不材之木也，無所可用，故能若是之壽❺。」

❶【疏】已，止也。匠石知大木之不材，非世俗之所用，嫌弟子之辭費，訶令止而勿言也。

❷【疏】櫟木體重，爲船即沈；近土多敗，爲棺槨速折。疏散之樹，終於天年，亦是不材之木，故致閒散也。

【釋文】「散木」悉但反，徐悉旦反。下同。「則速」如字。向崔本作數。向所祿反。下同。「腐」扶甫反。

❸【疏】人閒器物，貴在牢固。櫟既疏脆，早毀何疑也！

❹【疏】樠，脂汗出也。蠹，木內蟲也。爲門戶則液樠而脂出，爲梁柱則蠹而不牢。

【釋文】「液」音亦。「樠」亡言反。向李莫干反。郭武半反。司馬云：液，津液也。樠，謂脂出樠樠然也。崔云：黑液出也。◎李楨曰：《廣韻》二十二元：樠，松心，又木名也。《說文》：樠，松心木。段注云：疑有奪誤，當作松心也，一曰木名也。陸所據是《說文》古本。按松心有脂，液樠正取此義。謂脂出如松心也。此《莊子》字法之妙。《疏》與《釋文》義俱不明。又《廣韻》釋樠曰松脂，段云即樠為松脂之誤。余疑樠為樠之或體。「蠹」丁故反。

❺【注】不在可用之數，故曰散木。

【疏】閒散疏脆，故不材之木，涉用無堪，所以免早夭。

匠石歸，櫟社見夢曰：「女將惡乎比予哉？若將比予於文木邪❶？夫柤梨橘柚，果蓏之屬❷，實熟則剝，剝則辱；大枝折，小枝泄。此以其能苦其生者也，故不終其天年而中道夭，自掊擊於世俗者也。物莫不若是❸。且予求无所可用久矣，幾死，乃今得之❹，為予大用❺。使予也而有用，且得有此大也邪❻？且也若與予也皆物也，奈何哉其相物也❼？而幾死之散人，又惡知散木❽！」

❶【注】凡可用之木爲文木。

【疏】惡乎，猶於何也。若，汝也。予，我也。可用之木爲文木也。匠石歸寢，櫟社感夢，問於匠石：「汝將何物比並我哉？爲當將我作不材散木邪？爲當比予於有用文章之木邪？」

【釋文】「見夢」胡薦反。「女將」音汝。「惡乎」音烏。下同。

❷【疏】夫在樹曰果，柤棃之類；在地曰蓏，瓜瓠之徒。汝豈比我於此之輩者耶？

【釋文】「柤」側加反。「橘」均必反。「柚」由救反。徐以救反。「果蓏」徐力果反。

❸【注】物皆以自用傷。

【疏】夫果蓏之類，其味堪食，子實既熟，即遭剝落，於是大枝折損，小枝發泄。此豈不爲滋味能美，所以用苦其生！毀辱之言，即斯之謂。且春生秋落，乃盡天年；中塗打擊，名爲橫夭。而有識無情，世俗人物，皆以有用傷夭其生，故此結言莫不如是。掊，打也。

【釋文】「泄」徐思列反。崔云：泄，洩同。◎俞樾曰：洩字之義，於此無取，殆非也。泄當讀為抴。《荀子・非相篇》接人則用抴，楊注：抴，牽引也。小枝抴，謂見牽引也。《詩・七月篇》，取彼斧斨，以伐遠揚，即此所云大枝折也。又曰，猗彼女桑，即此所云小枝抴也。鄭箋云：女桑，少枝。少枝即小枝矣。猗乃掎之叚字。《說文・手部》：掎，偏引也，是與抴同義。「苦其」如字。崔本作枯。「掊」普口反。徐方垢反。

❹【注】數有睥睨己者，唯今匠石明之耳。

【釋文】「幾死」音祈，又音機。下同。「數有」音朔。「睥」普係反。「睨」五係反。

❺【注】積無用乃為濟生之大用。

【疏】不材無用，必獲全生，櫟社求之，其來久矣。而庸拙之匠，疑是文木，頻去顧盼，欲見誅翦，懼夭斧斤，鄰乎死地。今逢匠伯，鑒我不材，方得全生，為我大用。幾，近也。

❻【注】若有用，（必）〔久〕①見伐。

【疏】向使我是文木而有材用，必遭翦截，夭折斧斤，豈得此長大而壽年乎！

❼【疏】汝之與我，皆造化之一物也，與物豈能相知！奈何哉，假問之辭。

❽【注】以戲匠石。

【疏】匠石以不材為散，櫟社以材能為無用，散謂石為散人也。炫材能於世俗，故鄰於夭折；我以疏散而無用，故得全生。汝是近死之散人，安知我是散木耶？託於夢中，以戲匠石也。

【釋文】「而幾死之」絕句，向同。一讀連下散人為句，崔同。

【校】①久字依世德堂本改。

匠石覺而診其夢❶。弟子曰：「趣取無用，則為社何邪❷？」

❶【疏】診，占也。匠石既覺，思量睡中，占候其夢，說向弟子也。

【釋文】「覺」古孝反。「而診」徐直信反。司馬向云：診，占夢也。◎王念孫曰：向秀司馬彪並云，診，占夢也。案下文皆匠石與弟子論櫟社之事，無占夢之事。診當讀為畛。《爾雅》云：畛，告也。郭注引《曲禮》曰，畛於鬼神。畛與診，古字通。此謂匠石覺而告其夢於弟子，非謂占夢也。

❷【注】猶嫌其以爲社自榮，不趣取於無用而已。

【疏】櫟木意趣，取於無用爲用全其生者，則何爲爲社以自榮乎？門人未解，故起斯問也。

曰：「密！若無言！彼亦直寄焉❶，以為不知已者詬厲也❷。不為社者，且幾有翦乎❸！且也彼其所保與眾異❹，而以義（譽）〔喻〕①之，不亦遠乎❺！」

❶【注】社自來寄耳，非此木求之爲社也。

【疏】若，汝也。彼，謂社也。汝但慎密，莫輕出言。彼社之神，自來寄託，非關此木（櫟）〔樂〕爲社也。

❷【注】言此木乃以社爲不知己而見辱病者也，豈榮之哉！

【疏】詬，辱也。思此社神爲不知我以無用爲用，貴在全生，乃橫來寄託，深見詬病，翻爲羞恥，豈榮之哉！

【釋文】「詬」李云：呼豆反。徐音垢。「厲」如字。司馬云：詬，辱也。厲，病也。

❸【注】（木）〔本〕②自以無用爲用，則雖不爲社，亦終不近於翦伐之害。

【疏】本以疏散不材，故得全其生道，假令不爲社樹，豈近於翦伐之害乎！

【釋文】「且幾」音機，或音祈。「翦乎」子淺反。崔本作前于。◎慶藩案乎，崔本作于，于即乎也。《論語・為政篇》書云孝乎惟孝，皇侃本及《漢石經》並作于。《呂覽・審應篇》然則先王聖于，高注：于，乎也。皆其例。「不近」附近之近。下同。

❹【注】彼以無保爲保，而眾以有保爲保。

【疏】疏散之樹，以無用保生，文木之徒，以才能折夭，所以爲其異之者也。

❺【注】利人長物，禁民爲非，社之義也。夫無用者，泊然不爲而群才自用，（自）用者各得其敘而不與焉，此（以）③無用之所以全生也。汝以社譽之，無緣近也乎！

【疏】夫散木不材，稟之造物，賴其無用，所以全生。而社神寄託，以成詬厲，更以社義讚譽，失之彌遠。

【釋文】「義譽」音餘。注同。◎盧文弨曰：今本書譽作喻。「長物」丁兩反。「泊然」步各反。「不與」音餘。

【校】①喻字依世德堂本及盧校改。②本字依疏文及世德堂本改。③自字及以字依宋本刪。

南伯子綦遊乎商之丘，見大木焉有異，結駟千乘，隱將①芘其所藾❶。子綦曰：「此何木也哉？此必有異材夫❷！」仰而視其細枝，則拳曲而不可以為棟梁；俯而（見）〔視〕②其大根，則軸解而不可以為棺槨❸；咶其葉，則口爛而為傷；嗅之，則使人狂酲，三日而不已❹。

❶【注】其枝所陰，可以隱芘千乘（者也）③。

【疏】伯，長也。其道甚尊，堪爲物長，故（爲）〔謂〕之伯，即南郭子綦也。商丘，地名，在梁宋之域。駟馬曰乘。藾，陰也。子綦於宋國之中，徑於商丘之地，遇見大木，異於尋常，樹木粗長，枝葉茂盛，垂陰布影，蔭覆極多，連結車乘，可芘（駟）〔四〕千匹馬也。

【釋文】「南伯」李云，即南郭也。伯，長也。「商之丘」司馬云：今梁國睢陽縣是也。「千乘」繩證反。「隱」崔云：傷於熱也。「將芘」本亦作庇。徐甫至反，又悲位反。崔本作比，云：芘也。「所藾」音賴。崔本作賴。向云：蔭也，可以蔭芘千乘也。李同。「所陰」於鴆反。

❷【疏】子綦既覩此木，不識其名，疑有異能，故致斯大。

❸【疏】軸解者，如車軸之轉，謂轉心木也。周身爲棺，棺，完也。周棺爲槨。夫梁棟須直，拳曲所以不堪；棺槨藉牢，解散所以不固也。

【釋文】「異材夫」音符。「仰而」向崔本作從而。「則拳」本亦作卷，音權。「軸」直竹反。「解」李云：如衣軸之直解也。

❹【疏】以舌咶葉，則脣口爛傷；用鼻嗅之，則醉悶不止。酲，酒病也。

【釋文】「咶」食紙反。「嗅」崔作齅，許救反。◎盧文弨曰：舊作崔云齅，云字譌，今改正。「狂酲」音呈。李云，狂如酲也。病酒曰酲。

【校】①《闕誤》引張君房本隱將作將隱。②視字依世德堂本改。③也者二字依世德堂本刪。

子綦曰：「此果不材之木也，以至於此其大也❶。嗟乎神人，以此不材❷！

❶【疏】通體不材，可謂全生之大才；衆（諸）〔謂〕無用，乃是濟物之妙用；故能不夭斤斧而蔭庇千乘也矣。

❷【注】夫王不材於百官，故百官御其事，而明者爲之視，聰者爲之聽，知者爲之謀，勇者爲之扞。夫何爲哉？玄默而已。而群材不失其當，則不材乃材之所至賴也。故天下樂推而不厭，乘①萬物而無害也。

【疏】夫至人神矣，陰陽所以不測；混迹人閒，和光所以不耀。故能深根固蒂，長生（之）久視，舟船庶物，蔭覆黔黎。譬彼櫟社，方茲異木，是以嗟歎神人〔之〕用，不材者，大材也。

【釋文】「為之」于偽反。下為之皆同。

【校】①趙諫議本乘作臣。

宋有荊氏者，宜楸柏桑❶。其拱把而上者，求狙猴之杙者斬之❷；三圍四圍，求高名之麗者斬之❸；七圍八圍，貴人富商之家求樿傍者斬之❹。故未終其天年，而中道之夭於斧斤，此材之患也❺。故解（以）之〔以〕①牛之白顙者與豚之亢鼻者，與人有痔病者不可以適河❻。此皆巫祝以知之矣❼，所以為不祥也。此乃神人之所以為大祥也❽。

❶【疏】荊氏，地名也。宋國有荊氏之地，宜此楸柏桑之三木，悉皆端直，堪爲材用。此略舉文木有材所以夭折，對前散木無用所以全生也。

【釋文】「荊氏」司馬云：地名也。一曰里名，「宜秋柏桑」崔云：荊氏之地，宜此三木。李云：三木，文木也。◎盧文弨曰：今本書秋作楸。

❷【疏】兩手曰拱，一手曰把。狙猴，獮猴也。杙，橜也，亦杆也。拱把之木，其材非大，適可斬爲杆橜，以擊扞獮猴也。

【釋文】「拱」恭勇反。「把」百雅反。徐甫雅反。司馬云：兩手曰拱，一手曰把。「而上」時掌反。「狙」七餘反。「猴」音侯。「之杙」以職反，又羊植反。郭且羊②反。司馬作朳，音八。李云：欲以栖戲狙猴也。崔本作柭，音跋，云：枷也。

❸【疏】麗，屋棟也，亦曰小船也。高名，榮顯也。三尺四尺之圍，其木稍大，求榮華高屋顯好名船者，輒取之也。

【釋文】「三圍」崔云：圍環八尺為一圍。「之麗」如字，又音禮。司馬云：小船也，又屋欐也。◎慶藩案名，大也。謂求高大之麗者，用三圍四圍之木也。（謂大為名，說見《天下》〔篇〕名山三百下。）

❹【疏】樿旁：棺材也。亦言：棺之全一邊而不兩合者謂之樿旁。七圍八圍，其木極大，富貴之屋，商賈之家，求大板爲棺材者，當斬取之也。

【釋文】「求樿」本亦作擅，音膳。◎盧文弨曰：舊本樿從示，譌。注同。今改正。「傍」薄剛反。崔云：樿傍，棺也。司馬云：棺之全一邊者，謂之樿傍。

❺【注】有材者未能無惜也。

【疏】爲有用，故不盡造化之年，而中途夭於工人之手，斯皆以其才能爲之患害也。

❻【注】巫祝解除，棄此三者，必妙選騂具，然後敢用。

【疏】顙，額也。亢，高也。痔，下漏病也。巫祝陳蒭狗以祠祭，選牛豕以解除，必須精簡純色，擇其好者，展如在之誠敬，庶冥感於鬼神。今乃有高鼻折額之豚，白額不騂之犢，痔漏穢病之人，三者既不清潔，故不可往於靈河而設祭奠者也。古者將人沈河以祭河伯，西門豹爲鄴令，方斷之，即其類是也。

【釋文】「故解」徐古賣反，又佳買反。注同。向古邂反。「顙」息黨反。司馬云：額也。「亢鼻」徐古莽反。司馬云：高也，額折故鼻高。崔云：仰也。「痔」徐直里反。司馬云：隱創也。◎盧文弨曰：舊脫云字，今增。「適河」司馬云：謂沈人於河祭也。「騂具」恤營反。

❼【注】巫祝於此亦知不材者全也。

❽【注】夫全生者，天下之所謂祥也，巫祝以不材爲不祥而弗用也，彼乃以不祥全生，乃大祥也。神人者，無心而順物者也。故天下所謂大祥，神人不逆。

【疏】女曰巫，男曰覡。祝者，執板讀祭文者也。祥，善也。巫師祝史解除之時，知此三者不堪享祭，故棄而不用，以爲不善之物也。然神聖之人，知侔造化，知不材無用，故得全生。是知白額亢鼻之言，痔病不祥之說，適是小巫之鄙情，豈曰大人之適智！故才不全者，神人所以爲吉祥大善之事也。

【校】①之以二字依世德堂本互易。②杙無且羊音。郭下疑脫作戕二字。《廣韻》十一唐戕下云：牂牁，亦作牂牱，則郎切。《漢書・地理志》牂牁郡注：牂牂，係船杙也。是郭本作牂即牂柯之牂，與杙形近義同而音殊，其音且羊反，是牂非杙明矣。

支離疏者，頤隱於臍，肩高於頂❶，會撮指天，五管在上，兩髀為脅❷。挫鍼治繲，足以餬口❸；鼓筴播精，足以食十人❹。上徵武士，則支離攘臂而遊①於其間❺；上有大役，則支離以有常疾不受功❻；上與病者粟，則受三鍾與十束薪❼。夫支離其形者，猶足以養其身，終其天年，又況支離其德者乎❽！」

❶【疏】四支離拆，百體寬疏，遂使頤頰隱在臍間，肩膊高於頂上。形容如此，故以支離名之。

【釋文】「支離疏」司馬云，形體支離不全貌。疏，其名也。「頤」以之反。「於頂」如字。本作項，亦如字。司馬云：言脊曲頸縮也。《淮南》曰脊管高於頂也。

❷【疏】會撮，高豎貌。五管，五臟腧也。五臟之腧，並在人背，古人頭髻，皆近頂後。今支離殘病，傴僂低頭，一使臟腧頭髻，悉皆向上，兩腳髀股攣縮而迫於脇肋也。

【釋文】「會」古外反，徐古活反，向音活。「撮」子外反。向徐子活反。崔云：會撮，項椎也。「指天」司馬云：會撮，髻也。古者髻在項中，脊曲頭低，故髻指天也。向云：兩肩竦而上，會撮然也。◎李楨曰：崔云：會撮，項椎也，說是。（《大宗師篇》，句贅指天，李云：句贅，項椎也，其形如贅。證知崔說是。）《素問・刺熱篇》，項上三椎陷者中也，王注，此舉數脊椎大法也。沈氏彤《釋骨》曰，項大椎以下二十一椎，通曰脊骨，曰脊椎。崔知會撮是此者，《難經・四十五難》，骨會大杼，張

注：大杼，穴名，在項後第一椎，兩旁諸骨，自此檠架往下支生，故骨會於大杼。據此，知會撮正從骨會取義，又在大椎之間，故曰項椎也。撮，唐徐堅《初學記》卷十九引作樶。《玉篇》：樶，木樶節也，與脊節正相似，從木作（撮）〔樶〕，於義為長。按頤肩屬外說，會撮五管屬內說。頤隱，故肩高，項椎指天，故藏腧在上，各相因而致者也。（《靈樞·背腧篇》：肺腧在三椎之閒，心腧在五椎之閒，肝腧在九椎之閒，脾腧在十一椎之閒，腎腧在十四椎之閒。）司馬訓髻，是別一義。《詩·小雅》臺笠緇撮，《傳》云：緇撮，緇布冠也。《正義》曰：言撮，是小撮持其髻而已。據此，則以會撮為髻，當亦是小撮持其髮，故名之。會與䯤通。《說文》：䯤，骨擿之可以會髮者。《衛風》會弁如星，許氏引作䯤。《周禮》會五采玉琪，注：故書會作䯤。又《士喪禮》鬠弁用桑，《疏》云：以髻為鬠，取以髮會聚之意。會與鬠亦通。《集韻》有⿱髟最字，音撮，髻也。當是俗因會撮造為頭髻專字。◎慶藩案《釋文》引崔云，會撮，項椎也，字當作⿰木纂。《玉篇》：⿰木纂，木椎也，徂活切。撮⿰木纂聲近。《尸子》行險以撮。撮，乘載器，音與鑽同。《周禮·喪大記》君殯用楯欑，注：輴，乘柩之車，欑，猶菆也。《尸子》所謂樶，即《禮》之欑。「管」崔本作筦。「在上」李云：管，腧也。五藏之腧皆在上也。「兩髀」本又作脾，同。音陛。徐又甫婢反。崔云：僂人腹在髀裏也。「為脅」許劫反。司馬云：脊曲髀竪，故與脅並也。

③【疏】挫鍼，縫衣也。治繲，洗浣也。餬，飼也，庸役身力以飼養其口命也。

【釋文】「挫」徐子臥反，郭租禾反。崔云：案也。「鍼」執金反。司馬云：挫鍼，縫衣也。「治繲」佳賣反。司馬云：浣衣也。向同。崔作繲，音綫。「餬口」徐音胡。李云：食也。崔云：字或作互，或作餂。

❹【疏】筴，小箕也。精，米也。言其掃市場，鼓箕筴，播揚土，簡精麤也。又解：鼓筴，謂布蓍數卦兆也。播精，謂精判吉凶辨精靈也。或掃市以供家口，或賣卜以活身命，所得之物可以養十人也。

【釋文】「鼓筴」初革反，徐又音頰。司馬云：鼓，〔簸〕〔簸〕②也，小箕曰筴。崔云：鼓筴，揲蓍鑽龜也。「播精」如字。一音所，字則當作數。精，司馬云：簡米曰精。崔云：播精，卜卦占兆也。鼓筴播精，言賣卜。◎慶藩案精當為糈之誤。郭璞注《南山經》曰：糈，先呂反，今江東音取。（《釋文》音取，字當作糈③。精字古無取音，與糈字形相似而誤。）《說文》：糈，糧也。「以食」音嗣。

❺【注】〔持〕〔恃〕其無用，故不自竄匿。

【疏】邊蕃有事，徵求勇夫，殘病之人，不堪征討，自得無懼，攘臂遨遊，恃其無用，故不竄匿。

【釋文】「攘」如羊反。「臂於其閒」如字。司馬云：閒，裏也。崔本作攘臂於其開，云：開，門中也。「竄匿」女力反。

❻【注】不任徭役故也。

【疏】國家有重大徭役，爲有痼疾，故不受其功程者也。

❼【注】役則不與，賜則受之。

【疏】六石四斗曰鍾。君上憂憐鰥寡，矜恤貧病，形殘既重，受物還多。故郭注云，役則不預，賜則受之者也。

【釋文】「三鍾」司馬云：六斛四斗曰鍾。◎盧文弨曰：舊本六譌斛，今改正。「不與」音豫。

❽【注】神人無用於物，而物各得自用，歸功名於群才，與物冥而無跡，故免人閒之害，處常美之實，此支離其德者也。

【疏】夫支離其形，猶忘形也；支離其德，猶忘德也。而況支離殘病，適是忘形，既非聖人，故未能忘德。夫忘德者，智周萬物而反智於愚，明並三光而歸明於昧，故能成功不居，爲而不恃，推功名於群才，與物冥而無跡，斯忘德者也。夫忘形者猶足以養身終年，免乎人間之害，何況忘德者邪！其勝劣淺深，故不可同年而語矣。是知支離其德者，其唯聖人乎！

【校】①世德堂本無而遊二字。②簸字依世德堂本改。③按《釋文》不言精音取，其謂一音所者，指播字言，故云字則當作數。郭說殊誤。④恃字依疏文及世德堂本改。

孔子適楚，楚狂接輿遊其門曰：「鳳兮鳳兮，何如德之衰也❶！來世不可待，往世不可追也❷。天下有道，聖人成焉；天下無道，聖人生焉❸。方今之時，僅免刑焉❹。福輕乎羽，莫之知載❺；禍重乎地，莫之知避❻。已乎已乎，臨人以德！殆乎殆乎，畫地而趨❼！迷陽迷陽，无傷吾行❽！吾行①郤曲，无傷吾足❾！」

❶【注】當順時直前，盡乎會通之宜耳。世之盛衰，蔑然不足覺，故曰何如。

【疏】何如，猶如何也。適，之也。時孔子自魯之楚，舍於賓館。楚有賢人，姓陸，名通，字接輿，知孔子歷聘，行歌譏刺。鳳兮鳳兮，故哀歎聖人，比於來儀應瑞之鳥也，有道即見，無道當隱，如何懷此聖德，往適衰亂之邦者耶！

❷【注】趣當盡臨時之宜耳。

【疏】當來之世，有懷道之君可應聘者，時命如馳，故不可待。適往之時，堯舜之主，變化已久，亦不可尋。趣合當時之宜，無勞瞻前顧後也。

❸【注】付之自爾，而理自生成。生成非我也，豈爲治亂易節哉！治者自求成，故遺成而不敗；亂者②自求生，故忘生而不死。

【疏】有道之君，休明之世，聖人弘道施教，成就天下。時逢暗主，命屬荒季，適可全生遠害，韜光晦迹。

【釋文】「豈為」于偽反。「治亂」直吏反。下同。

❹【注】不瞻前顧後，而盡當今之會，冥然與時世爲一，而後妙當可全，刑名可免。

【疏】方，猶當。今喪亂之時，正屬衰周之世，危行言遜，僅可免於刑戮，方欲執迹應聘，不亦妄乎！此接輿之詞，譏誚孔子也。

【釋文】「僅」音覲。

❺【注】足能行而放之，手能執而任之，聽耳之所聞，視目之所見，知止其所不知，能止其所不能，用其自用，爲其自爲，恣其性內而無纖芥於分外，此無爲之至易也。無爲而性命不全者，未之有也；性命全而非福者，理未聞也。故夫福者，即向之所謂全耳，非假物也，豈有寄鴻毛之重哉！率性而動，動不過分，天下之至易者也；舉其自舉，載其自載，天下之至輕者也。然知以無涯傷

性，心以欲惡蕩真，故乃釋此無爲之至易而行彼有爲之至難，棄夫自舉之至輕而取夫載彼之至重，此世之常患也。

【釋文】「至易」以豉反。下同。「知以」音智。「欲惡」烏路反。

❻【注】舉其性內，則雖負萬鈞而不覺其重也；外物寄之，雖重不盈錙銖，有不勝任者矣。爲內，福也，故福至輕；爲外，禍也，故禍至重。禍至重而莫之知避，此世之大迷也。

【疏】夫視聽知能，若有涯分。止於分內，可以全生；求其分外，必遭夭折。全生所以爲福，夭折所以爲禍。而分內之福，輕於鴻毛，貪競之徒，不知載之在己；分外之禍，重於厚地，執迷之徒，不知避之去身。此蓋流俗之常患者也，故寄孔陸以彰其累也。

【釋文】「知避」舊本作寘，云：置也。「不勝」音升。

❼【注】夫畫地而使人循之，其跡不可掩矣；有其己而臨物，與物不冥矣。故大人不明我以耀彼而任彼之自明，不德我以臨人而付人之自（得）〔德〕③，故能彌貫萬物而玄同彼我，泯然與天下爲一而內外同福也。

【疏】已，止也。殆，危也。仲尼生衰周之末，當澆季之時，執持聖跡，歷國應聘，頻遭斥逐，屢被詆訶。故重言已乎，不如止而勿行也。若用五德臨於百姓，捨己效物，必致危己，猶如畫地作跡，使人走逐，徒費巧勞，無由得掩，以己率物，其義亦然也。

【釋文】「畫地」音獲。

❽【注】迷陽，猶亡陽也。亡陽任獨，不蕩於外，則吾行全矣。天下皆全其吾，則凡稱吾者莫不

皆全也。

【疏】迷，亡也。陽，明也，動也。陸通勸尼父，令其晦跡韜光，宜放獨任之無爲，忘遺應物之明智，既而止於分內，無傷吾全生之行也。

【釋文】「迷陽」司馬云：迷陽，伏陽也，言詐狂。

❾【注】曲成其行，自足矣。

【疏】郤，空也。曲，從順也。虛空其心，隨順物性，則凡稱吾者自足也。

【釋文】「郤曲」去逆反。字書作㖡。《廣雅》云，㖡，曲也。◎盧文弨曰：案今《說文廣雅》俱作迟。◎慶藩案郤，《釋文》引字書作迟，是也。《說文》：迟，曲行也，從辵，只聲。《廣雅》：迟，曲也。集韻作迟，云：物曲也。一曰曲受也。《玉篇》音丘戟反。《說文》又云：乚，（讀若隱。）匿也，象迟曲隱蔽形。字本從乚作㖡，今作迟。

【校】①《闕誤》引張君房本吾行作郤曲。②治者亂者，世德堂本無兩者字。③德字依趙諫議本改。

山木自寇也，膏火自煎也❶。桂可食，故伐之；漆可用，故割之❷。人皆知有用之用，言莫知无用之用也❸。

❶【疏】寇，伐也。山中之木，楸梓之徒，爲有材用，橫遭寇伐。膏能明照，以充鐙炬，爲其有用，故被煎燒。豈獨膏木，在人亦然。

【釋文】「山木自寇也膏火自煎也」子然反。司馬云：木生斧柄，還自伐；膏起火，還自消。崔云：山有木，故火焚也。

❷【疏】桂心辛香，故遭斫伐；漆供器用，所以割之；俱為才能，夭於斤斧。

❸【注】有用則與彼為功，無用則自全其生。夫割肌膚以為天下者，天下之所知也。使百姓不失其自全而彼我俱適者，悗然不覺妙之在身也。

【疏】楸柏橘柚，膏火桂漆，斯有用也。曲轅之樹，商丘之木，白顙之牛，亢鼻之豕，斯無用也。而世人皆炫己才能為有用之用，而不知支離其德為無用之用也。故郭《注》云，有用則與彼為功，無用則自全乎其生也。

【釋文】「悗然」亡本反。

莊子集釋 卷二下

內篇 德充符第五❶

❶【注】德充於內，（應）物〔應〕①於外，外內玄合，信若符命而遺其形骸也。

【釋文】崔云：此遺形棄知，以德實之驗也。

【校】①物應依趙諫議本改。

魯有兀者王駘❶，從之遊者與仲尼相若❷。常季問於仲尼曰：「王駘，兀者也，從之遊者與夫子中分魯❸。立不教，坐不議，虛而往，實而歸❹。固有不言之教，無形而心成者邪❺？是何人也❻？」

❶【疏】姓王，名駘，魯人也。刖一足曰兀。形雖殘兀，而心實虛忘，故冠《德充符》而爲篇首也。

【釋文】「兀者」五忽反，又音界。李云：刖足曰兀。案篆書兀介字相似。「王駘」音臺，徐又音殆。人姓名也。

❷【注】弟子多少敵：孔子。

【疏】若，如也。陪從王駘遊行稟學，門人多少似於仲尼者也。

【釋文】「從之」如字，李才用反。下同。「相若」若，如也，弟子如夫子多少也。

❸【疏】姓常，名季，魯之賢人也。王駘遊行，外忘形骸，內德充實，所以從遊學者，數滿三千，與孔子之徒中分魯國。常季未達其趣，是以生疑。

【釋文】「常季」或云：孔子弟子。

❹【注】各自得而足也。

【疏】弟子雖多，曾無講說，立不教授，坐無議論，請益則虛心而往，得理則實腹而歸。又解：未學無德，亦爲虛往也。

【釋文】「立不教坐不議」司馬云：立不教授，坐不議論。

❺【注】怪其殘形而心乃充足也。夫心之全也，遺身形，忘五藏，忽然獨往，而天下莫能離。

【疏】教授門人，曾不言議。殘兀如是，無復形容，而玄道至德，內心成滿。必固有此，衆乃從之也。

【釋文】「五藏」才浪反。後同。

❻【疏】常季怪其殘兀而聚衆極多。欲顯德充之美，故發斯問也。

仲尼曰：「夫子，聖人也，丘也直後而未往耳。丘將以為師，而況不若丘者乎

❶！奚假魯國！丘將引天下而與從之❷。」

❶【疏】宣尼呼王駘爲夫子，答常季云：「王駘是體道聖人也，汝自不識人，所以致疑。丘直爲參差在後，未得往事。丘將尊爲師傅，諮詢問道，何況晚學之類，不如丘者乎！請益服膺，固其宜矣。」

【釋文】「丘也直後而未往耳」李云：自在眾人後，未得往師之耳。◎慶藩案直之為言特也。《呂氏春秋・忠廉篇》特王子慶忌為之飾而不殺耳，高注：特，猶直也。《鄘風・柏舟》實維我特，《韓》（子）〔《詩》〕特作直。《史記・叔孫通傳》吾直戲耳，《漢書》直作特。

❷【注】夫神全心具，則體與物冥。與物冥者，天下之所不能遠，奚但一國而已哉！

【疏】奚，何也。「何但假藉魯之一邦耶！丘將誘引宇內，稟承盛德，猶恐未盡其道也。」

【釋文】「能遠」于萬反。

常季曰：「彼兀者也，而王先生，其與庸亦遠矣❶。若然者，其用心也獨若之何❷？」

❶【疏】王，盛也。庸，常也。先生，孔子也。彼王駘者，是殘兀之人，門徒侍從，盛於尼父。以斯疑怪，應異常流，與凡常之人固當遠矣。

【釋文】「而王」于況反。李云：勝也。崔云：君長也。「其與庸亦遠矣」與凡庸異也。崔云：庸，常人也。

❷【疏】然，猶如是也。王駘盛德如是，爲物所歸，未審運智用心，獨若何術？常季不妄，發此疑也。

仲尼曰：「死生亦大矣❶，而不得與之變❶，雖天地覆墜，亦將不與之遺❸。審乎无假❹而不與物遷❺，命物之化❻而守其宗①也❼。」

❶【注】人雖日變，然死生之變，變之大者也。

❷【注】彼與變俱，故死生不變於彼。

【疏】夫山舟潛遁，薪指遷流，雖復萬境皆然，而死生最大。但王駘心冥造物，與變化而遷移，迹混人間，將死生而俱往，故變所不能變者也。

❸【注】斯順之也。

【疏】遺，失也。雖復圜天顛覆，方地墜陷，既冥於安危，故未嘗喪我也。

【釋文】「雖天地覆」芳服反。「墜」本又作隊，直類反。李云：天地猶不能變己，況生死也！

❹【注】明性命之固當。◎慶藩案无假當是无瑕之誤，謂審乎己之無可瑕疵，斯任物自遷而無役於物也。《淮南・精神篇》正作審乎無瑕。瑕假皆從叚聲，致易互誤。（《漢書》）〔《史記》〕鄭世家使人誘劫鄭大夫甫假，《左傳》作傅瑕。《禮・檀弓》肩假，《漢書・古今人表》作公肩瑕，即其證也。

❺【注】任物之自遷。

【疏】靈心安審，妙體真元，既與道相應，故不爲物所遷變者也。

❻【注】以化爲命，而無乖迕。

【釋文】「恠迕」五故反。本亦作遻。下同。

❼【注】不離至當之極。

【釋文】「不離」力智反。

【疏】達於分命，冥於外物，唯命唯物，與化俱行，動不乖寂，故恆住其宗本者也。

【校】①《闕誤》引江南《古藏》本宗下有者字。

常季曰：「何謂也❶？」

❶【疏】方深難悟，更請決疑。

仲尼曰：「自其異者視之，肝膽楚越也❶；自其同者視之，萬物皆一也❷。夫若然者，且不知耳目之所宜❸，而遊心乎德之和❹；物視其所一而不見其所喪，視喪其足猶遺土也❺。」

❶【注】恬苦之性殊，則美惡之情背。

【疏】萬物云云，悉歸空寂。倒置之類，妄執是非，於重玄道中，橫起分別。何異乎肝膽〔附〕①生，本同一體也，楚越迢遞，相去數千，而於一體之中，起數千之遠，異見之徒，例皆如是也。

【釋文】「肝膽」丁覽反。「美惡」烏路反。下皆同。「情背」音佩。

❷【注】雖所美不同，而同有所美。各美其所美，則萬物一美也；各是其所是，則天下一是也。夫因其所異而異之，則天下莫不異。而浩然大觀者，官天地，府萬物，知異之不足異，故因其所同而同之，則天下莫不皆同；又知同之不足有，故因其所無而無之，則是非美惡，莫不皆無矣。夫是我而非彼，美己而惡人，自中知以下，至於昆蟲，莫不皆然。然此明乎我而不明乎彼者爾。若夫玄通泯合之士，因天下以明天下。天下無曰我非也，即明天下之無非；無曰彼是也，即明天下之無是。無是無非，混而爲一，故能乘變任化，迕物而不慴。

【疏】若夫玄通之士，浩然大觀，二儀萬物，一指一馬；故能忘懷任物，大順群生。然同者見其同，異者見其異，至論眾妙之境，非異亦非同也。

【釋文】「中知」音智。「不慴」之涉反。

❸【注】宜生於不宜者也。無美無惡，則無不宜。無不宜，故忘②其宜也。

【疏】耳目之宜，宜於聲色者也。且凡情分別，耽滯聲色，故有宜與不宜，可與不可。而王駘混同萬物，冥一死生，豈於根塵之間而懷美惡之見耶！

❹【注】都忘宜，故無不任也。都任之而不得者，未之有也；無不得而不和者，亦未聞也。故放心於道德之閒，蕩然無不當，而曠③然無不適也。

【疏】既而混同萬物，不知耳目之宜，故能遊道德之鄉，放任乎至道之境者也。

❺【注】體夫極數之妙心，故能無物而不同，無物而不同，則死生變化，無往而非我矣。故生爲

我時，死爲我順；時爲我聚，順爲我散。聚散雖異，而我皆我之，則生故我耳，未始有得；死亦我也，未始有喪。夫死生之變，猶以爲一，既覩其一，則蛻④然無係，玄同彼我，以死生爲寤寐，以形骸爲逆旅，去生如脫屣，斷足如遺土，吾未見足以纓茀其心也。

【疏】物視，猶視物也。王駘一於死生，均於彼我。生爲我時，不見其得；死爲我順，不見其喪；覩視萬物，混而一之。故雖兀足，視之如遺土者也。

【釋文】「所喪」息浪反。下及注同。「說然」始銳反，又音悅。「脫屨」九具反。本亦作屣，所買反。◎盧文弨曰：今本書作屣。「斷足」丁管反。

【校】①附字依劉文典《補正》本補。②世德堂本作亡。下同。③世德堂本作擴。④世德堂本作說，趙諫議本作悅。

常季曰：「彼為己以其知❶，得其心以其心❷。得其常心，物何為最之哉❸？」

❶【注】嫌王駘未能忘知而自存。

【疏】彼，王駘也。謂王駘修善修己，猶用心知。嫌其未能忘知而任獨者也。

【釋文】「為己」於偽反。

❷【注】嫌未能遺心而自得。

【疏】嫌王駘不能忘懷任致，猶用心以得心也。夫得心者，無思無慮，忘知忘覺，死灰槁木，泊爾無情，措之於方寸之間，起之於視聽之表，同二儀之覆載，順三光以照燭，混塵穢而不撓其神，履窮塞而不忤其慮，不得爲得，而得在於無得，斯得之矣。若以心知之術而得之者，非真得也。

❸【注】夫得其常心，平往者也。嫌其不得平往而與物遇，故常使物就之。

【疏】最，聚也。若能虛忘平淡，得真常之心者，固當和光匿耀，不殊於俗。豈可獨異於物，使眾歸之者也！

【釋文】「最之」徂會反，徐采會反。下注同。司馬云：聚也。◎家世父曰：知者外發，心者內存；以其知得其心，循外以葆中也。心者，不息之真機，常心者，無妄之本體；以其心得其常心，即體以證道也。《說文》：最，犯而取也，猶言物莫能犯之。郭象斷句誤。◎慶藩案《說文》：冣，積也，從冖（莫狄切。）取，取亦聲。徐鍇曰：古以聚物之聚為冣。世人多見最，少見冣，故書傳冣字皆作最。

仲尼曰：「人莫鑑於流水而鑑於止水❶，唯止能止眾止❷。受命於地，唯松柏獨也①在冬夏青青❸；受命於天，唯舜獨也正②❹，幸能正生，以正眾生❺。夫保始之徵，不懼之實。勇士一人，雄入於九軍。將求名而能自要者，而猶若是❻，而況官③天地，府萬物❼，直寓六骸❽，象耳目❾，一知之所知，而心未嘗死者乎❿！彼且擇日而登假，人則從是也⓫。彼且何肎以物為事乎⓬！」

❶【注】夫止水之致鑑者，非爲止以求鑑也。故王駘之聚眾，眾自歸之，豈引物使從己耶④！

【疏】鑑，照也。夫止水所以留鑑者，爲其澄清故也；王駘所以聚眾者，爲其凝寂故也。止水本無情於鑑物，物自照之；王駘豈有意於招攜，而眾自來歸湊者也。

【釋文】「鑑」古暫反。「流水」崔本作沬水，云：沬或作流。◎慶藩案流水與止水相對為文。崔本作沬，非也。隸書流或作（涿）〔流〕（見《魯相史晨饗孔廟後碑》。）與沬形相似，故崔氏誤以為沬。《淮南・說山篇》人莫鑑於沬雨，高注：沬雨，或作流潦。則沬為流字之譌益碻。

❷【注】動而爲之，則不能居眾物之止。

【疏】唯，獨也。唯止是水本凝湛，能止是留停鑑人，眾止是物來臨照。亦猶王駘忘懷虛寂，故能容止群生，由是功能，所以爲眾歸聚也。

❸【注】夫松柏特稟自然之鍾⑤氣，故能爲眾木之傑耳，非能爲而得之也。

【疏】凡厥草木，皆資厚地。至於稟質堅勁，隆冬不凋者，在松柏通年四序，常保青全，受氣自爾，非關指意。王駘聚眾，其義亦然也。

❹【注】言特受自然之正氣者至希也，下首則唯有松柏，上首則唯有聖人，故凡不正者皆來求正耳。若物皆有青全，則無貴於松柏；人各自正，則無羨於大聖而趣之。

【疏】人稟三才，受命蒼昊，圓首方足，其類極多。至如挺氣正真，獨有虞舜。豈由役意，直置自然。王駘合道，其義亦爾。郭注曰下首唯有松柏上首唯有聖人者，但人頭在上，去上則死，木頭在下，去下則死，是以呼人爲上首，呼木爲下首。故上首食傍首，傍首食下首。下首，草木也，傍首，蟲獸也。

❺【注】幸自能正耳，非爲正以正之。

【疏】受氣上玄，能正生道也，非由用意，幸率自然，既能正己，復能正物。正己正物，自利利他，內外行圓，名爲大聖。虞舜既爾，王駘亦然。而舜受讓人，故爲標的也。

❻【注】非能遺名而無不任。

【疏】徵，成也，信也。天子六軍，諸侯三軍，故九軍也。或有一人，稟氣勇武，保守善始之心，信成令終之節，內懷不懼之志，外顯勇猛之姿。既而直入九軍，以求名位，尚能伏心要譽，忘死忘生。何況王駘！體道之狀，列在下文也。

【釋文】「保始之徵」李云：徵，成也，終始可保成也。「九軍」崔（本）〔李〕⑥云：天子六軍，諸侯三軍，通為九軍也。《簡文》云：兵書以攻九天，收九地，故謂之九軍。「自要」一遙反。

❼【注】冥然無不體也。

【疏】綱維二儀曰官天地，苞藏宇宙曰府萬物。夫勇士入軍，直要名位，猶能不顧身命，忘於生死。而況官府兩儀，混同萬物，視死如生，不亦宜乎！

❽【注】所謂逆旅。

【疏】寓，寄也。六骸，謂身首四肢也。王駘體一身非實，達萬有皆真，故能混塵穢於俗中，寄精神於形內，直置暫遇而已，豈係之耶！

【釋文】「六骸」崔云：手足首身也。

❾【注】人用耳目，亦用耳目，非須耳目。

【疏】象，似也。和光同塵，似用耳目，非須也。

⑩【注】知與變化俱，則無往而不冥，此知之一者也。心與死生順，則無時而非生，此心之未嘗死也。

【疏】一知，智也。所知，境也。能知之智照所知之境，境智冥會，能（無）所〔無〕差，故知與不知，通而爲一。雖復迹理物化，而心未嘗見死者也，豈容有全兀於其間哉！

⑪【注】以不失會爲擇耳，斯人無擇也，任其天行而時動者也。故假借之人，由此而最之耳。

【疏】彼王駘者，豈復簡擇良日而登昇玄道？蓋不然乎，直置虛淡忘懷而會之也。至人無心，止水留鑑，而世間虛假之人，由是而從之也。

【釋文】「彼且」如字。徐子余反。下同。「假人」古雅反，借也。徐音遐，讀連上句，人字向下。◎慶藩案登假即登格也。假格古通用。《詩》奏格或作奏假，是其證。《爾雅》：格，陟，登，升也。既言登又曰格者，古人自有複語耳。《楚辭·離騷》陟陞皇之赫戲兮，陟亦陞也。

⑫【注】其恬漠故全也。

【疏】唯彼王駘，冥真合道，虛假之物自來歸之，彼且何曾以爲己務！

【校】①《闕誤》引張君房本也下有正字。俞樾以下在字乃正之誤。②《闕誤》引張君房本此句作堯舜獨也正，正下有在萬物之首五字。③唐寫本官作宮。④世德堂本無耶字。⑤趙諫議本鍾作種。⑥李字依世德堂本改。

申徒嘉，兀者也，而與鄭子產同師於伯昏无人❶。子產謂申徒嘉曰：「我先出則子止，子先出則我止❷。」其明日，又與合堂同席而坐。子產謂申徒嘉曰：「我先出則子止，子先出則我止。今我將出，子可以止乎，其未邪❸？且子見執政而不違，子齊執政乎❹？」

❶【疏】姓申徒，名嘉，鄭之賢人，兀者也。姓公孫，名僑，字子產，鄭之賢大夫也。伯昏无人，師者之嘉號也。伯，長也。昏，闇也。德居物長，韜光若闇，洞忘物我，故曰伯昏无人。子產申徒，俱學玄道，雖復出處殊隔，而同師伯昏，故寄此三人以彰德充之義也。

【釋文】「申徒嘉」李云：申徒，氏；嘉，名。「無人」《雜篇》作瞀人。

❷【注】羞與刖者並行。

【疏】子產執政當塗，榮華富貴；申徒稟形殘兀，無復容儀。子產雖學伯昏，未能忘遣，猶存寵辱，恥見形殘，故預相檢約，令其必不並己也。

【釋文】「刖者」音月，又五刮反。

❸【注】質而問之，欲使必不並己。

【疏】子產存榮辱之意，申徒忘貴賤之心，前雖有言，都不采領，所以居則共堂，坐還同席。公孫見其如此，故質而問之。

❹【注】常以執政自多，故直云子齊執政，便謂足以明其不遜①。

【疏】違，避也。夫出處異塗，貴賤殊致。我秉執朝政，便爲貴大；汝乃卑賤形殘，應殊敬我。不能遜讓，翻欲齊己也。

【校】①趙諫議本遜下有也字。

申徒嘉曰：「先生之門，固有執政焉如此哉❶？子而說子之執政而後人者也❷？聞之曰：『鑑明則塵垢不止，止則不明也。久與賢人處則無過。』今子之所取大者，先生也，而猶出言若是，不亦過乎❸！」

❶【注】此論德之處，非計位也。

【疏】先生，伯昏也，先生道門，深明眾妙，混同榮辱，齊一死生。定以執政自多，必如此耶？

【釋文】「之處」昌慮反。

❷【注】笑其矜說在位，欲處物先。

【疏】汝猶悅愛榮華，矜誇政事，惟人於後，欲處物先。意見如斯，何名學道？

【釋文】「而說」音悅。注同。

❸【注】事明師而鄙吝之心猶未去，乃真過也。

【疏】鑑，鏡也。夫鏡明則塵垢不止，止則非明照也，亦猶久與賢人居則無過，若有過則非賢哲。今子之所取，可重可大者，先生之道也。而先生之道，退己虛忘，子乃自矜，深乖妙旨，而出言如是，豈非過乎！

子產曰：「子既若是矣❶，猶與堯爭善，計子之德不①足以自反邪❷？」

❶【注】若是形殘。

❷【注】言不自顧省，而欲輕蔑在位，與有德者並。計子之德，故不足以補形殘之過。

【疏】反，猶復也。言申徒形殘如是而不自知，乃欲將我並驅，可謂與堯爭善。子雖有德，何足在言！以德補殘，猶未平復也。

【釋文】「爭善」如字。

【校】①《闕誤》引文成李張諸本不作口。

申徒嘉曰：「自狀其過以不當亡者眾❶，不狀其過以不當存者寡❷。知不可奈何而安之若命，唯有德者能之❸。遊於羿之彀中。中央者，中地也；然而不中者，命也❹。人以其全足笑吾不全足者多①矣❺，我怫然而怒❻；而適先生之所，則廢然而反❼。不知先生之洗我以善邪②❽？吾與夫子遊十九年矣③，而未嘗知吾兀者也❾。今子與我遊於形骸之內，而子索我於形骸之外，不亦過乎❿！」

❶【注】多自陳其過狀，以己爲不當亡者眾也。

❷【注】默默知過，自以爲應死者少也。

【疏】夫自顯其狀，推罪於他，謂己無愆，不合當亡，如此之人，世間甚多。不顯過狀，將罪歸己，謂己之過，不合存生，如此之人，世間寡少。鄭子產奢侈矜伐，於義亦然者也。

❸【疏】若，順也。夫素質形殘，稟之天命，雖有知計，無如之何，唯當安而順之，則所造皆

適。自非盛德，其孰能然！

【釋文】「知不可」如字，又音智。

❹【注】羿，古之善射者。弓矢所及爲彀中。夫利害相攻，則天下皆羿也。自不遺身忘知與物同波者，皆遊於羿之彀中耳。雖張毅之出，單豹之處，猶未免於中地，則中與不中，唯在命耳。而區區者各有所遇，而不知④命之自爾。故免乎弓矢之害者，自以爲巧，欣然多己，及至不免，則自恨其謬而志傷神辱，斯未能達命之情者也。夫我之生也，非我之所生也，則一生之內，百年之中，其坐起行止，動靜趣舍，情性知能，凡所有者，凡所無者，凡所爲者，凡所遇者，皆非我也，理自爾耳。而橫生休戚乎其中，斯又逆自然而失者也⑤。

【疏】羿，堯時善射者也。其矢所及，謂之彀中。言羿善射，矢不虛發，彀中之地，必被殘傷，無問鳥獸，罕獲免者。偶然得免，乃關天命，免與不免，非由工拙，自不遺形忘智，皆遊於羿之彀中。是知申徒兀足，忽遭羿之一箭；子產形全，中地偶然獲免；既非人事，故不足自多矣。

【釋文】「羿」音詣，徐胡係反。善射人，唐夏有之。一云：有窮之君篡夏者也。「彀」音遘，張弓也。◎家世父曰：《玉篇》：彀，張弓弩。《漢書・周亞夫傳》，彀弓弩待滿。遊於羿之彀中，觸處皆危機也。而恢恢乎有中地，以自處不中，則上弦下弣，中承箭筈，反有激而傷者矣。均之遊也，中與不中，偶值之數也，不可奈何而安之則命也。言亡足之非其罪。「中」如字。「央」於良反，舊於倉反。郭云：弓矢所及為彀中。「中地」丁仲反。下不中、注中地、中與不中同。「單豹」音善。

❺【注】皆不知命而有斯笑矣⑥。

❻【注】見其不知命而怒，斯又不知命也。

【疏】怫然，暴戾之心也。人不知天命，妄計虧全，況己形好，嗤彼殘兀。如此之人，其流甚眾。忿其無知，怫然暴怒，嗔忿他人，斯又未知命也。

【釋文】「怫然」扶弗反。

❼【注】見至人之知命遺形，故廢向者之怒而復常。

【疏】往伯昏之所，稟不言之教，則廢向者之怒而復於常性也。

❽【注】不知先生洗我以善道故耶？我爲能自反耶？斯自忘形而遺累矣⑦。

【疏】既適師門，入於虛室，廢棄忿怒，反覆尋常。不知師以善水洗滌我心？爲是我之性情〔能〕⑧自反覆？進退尋責，莫測所由。斯又忘於學心，遺其係累。

❾【注】忘形故也。

【疏】我與伯昏遊於道德，故能窮陰陽之妙要，極至理之精微。既其遺智忘形，豈覺我之殘兀！

【釋文】「知吾介」本又作兀，兩通⑨。

❿【注】形骸外矣，其德內也。今子與我德遊耳，非與我形交也，而索我外好，豈不過哉！

【疏】郭注云：形骸外矣，其德內也。今子與我德遊耳，非與我形交也，而索我外（交）〔好〕⑩，豈不過哉！此注意更不勞別釋也。

【釋文】「子索」色百反。注同。

【校】①世德堂本作眾。②《闕誤》引張君房本邪下有吾之自寤邪五字。③世德堂本無矣字。④趙諫議本知下有我字。⑤趙本無也字。⑥世德堂本無矣字。⑦世德堂本遺作遺，無矣字。⑧能字依注文補。⑨今本書作兀。⑩好字依注文改。

子產蹵然改容更貌曰：「子无乃稱❶！」

❶【注】已悟則厭其多言也。

【疏】蹵然，驚慚貌也。子產未能忘懷遺欲，多在物先。既被譏嫌，方懷驚悚，改矜誇之貌，更醜惡之容，悟知已至，不用稱說者也。

【釋文】「蹵」子六反。「乃稱」如字，舉也。又尺證反。

魯有兀者叔山无趾，踵見仲尼❶。仲尼曰：「子不謹，前既犯患若是矣。雖今來，何及矣❷！」

❶【注】踵，頻也。

【疏】叔山，字也。踵，頻也。殘兀之人，居於魯國，雖遭刖足，猶有學心，所以接踵頻來，尋師訪道，既無足趾，因以爲其名也。

【釋文】「叔山无趾」音止。李云，叔山，(氏)〔字〕①，無足趾。◎盧文弨曰：字疑氏。「踵」朱勇反。向郭云：頻也。崔云：無趾，故踵行。「見」賢遍反。

❷【疏】子之修身，不能謹慎，犯於憲(綱)〔網〕，前已遭官，患難艱辛，形殘若此。今來請

益，何所逮耶！

【釋文】「子不謹前」絕句。一讀以謹字絕句。

【校】①字字依世德堂本及盧校改。

无趾曰：「吾唯不知務而輕用吾身，吾是以亡足❶。今吾來也，猶有尊足者存❷，吾是以務全之也❸。夫天無不覆，地無不載❹，吾以夫子為天地，安知夫子之猶若是也❺！」

❶【注】人之生也，理自生矣，直莫之爲而任其自生，斯重其身而知務者也。若乃忘其自生，謹而矜之，斯輕用其身而不知務也，故五藏相攻於內而手足殘傷於外也。

❷【注】刖一足未足以虧其德，明夫形骸者逆旅也。

❸【注】去其矜謹，任其自生，斯務全也。

【疏】无趾交遊恭謹，重德輕身，唯欲務借聲名，不知務全生道，所以觸犯憲章，遭斯殘兀。形雖虧損，其德猶存，是故頻煩追討，務全道德。以德比形，故言尊足者存。存者，在也。

【釋文】「去其」羌呂反。

❹【注】天不爲覆，故能常覆；地不爲載，故能常載。使天地而爲覆載，則有時而息矣；使舟能沈而爲人浮，則有時而沒矣。故物爲焉則未足以終其生也。

【釋文】「不為」於偽反。下不為、而為皆同。

❺【注】責其不謹，不及天地也。

【疏】夫天地亭毒，覆載無偏，而聖人德合二儀，固當弘普不棄，寧知夫子尚不捨形殘？善救之心，豈其如是也？

孔子曰：「丘則陋矣❶。夫子胡不入乎，請講以所聞！」

❶【疏】仲尼所陳，不過聖迹；无趾請學，務其全生。答淺問深，足成鄙陋也。

无趾出❶。孔子曰：「弟子勉之！夫无趾，兀者也，猶務學以復補前行之惡，而況全德之人乎❷！」

❶【注】聞所聞而出，全其無爲也。

【疏】夫子，无趾也。胡，何也。仲尼自覺鄙陋，情實多慚，故屈无趾，令其入室，語說所聞方內之道。既而（蓬）〔蘧〕廬久處，芻狗再陳，无趾惡聞，故默默而出也。

❷【注】全德者生便忘生。

【疏】勉，勖勵也。夫无趾殘兀，尙實全生，補其虧殘，悔其前行。況賢人君子，形德兩全，生便忘生，德充於內者也。門人之類，宜勖之焉。

【釋文】「前行」下孟反。

无趾語老聃曰：「孔丘之於至人，其①未邪？彼何賓賓以學子為❶？彼且蘄以諔詭幻怪之名聞，不知至人之以是為己桎梏邪❷？」

❶【注】怪其方復學於老聃。

【疏】賓賓，恭勤貌也。夫玄德之人，窮理極妙，忘言絕學，率性生知。而仲尼執滯文字，專行聖迹，賓賓勤敬，問禮老君。以汝格量，故知其未如至人也，學子何爲者也？

【釋文】「語老」魚據反。「賓賓」司馬云：恭貌。張云：猶賢賢也。崔云：有所親疏也。簡文云：好名貌。◎俞樾曰：賓賓之義，《釋文》所引，皆望文生義，未達古訓。賓賓，猶頻頻也。《漢書・司馬相如傳》仁頻并閭，顏注曰：頻字或作賓，是其例也。《詩・桑柔篇》國步斯頻，《說文・目部》作國步斯矉。《書・禹貢篇》海濱廣斥，《漢書・地理志》作海瀕廣潟。是皆賓聲頻聲相通之證。《廣雅・釋訓》：頻頻，比也。《楊子法言學行篇》，頻頻之黨，甚於鶡斯。皆可說此賓賓之義。

❷【注】夫無心者，人學亦學。然古之學者爲己，今之學者爲人，其弊也遂至乎爲人之所爲矣。夫師人以自得者，率其常然者也；舍己效人而逐物於外者，求乎非常之名者也。夫非常之名，乃常之所生②。故學者非爲幻怪也，幻怪之生必由於學；禮者非爲華藻也，而華藻之興必由於禮。斯必然之理，至人之所無奈何，故以爲己之桎梏也③。

【疏】蘄，求也。諔詭，猶奇譎也。在手曰桎，在足曰梏，即今之杻械也。彼之仲尼，行於聖跡，所學奇譎怪異之事，唯求虛妄幻化之名。不知方外體道至人，用此聲教爲己枷鎖也。

【釋文】「且蘄」音祈。「諔」尺叔反。「詭」九委反。李云：諔詭，奇異也。◎俞樾曰：淑與詭語意不倫，淑詭當讀為弔詭。《齊物論篇》其名為弔詭，正與此同。弔作淑者，古字通用，哀十六年《左傳》昊天不弔，《周官》大祝職先鄭注引〔作〕④閔天不淑，是其證矣。◎慶藩案諔詭亦作俶詭。（見《呂覽・傷樂篇》。）諔，猶俶也。薛綜注《西京賦》曰：詭，異也。高誘注《淮南・本經篇》曰：詭文，奇異之文也。「幻」滑辯反。亦作𢆯。◎盧文弨曰：舊本𢆯作勾。案《說文》作⊠，從反予。「桎」之實反，郭真一反。木在足也。「梏」古毒反，木在手也。「為己」于偽反。下者為人同。「舍己」音捨。

【校】①《闕誤》引張君房本其作囗。②世德堂本有也字。③世德堂本無也字。④作字依《諸子平議》補。

老聃曰：「胡不直使彼以死生為一條，以可不可為一貫者，解其桎梏，其可乎❶？」

❶【注】欲以直理冥之，冀其無跡。

【疏】无趾前見仲尼談講之日，何不使孔丘忘於仁義，混同生死，齊一是非？條貫既融，則是帝之縣解，豈非釋其枷鎖，解其杻械也！

【釋文】「一貫」古亂反。

无趾曰：「天刑之，安可解❶！」

❶【注】今仲尼非不冥也。顧自然之理，行則影從，言則嚮隨。夫順物則名跡斯立，而順物者非為名也。非為名則至矣，而終不免乎名，則孰能解之哉！故名者影嚮也，影嚮者形聲之桎梏也。明斯理也，則名跡可遺；名跡可遺，則尚彼可絕；尚彼可絕，則性命可全矣。

【疏】仲尼憲章文武，祖述堯舜，刪詩書，定禮樂，窮陳蔡，圍商周，執於仁義，遭斯戮恥。亦猶行則影從，言則響隨，自然之勢，必至之宜也。是以陳迹既興，疵釁斯起，欲不困弊，其可得乎！故天然刑戮，不可解也。

【釋文】「嚮隨」許丈反。本又作向。下同。

魯哀公問於仲尼曰：「衛有惡人焉，曰哀駘它❶。丈夫與之處者，思而不能去也。婦人見之，請於父母曰『與為人妻寧為夫子妾』者，十數①而未止也❷。未嘗有聞其唱者也，常和人而已矣❸。无君人之位以濟乎人之死❹，无聚祿以望人之腹❺。又以惡駭天下❻，和而不唱❼，知不出乎四域❽，且而雌雄合乎前❾。是必有異乎人者也❿。寡人召而觀之，果以惡駭天下。與寡人處，不至以月數，而寡人有意乎其為人也⓫；不至乎期年，而寡人信之。國无宰，寡②人傳國焉⓬。悶然而後應⓭，氾（而）③若辭⓮。寡人醜乎，卒授之國。無幾何也，去寡人而行，寡人卹焉若有亡也，若無與樂是國也。是何人者也？⓯」

❶【注】惡，醜也。

【疏】惡，醜也。言衛國有人，形容醜陋，內德充滿，爲物所歸。而哀駘是醜貌，因以爲名。

【釋文】「惡人」惡，貌醜也。「哀駘」音臺，徐又音殆。「它」徒何反。李云：哀駘，醜貌；它，其名。

❷【疏】妻者，齊也，言其位齊於夫。妾者，接也，適可接事君子。哀駘才全德滿，爲物歸依，大順群生，物忘其醜。遂使丈夫與〔之〕④同處，戀仰不能捨去；婦人美其才德，競請爲其媵妾。十數未止，明其慕義者多；不爲人妻，彰其道能感物也。

❸【疏】滅跡匿端，謙居物後，直置應和而已，未嘗誘引先唱。

【釋文】「常和」戶臥反。下同。

❹【注】明物不由權勢而往。

【疏】夫人君者，必能赦過宥罪，恤死護生。駘它窮爲匹夫，位非南面，無權無勢，可以濟人。明其懷人不由威力。

❺【注】明非求食而往。

【疏】夫儲積倉廩，招迎士衆歸湊，本希飽腹。而駘它既無聚祿，何以致人！明其慕義非由食往也。◎李楨曰：望人之望，當讀如《易》月幾望之望。《說文》：望，月滿也。與望各字。腹滿則飽，猶月滿爲望，故以擬之。與《逍遙遊篇》腹猶果然同一字法。叚望爲望，不見其妙。

❻【注】明不以形美故往。

【疏】駘它形容，異常鄙陋，論其醜惡，驚駭天下，明其聚衆，非由色往。

【釋文】「惡駭」胡楷反。崔本作駴。

❼【注】非招而致之。

【疏】譬幽谷之響，直而無心，既不以言說招攜，非由先物而唱者也。

❽【注】不役思於分外。

【疏】域，分也。忘心遺智，率性任真，未曾役思運懷，緣於四方分外也。

【釋文】「役思」息嗣反。

❾【注】夫才全者與物無害，故入獸不亂群，入鳥不亂行，而爲萬物之林藪。

【疏】雌雄，禽獸之類也。夫才全之士，與物同波，人無害物之心，物無畏人之慮，故鳥與獸且群聚於前也。

【釋文】「雌雄合乎前」李云：禽獸屬也。「亂行」戶剛反。

❿【疏】一無權勢，二無利祿，三無色貌，四無言說，五無知慮。夫聚集人物，必不徒然，今駘它爲眾歸依，不由前之五事，以此而驗，固異於常人者也。

⓫【注】未經月已覺其有遠處。

【疏】既聞有異，故命召看之。形容醜陋，果驚駭於天下。共其同處，不過一旬，觀其爲人，察其意趣，心神凝淡，似覺深遠也。

⓬【注】委之以國政。

【疏】日月既久，漬鍊彌深，是以共處一年，情相委信。而國無良宰，治道未弘，庶屈賢人，傳於國政者也。

【釋文】「期年」音基。「傳國」丈專反。

⓭【注】寵辱不足以驚其神。

【疏】悶然而後應，不覺之容，亦是虛淡之貌。既無情於利祿，豈有意於榮華，故同彼世人，悶然而應之也。

【釋文】「悶然」音門。李云：不覺貌。崔⑤云：有頃之閒也。「後應」應對之應。

⑭【注】人辭亦辭。

【疏】氾若者，是無的當不係之貌也。雖無驚於寵辱，亦乃同塵以遜讓，故氾然常人辭亦辭也。

【釋文】「氾」浮劍反，不係也。

⑮【疏】愧，慙也。卒，終也。幾何，俄頃也。卹，憂也。寡人是五等之謙稱也。既見良人，氾然虛淡，中心愧醜，戀慕殷勤，終欲與之國政，屈爲卿輔。俄頃之間，逃遁而去，喪失賢宰，實懷憂卹，情之恍惚，若有遺亡，雖君魯邦，曾無歡樂。來喜去憂，感動如此，何人何術，一至於斯？

【釋文】「醜乎」李云：醜，慙也。崔云：愧也。「無幾」居豈反。「與樂」音洛。

【校】①趙諫議本十數作數十。②世德堂本寡上有而字。③而字依趙本及疏文刪。④之字依正文補。⑤崔下疑脫作閒二字。

仲尼曰：「丘也嘗使於楚矣，適見㹠子食於其死母者❶，少焉眴若皆棄之而走。不見己焉爾，不得類焉爾❷。所愛其母者，非愛其形也，愛使其形者也❸。戰而①死者，其人之葬也不以翣資❹；刖者之屨，无為愛之❺；皆无其本矣❻。為天子之諸御，不爪翦，不穿耳❼；取妻者止於外，不得復使❽。形全猶足以為爾❾，而況全德之人乎❿！今哀駘它未言而信，无功而親，使人授己國，唯恐其不受也，是必才全而德不形者也⓫。」

❶【注】食乳也。

【釋文】「嘗使於楚矣」使，音所吏反。本亦作遊，本又直云嘗於楚矣。「㹠子」本又作豚，徒門反。「食於」音飲，邑錦反。注同。舊如字，簡文同。

❷【注】夫生者以才德爲類，死而才德去矣，故生者以失類而走也。故含德之厚，（者）②比於赤子，無往而不爲之赤子也，則天下莫之害，斯得類而明己故也。情苟類焉，則雖形不與同而物無害心；情類苟亡，（雖）則（雖）③形同母子而不足以固其志矣。

【疏】哀公陳己心跡以問孔子，孔子以豚子爲譬，以答哀公：「丘曾領門徒，遊行楚地，適見豚子飲其死母之乳，眴目之頃，少時之閒，棄其死母，皆散而走。不見己類，所以爲然。」故郭注云，生者以才德爲類，死而才德去矣，故生者以失類而走也。以況哀公素無才德，非是己類，棄捨而去。駘它才德既全，（比）④於赤子，物之親愛，固是其宜矣。

【釋文】「眴若」本亦作瞬，音舜。司馬云：驚貌。崔云：目動也。謂死母目動。◎俞樾曰：眴若，猶眴然也。《徐无鬼篇》眾狙見之，恂然棄而走。此云眴若，彼云恂然，文異義同。眴恂並𧺝之叚字。《說文》兮部：𧺝，驚辭也。從兮，旬聲。眴恂亦從旬聲，故得通用。《釋文》引司馬曰：驚貌，得之矣。眴若皆棄之而走，言㹠子皆驚而走也。蓋始焉不知其為死母，就之而食；少焉覺其死，故皆驚走也。眴若二字，以其子言，不以其母言。《釋文》又引崔云，目動也，謂死母目動。然則其母不死，與下意不合矣。下文不見己焉爾，不得類焉爾，郭注曰，夫生者以才德為類，死而才德去矣，故生者以失類而走也。若從崔說，死母之目尚動，是其才德未去，何為以失類而走乎？

❸【注】使形者，才德也。

【疏】郭注曰，使形者才德也。而才德者，精神也。豚子愛母，愛其精神；人慕駘它，慕其才德者也。

❹【注】翣者，武所資也。戰而死者無武也，翣將安施！

【釋文】「翣資」所甲反，扇也，武王所造。宋均云：武飾也。李云：資，送也。崔本作翣杴，音坎，謂先人墳墓也。◎盧文弨曰：李下舊無云字，案當有，今增。

❺【注】所愛屨者，爲足故耳。

【釋文】「為足」于偽反。

❻【注】翣屨者以足武爲本。

【疏】翣者，武飾之具，武王爲之，或云周公作也。其形似方扇，（使）〔飾〕車兩邊。軍將行師，陷陣而死，及其葬日，不用翣資。是知翣者武之所資，屨者足之所（使）用，形者神之所使；無足〔則〕屨無所用，無武則翣無所資，無神則形無所（愛）〔受〕。然翣屨以足武爲本，形貌以才德爲原，二者無本，故並無用也。

❼【注】全其形也。

❽【注】恐傷其形。

【疏】夫帝王宮闈，揀擇御女，穿耳翦爪，恐傷其形。匹夫取妻，停於外務，使役驅馳，慮虧其色。此重舉譬以況全才也。

【釋文】「不得復使」扶又反。章末注同。崔本作不得復使（矣）〔入〕⑤，云：不復入直也。◎家世父曰：不爪翦，不穿耳，謂不加修飾而後本質見。止於外不復使，謂不交涉他事而後精神專一。郭象以為恐傷其形，誤也。

❾【注】採擇嬪御及燕爾新昏，本以形好爲意者也。故形之全也，猶⑥以降至尊之情，回貞女之操也。

【釋文】「形好」呼報反。

❿【注】德全而物愛之，宜矣。

【疏】爾，然也。夫形之全具，尚能降真人，感貞女，而況德全乎！此合譬也。故郭注云，德全而物愛之，宜矣哉！

⓫【疏】夫親由績彰，信藉言顯。今駘它未至言說而已遭委信，本無功績而付託實親，遂使魯侯虛襟授其朝政，卑己遜讓，唯恐不受。如是之人，必當才智全具而推功於物，故德不形見之也。

【校】①趙諫議本無而字。②者字依世德堂本刪。③則雖依世德堂本互易。④比字依注文補。⑤入字依《釋文》原本改。⑥趙本猶作無。

哀公曰：「何謂才全❶？」

❶【疏】前雖標舉，於義未彰，故發此疑，庶希後答。

仲尼曰：「死生存亡，窮達貧富，賢與不肖毀譽，飢渴寒暑，是事之變，命之行也❶；，日夜相代乎前❷；而知不能規乎其始者也❸。故不足以滑和❹，不可入於靈府❺。使之和豫，通而不失於兌❻；使日夜无郤①❼而與物為春❽，是接而生時於心者也❾。是之謂才全❿。」

❶【注】其理固當，不可逃也。故人之生也，非誤生也；生之所有，非妄有也。天地雖大，萬物雖多，然吾之所遇適在於是，則雖天地神明，國家聖賢，絕力至知而弗能違也。故凡所不遇，弗能遇也，其所遇，弗能不遇也；〔凡〕②所不爲，弗能爲也，其所爲，弗能不爲也；故付之而自當矣。

【疏】夫二儀雖大，萬物雖多，人生所遇，適在於是。故前之八對，並是事物之變化，天命之流行，而留之不停，推之不去，安排任化。所遇〔所〕〔斯〕③適。自非德充之士，其孰能然！此則仲尼答哀公才全之義。

【釋文】「毀譽」音餘。

❷【注】夫命行事變，不舍晝夜，推之不去，留之不停。故才全者，隨所遇而任之。

【釋文】「不舍」音捨。

❸【注】夫始非知之所規，而故非情之所留。是以知命之必行，事之必變者，豈於終規始，在新戀故哉？雖有至知而弗能規也。逝者之往，吾奈之何哉！

【疏】夫命行事變，其速如馳；代謝遷流，不舍晝夜。一前一後，反覆循環，雖有至知，不能測度，豈復在新戀故，在終規始哉？蓋不然也。唯當隨變任化，則無往而不逍遙也。

❹【注】苟知性命之固當，則雖死生窮達，千變萬化，淡然自若而和理在身矣。

【疏】滑，亂也。雖復事變命遷，而隨形任化，淡然自若，不亂於中和之道也。

【釋文】「以滑」音骨。「淡然」徒覽反。

❺【注】靈府者，精神之宅也。夫至足者，不以憂患經神，若皮外而過去。

【疏】靈府者，精神之宅，所謂心也。經寒（涉）暑，〔涉〕治亂，千變萬化，與物俱往，未當槩意，豈復關心耶！

❻【注】苟使和性不滑，靈府閒豫，則雖涉乎至變，不失其兌然也。

【疏】兌，徧悅也。體窮通，達生死，遂使所遇和樂，中心逸豫，經涉夷險，兌然自得，不失其適悅也。

【釋文】「於兌」徒外反。李云：悅也。「閒豫」音閑。

❼【注】泯然常任之。

【疏】郤，閒也。駘它流轉，日夜不停，心心相係，亦無閒斷也。

【釋文】「無郤」去逆反。李云：閒也。

❽【注】群生之所賴也。

【疏】慈照有生，恩霑動植，與物仁惠，事等青春。

❾【注】順四時而俱化。

【疏】是者，指斥以前事也。才全之人，接濟群品，生長萬物，應赴順時，無心之心，逗機而照者也。

【釋文】「是接而生時乎心者也」司馬云：接至道而和氣在心也。李云：接萬物而施生，順四時而俱作。◎盧文弨曰：今本書乎作於。

❿【疏】總結以前，是才全之義也。

【校】①敦煌本郤作隙。②凡字依世德堂本補。③斯字依劉文典補正本改。

「何謂德不形❶？」

❶【疏】已領才全，未悟德不形義。更相發問，庶聞後旨也。

曰：「平者，水停之盛也❶。其可以為法也❷，內保之而外不蕩也❸。德者，成和之脩也❹。德不形者，物不能離也❺。」

❶【注】天下之平，莫盛於停水也。

【疏】停，止也。而天下均平，莫盛於止水。故上文云人莫鑒於流水而必鑒於止水。此舉爲譬，以彰德不形義故也。

❷【注】無情至平，故天下取正焉。

❸【注】內保其明，外無情僞，玄鑒洞照，與物無私，故能全其平而行其法也。【疏】夫水性澄清，鑒照於物，大匠雖巧，非水不平。故能保守其明而不波蕩者，可以軌〔徹〕〔轍〕工人，洞鑒妍醜也。故下文云水平中準，大匠取則焉。況至人冥真合道，和光〔和〕〔利〕①物，模楷蒼生，動而常寂，故云內保之而外不蕩者也。【釋文】「情為」于偽反。◎慶藩案情為即情偽也。古為偽二字通用。《史記》小司馬本《五帝紀》平秩南為，《漢書·王莽傳》作南偽。《禮·月令》作為淫巧，鄭注曰：今《月令》作為作詐偽。左定公十二年《傳》子偽不知，《釋文》：偽，一作為。《荀子·性惡篇》，可學而能，可事而成之在人者謂之偽。偽即為也。皆其證。

❹【注】事得以成，物得以和，謂之德也。【疏】夫成於庶事，和於萬物者，非盛德孰能之哉！必也先須修身立行，後始可成事和物。〔之德〕〔物得〕以和而我不喪者，方可以謂之德也。

❺【注】無事不成，無物不和，此德之不形也。是以天下樂推而不厭。【疏】夫明齊日月而歸明於昧，功侔造化而歸功於物者，〔也〕〔此〕②德之不形也。是以含德之厚，比於赤子，天下樂推而不厭，斯物不離之者也。【釋文】「能離」力智反。

【校】①利字依《應帝王篇》名實不入句下疏文改。後同。②此字依注文改。

哀公異日以告閔子曰：「始也吾以南面而君天下，執民之紀而憂其死，吾自以為至通矣。今吾聞至人之言，恐吾無其實，輕用吾身而亡其國。吾與孔丘，非君臣也，德友而已矣❶。」

❶【注】聞德充之風者，雖復哀公，猶欲遺形骸，忘貴賤也。

【疏】姓閔，名損，字子騫，宣尼門人，在四科之數，甚有孝德，魯人也。異日，猶它日也。南面，君位也。初始未悟，矜於魯君，執持綱紀，憂於兆庶，養育教誨，恐其夭死。用斯治術，為至美至通。今聞尼父言談，且陳才德之義，魯侯悟解，方覺前非。至通憂死之言，更成虛幻；執紀南面之大，都無實錄；於是隳肢體，黜聰明，遺尊卑，忘爵位，觀魯邦若蝸角，視己形如隙影，友仲尼以全道德，禮司寇以異君臣。故知莊老之談，其風清遠，德充之美，一至於斯。

【釋文】「閔子」孔子弟子閔子騫也。

闉跂支離无脤說衛靈公，靈公說之；而視全人，其脰肩肩。甕㼜大癭說齊桓公，桓公說之；而視全人，其脰肩肩❶。故德有所長而形有所忘❷，人不忘其所忘而忘其所不忘，此謂誠忘❸。故聖人有所遊❹，而知為孽，約為膠，德為接，工為商❺。聖人不謀，惡用知？不斲，惡用膠？无喪，惡用德？不貨，惡用商❻？四者，天鬻也。天鬻者，天食也❼。既受食於天，又惡用人❽！有人之形❾，无人之情❿。有人之形，故群於人⓫，无人之情，故是非不得於身⓬。眇乎小哉，所以屬於人也⑬！謷乎大哉，獨成其天⑭！

❶【注】偏情一往①，則醜者更好而好者更醜也。

【疏】闉，曲也，謂攣曲企踵而行。脤，脣也，謂支體坼裂，傴僂殘病，復無脣也。瓮，盆也。脰，頸也。肩肩，細小貌也。而支離殘病，企踵而行；瘤癭之病，大如盆甕。此二人者，窮天地之陋，而俱能忘形建德，體道談玄。遂使齊衛兩君，欽風愛悅，美其盛德，不覺病醜，顧視全人之頸，翻小而自肩肩者。

【釋文】「闉」音因，郭烏年反。「跂」音企，郭其逆反。「支離无脤」徐市軫反，又音脣。司馬云：闉，曲；跂，企也。闉跂支離，言腳常曲，行體不正卷縮也。無脤，名也。崔云：闉跂，偃者也。支離，傴者也。脤，脣同。簡文云：跂，行也。脤，臀也。◎慶藩案慧琳《一切經音義》一百《肇論》卷上引司馬云：跂，望也。《釋文》闕。「說衛」始銳反，又如字。下說齊桓同。「說之」音悅。下說之同。「脰」音豆，頸也。「肩肩」胡咽反，又胡恩反。李云：羸小貌。崔云：猶玄玄也。簡文云：直貌。◎李楨曰：《攷工梓人》文數目顅脰，注云：顅，長脰貌，與肩肩義合。知肩是省借，本字當作顅。竝可據鄭注補《釋文》一義。「甕」烏送反，郭於寵反。「瓮」烏莽反，郭於兩反。李云：甕瓮，大癭貌。崔同。「大癭」一領反。《說文》云：瘤也。

❷【注】其德長於順物，則物忘其醜；長於逆物，則物忘其好。

【疏】大癭支離，道德長遠，遂使齊侯衛主，忘其形惡。

❸【注】生則愛之，死則棄之。故德者，世之所不忘也；形者，理之所不存也。故夫忘形者，非

忘也；不忘形而忘德者，乃誠忘也。

【疏】誠，實也。所忘，形也；不忘，德也；忘形易而忘德難也，故謂形爲所忘，德爲不忘也。不忘形而忘德者，此乃真實（志）〔忘〕①。斯德不形之義也。

❹【注】遊於自得之場，放之而無不至者，才德全也。

【疏】物我雙遣，形德兩忘，故放任乎變化之場，遨遊於至虛之域也。

❺【注】此四者自然相生，其理已具。

【疏】夫至人道邁三清而神遊六合，故蘊智以救殃孽，約束以檢散心，樹德以接蒼生，工巧以利群品。此之四事，凡類有之，大聖慈救，同塵順物也。

【釋文】「而知」音智，下同。「為孽」魚列反。司馬云：智慧生妖孽。「約為膠」司馬云：約束而後有如膠漆。崔云：約誓所以為膠固。「德為接」司馬云：散德以接物也。「工為商」司馬云：工巧而商賈起。

❻【注】自然已具，故聖人無所用其己也。

【疏】惡，何也。至人不殃孽謀謨，何用智惠？不散亂彫斲，何用膠固？本不喪道，用德何爲？不貴難得之貨，無勞商賈。祇爲和光（和）〔利〕物，是故有之者也。

【釋文】「惡用」音烏，下同。「不斲」陟角反。「無喪」息浪反。

❼【注】言自然而稟之。

【疏】鬻，食也。食，稟也。天，自然也。以前四事，蒼生有之，稟自天然，各率其性，聖人順之，故無所用己也。

【釋文】「天鬻」音育，養也。「天食」音嗣，亦如字。

❽【注】既稟之自然，其理已足。則雖沈思以免難，或明戒以避禍，物無妄然，皆天地之會，至理所趣。必自思之，非我思也；必自不思，非我不思也。或思而免之，或思而不免，或不思而免之，或不思而不免。凡此皆非我也，又奚爲哉？任之而自至也。

【疏】稟之自然，各有定分。何須分外添足人情！違天任人，故至悔者也。

【釋文】「受食」如字，又音嗣。「沈思」息嗣反，亦如字。「免難」乃旦反。

❾【注】視其形貌若人。

❿【注】掘若槁木之枝。

【疏】聖人同塵在世，有生處之形容；體道虛忘，無是非之情慮。

【釋文】「掘若」其勿反。「槁木」苦老反。

⓫【注】類聚群分，自然之道。

【疏】和光混跡，群聚世間。此解有人之形。

【釋文】「羣分」如字。

⓬【注】無情，故付之於物也。

【疏】譬彼靈真，絕無性識；既忘物我，何有是非！此解無人之情故也。

⓭【注】形貌若人。

【疏】屬，係也。跡閔闤俗，形係人羣，與物不殊，故稱眇小也。此結有人之形耳。

【釋文】「眇」亡小反。簡文云：陋也。◎慶藩案慧琳《一切經音義》九十八《廣弘明集音》卷十五引司馬云：眇，高視也。《釋文》闕。

⑭【注】無情，故浩然無不任。無不任者，有情之所未能也，故無情而獨③成天也。

【疏】謷，高大貌也。謷然大教，萬境都忘，智德高深，凝照弘遠。故歎美大人，獨成自然之至。此結無人之情也。

【釋文】「謷乎」五羔反，徐五報反。簡文云：放也。今取遨遊義也。「獨成其天」如字。崔本天字作大，云：類同於人，所以為小；情合於天，所以為大。

【校】①趙諫議本作性。②忘字依正文改。③趙本獨作及。

惠子謂莊子曰：「人故无情乎❶？」

❶【疏】前文云，有人之形，無人之情。惠施引此語來質疑。《莊子》所言人者，必固無情慮乎？然莊惠二賢，並遊心方外，故常稟而爲論端。

莊子曰：「然❶。」

❶【疏】然，如是也。許其所問，故答云然。

惠子曰：「人而无情，何以謂之人❶？」

❶【疏】若無情智，何名爲人？此是惠施進責之辭，問於莊子。

莊子曰：「道與之貌，天與之形，惡得不謂之人❶？」

❶【注】人之生也，非情之所生也；生之所知，豈情之所知哉？故有情於爲離曠而弗能也，然離曠以無情而聰明矣，有情於爲賢聖而弗能也，然賢聖以無情而賢聖矣。豈直賢聖絕遠而離曠難慕哉？雖下愚聾瞽及雞鳴狗吠，豈有情於爲之，亦終不能也。不問遠之與近，雖去己一分，顏孔之際，終莫之得也。是以關之萬物，反取諸身，耳目不能以易任成功，手足不能以代司致業。故嬰兒之始生也，不以目求乳，不以耳向明，不以足操物，不以手求行。豈百骸無定司，形貌無素主，而專由情以制之哉。

【疏】惡，何也。虛通之道，爲之相貌；自然之理，遺其形質。形貌具有，何得不謂之人？且形之將貌，蓋亦不殊。道與自然，互其文耳。欲顯明斯義，故重言之也。

【釋文】「惡得」音烏。下惡得同。「吠」扶廢反。「一分」如字。「足操」七刀反。

惠子曰：「既謂之人，惡得无情❶？」

❶【注】未解形貌之非情也。

【疏】既名爲人，理懷情慮。若無情識，何得謂之人？此是惠施未解形貌之非情。

【釋文】「未解」音蟹。

莊子曰：「是非吾所謂情也❶。吾所謂无情者，言人之不以好惡內傷其身❷，常因自然而不益生也❸。」

❶【注】以是非爲情，則無是無非無好無惡者，雖有形貌，直是人耳，情將安寄！

【疏】吾所言情者，是非彼我好惡憎嫌等也。若無是無非，雖有形貌，直是人耳，情將安寄！

❷【注】任當而直前者，非情也。

【疏】莊子所謂無情者，非木石其懷也，止言不以好惡緣慮分外，遂成性而內理其身者也。何則？蘊虛照之智，無情之情也。

❸【注】止於當也。

【疏】因任自然之理，以此爲常；止於所稟之涯，不知生分。

惠子曰：「不益生，何以有其身❶？」

❶【注】未明生之自生，理之自足。

【疏】若不資益生道，何得有此身乎？未解生之自生，理之自足者也。

莊子曰：「道與之貌，天與之形❶，无以好惡內傷其身❷。今子外乎子之神，勞乎子之精，倚樹而吟，據槁梧而瞑❸。天選子之形，子以堅白鳴❹！」

❶【注】生理已自足於形貌之中，但任之則身存。

【疏】道與形貌，生理已足，但當任之，無勞措意也。

❷【注】夫好惡之情，非所以益生，祇足以傷身，以其生之有分也。

【疏】還將益以酬後問也。

❸【注】夫神不休於性分之內，則外矣；精不止於自生之極，則勞矣。故行則倚樹而吟，坐則據梧而睡，言有情者之自困也。

【疏】槁梧，夾膝几也。惠子未遺筌蹄，耽內名理，疏外神識，勞苦精靈，故行則倚樹而吟詠，坐則隱几而談說，是以形勞心倦，疲怠而瞑者也。

【釋文】「无以好惡」呼報反。下烏路反。注同。「祇足」音支。

【釋文】「倚樹」於綺反。「據槁」苦老反。「梧」音吾。「而瞑」音眠。崔云：據琴而睡也。「而睡」垂臂反。

❹【注】言凡子所爲，外神勞精，倚樹據梧，且吟且睡，此世之所謂情也。而云天選，明夫情①者非情之所生，而況他哉！故雖萬物萬形，云爲趣舍，皆在無情中來，又何用情於其間哉！

【疏】選，授也。鳴，言說也。自然之道，授與汝形，夭壽妍醜，其理已定，無勞措意，分外益生。而子稟性聰明，辨析（明）〔名〕②理，執持己德，炫燿衆人。亦何異乎公孫龍作《白馬論》，云白馬非馬，堅守斯論，以此自多！信有其言而無其實，能伏衆人之口，不能伏衆人之心。今子分外誇談，即是斯之類也。

【釋文】「天選」宣轉反，舊思緩反。

【校】①趙諫議本情作此。②名字依劉文典說改。

莊子集釋　卷三上

內篇　大宗師第六❶

❶【注】雖天地之大，萬物之富，其所宗而師者無心也。

【釋文】「大宗師」崔云：遺形忘生，當大宗此法也。

知天之所為，知人之所為者，至矣❶。知天之所為者，天而生也❷；知人之所為者，以其知之所知以養其知之所不知，終其天年而不中道夭者，是知之盛也❸。

❶【注】知天人之所爲者，皆自然也；則內放其身而外冥於物，與眾玄同，任之而無不至者也。

【疏】天者，自然之謂。至者，造極之名。天之所爲者，謂三景晦明，四時生殺，風雲舒卷，雷雨寒溫也。人之所爲者，謂手捉腳行，目視耳聽，心知工拙，凡所施爲也。知天之所爲，悉皆自爾，非關修造，豈由知力！是以內放其身，外冥於物，浩然大觀，與眾玄同，窮理盡性，故稱爲至也。

❷【注】天者，自然之謂也。夫爲爲者不能爲，而爲自爲耳；爲知者不能知，而知自知耳。自知

耳，不知也；不知也則知出於不知矣；自爲耳，不爲也，不爲也則爲出於不爲矣。爲出於不爲，故以不爲爲主；知出於不知，故以不知爲宗。是故真人遺知而知，不爲而爲，自然而生，坐忘而得，故知稱絕而爲名去也。

【疏】雲行雨施，川源岳瀆，非關人力，此乃天生，能知所知，並自然也。此解前知天之所爲。

【釋文】「天而生」向崔本作失而生。「知稱」尺證反。

❸【注】人之生也，形雖七尺而五常必具，故雖區區之身，乃舉天地以奉之。故天地萬物，凡所有者，不可一日而相無也。一物不具，則生者無由得生；一理不至，則天年無緣得終。然身之所有者，知或不知也；理之所存者，爲或不爲也。故知之所知者寡而身之所有者衆，爲之所爲者少而理之所存者博，在上者莫能器之而求其備焉。人之所知不必同而所爲不敢異，異則僞成矣，僞成而真不喪者，未之有也。或好知而不倦以困其百體，所好不過一枝而舉根俱弊，斯以其所知而害所不知也。若夫知之盛也，知人之所爲者有分，故任而不（強）〔彊〕也，知人之所知者有極，故用而不蕩也。故所知不以無涯自困，則一體之中，知與不知，闇相與會而俱全矣，斯以其所知養所不知者也。

【疏】人之所爲，謂四肢百體各有御用也。知之所知者，謂目知於色，即以色爲所知也。知之所不知者，謂目能知色，不能知聲，即以聲爲所不知也。既而目爲手足而視，腳爲耳鼻而行，雖復無心相爲，而濟彼之功成矣。故眼耳鼻舌，四肢百體，更相役用，各有司存。心之明闇，亦有限極，用其分內，終不強知。斯以其知之所知以養其知之所不知也，故得盡其天年，不橫夭折。能如是者，可謂知之盛美者也。

【釋文】「不喪」息浪反，下皆同。「或好」呼報反。下同。「不強」其兩反。◎盧文弨曰：今本書作彊。

雖然，有患❶。夫知有所待而後當❷，其所待者特未定也❸。庸詎知吾所謂天之非人乎？所謂人之非天乎❹？

❶**【注】**雖知盛，未若遺知任天之無患也。

【疏】知雖盛美，猶有患累，不若忘知而任獨也。

❷**【注】**夫知者未能無可無不可，故必有待也。若乃任天而生者，則遇物而當也。

❸**【注】**有待則無定也。

【疏】夫知必對境，非境不當。境既生滅不定，知亦待奪無常。唯當境知兩忘，能所雙絕者，方能無可無不可，然後無患也已。

❹**【注】**我生有涯，天也；心欲益之，人也。然此人之所謂耳，物無非〔天也〕①。天也者，自然者也；人皆自然，則治亂成敗，遇與不遇，非人爲也，皆自然耳。

【疏】近取諸身，遠託諸物，知能運用，無非自然。是知天之與人，理歸無二。故謂天則人，謂人則天。凡庸之流，詎曉斯旨！所言吾者，莊生自稱。此則混合人天，混同物我者也。

【釋文】「庸詎」徐其庶反。「則治」直吏反。

【校】①天也二字依世德堂本補。

且有真人而後有真知❶。何謂真人❷？古之真人，不逆寡❸，不雄成❹，不謨士❺。若然者，過而弗悔，當而不自得也❻。若然者，登高不慄，入水不濡，入火不熱。是知之能登假於道者也若此。❼

❶【注】有真人，而後天下之知皆得其真而不可亂也。

【疏】夫聖人者，誠能冥真合道，忘我遺物。懷茲聖德，然後有此真知，是以混一真人而無患累。真（知）〔人〕之狀，列在下文耳。

❷【疏】假設疑問，庶顯其旨。

❸【注】凡寡皆不逆，則所願者衆矣。

【疏】寡，少也。引古御今，崇本抑末，虛懷任物，大順羣生，假令微少，曾不逆忤者也。

❹【注】不恃其成而處物先。

【疏】爲而不恃，長而不宰，豈雄據成績，欲處物先耶！

❺【注】縱心直前而羣士自合，非謀謨以致之者也。

【疏】虛夷忘淡，士衆自歸，非關運心謀謨招致故也。

【釋文】「不謨」沒乎反。

❻【注】直自全當而無過耳，非以得失經心者也。

【疏】天時已過，曾無悔吝之心；分命偶當，不以自得爲美也。◎俞樾曰：過者，謂於事有所過失也。當者，謂行之而當也。在眾人之情，於事有所過失則悔矣，行之而當則自以爲得矣。真人不然。故曰過而弗悔，當而不自得也。正文明言過，郭注謂全當而無過，失之。

❼【注】言夫知之登至於道者，若此之遠也。理固自全，非畏死也。故真人陸行而非避濡也，遠火而非逃熱也，無過而非措當也。故雖不以熱爲熱而未嘗赴火，不以濡爲濡而未嘗蹈水，不以死爲死而未嘗喪生。故夫生者，豈生之而生哉，成者，豈成之而成哉！故任之而無不至者，真人也，豈有概意於所遇哉！

【疏】慄，懼也。濡，溼也。登，昇也。假，至也。真人達生死之不二，體安危之爲一，故能入水入火，曾不介懷，登高履危，豈復驚懼。真知之士，有此功能，昇至玄道，故得如是者也。

【釋文】「不慄」音栗。「不濡」而朱反。「登假」更百反，至也。「遠火」于萬反。「有概」古愛反。

古之真人，其寢不夢❶，其覺无憂❷，其食不甘❸，其息深深。真人之息以踵❹，眾人之息以喉。屈服者，其嗌言若哇❺。其耆欲深者，其天機淺❻。

❶【注】無意想也。

❷【注】當所遇而安也。

【疏】夢者，情意妄想也。而真人無情慮，絕思想，故雖寢寐，寂泊而不夢，以至覺悟，常適而無憂也。

【釋文】「其覺」古孝反。

❸【注】理當食耳。

【疏】混迹人間，同塵而食，不耽滋味，故不知其美。

❹【注】乃在根本中來者也。

【疏】踵，足根也。真人心性和緩，智照凝寂，至於氣息，亦復徐遲。腳踵中來，明其深靜也。

【釋文】「深深」李云：內息之貌。◎家世父曰：存息於無息之地，而後納之深，泊然寂然，無出無入，無往無來，鬱怒之所不能結，耆欲之所不能加，百骸九竅六藏，一不與為灌輸，而退而寄之於踵，乃以養息於深微博厚而寓諸無窮。「以踵」章勇反。王穆夜云：起息於踵，遍體而深。

❺【注】氣不平暢。

【疏】嗌，喉也。哇，碍也。凡俗之人，心靈馳競，言語喘息，唯出咽喉。情躁氣促，不能深靜，屈折起伏，氣不調和，咽喉之中恆如哇碍也。

【釋文】「以喉」向云：喘悸之息，以喉為節，言情欲奔競所致。「其嗌」音益。郭音厄，厄咽喉也。「若哇」獲媧反，徐胡卦反，又音絓。崔一音於佳反，結也，言咽喉之氣結礙不通也。簡文云：哇，嘔也。

❻【注】深根寧極，然後反一無欲也。

【疏】夫耽耆諸塵而情欲深重者，其天然機神淺鈍故也。若使智照深遠，豈其然乎！

【釋文】「其耆」市志反。

古之真人，不知說生，不知惡死❶；其出不訢，其入不距❷；翛然而往，翛然而來而已矣❸。不忘其所始，不求其所終❹；受①而喜之❺，忘而復之❻，是之謂不以心捐道，不以人助天。是之謂真人❼。

❶【注】與化爲體者也。

【疏】氣聚而生，生爲我時；氣散而死，死爲我順。既冥變化，故不以悅惡存懷。

【釋文】「說生」音悅。「惡死」烏路反。

❷【注】泰然而任之也。

【疏】時應出生，本無情於忻樂；時應入死，豈有意於距諱耶！

【釋文】「不訢」音欣，又音祈。「不距」本又作拒，音巨。李云：欣出則營生，距入則惡死。

❸【注】寄之至理，故往來而不難也。

【疏】翛然，無係貌也。翛然獨化，任理遨遊，雖復死往生來，曾無意戀之者也。

【釋文】「翛然」音蕭。本又作儵。徐音叔，郭與久反，李音悠。向云：翛然，自然無心而自爾之謂。郭崔云：往來不難之貌。司馬云：儵，疾貌。李同。◎盧文弨曰：舊久譌冬，今從宋本正。

❹【注】終始變化，皆忘之矣，豈直逆忘其生，而猶復探求死意也！

【疏】始，生也。終，死也。生死都遣，曾無滯著。豈直獨忘其生而偏求於死邪？終始均平，所遇斯適也。

【釋文】「猶復」扶又反。下非復同。

❺【注】不問所受者何物，遇之而無不適也。

【疏】喜所遇也。

❻【注】復之不由於識，乃至也。

【疏】反未生也。

❼【注】人生而靜，天之性也；感物而動，性之欲也。物之感人無窮，人之逐欲無節，則天理滅矣。真人知用心則背道，助天則傷生，故不爲也。

【疏】是謂者，指斥前文，總結其旨也。捐，棄也。言上來智惠忘生，可謂不用取捨之心，捐棄虛通之道；亦不用人情分別，添助自然之分。能如是者，名曰真人也。

【釋文】「捐」徐以全反。郭作揖，一入反。崔云：或作楫，所以行舟也。◎盧文弨曰：揖舊譌楫。案下方云或作楫，則此當作揖。◎俞樾曰：捐字誤。《釋文》云，郭作揖，崔云或作楫，所以行舟也，其義彌不可通。疑皆偝字之誤。偝即背字，故郭注曰，真人知用心則背道，助天則傷生。是郭所據本正作偝也。「則背」音佩。

【校】①趙諫議本受作愛。

若然者，其心志❶，其容寂❷，其顙頯❸；淒然似秋❹，煖然似春❺，喜怒通四時❻，與物有宜而莫知其極❼。

❶【注】所居而安爲志。

【疏】若如以前不捐道等心，是心懷志力而能致然也。故《老經》云，強行者有志。◎家世父曰：郭象注，所居而安爲志，應作其心志。《說文》：志，心之所之也。《商書》，若射之有志，孔疏云：如射之有志，志之所主，欲得中也。佛書性相如如，常住不遷，即此所謂其心志也。◎慶藩案《說文》無志篆，所引當出《字林》字書。

❷【注】雖行而無傷於靜。

【釋文】「容家」本亦作寂。崔本作宋。◎盧文弨曰：舊本譌家，今改正，說見前。本書作寂。

❸【注】頯，大朴之貌。

【疏】顙，額也。頯，大朴貌。夫真人降世，挺氣異凡，非直智照虛明，志力弘普，亦乃威容閒雅，相貌端嚴。日角月弦，即斯類也。

【釋文】「其顙」息黨反。崔云：額也。「頯」徐去軌反，郭苦對反，李音仇，一音逵，權也。王云：質朴無飾也。向本作魋，云：魋然，大朴貌。《廣雅》云：魋，大也。五罪反。

❹【注】殺物非爲威也。

【釋文】「淒然」七西反。

❺【注】生物非爲仁也。

【釋文】「煖然」音暄，徐況晚反。

❻【注】夫體道合變者，與寒暑同其溫嚴，而未嘗有心也。然有溫嚴之貌，生殺之節，故寄名於喜怒也。

【疏】聖人無心，有感斯應，威恩適務，寬猛逗機。同素秋之降霜，本無心於肅殺；似青春之生育，寧有意於仁惠！是以真人如雷行風動，木茂華敷，覆載合乎二儀，喜怒通乎四序。

❼【注】無心於物，故不奪物宜；無物不宜，故莫知其極。

【疏】真人應世，赴感隨時，與物交涉，必有宜便。而虛心慈愛，常善救人，量等太虛，故莫知其極。

故聖人之用兵也，亡國而不失人心❶；利澤施乎萬世，不為愛人❷。故樂通物，非聖人也❸；有親，非仁也❹；天時，非賢也❺；利害不通，非君子也❻；行名失己，非士也❼；亡身不真，非役人也❽。若狐不偕、務光、伯夷、叔齊、箕子、胥餘、紀他、申徒狄，是役人之役，適人之適，而不自適其適者也❾。

❶【疏】堯攻叢支，禹攻有扈，成湯滅夏，周武伐殷，並上合天時，下符人事。所以興動干戈，弔民問罪，雖復殄亡邦國，而不失百姓歡心故也。

【釋文】「亡國而不失人心」崔云：亡敵國而得其人心。

❷【注】因人心之所欲亡而亡之，故不失人心也。夫白日登天，六合俱照，非愛人而照之也。故

聖人之在天下，煖焉若春陽之自和，故蒙①澤者不謝；淒乎若秋霜之自降，故凋落者不怨也。

【疏】利物滋澤，事等陽春，豈直一時，乃施乎萬世。而芻狗百姓，故無偏愛之情。

❸【注】夫聖人無樂也，直莫之塞而物自通。

【疏】夫懸鏡高臺，物來斯照，不迎不送，豈有情哉！大聖應機，其義亦爾。和而不唱，非謂樂通。故知授意於物，非聖人者也。

❹【注】至仁無親，任理而自存。

【疏】至仁無親，親則非至仁也。

❺【注】時天者，未若忘時而自合之賢也。

【疏】占玄象之虧盈，候天時之去就，此乃小智，豈是大賢者也！

❻【注】不能一是非之塗而就利違害，則傷德而累當矣。

【疏】未能一窮通，均利害，而擇情榮辱，封執是非者，身且不能自達，焉能君子人物乎！

❼【注】善爲士者，遺名而自得，故名當其實而福應其身。

【疏】矯行求名，失其己性，此乃流俗之人，非爲道之士。

【釋文】「行名」下孟反。「福應」應對之應。

❽【注】自失其性而矯以從物，受役多矣，安能役人乎！

【疏】夫矯行喪真，求名亡己，斯乃受人驅役，焉能役人哉！

❾【注】斯皆舍己效②人，徇彼傷我者也。

【疏】姓狐，字不偕，古之賢人，又云，堯時賢人，不受堯讓，投河而死。務光，黃帝時人，身長七尺。又云：夏時人，餌藥養性，好鼓琴，湯讓天下不受，自負石沈於廬水。伯夷叔齊，遼西孤竹君之二子，神農之裔，姓姜氏。父死，兄弟相讓，不肯嗣位，聞西伯有道，試往觀焉。逢文王崩，武王伐紂，夷齊扣馬而諫，武王不從，遂隱於河東首陽山，不食其粟，卒餓而死。箕子，殷紂賢臣，諫紂不從，遂遭奴戮。胥餘者，箕子名也。又解：是楚大夫伍奢之子，名員，字子胥，吳王夫差之臣，忠諫不從，抉眼而死，屍沈於江。紀他者，姓紀，名他，湯時逸人也；聞湯讓務光，恐及乎己，遂將弟子陷於窾水而死。申徒狄聞之，因以踣河。此數子者，皆矯情偽行，亢志立名，分外波蕩，遂至於此。自餓自沈，促齡夭命，而芳名令譽，傳諸史籍。斯乃被他驅使，何能役人！悅樂眾人之耳目，焉能自適其情性耶！

【釋文】「狐不偕」司馬云：古賢人也。「務光」皇甫謐云：黃帝時人，耳長七寸。「伯夷叔齊」孤竹君之二子。「箕子胥餘」司馬云：胥餘，箕子名也，見《尸子》。崔同。又云：尸子曰：箕子胥餘，漆身為厲，被髮佯狂。或云：尸子曰：比干也，胥餘其名。◎慶藩案《書微子正義》、僖十五年《左傳正義》、《論語》十八《正義》，並引司馬云：箕子，名胥餘。與《釋文》異。「紀他」徒何反。「申徒狄」殷時人，負石自沈於河。崔本作司徒狄。「皆舍」音捨。下同。

【校】①世德堂本脫蒙字。②世德堂本效作殉。

古之真人，其狀義而不朋❶，若不足而不承❷；與乎其觚而不堅也❸，張乎其虛而不華也❹；邴邴乎其似喜乎①❺！崔乎其不得已乎②❻！滀乎進我色也❼，與乎止我德也❽；厲乎其似世乎③❾！謷乎其未可制也❿；連乎其似好閉也⓫，悗乎忘其言也⓬。以刑為體⓭，以禮為翼⓮，以知為時⓯，以德為循⓰。以刑為體者，綽乎其殺也⓱；以禮為翼者，所以行於世也⓲；以知為時者，不得已於事也⓳；以德為循者，言其與有足者至於丘也⓴；而人真以為勤行者也㉑。故其好之也一，其弗好之也一㉒。其一也一，其不一也一㉓。其一與天為徒㉔，其不一與人為徒㉕。天與人不相勝也，是之謂真人㉖。

❶【注】與物同宜而非朋黨。

【疏】狀，迹也。義，宜也。降迹同世，隨物所宜，而虛己均平，曾無偏黨也。◎俞樾曰：郭注訓義爲宜，朋爲黨，望文生訓，殊爲失之。此言其狀，豈言其德乎？義當讀爲峨，峨與義並從我聲，故得通用。《天道篇》而狀義然，義然即峨然也。朋讀爲崩。《易・復象辭》朋來无咎，《漢書・五行志》引作崩來无咎，是也。其狀峨而不崩者，言其狀峨然高大而不崩壞也。《廣雅釋詁》：峨，高也；《釋訓》：峨峨，高也。高與大，義相近，故《文選・西京賦》神山峨峨，薛綜注曰：峨峨，高大也。《天道篇》義然，即可以此說之。郭不知義爲峨之叚字，於此文則訓爲宜，於彼文則曰踶跂自持之貌，皆就本字爲說，失之。

❷【注】沖虛無餘，如不足也；下之而無不上，若不足而不承也。

【疏】韜晦沖虛，獨如神智不足；率性而動，（汎）〔汎〕然自得，故無所稟承者也。

【釋文】「不承」如字。李云：迎也。又音拯。「不上」時掌反。

❸【注】常遊於獨而非固守。

【疏】觚，獨也。堅，固也。彷徨放任，容與自得，遨遊獨化之場而不固執之。

【釋文】「與乎」如字，又音豫，同云：疑貌。◎盧文弨曰：同當是向字之誤。「其觚」音孤。王云：觚，特立羣也。崔云：觚，棱也。◎俞樾曰：郭《注》曰，常遊於獨而非固守，是讀觚於孤，然與不堅之義殊不相應。《釋文》引崔云，觚，棱也，亦與不堅之義不應。殆皆非也。《養生主篇》技經肯綮之未嘗，而況大軱乎，《釋文》引崔云：不槃結骨。疑此觚字即彼軱字。骨之槃結，是至堅者也；軱而不堅，是謂真人。崔不知觚軱之同字，故前後異訓耳。◎李楨曰：與乎其觚與張乎其虛對文，觚字太不倫。據注疏，觚訓獨。《釋文》引王云：觚，特立不倚也。並是孤字之義。知所據本必皆作孤，觚是叚借。《爾雅・釋地》觚竹北戶，《釋文》云：本又作孤。此觚孤互通之證。孤特者率方而有棱，故其字亦可借觚為之。與乎二字，與下與乎止我德也複，疑此誤。注云常遊於獨，就遊字義求之，或元是趣字，抑或是趣字。《說文》：趣，安行也。趣，趣步趣趣也。並與遊義合。

❹【注】曠然無懷，乃至於實。

【疏】張，廣大貌也。靈府寬閒，與虛空等量，而智德真實，故不浮華。

❺【注】至人無喜，暢然和適，故似喜也。

【疏】邴邴，喜貌也。隨變任化，所遇斯適，實忘喜怒，故云似喜者也。

【釋文】「邴邴」徐音丙，郭甫杏反。向云：喜貌。簡文云：明貌。

❻【注】動靜行止，常居必然之極。

【疏】崔，動也。已，止也。真人凝寂，應物無方，迫而後動，非關先唱故，不得已而應之者也。

【釋文】「崔乎」（于）〔千〕罪反，徐息罪反。郭且雷反。向云：動貌。簡文云：速貌。

❼【注】不以物傷己也。

【疏】滀，聚也。進益也。心同止水，故能滀聚羣生。是以應而無情，惠而不費，適我益我，神色終無減損者也。

【釋文】「滀乎」本又作傗，勑六反。司馬云：色憒起貌。王云：富有德充也。簡文云：聚也。

❽【注】無所趨也。

【疏】雖復應動隨世，接物逗機，而恆容與無爲，作於真德，所謂動而常寂者也。

❾【注】至人無厲，與世同行，故若厲也。

【疏】厲，危也。真人一於安危，冥於禍福，而和光同世，亦似厲乎。如孔子之困匡人，文王之拘羑里，雖遭危厄，不廢無爲之事也。

【釋文】「厲乎」如字。崔本作廣，云：苞羅者廣也。◎俞樾曰：郭注殊不可通。且如注意，當云世乎其似厲，不當反言其似世也。今案世乃泰之叚字。《荀子・榮辱篇》橋泄者人之殃也，劉氏台拱《補注》曰：橋泄即驕泰之異文。《荀子》他篇或作汏，或作忕，或作泰，皆同。漏泄之泄，古多與外大害敗為韻，亦讀如泰也。又引《賈子》簡泄不可以得士為證。然則以世為泰，猶以泄為泰也。猛厲與驕泰，其義相應。《釋文》曰，厲，崔本作廣，廣大亦與泰義相應，泰亦大也。若以本字讀之，而曰似世，則皆不可通矣。◎慶藩案厲當從崔本作廣者是。郭注訓與世同行，則有廣大之義。然既曰無厲，又曰若厲，殊失解義。經傳中厲廣二字，往往而混。如《禮・月令》天子乃厲飾，《淮南・時則篇》作廣飾。《史記・平津侯傳》厲賢予祿，徐廣曰：厲亦作廣。《儒林傳》以廣賢材，《漢書》廣作厲。《漢書・地理志》齊郡廣，《說文・水部》注廣譌為厲。皆其證。◎又案俞氏云世為泰之叚字，是也。古無泰字，其字作大。大世二字，古音義同，得通用也。《禮・曲禮》不敢與世子同名，注：世，或為大。《春秋》文三十年大室屋壞，《公羊》作世室。衛太叔儀，《公羊》作世叔儀。宋樂大心，《公羊》〔作〕樂世心。鄭子大叔，《論語》作世叔。皆其證。

⑩【注】高放而自得。

【疏】聖德廣大，謷然高遠，超於世表，故不可禁制也。

【釋文】「謷乎」五羔反，徐五到反。司馬云：志遠貌。王云：高邁於俗也。

⑪【注】綿邈深遠，莫見其門。

【疏】連，長也。聖德遐長，連綿難測。心知路絕，孰見其門，昏默音聲，似如關閉，不聞見人也。

【釋文】「連乎」如字。李云：連，綿長貌。崔云：蹇連也，音輦。「似好」呼報反，下皆同。

⑫【注】不識不知而天機自發，故悗然也。

【疏】悗，無心貌也。放任安排，無爲虛淡，得玄珠於赤水，所以忘言。自此以前，歷顯真人自利利他內外德行。從此以下，明真人利物爲政之方也。

【釋文】「悗乎」亡本反。字或作免。李云：無匹貌。王云：廢忘也。崔云：婉順也。

⑬【注】刑者，治之體，非我爲。

【釋文】「治之」直吏反。

⑭【注】禮者，世之所以自行耳，非我制。

【疏】用刑法爲治，政之體本；以體樂爲御，物之羽儀。

⑮【注】知者，時之動，非我唱。

⑯【注】德者，自彼所循，非我作。

【疏】循，順也。用智照機，不失時候；以德接物，俯順物情。以前略標，此以下解釋也。

【釋文】「為循」本亦作脩，兩得。◎俞樾曰：陸氏以為兩得，非。下文與有足者至于丘也，自〔以〕作循為是。《說文》：循，順行也。若作脩則無義矣。◎慶藩案作〔脩〕〔循〕是也。《廣雅》：循，述也。《詩・邶風傳》：述，循也。隸書循脩字易混。《易・繫辭》損德之脩也，《釋文》：馬作循。《晉語》矇瞍脩聲，《王制正義》作循聲。《史記・商君傳》湯武不循古而王，《索隱》：《商君書》作脩古。《管子・九守篇》循名而督實，今本譌作脩。皆其例。

⑰【注】任治之自殺，故雖殺而寬。

【疏】綽，寬也。所以用刑法爲治體者，以殺止殺，殺一懲萬，故雖殺而寬簡。是以惠者民之讎，法者民之父。

【釋文】「綽乎」昌略反。崔本作淖。

⑱【注】順世之所行，故無不行。

【疏】禮雖忠信之薄，而爲御世之首，故不學禮無以立，非禮勿動，非禮勿言，人而無禮，胡不遄死。是故禮之於治，要哉！羽翼人倫，所以大行於世者也。

⑲【注】夫高下相受，不可逆之流也；小大相羣④，不得已之勢也；曠然無情，羣知之府也。承百流之會，居師人之極者，奚爲哉？任時世之知，委必然之事，付之天下而已。

【疏】隨機感以接物，運至知以應時，理無可視聽之色聲，事有不得已之形勢。故爲宗師者，曠然無懷，付之羣智，居必然之會，乘之以游者也。

⑳【注】丘者，所以本也；以性言之，則性之本也。夫物各有足，足於本也。付羣德之自循，斯與有足者至於本也，本至而理盡矣。

【疏】丘，本也。以德接物，順物之性，性各有分，止分而足。順其本性，故至於丘也。◎家世父曰：孔安國云，九州之志，謂之《九丘》，《莊子・則陽篇》亦云丘里之言，是凡所居曰丘，顓頊遺墟，謂之帝丘。有足而能行，終必反其所居。循禮者，若所居之安，有足而必至也。

㉑【注】凡此皆自彼而成，成之不在己，則雖處萬機之極，而常閒暇自適，忽然不覺事之經身，悗然不識言之在口。而人之大迷，真謂至人之爲勤行者也。

【疏】夫至人者，動若行雲，止若谷神，境智洞忘，虛心玄應，豈有懷於爲物，情係於拯救者乎！而凡俗之人，觸塗封執，見舟航庶品，亭毒羣生，實謂聖人勤行不怠。詎知汾水之上，凝淡窅然？故〔前〕文云孰肯以物爲事也。

【釋文】「常閒」音閑。

㉒【注】常無心而順彼，故好與不好，所善所惡，與彼無二也。

【疏】既忘懷於美惡，亦遣蕩於愛憎。故好與弗好，出自凡情，而聖智虛融，未嘗不一。

㉓【注】其一也，天徒也；其不一也，人徒也。夫真人同天人，均彼我，不以其一異乎不一。

【疏】其一，聖智也；其不一，凡情也。既而凡聖不二，故不一皆一之也。

㉔【注】無有而不一者，天也。

㉕【注】彼彼而我我者，人也。

【疏】同天人，齊萬致，與玄天而爲類也。彼彼而我我，將凡庶而爲徒也。

㉖【注】夫真人同天人，齊萬致。萬致不相非，天人不相勝，故曠然無不一，冥然無不在⑤，而玄同彼我也。

【疏】雖復天無彼我，人有是非，確然論之，咸歸空寂。若使天勝人劣，豈謂齊乎！此又混一天人，冥同勝負。體此趣者，可謂真人者也。

【校】①《闕誤》引文如海成玄瑛張君房本喜乎作喜也。②又引文成張本重崔字，已乎作已也。③又世乎作世也。④趙諫議本羣作君。⑤宋本在作任。

死生，命也，其有夜旦之常，天也❶。人之有所不得與，皆物之情也❷。彼特

以天為父，而身猶愛之，而況其卓乎❸！人特以有君為愈乎己，而身猶死之，而況其真乎❹！

❶【注】其有晝夜之常，天之道也。故知死生者命之極，非妄然也，若夜旦耳，奚所係哉！

【疏】夫旦明夜闇，天之常道；死生來去，人之分命。天不能無晝夜，人焉能無死生。故任變隨流，我將於何係哉！

【釋文】「夜旦」如字。崔本作靼，音怛。

❷【注】夫真人在晝得晝，在夜得夜。以死生爲晝夜，豈有所不得！人之有所不得而憂娛在懷，皆物情耳，非理也。

【疏】夫死生晝夜，人天常道，未始非我，何所係哉！而流俗之徒，逆於造化，不能安時處順，與變俱往，而欣生惡死，哀樂存懷。斯乃凡物之滯情，豈是真人之通智也！

❸【注】卓者，獨化之謂也。夫相因之功，莫若獨化之至也。故人之所因者，天也；天之所生者，獨化也。人皆以天爲父，故晝夜之變，寒暑之節，猶不敢惡，隨天安之。況乎卓爾獨化，至於玄冥之境，又安得而不任之哉！既任之，則死生變化，惟命之從也。

【疏】卓者，獨化之謂也。彼之衆人，稟氣蒼旻，而獨以天爲父，身猶愛而重之，至於晝夜寒溫，不能返逆。況乎至道窈冥之鄉，獨化自然之竟，生天生地，開闢陰陽，適可安而任之，何得拒而不順也！

【釋文】「其卓」中學反。◎慶藩案卓之言超也，絕也，獨也。字同趠，《廣雅》，趠絕。一作逴，

《玉篇》：敕角切，蹇也。蹇者獨任一足，故謂之逴。李善《西都賦注》：逴躒，猶超絕也。《匡謬正俗》：逴者，謂超踰不依次第。又作踔。《漢書・河間獻王傳》踔爾不羣，《說苑・君道篇》踔然獨立。依《說文》當作䵵。《禾部》：䵵，特止。徐鍇〔曰〕：特止，卓止也。卓䵵逴踔䵵，古同聲通用。「敢惡」烏路反。「之竟」音境。

❹【注】夫真者，不假於物而自然也。夫自然之不可避，豈直君命而已哉！

【疏】愈，猶勝也。其真則向之獨化者也。人獨以君王爲勝己尊貴，尚殞身致命，不敢有避，而況玄道至極，自然之理，欲不從順，其可得乎！安排委化，固其宜矣。

泉涸，魚相與處於陸，相呴以濕，相濡①以沫，不如相忘於江湖❶。與其譽堯而非桀也，不如兩忘而化其道❷。夫大塊載我以形，勞我以生，佚我以老，息我以死❸。故善吾生者，乃所以善吾死也❹。

❶【注】與其不足而相愛，豈若有餘而相忘！

【疏】此起譬也。江湖浩瀚，游泳自在，各足深水，無復往還，彼此相忘，恩情斷絕。洎乎泉源旱涸，鱣鮪困苦，共處陸地，頳尾曝腮。於是吐沫相濡，呴氣相濕，恩愛往來，更相親附，比之江湖，去之遠矣。亦猶大道之世，物各逍遙，雞犬聲聞，不相來往。淳風既散，澆浪漸興，從理生教，聖迹斯起；矜蹩躠以爲仁，踶跂以爲義，父子兄弟，懷情相欺。聖人羞之，良有以也。故知魚失水所以呴濡，人喪道所以親愛之者也。

【釋文】「泉涸」戶各反，郭戶格反。《爾雅》云：竭也。「相呴」況于況付二反。「相濡」本又作濡，音儒，或一音如戌反。「以沫」音末。「相忘」音亡。下同。

❷【注】夫非譽皆生於不足。故至足者，忘善惡，遺死生，與變化爲一，曠然無不適矣，又安知堯桀之所在耶！

【疏】此合喻。夫唐堯聖君，夏桀庸主，故譽堯善而非桀惡，祖述堯舜以勗將來，仁義之興，自茲爲本也。豈若無善無惡，善惡兩忘；不是不非，是非雙遣！然後出生入死，隨變化而遨遊；莫往莫來，履玄道而自得；豈與夫呴濡聖跡，同年而語哉！

【釋文】「譽堯」音餘。注同。

❸【注】夫形生老死，皆我也。故形爲我載，生爲我勞，老爲我佚，死爲我息，四者雖變，未始非我，我奚惜哉！

【疏】大塊者，自然也。夫形是構造之物，生是誕育之始，老是耆艾之年，死是氣散之日。但運載有形，生必勞苦；老既無能，暫時閒逸；死滅還無，理歸停憩；四者雖變而未始非我，而我坦然何所惜耶！

【釋文】「大塊」苦怪反，又苦對反，徐胡罪反。◎慶藩案《文選》郭景純《江賦注》引司馬云：大塊，自然也。《釋文》闕。「佚我」音逸。

❹【注】死與生，皆命也。無善則死，有善則生，不獨善也。故若以吾生爲善乎？則吾死亦善也。

【疏】夫形生老死，皆我也。故以善吾生爲善者，吾死亦可以爲善矣。

【校】①趙諫議本作濡。

夫藏舟於壑，藏山於澤，謂之固矣❶。然而夜半有力者負之而走，昧者不知也❷。藏小大有宜，猶有所遯❸。若夫藏天下於天下而不得所遯，是恆物之大情也❹。特犯人之形而猶喜之。若人之形者，萬化而未始有極也❺，其為樂可勝計邪❻！故聖人將遊於物之所不得遯而皆存❼。善妖①善老，善始善終，人猶效之❽，又況萬物之所係，而一化之所待乎❾！

❶【注】方言死生變化之不可逃，故先舉無逃之極，然後明之以必變之符，將任化而無係也。

【釋文】「於壑」火各反。

❷【注】夫無力之力，莫大於變化者也；故乃揭天地以趨新，負山岳以舍故。故不暫停，忽已涉新，則天地萬物無時而不移也。世皆新矣，而自以爲故；舟日易矣，而視之若舊；山日更矣，而視之若前。今交一臂而失之，皆在冥中去矣。故向者之我，非復今我也。我與今俱往，豈常守故哉②！而世莫之覺，橫謂今之所遇可係而在，豈不昧哉！

【疏】夜半闇冥，以譬真理玄邃也。有力者，造化也。夫藏舟船於海壑，正合其宜；隱山岳於澤中，謂之得所。然而造化之力，擔負而趨；變故日新，驟如逝水。凡惑之徒，心靈愚昧，真謂山舟牢固，不動歸然。豈知冥中貿遷，無時暫息。昨我今我，其義亦然也。◎俞樾曰：山非可藏於澤，且亦非有力者所能負之而走，其義難通。山，疑當讀爲汕。《爾雅·釋器》，罺謂之汕。《詩南有嘉魚篇毛傳》曰：汕，汕樔也，《箋》云：今之撩罟也。藏舟藏汕，疑皆以漁者言，恐爲人所竊，故藏之，乃世俗常有之事，故《莊子》以爲喻耳。◎家世父曰：壑可以藏舟，澤之大可以藏山。然而大化之運行無窮，舉天地萬物，日夜推移，以舍故而即新，而未稍有止息。水負舟而立，水移即舟移矣；氣負山而行，氣運即山運矣。夜半者，惟行於無象無兆之中，而人莫之見也。◎慶藩案《文選》江文通《雜禮詩注》引司馬云：舟，水物；山，陸居者。藏之壑澤，非人意所求，謂之固；有力者或能取之。《釋文》闕。

【釋文】「乃揭」其列其謁二反。

❸【注】不知與化爲體，而思藏之使不化，則雖至深至固，各得其所宜，而無以禁其日變也。故夫藏而有之者，不能止其遯也；無藏而任化者，變不能變也。

【疏】遁，變化也。藏舟於壑，藏山於澤，此藏大也；藏人於室，藏物於器，此藏小也。然小大雖異而藏皆得宜，猶念念遷流，新新移改。是知變化之道，無處可逃也。

❹【注】無所藏而都任之，則與物無不冥，與化無不一。故無外無內，無死無生，體天地而合變化，索所遯而不得矣。此乃常存之大情，非一曲之小意。

【疏】恆，常也。夫藏天下於天下者，豈藏之哉？蓋無所藏也。故能一死生，冥變化，放縱寰宇之中，乘造物以遨遊者，斯藏天下於天下也。既變所不能變，何所遯之有哉！此乃體凝寂之人物，達大道之真情，豈流俗之迷徒，運人間之小智耶！

【釋文】「索所」所百反。

❺【注】人形乃③是萬化之一遇耳，未足獨喜也。無極之中，所遇者皆若人耳，豈特人形可喜而餘物無樂耶！◎慶藩案《文選》賈長沙〈《鵩》〉〔鵩〕④《鳥賦注》引司馬云：當復化而爲無。《釋文》闕。

【釋文】「無樂」音洛。下及注同。

❻【注】本非人而化爲人，化爲人，失於故矣。失故而喜，喜所遇也。變化無窮，何所不遇！所遇而樂，樂豈有極乎！

【疏】特，獨也。犯，遇也。夫大治洪鑪，陶鑄羣品，獨遇人形，遂以爲樂。如人形者，其貌類無窮，所遇即喜，喜亦何極！是以唯形與喜，不可勝計。

【釋文】「可勝」音升。

❼【注】夫聖人遊於變化之塗，放於日新之流，萬物萬化，亦與之萬化，化者無極，亦與之無極，誰得遯之哉！夫於生爲亡而於死爲存，則何時而非存哉！

【疏】夫物不得遯者，自然也，孰能逃於自然之道乎！是故聖人遊心變化之塗，放任日新之境，未始非我，何往不存耶！

❽【注】此自均於百年之內，不善少而否老，未能體變化，齊死生也。然其平粹，猶足以師人也。

【釋文】「善妖」崔本作狡，同。古卯反。本又作夭，於表反。簡文於橋反，云：異也。◎盧文弨曰：今本作夭。◎慶藩案妖字，正作夭。夭妖古通用。《史記·周本紀》後宮童妾所棄妖子，徐廣曰：妖，一作夭。崔氏作狡，非也。「善少」詩照反。「否老」音鄙。本亦作鄙。「平粹」雖遂反。

❾【注】此玄同萬物而與化爲體，故其爲天下之所宗也，不亦宜乎！

【疏】係，屬也。夫人之識性，明暗不同。自有百年之中，一生之內，從容平淡，鮮有欣感，至於壽夭老少，都不介懷。雖未能忘生死，但復無嫌惡，猶足以爲物師傅，人放效之。而況混同萬物，冥一變化。屬在至人，必資聖知，爲物宗匠，不亦宜乎！

【校】①世德堂本妖作夭，《闕誤》引張君房本作少。②趙諫議本無哉字。③趙本乃作方。④鵬字依《文選》改。

夫道，有情有信，无為无形❶；可傳而不可受❷，可得而不可見❸；自本自根，未有天地，自古以固存❹；神鬼神帝，生天生地❺；在太極之先而不為高，在六極之下而不為深，先天地生而不為久，長於上古而不為①老❻。狶韋氏得之，以挈天地❼；伏戲氏得之，以襲氣母❽；維斗得之，終古不忒❾；日月得之，終古不息❿；堪坏得之，以襲崐崙⓫；馮夷得之，以遊大川⓬；肩吾得之，以處大山⓭；黃帝得之，以登雲天⓮；顓頊得之，以處玄宮⓯；禺強得之，立乎北極⓰；西王母得之，坐乎少廣，莫知其始，莫知其終⓱；彭祖得之，上及有虞，下及五伯⓲；傅說得之，以相武丁，奄有天下，乘東維，騎箕尾，而比於列星⓳。

❶【注】有無情之情，故無爲也；有無常之信，故無形也。

【疏】明鑒洞照，有情也。趣機若響，有信也。恬淡寂寞，無爲也。視之不見，無形也。

❷【注】古今傳而宅之，莫能受而有之。

【釋文】「可傳」直專反。注同。

❸【注】咸得自容，而莫見其狀。

【疏】寄言詮理，可傳也。體非量數，不可受也。方寸獨悟，可得也。離於形色，不可見也。

❹【注】明無不待有而無也。

【疏】自，從也。存，有也。虛通至道，無始無終。從（本）〔古〕②以來，未有天地，五氣未兆，大道存焉。故《老經》云有物混成，先天地生；又云迎之不見其首，隨之不見其後者也。

❺【注】無也，豈能生神哉？不神鬼帝而鬼帝自神，斯乃不神之神也；不生天地而天地自生，斯乃不生之生也。故夫神③之果不足以神，而不神則神矣，功何足有，事何足恃哉！

【疏】言大道能神於鬼靈，神於天帝，開明三景，生立二儀，至無之力，有茲功用。斯乃不神而神，不生而生，非神之而神，生之而生者也。故《老經》云天得一以清，神得一以靈也。

❻【注】言道之無所不在也，故在高爲無高，在深爲無深，在久爲無久，在老爲無老，無所不在，而所在皆無也。且上下無不格者，不得以高卑稱也；外內無不至者，不得以表裏名也；與化俱移者，不得言久也；終始常無者，不可謂老也。

【疏】太極，五氣也。六極，六合也。且道在五氣之上，不爲高遠；在六合之下，不爲深邃；

先天地生，不爲長久；長於贠古，不爲耆艾。言非高非深，非久非老，故道無不在而所在皆無者也。

【釋文】「在大極」音泰。「之先」一本作之先未，崔本同。◎盧文弨曰：今本作一本作先之，無未字。「先天」悉薦反。「長於」丁丈反。「稱也」尺證反。

❼【疏】狶韋氏，文字已前遠古帝王號也。得靈通之道，故能驅馭羣品，提挈二儀。又作契字者，契，合也，言能混同萬物，符合二儀者也。

【釋文】「狶韋氏」許豈反，郭褚伊反。李音豕。司馬云：上古帝王名。「以挈」徐苦結反，郭苦係反。司馬云：要也，得天地要也。崔云：成也。

❽【疏】伏戲，三皇也，能伏牛乘馬，養伏犧牲，故謂之伏犧也。襲，合也。氣母者，元氣之母，應道也。爲得至道，故能畫八卦，演六爻，調陰陽，合元氣也。

【釋文】「伏戲」音羲。崔本作伏戲氏。「以襲氣母」司馬云：襲，入也。氣母，元氣之母也。崔云：取元氣之本。

❾【疏】維斗，北斗也，爲眾星綱維，故謂之維斗。忒，差也。古，始也。得於至道，故歷於終始，維持天地，心無差忒。

【釋文】「維斗」李云：北斗，所以為天下綱維。◎盧文弨曰：今本天下作天之。「終古」崔云：終古，久也。鄭玄注《周禮》云：終古，猶言常也。「不忒」它得反，差也。崔本作代。

❿【疏】日月光證於一道，故得終始照臨，竟無休息者也。

⑪【疏】崑崙，山名也，在北海之北。堪坏，崑崙山神名也。襲，入也。堪坏人面獸身，得道入崑崙山爲神也。

【釋文】「堪坏」徐扶眉反，郭孚杯反。崔作邳。司馬云：堪坏，神名，人面獸形。《淮南》作欽負。「崑崙」崑，或作岷，同。音昆。下力門反。崑崙，山名。

⑫【疏】姓馮，名夷，弘農華陰潼鄉堤首里人也，服八石，得水仙。大川，黄河也。天帝錫馮夷爲河伯，故游處盟津大川之中也。

【釋文】「馮夷」司馬云：《清泠傳》曰：馮夷，華陰潼鄉堤首人也。服八石，得水仙，是為河伯。一云以八月庚子浴於河而溺死，一云渡河溺死。「大川」河也。崔本作泰川。

⑬【疏】肩吾，神名也。得道，故處東岳爲太山之神。

【釋文】「肩吾」司馬云：山神，不死，至孔子時。「大山」音泰，又如字。

⑭【疏】黄帝，軒轅也。採首山之銅，鑄鼎於荆山之下，鼎成，有龍垂於鼎以迎帝，帝遂將羣臣及後宮七十二人，白日乘雲駕龍，以登上天，仙化而去。

【釋文】「黄帝」崔云：得道而上天也。

⑮【疏】顓頊，(皇)〔黄〕帝之孫，即帝高陽也，亦曰玄帝。年十二而冠，十五佐少昊，二十即位。採羽山之銅爲鼎，能召四海之神，有靈異。年九十七崩，得道，爲北方之帝。玄者，北方之色，故處於玄宫也。

【釋文】「顓頊」音專。下許玉反。「玄宫」李云，顓頊，帝高陽氏。玄宫，北方宫也。《月令》

曰：其帝顓頊，其神玄冥。

⑯【疏】禺強，水神名也，亦曰禺京。人面鳥身，乘龍而行，與顓頊並軒轅之胤也。雖復得道，不居帝位而爲水神。水位北方，故位號北極也。

【釋文】「禺強」音虞，郭語龍反。司馬云：《山海經》曰：北海之渚有神，人面鳥身，珥兩青蛇，踐兩赤蛇，名禺強。崔曰：《大荒經》曰：北海之神，名曰禺強，靈龜為之使。《歸藏》曰：昔穆王子筮卦於禺強。案《海外經》云：北方禺強，黑身手足，乘兩龍。郭璞以為水神，人面鳥身。簡文云：北海神也，一名禺京，是黃帝之孫也。

⑰【疏】少廣，西極山名也。王母，太陰之精也，豹尾，虎齒，善笑。舜時，王母遣使獻玉環，漢武帝時，獻青桃。顏容若十六七女子，甚端正，常坐西方少廣之山，不復生死，故莫知始終也。

【釋文】「西王母」《山海經》云：狀如人，狗尾，蓬頭，戴勝，善嘯，居海水之涯。《漢武內傳》云：西王母與上元夫人降帝，美容貌，神仙人也。「少廣」司馬云：穴名。崔云：山名。或云，西方空界之名。

⑱【疏】彭祖，帝顓頊之玄孫也。封於彭城，其道可祖，故稱彭祖，善養性，得道者也。五伯者，昆吾爲夏伯，大彭豕韋爲殷伯，齊桓晉文爲周伯，合爲五伯。而彭祖得道，所以長年，上至有虞，下及殷周，凡八百年也。

【釋文】「彭祖」解見《逍遙篇》。崔云：壽七百歲。或以為仙，不死。「五伯」如字。又音霸。崔李云：夏伯昆吾，殷大彭豕韋，周齊桓晉文。

⑲【注】道，無能也。此言得之於道，乃所以明其自得耳。自得耳，道不能使之得也；我之未得，又不能爲得也。然則凡得之者，外不資於道，內不由於己，掘然自得而獨化也。夫生之難也，猶獨化而自得之矣，既得其生，又何患於生之不得而爲之哉！故夫④爲生果不足以全生，以其生之不由於己爲也，而爲之則傷其真生也。

【疏】武丁，殷王名也，號曰高宗。高宗夢得傅說，使求之天下，於陝州河北縣傅（嚴）〔巖〕板築之所而得之，相於武丁，奄然清泰。傅說，星精也。而傅說一星在箕尾上，然箕尾則是二十八宿之數，維持東方，故言乘東維、騎箕尾；而與角亢等星比並行列，故言比於列星也。

【釋文】「傅說」音悅。「得之以相」息亮反。「武丁奄有天下乘東維騎箕尾而比於列星」司馬云：傅說，殷相也。武丁，殷王高宗也。東維，箕斗之間，天漢津之東維也。《星經》曰：傅說一星在尾上，言其乘東維，騎箕尾之間也。崔云：傅說死，其精神乘東維，託龍尾，乃列宿。今尾上有傅說星。崔本此下更有其生無父母，死登假三年而形遯，此言神之無能名者也，凡二十二字。「掘然」其勿反。

【校】①世德堂本無爲字。②古字依正文改。③世德堂本神作人。④世德堂本無夫字。

南伯子葵問乎女偊曰：「子之年長矣，而色若（鴐）〔孺〕子，何也❶？」

❶【疏】葵當爲綦字之誤，猶《人間世篇》中南郭子綦也。女偊，古之懷道人也。孺子，猶稚子也。女偊久聞至道，故能攝衛養生，年雖老，猶有童顏之色，駐彩之狀。既異凡人，是故子葵問其何以致此也。

【釋文】「南伯子葵」李云：葵當為綦，聲之誤也。「女偊」徐音禹，李音矩。一云，是婦人也。「年長」張丈反。◎盧文弨曰：今本作丁丈反，與前後同。「孺子」本亦作孺，如喻反。李云：弱子也。◎盧文弨曰：今本作孺，是正體。

曰：「吾聞道矣❶。」

❶【注】聞道則任其自生，故氣色全也。
【疏】答云：聞道故得全生，是以反少還童，色如稚子。

南伯子葵曰：「道①可得學邪❶？」

❶【疏】覩者容色，既異常人，心懷景慕，故詢其方術也。

曰：「惡！惡可！子非其人也❶。夫卜梁倚有聖人之才而无聖人之道，我有聖人之道而无聖人之才❷，吾欲以教之，庶幾其果為聖人乎！不然，以聖人之道告聖人之才，亦易矣。吾猶守而告之❸，參日而後能外天下❹；已外天下矣，吾又守之，七日而後能外物❺；已外物矣，吾又守之，九日而後能外生❻；已外生矣，而後能朝徹❼；朝徹，而後能見獨❽；見獨，而後能无古今❾；无古今，而後能入於不死不生❿。殺①生者不死，生生者不生⓫。其為物，無不將也⓬，無不迎也⓭；無不毀也⓮，無不成也⓯。其名為攖寧⓰。攖寧也者，攖而後成者也⓱。」

❶【疏】惡惡可，言不可也。女偊心神內靜，形色外彰。子葵見（有）〔其〕容貌，欣然請學。嫌其所問，故抑之謂非其人也。

【釋文】「惡惡可」並音烏。下惡乎同。

❷【疏】卜梁，姬姓也，倚，名也。虛心凝淡爲道，智用明敏爲才。音梁有外用之才而無內凝之道，女偊有虛淡之道而無明敏之才，各滯一邊，未爲通美。然以才方道，才劣道勝也。

【釋文】「卜梁倚」魚綺反，又其綺反。李云：卜梁，姓；倚，名。

❸【疏】庶，慕也。幾，近也。果，決也。夫上士聞道，猶藉勤行，若不勤行，道無由致。是故雖蒙教誨，必須修學，慕近玄道，決成聖人。若其不然，告示甚易，爲須修守，所以成難。然女偊久聞至道，內心凝寂，今欲傳告，猶自守之。況在初學，無容懈怠，假令口說耳聞，蓋亦何益。是以非知之難，行之難也。

【釋文】「亦易」以豉反。

❹【注】外，猶遺也。

【疏】外，遺忘也。夫爲師不易，傳道極難。方欲教人，故凝神靜慮，修而守之，凡經三日。心既虛寂，萬境皆空，是以天下地上，悉皆非有也。

❺【注】物者，朝夕所須，切己難忘。

【釋文】「參日」音三。

【疏】天下萬境疏遠，所以易忘；資身之物親近，所以難遺。守經七日，然後遺之。故郭注云，物者朝夕所須，切己難忘者也。

❻【注】都遺也。

【疏】隳體離形，坐忘我喪，運心既久，遺遺漸深也。

❼【注】遺生則不惡死，不惡死故所遇即安，豁然無滯，見機而作，斯朝徹也。

【疏】朝，旦也。徹，明也。死生一觀，物我兼忘，惠照豁然，如朝陽初啓，故謂之朝徹也。

【釋文】「能朝」如字。李除遙反。下同。「徹」如字。郭司馬云：朝，旦也。徹，達妙之道。李云：夫能洞照，不崇朝而遠徹也。「不惡」烏路反。下同。「豁然」喚活反。

❽【注】當所遇而安之，忘先後之所接，斯見獨者也。

【疏】夫至道凝然，妙絕言象，非無非有，不古不今，獨往獨來，絕待絕對。覩斯勝境，謂之見獨。故《老經》云寂寞而不改。

❾【注】與獨俱往。

【疏】任造物之日新，隨變化而俱往，不爲物境所遷，故無古今之異。

❿【注】夫係生故有死，惡死故有生。是以無係無惡，然後能無死無生。

【疏】古今，會也。夫時有古今之異，法有生死之殊者，此蓋迷徒倒置之見也。時既運運新新，無今無古，故法亦不去不來，無死無生者也。會斯理者，其唯女偊之子耶！

⓫【疏】殺，滅也；死，亦滅也。謂此死者未曾滅，謂此生者未曾生。既死既生，能入於無死無生，故體於法，無生滅也。法既不生不滅，而情亦何欣何惡耶！任之而無不適也。

【釋文】「殺生者不死」李云：殺，猶亡也，亡生者不死也。崔云：除其營生為殺生。「生生者不生」李云：矜生者不生也。崔云：常營其生為生生。

⑫【注】任其自將，故無不將。

⑬【注】任其自迎，故無不迎。

【疏】將，送也。夫道之爲物，拯濟無方，雖復不滅不生，亦而生而滅，是以迎無窮之生，送無量之死也。

⑭【注】任其自毀，故無不毀。

⑮【注】任其自成，故無不成。

【疏】不送而送，無不毀滅；不迎而迎，無不生成也。

⑯【注】夫與物冥者，物縈亦縈，而未始不寧也。

【疏】攖，擾動也。寧，寂靜也。夫聖人慈惠，道濟蒼生，妙本無名，隨物立稱，動而常寂，雖攖而寧者也。

【釋文】「攖」郭音縈，徐於營反，李於盈反。崔云：有所繫者也。◎家世父曰：趙岐《孟子》注：攖，迫也。物我生死之見迫於中，將迎成毀之機迫於外，而一無所動其心，乃謂之攖寧。置身紛紜蕃變交爭互觸之地，而心固寧焉，則幾於成矣，故曰攖而後成。

⑰【注】物縈而獨不縈，則敗矣。故縈而任之，則莫不曲成也②。

【疏】既能和光同塵，動而常寂，然後隨物攖擾，善貸生成也。

【校】①《闕誤》引江南《古藏》本殺上有故字。②世德堂本也作矣。

❶【疏】子葵怪女偊之談，其道高妙，故問「子於何處獨得聞之」？自斯已下，凡有九重，前六約教，後三據理，並是女偊告示子葵之辭也。

南伯子葵曰：「子獨惡乎聞之❶？」

曰：「聞諸副墨之子❶，副墨之子聞諸洛誦之孫❷，洛誦之孫聞之瞻明❸，瞻明聞之聶許❹，聶許聞之需役❺，需役聞之於謳❻，於謳聞之玄冥❼，玄冥聞之參寥❽，參寥聞之疑始❾。」

❶【疏】諸，之也。副，副貳也。墨，翰墨也；翰墨，文字也。理能生教，故謂文字爲副貳也。夫魚必因筌而得，理亦因教而明，故聞之翰墨，以明先因文字得解故也。

【釋文】「副墨」李云：可以副貳玄墨也。崔云：此已下皆古人姓名，或寓之耳，無其人。

❷【疏】臨本謂之副墨，背文謂之洛誦。初既依文生解，所以執持披讀；次則漸悟其理，是故羅洛誦之。且教從理生，故稱爲子；而誦因教起，名之曰孫也。

【釋文】「洛誦」李云：誦，通也。苞洛無所不通也。

❸【疏】瞻，視也，亦至也。讀誦精熟，功勞積久，漸見至理，靈府分明。

【釋文】「瞻明」音占。李云：神明洞徹也。

❹【疏】聶，登也，亦是附耳私語也。既誦之稍深，因教悟理，心生歡悅，私自許當，附耳竊私

語也。既聞於道，未敢公行，亦是漸登勝妙玄情者也。

【釋文】「聶許」徐乃攝反。李云：許，與也。攝而保之，無所施與也。

❺【疏】需，須也。役，用也，行也。雖復私心自許，智照漸明，必須依教遵循，勤行勿怠。懈而不行，道無由致。

【釋文】「需役」徐音須，李音儒，云：儒弱為役也。王云：需，待也。役，亭毒也。

❻【疏】謳，歌謠也。既因教悟理，依解而行，遂使盛惠顯彰，謳歌滿路也。

【釋文】「於」音烏，又如字。「謳」徐烏侯反。李香于反，云：謳，煦也，欲化之貌。王云：謳，歌謠也。

❼【注】玄冥者，所以名無而非無也。

【疏】玄者，深遠之名也。冥者，幽寂之稱。既德行內融，芳聲外顯，故漸階虛極，以至於玄冥故也。

【釋文】「玄冥」李云：強名曰玄，視之冥然。向郭云：所以名無而非無也。

❽【注】夫階名以至無者，必得無於名表。故雖玄冥猶未極，而又推寄於參寥，亦是玄之又玄也。

【疏】參，三也。寥，絕也。一者絕有，二者絕無，三者非有非無，故謂之三絕也。夫玄冥之境，雖妙未極，故至乎三絕，方造重玄也。

【釋文】「參」七南反。「寥」徐力彫反。李云：參，高也。高邈寥曠，不可名也。

❾【注】夫自然之理，有積習而成者。蓋階近以至遠，研粗以至精，故乃七重而後及無之名，九重而後疑無是始也。

【疏】始，本也。夫道，超此四句，離彼百非，名言道斷，心知處滅，雖復三絕，未窮其妙。而三絕之外，道之根本，（而）〔所〕謂重玄之域，衆妙之門，意亦難得而差言之矣。是以不本而本，本無所本，疑名爲本，亦無的可本，故謂之疑始也。

【釋文】「疑始」李云：又疑無是始，則始非無名也。「研粗」七胡反。「七重」直龍反。下同。

子祀子輿子犁子來四人相與語曰：「孰能以无為首，以生為脊，以死為尻，孰知死生存亡之一體者，吾與之友矣。」❶四人相視而笑，莫逆於心，遂相與為友❷。

❶【疏】子祀四人，未詳所據。觀其心跡，並方外之士，情同淡水，共結素交，敘莫逆於虛玄，述忘言於至道。夫人起自虛無，無則在先，故以無爲首；從無生有，生則居次，故以生爲脊；既生而死，死最居後，故以死爲尻；亦故然也。尻首雖別，本是一身；而死生乃異，源乎一體。能達斯趣，所遇皆適，豈有存亡欣惡於其間哉！誰能知是，我與爲友也。

【釋文】「子祀」崔云：《淮南》作子永，行年五十四而病傴僂。◎慶藩案崔本作子永，是也。今本《淮南·精神篇》作子求，與崔所見本異。顧千里曰：求當作永。《抱朴子·博喻篇》曰子永歎天倫之偉，字正作永。永求形近，經傳中互誤者，不可枚舉。「子輿」本又作與，音餘。「子犁」禮兮反。「為尻」苦羔反。

❷【疏】目擊道存，故相見而笑；同順玄理，故莫逆於心也。

俄而子輿有病，子祀往問之❶。曰：「偉哉夫造物者，將以予為此拘拘也❷！曲僂發背，上有五管，頤隱於齊，肩高於頂，句贅指天。」陰陽之氣有沴❸，其心閒而无事❹，跰𨇤而鑑於井，曰：「嗟乎！夫造物者又將以予為此拘拘也❺！」

❶【疏】友人既病，須往問之，任理而行，不乖於方外也。

❷【疏】偉，大也。造物，猶造化也。拘拘，攣縮不申之貌也。夫洪鑪大冶，造物無偏，豈獨將我一身故爲拘攣之疾！以此而言，無非命也。子輿達理，自歎此辭也。

【釋文】「偉哉」韋鬼反。向云：美也。崔云：自此至鑑於井，皆子祀自說病狀也。「拘拘」郭音駒。司馬云：體拘攣也。王云：不申也。

❸【注】沴，陵亂也。

【疏】傴僂曲腰，背骨發露。既其俯而不仰，故藏腑並在上，頭低則頤隱於臍，（膊）〔膞〕聳則肩高於頂，而咽項句曲，大挺如贅。陰陽二氣，陵亂不調，遂使一身，遭斯疾篤。

【釋文】「曲僂」徐力主反。「於頂」本亦作項。崔本作釭，音項。◎盧文弨曰：舊作釘，音頂。今本作釭，音項。據宋本釘音項，疑釘為釭之譌，參酌改正。「句」俱樹反，徐古侯反。「贅」徐之稅反。「指天」李云：句贅，項椎也。其形似贅，言其上向也。「有沴」音麗，徐又徒顯反。郭奴結反，云：陵亂也。李同。崔本作灃，云：滿也。

❹【注】不以爲患。

【疏】死生猶爲一體，疾患豈復槩懷！故雖曲僂拘拘，而心神閒逸，都不以爲事。

【釋文】「其心閒」音閑。崔以其心屬上句。

❺【注】夫任自然之變者，無嗟也，與物嗟耳。

【疏】跰𨇤，曳疾貌。言曳疾力行，照臨于井，既見己貌，遂使發傷嗟。尋夫大道自然，造物均等，豈偏於我，獨此拘攣？欲顯明物理，故寄茲嗟嘆也。

【釋文】「跰𨇤」步田反，下悉田反。崔本作邊鮮。司馬云：病不能行，故跰𨇤也。「而鑑」古暫反。「曰嗟乎」崔云：此子輿辭。

子祀曰：「女惡之乎❶？」

❶【疏】淡水素交，契心方外，見其嗟嘆，故有驚疑。

【釋文】「女惡」音汝。下同。下烏路反。

曰：「亡，予何惡❶！浸假而化予之左臂以為雞，予因以求時夜；浸假而化予之右臂以為彈，予因以求鴞炙；浸假而化予之尻以為輪，以神為馬，予因以乘之，豈更駕哉！❷且夫得者，時也❸，失者，順也❹；安時而處順，哀樂不能入也❺。此古之所謂縣解也，而不能自解者，物有結之❻。且夫物不勝天久矣，吾又何惡焉❼！」

❶【疏】亡，無也。存亡死生，本自無心。不嗟之嗟，何嫌惡之也！

【釋文】「曰亡」如字。絕句。「予何惡」烏路反。下及注同。一音如字讀，則連亡字為句。

❷【注】浸，漸也。夫體化合變，則無往而不因，無因而不可也。

【疏】假令陰陽二氣，漸而化我左右兩臂為雞為彈，彈則求於鴞鳥，雞則夜候天時。尻無識而為輪，神有知而作馬，因漸漬而變化，乘輪馬以遨遊，苟隨任以安排，亦於何而不適者也。

【釋文】「浸」子鴆反。向云：漸也。「予因以求時夜」一本無求。「為彈」徒旦反。「鴞」戶驕反。「炙」章夜反。

❸【注】當所遇之時，世謂之得。

❹【注】時不暫停，順往而去，世謂之失。

❺【疏】得者，生也，失者，死也。夫忽然而得，時應生也；倏然而失，順理死也。是以安於時則不欣於生，處於順則不惡於死。既其無欣無惡，何憂樂之入乎！

【釋文】「哀樂」音洛。

❻【注】一不能自解，則眾物共結之矣。故能解則無所不解，不解則無所而解也。

【疏】處順忘時，蕭然無係，古昔至人，謂為縣解。若夫當生慮死，而以憎惡存懷者，既內心不能自解，故為外物結縛之也。

【釋文】「縣」音玄。「解」音蟹。下及注同。(同)〔向〕①云：縣解，無所係也。

❼【注】天不能無晝夜，我安能無死生而惡之哉！

【疏】玄天在上，猶有晝夜之殊，況人居世間，焉能無死生之變！且物不勝天，非唯今日，我復何人，獨生憎惡！

【校】①向字依世德堂本及《釋文》原本改。

俄而子來有病，喘喘然將死，其妻子環而泣之❶。子犁往問之，曰：「叱！避！无怛化❷！」倚其戶與之語曰：「偉哉造化！又將奚以汝為，將奚以汝適？以汝為鼠肝乎？以汝為蟲臂乎？」❸

❶【疏】環，繞也。喘喘，氣息急也。子輿語訖，俄頃之間，子來又病，氣奔欲死。既將屬纊，故妻子繞而哭之也。

【釋文】「喘喘」川轉反，又尺軟反。崔本作惴惴。「環而」如字。徐音患。李云：繞也。

❷【注】夫死生猶寤寐耳，於理當寐，不願人驚之，將化而死亦宜，無爲怛之也。

【疏】叱，訶聲也。夫方外之士，冥一死生，而朋友臨終，和光往問。故叱彼親族，命避傍近，正欲變化，不欲驚怛也。

【釋文】「叱避」昌失反。「无怛」丁達反。崔本作靼，音怛。案怛，驚也。鄭衆注《周禮・考工記》不能驚怛，是也。

❸【疏】又，復也。奚，何也。適，往也。倚戶觀化，與之而語。歎彼大造，弘普無私，偶爾爲

人，忽然返化。不知方外適往何道，變作何物。將汝五藏爲鼠之肝，或化四支爲蟲之臂。任化而往，所遇皆適也。

【釋文】「倚其」於綺反。「鼠肝」向云：委棄土壤而已。王云：取微蔑至賤。「蟲臂」臂，亦作腸。崔本同。

子來曰：「父母於子，東西南北，唯命之從。陰陽於人，不翅於父母❶；彼近吾死而我不聽，我則悍①矣，彼何罪焉❷！夫大塊載我以形，勞我以生，佚我以老，息我以死。故善吾生者，乃所以善吾死也❸。今（之）②大冶鑄金，金踊躍曰『我且必為鏌鋣』，大冶必以為不祥之金。今一犯人之形，而曰『人耳人耳』，夫造化者必以為不祥之人❹。今一以天地為大鑪，以造化為大冶，惡乎往而不可哉❺！」成③然寐，蘧然覺❻。

❶【注】自古或有能違父母之命者矣，未有能違陰陽之變而距晝夜之節者也。

【疏】自此已下，是子來臨終答子犁之詞也。夫孝子侍親，尚驅馳唯命。況陰陽造化，何啻二親乎！故知違親之教，世或有焉；拒於陰陽，未之有也。

【釋文】「不翅」徐詩知反。

❷【注】死生猶晝夜耳，未足爲遠也。時當死，亦非所禁，而橫有不聽之心，適足悍逆於理以速其死。其死之速，由於我悍，非死之罪也。彼，謂死耳；在生，故以死爲彼。

【疏】彼，造化也。而造化之中，令我近死。我惡其死而不聽從，則是我拒陰陽，逆於變化。斯乃咎在於我，彼何罪焉！郭注以死爲彼也。

【釋文】「彼近」。如字。「則悍」本亦作捍，胡旦反。又音旱。《說文》云：捍，抵也。

❸【注】理常俱也。

【疏】此重引前文，證成彼義。斯言切當，所以再出。其解釋文意，不異前旨。

❹【注】人耳人耳，唯願爲人也。亦猶金之踊躍，世皆知金之不祥，而不能任其自化。夫變化之道，靡所不遇，今一遇人形，豈故爲哉？生非故爲，時自生耳。務而有之，不亦妄乎！

【疏】祥，善也。犯，遇也。鏌鋣，古之良劍名也。昔吳人干將爲吳王造劍，妻名鏌鋣，因名雄劍曰干將，雌劍曰鏌鋣。夫洪鑪大冶，鎔鑄金鐵，隨器大小，悉皆爲之。而鑪中之金，忽然跳躑，殷勤致請，願爲良劍。匠者驚嗟，用爲不善。亦猶自然大冶，彫刻眾形，鳥獸魚蟲，種種皆作。偶爾爲人，遂即欣愛，鄭重啓請，願更爲人，而造化之中，用爲妖孽也。

【釋文】「我且」如字。徐子餘反。「鏌」音莫。「鋣」似嗟反。鏌鋣，劍名。

❺【注】人皆知金之有係爲不祥，故明己之無異於金，則所係之情可解，可解則無不可也。

【疏】夫用二儀造化，一爲鑪冶，陶鑄羣物，錘鍛蒼生，磅礴無心，亭毒均等，所遇斯適，何惡何欣！安排變化，無往不可也。

【釋文】「大鑪」劣奴反。「惡乎」音烏。「可解」如字，下同。

❻【注】寤寐自若，不以死生累心。

【疏】成然是閒放之貌，蘧然是驚喜之貌。寐，寢也，以譬於死也。覺是寤也，以況於生。然寤寐雖殊，何嘗不從容逸樂；死生乃異，亦未始不任命逍遙。此總結子來以死生爲寤寐者也。

【釋文】「成然」如字，崔同。李云：成然，懸解之貌。本或作戌，音恤。簡文云：當作滅。本又作眓，呼括反，視高貌。本亦作俄然。「蘧然」李音渠。崔本作據，又其據反。蘧然，有形之貌。「覺」古孝反。向崔本此下更有發然汗出一句，云：無係則津液通也。崔云：榮衛和通，不以化為懼也。

【校】①趙諫議本悍作捍。②之字依世德堂本刪。③《闕誤》引古本成作眓，云：眓音呼聒切，高視貌。又音烘，矇眓，不明。

子桑戶孟子反子琴張三人相與友，曰：「孰能相與於无相與，相為於无相為❶？孰能登天遊霧，撓挑無極❷；相忘以生，无所終窮❸？」三人相視而笑，莫逆於心，遂相與為友❹。

❶【注】夫體天地，冥變化者①，雖手足異任，五藏殊官②，未嘗相與而百節同和，斯相與於無相與也；未嘗相爲而表裏俱濟，斯相爲於無相爲也。若乃役其心志以卹手足，運其股肱以營五藏，則相營愈篤而外內愈困矣。故以天下爲一體者，無愛爲於其間也。

【疏】此之三人，並方外之士，冥於變化，一於死生，志行既同，故相與交友。仍各率乃誠，述其情致云：誰能於虛無自然而相與爲朋友乎？斯乃無與而與，無爲而爲，非爲之而爲，與之而與者也。猶如五藏六根，四肢百體，各有司存，更相御用，豈有心於相與，情係於親疏哉！雖無意於相爲，而相濟之功成矣。故於無與而相與周旋，於無爲而爲交友者，其義亦然乎耳。【釋文】「相與」如字。崔云：猶親也。或一音豫。「相為」如字，或一音于偽反。「愛為」于偽反。

❷【注】無所不在。

【疏】撓挑，猶宛轉也。夫登昇上天，示清高輕舉；遨遊雲霧，表不滯其中；故能隨變化而無窮，將造物而宛轉者也。

【釋文】「撓」徐而少反，郭許堯反，「挑」徐徒了反，郭李徒堯反。又作兆。李云：撓挑，猶宛轉也，宛轉玄曠之中。簡文云：循環之名。

❸【注】忘其生，則無不忘矣，故能隨變任化，俱無所窮竟。

【疏】終窮，死也。相與忘生復忘死，死生混一，故順化而無窮也。

❹【注】若然者豈友哉？蓋寄明至親而無愛念之近情也。

【疏】得意忘言，故相視而笑；智冥於境，故莫逆於心。方外道同，遂相與爲友也。

【校】①世德堂本變作而，趙諫議本無夫字者字。②世德堂本官作管。趙本此兩句作雖手足五臟異殊。

莫然有閒而子桑戶死，未葬。孔子聞之，使子貢往侍①事焉❶。或編曲，或鼓琴，相和而歌❷曰：「嗟來桑戶乎！嗟來桑戶乎！而已反其真，而我猶為人猗❸！」

子貢趨而進曰：「敢問臨尸而歌，禮乎❹？」

❶【疏】莫，無也。三人相視，寂爾無言。俄頃之閒，子桑戶死。仲尼聞之，使子貢往而弔，仍令供給喪事，將迎賓客。欲顯方外方內，故寄尼父琴張。

【釋文】「莫然」如字。崔云：定也。「有閒」如字。崔李云：頃也。本亦作為閒。◎慶藩案有，《釋文》作為。為閒即有閒矣。古為有義通。《孟子・滕文公篇》，將為君子焉，將為野人焉，趙岐注：為，有也，雖小國亦有君子野人也。又弟子憮然為閒，注：為閒，有頃之閒也。又《盡心篇》為閒不用，注：為閒，有閒也。又《梁惠王篇》善推其所為而已矣，《說苑・貴德篇》引孟子為作有。《燕策》故不敢為辭說，《新序・雜事篇》為作有。皆其證。

❷【疏】曲，薄也。或編薄織簾，或鼓琴歌詠，相和歡樂，曾無慼容。所謂相忘以生，方外之至也。

【釋文】「編曲」必連反，《字林》布千反，郭父殄反，《史記》甫連反。李云：曲，蠶薄。「相和」胡臥反。

❸【注】人哭亦哭，俗內之跡也。齊死生，忘哀樂，臨尸能歌，方外之至也。

【疏】嗟來，歌聲也。桑戶乎以下，相和之辭也。猗，相和聲也。夫從無出有，名之曰生；自有還無，名之曰死。汝今既還空寂，便是歸本反真，而我猶寄人閒，羈旅未還桑梓。欲齊一死生，而發斯猗歎者也。◎李楨曰：嗟來是歌聲，卻是歎辭。《釋名・釋言語》：嗟，佐也；言之不足以盡意，故發此聲以自佐也。來，哀也，(故)〔使〕②來入已哀之，故其言之低頭以招之也。孟子反子琴張歎桑戶之得已反真，故爲此歌也。

【釋文】「我猶」崔本作獨。「人猗」於宜反。崔云，辭也。「哀樂」音洛。

❹【疏】方內之禮，貴在節文，隣里有喪，春猶不相。況臨朋友之屍，曾無哀哭，琴歌自若，豈是禮乎？子貢怪其如此，故趨走進問也。

【校】①世德堂本侍作待。《闕誤》引張君房本作侍。②使字依《釋名》改。

二人相視而笑曰：「是惡知禮意❶！」

❶【注】夫知禮意者，必遊外以經內，守母以存子，稱情而直往也。若乃矜乎名聲，牽乎形制，則孝不任誠，慈不任實，父子兄弟，懷情相欺，豈禮之大意哉！

【疏】夫大禮與天地同節，不拘制乎形名，直致任真，率情而往，況冥同生死，豈存哀樂於胸中！而子貢方內儒生，性猶偏執，唯貴麤跡，未契妙本。如是之人，於何知禮之深乎！爲方外所嗤，固其宜矣。

【釋文】「惡知」音烏，下皆同。「稱情」尺證反。

子貢反，以告孔子，曰：「彼何人者邪？修行无有，而外其形骸，臨尸而歌，顏色不變，无以命之。彼何人者邪？」❶

❶【疏】命，名也。子貢使返，且告尼父云：彼二人情事難識，修己德行，無有禮儀，而忘外形骸，混同生死，臨喪歌樂，神形不變。既莫測其道，故難以名之。

【釋文】「无以命之」崔李云：命，名也。

孔子曰：「彼，遊方之外者也；而丘，遊方之內者也❶。外內不相及，而丘使女往弔之，丘則陋矣❷。彼方且與造物者為人，而遊乎天地之一氣❸。彼以生為附贅縣疣❹，以死為決𤴯①潰癰❺，夫若然者，又惡知死生先後之所在❻！假於異物，託於同體❼；忘其肝膽，遺其耳目❽；反覆終始，不知端倪❾；芒然彷徨乎塵垢之外，逍遙乎无為之業❿。彼又惡能憒憒然為世俗之禮，以觀眾人之耳目哉⓫！」

❶【注】夫理有至極，外內相冥，未有極遊外之致而不冥於內者也，未有能冥於內而不遊於外者也。故聖人常遊外以（宏）〔冥〕②內，無心以順有，故雖終日（揮）〔見〕③形而神氣無變，俯仰萬機而淡然自若。夫見形而不及神者，天下之常累也。是故覩其與羣物並行，則莫能謂之遺物而離人矣；覩其體化而應務，則莫能謂之坐忘而自得矣。豈直謂聖人不然哉？乃必謂至理之無此。是故《莊子》將明流統之所宗以釋天下之可悟，若直就稱仲尼之如此，或者將據所見以排之，故超聖人之內跡，而寄方外於數子。宜忘其所寄以尋述作之大意，則夫遊外（宏）〔冥〕內之道坦然自明，而《莊子》之書，故是涉俗蓋世之談矣。

【疏】方，區域也。彼之二人，齊一死生，不爲教跡所拘，故遊心寰宇之外。而仲尼子貢，命世大儒，行裁非之義，服飾文之禮，銳意哀樂之中，遊心區域之內，所以爲異也。

【釋文】「而淡」徒暫反。「而離」力智反，下同。「而應」應對之應。下同。「數子」所主反。「坦然」吐但反。◎慶藩案《文選》謝靈運《之郡初發都詩》注夏侯孝若《東方朔贊注》，並引司馬云：方，常也，言彼遊心于常教之外也。《釋文》闕。

❷【注】夫弔者，方內之近事也，施之於方外則陋矣。

【疏】玄儒理隔，內外道殊，勝劣而論，不相及逮。用區中之俗禮，弔方外之高人，芻狗再陳，鄙陋之甚也。

【釋文】「使女」音汝。下同。

❸【注】皆冥之，故無二也。

【疏】達陰陽之變化，與造物之爲人；體萬物之混同，遊二儀之一氣也。◎王引之曰：應帝王篇，予方將與造物者爲人，郭曰：任人之自爲。《天運篇》，丘不與化爲人，郭曰：夫與化爲人者，任其自化者也。案郭未曉人字之義。人，偶也；爲人，猶爲偶。《中庸》仁者人也，(郭)〔鄭〕④注：讀如相人偶之人，以人意相存偶之言。《詩匪風箋》，人偶能割亨者，人偶能輔周道治民者。《聘禮》注：每門輒揖者，以相人偶爲敬也。《公食大夫禮》注：每曲揖及當碑揖相人偶。是人與偶同義，故漢世有相人偶之語。《淮南・原道篇》，與造化者爲人，義與此同。(高注：爲治也，非是。互見《淮南》。)《齊俗篇》曰：上與神明爲友，下與造化爲人。是其明證也。◎慶藩案《文選》顏延年《三月三日曲水詩序注》引司馬云：造物者爲道。任彥昇《到大司馬記室箋注》、《宣德皇后令注》、陸佐公《石闕銘注》、沈休文《齊故安陸昭王碑文注》並引司馬云：造物，謂道也。《釋文》闕。

❹【注】若疣之自縣，贅之自附，此氣之時聚，非所樂也。

【釋文】「縣」音玄。注同。「疣」音尤。

❺【注】若疣之自決，癰之自潰，此氣之自散，非所惜也。

【疏】彼三子體道之人，達於死生，冥於變化。是以氣聚而生，譬疣贅附縣，非所樂也；氣散而死，若疣癰決潰，非所惜也。

【釋文】「決」徐古穴反。「疣」胡亂反。◎盧文弨曰：今本正文亦作疣，音義作疣，胡虬反，恐臆改。「潰」胡對反。◎慶藩案慧琳《一切經音義》卷十六《大方廣三戒經》下引司馬云：浮熱為疽，不通為癰。卷三十《持人菩薩經》二、卷三十七《準提陀羅尼經》、九十五《正誣經》注引竝同。《釋文》闕。

❻【注】死生代謝，未始有極，與之俱往，則無往不可，故不知勝負之所在也。

【疏】先，勝也。後，劣也。夫疣贅疣癰，四者皆是疾，而氣有聚散，病無勝負。若以此方於生死，亦安知優劣之所在乎！

❼【注】假，因也。今死生聚散，變化無方，皆異物也。無異而不假，故所假雖異而共成一體也。

【疏】水火金木，異物相假，衆諸寄託，共成一身。是知形體，由來虛僞。

❽【注】任之於理而冥往也。

【疏】既知形質虛假，無可欣愛，故能內則忘於臟腑，外則忘其根竅故也。

❾【注】五藏猶忘，何物足識哉！未始有識，故能放任於變化之塗，玄同於反覆之波，而不知終始之所極⑤也。

【疏】端，緒也。倪，畔也。反覆，猶往來也。終始，猶生死也。既忘其形質，隳體絀聰，故能去來生死，與化俱往。化又無極，故莫知端倪。

【釋文】「反覆」芳服反。「端倪」本或作淣，同。音崖。徐音詣。

❿【注】所謂無爲之業，非拱默而已；所謂塵垢之外，非伏於山林也。

【疏】芒然，無知之貌也。彷徨逍遙，皆自得逸豫之名也。塵垢，色聲等有爲之物也。前既遺於形骸，此又忘於心智，是以放任於塵累之表，逸豫於清曠之鄉，以此無爲而爲事業也。

【釋文】「芒然」莫剛反。李云：無係之貌。「彷」薄剛反。「徨」音皇。「塵垢」如字。崔本作塚均，云：塚，音塳；均，垢同。齊人以風塵為塳堁。◎盧文弨曰：舊塳作逢，今本作摓，乃塳字之譌，今改正。

⓫【注】其所以觀示於衆人者，皆其塵垢耳，非方外之冥物也。

【疏】憒憒，猶煩亂也。彼數子者，清高虛淡，安排去化，率性任真。何能強事節文，拘世俗之禮；威儀顯示，悅衆人之視聽哉！

【釋文】「憒憒」工內反，《說文》、《蒼頡篇》並云：亂也，「以觀」古亂反，示也。注同。

【校】①世德堂本疣作疣，注同。②冥字依趙諫議本改。下同。世德堂本上冥字誤作私，下冥字誤作弘。③見字依世德堂本改。④鄭字依《中庸注》改。⑤世德堂本極作及。

子貢曰：「然則夫子何方之依❶？」

❶【注】子貢不聞性與天道，故見其所依而不見其所以依也。夫所以依者，不依也，世豈覺之哉！

【疏】方內方外，淺深不同，未知夫子依從何道。師資起發，故設此疑。

孔子曰：「丘，天之戮民也❶。雖然，吾與汝共之❷。」

❶【注】以方內爲桎梏，明所貴在方外也。夫遊外者依內，離人者合俗，故有天下者無以天下爲也。是以遺物而後能入羣，坐忘而後能應務，愈遺之，愈得之。苟居斯極，則雖欲釋之而理固自來，斯乃天人之所不赦者也。

【疏】夫聖迹禮儀，乃桎梏形性。仲尼既依方內，則是自然之理，刑戮之人也。故《德充符》篇云，天刑之安可解乎。

❷【注】雖爲世所桎梏，但爲與汝共之耳。明己恆自在外也。

【疏】夫孔子聖人，和光接物，揚波同世，貴斯俗禮；雖復降跡方內，與汝共之，而遊心方外，蕭然無著也。

子貢曰：「敢問其方❶。」

❶【注】問所以遊外而共內之意。

【疏】方，猶道也。問：「跡混域中，心遊方外，外內玄合，其道若何？」

孔子曰：「魚相造乎水，人相造乎道❶。相造乎水者，穿池而養給；相造乎道者，無事而生定❷。故曰，魚相忘乎江湖，人相忘乎道術❸。」

❶【疏】造，詣也。魚之所詣者，適性莫過深水；人之所至者，得意莫過道術。雖復情智不一，而相與皆然。此略標義端，次下解釋也。

【釋文】「相造」七報反，詣也。下同。

❷【注】所造雖異，其於由無事以得事，自方外以共內，然後養給而生定，則莫不皆然也。俱不自知耳，故成無爲也。

【疏】此解釋前義也。夫江湖淮海，皆名天池。魚在大水之中，窟穴泥沙，以自資養供給也；亦猶人處大道之中，清虛養性，無事逍遙，故得性分靜定而安樂也。

【釋文】「穿池」本亦作地，崔同。◎俞樾曰：定疑足字之誤。穿池而養給，無事而生足，兩句一律。給，亦足也。足與定，字形相似而誤。《管子・中匡篇》：功定以得天與失天，其人事一也。今本定誤作足，與此正可互證。

❸【注】各自足而相忘者，天下莫不然也。至人常足，故常忘也。

【疏】此結釋前義也。夫深水游泳，各足相忘；道術內充，偏愛斯絕；豈與夫呴濡仁義同年而語哉！臨尸而歌，其義亦爾故也。

【釋文】「相忘」音亡。下同。

子貢曰：「敢問畸人❶。」

❶【注】問向之所謂方外而不耦於俗者，又安在也。

【疏】畸者，不耦之名也。修行無有，而疏外形體，乖異人倫，不耦於俗。敢問此人，其道如何？

【釋文】「畸人」居宜反。司馬云：不耦也。不耦於人，謂闕於禮教也。李其宜反，云：奇異也。

曰：「畸人者，畸於人而侔於天❶。故曰，天之小人，人之君子；人之君子，天之小人也❷。」

❶【注】夫與內冥者，遊於外也。獨能遊外以冥內，任萬物之自然，使天性各足而帝王道成，斯乃畸於人而侔於天也。

【疏】自此已下，孔子答子貢也。侔者，等也，同也。夫不修仁義，不偶於物，而率其本性者，與自然之理同也。

【釋文】「而侔」音謀。司馬云：等也，亦從也。

❷【注】以自然言之，則人無小大①；以人理言之，則侔於天者可謂君子矣。

【疏】夫懷仁履義爲君子，乖道背德爲小人也。是以行蹩躠之仁，用踶跂之義者，人倫謂之君子，而天道謂之小人也。故知子反琴張，不偶於俗，乃曰畸人，實天之君子。重言之者，復結其義也。

【校】①趙諫議本大作人。

顏回問仲尼曰：「孟孫才，其母死，哭泣无涕，中心不戚，居喪不哀。无是三者，以善處①喪❶蓋魯國。固有无其實而得其名者乎？回壹①怪之❷。」

❶【疏】姓孟孫，名才，魯之賢人。體無爲之一道，知生死之不二，故能跡同方內，心遊物表。居母氏之喪，禮數不闕，威儀詳雅，甚有孝容；而淚不滂沱，心不悲戚，聲不哀痛。三者既無，不名孝子，而鄉邦之內，悉皆善之，云其處喪深得禮法也。

【釋文】「孟孫才」李云：三桓後，才其名也。崔云：才，或作牛。◎李楨曰：以善處喪絕句，文義未完，且嫌於不辭。下蓋魯國三字當屬上為句，不當連下固有云云為句。蓋與《應帝王篇》功蓋天下義同，言孟孫才以善處喪名蓋魯國。《爾雅・釋言》：弇，蓋也。《小爾雅・廣詁》：蓋，覆也。《釋名・釋言語》：蓋，加也。並有高出其上之意，即此蓋字義也。

❷【注】魯國觀其禮，而顏回察其心。

【疏】蓋者，發語之辭也。哭泣縗絰，同域中之俗禮；心無哀戚，契方外之忘懷。魯人覩其外迹，故有善喪之名；顏子察其內心，知無至孝之實。所以一見孟孫才，遂生疑怪也。

【校】①世德堂本無處字。②世德堂本壹作一。

仲尼曰：「夫孟孫氏盡之矣，進於知矣❶。唯簡之而不得❷，夫已有所簡矣。孟孫氏不知所以生，不知所以死❸；不知就先，不知就後❹；若化為物❺，以待其所不知之化已乎❻！且方將化，惡知不化哉？方將不化，惡知已化哉❼？吾特與汝，其夢未始覺者邪❽！且彼有駭形而无損心❾，有旦宅而无情死❿。孟孫氏特覺，人哭亦哭，是自其所以乃②⓫。且也相與吾之耳矣⓬，庸詎知吾所謂吾之乎⓭？且汝夢為鳥而厲乎天，夢為魚而沒於淵⓮。不識今之言者，其覺者乎，其夢者乎⓯？造適不及笑，獻笑不及排⓰，安排而去化，乃入於寥天一⓱。」

❶【注】盡死生之理，應內外之宜者，動而以天行，非知之匹也。

【疏】進，過也。夫孟孫氏窮哀樂之本，所以無樂無哀；盡生死之源，所以忘生忘死。既而本迹難測，故能合內外之宜；應物無心，豈是運知之匹者耶！

【釋文】「應內」應對之應。

❷【注】簡擇死生而不得其異，若春秋冬夏四時行耳。

【疏】夫生來死去，譬彼四時，故孟孫簡擇，不得其異。

❸【注】已簡而不得，故無不安，無不安，故不以生死槩意而付之自化也。

【疏】雖復有所簡擇，竟不知生死之異，故能安於變化而不以哀樂槩懷也。

❹【注】所遇而安。

❺【注】不違化也。

【疏】先，生也。後，死也。若，順也。既一於死生，故無去無就；冥於變化，故順化爲物也。

❻【注】死生宛轉，與化爲一，猶乃忘其所知於當今，豈待所未知而豫憂者哉！

【疏】不知之化，謂當來未化之事也。已，止也。見在之生，猶自忘遺；況未來之化，豈復逆憂！若用心預待，不如止而勿爲也。

❼【注】已化而生，焉知未生之時哉！未化而死，焉知已死之後哉！故無所避就，而與化俱往②也。

【疏】方今正化爲人，安知過去未化之事乎！正在生日未化而死，又安知死後之事乎！俱當推理直前，與化俱往，無勞在生憂死，妄爲欣惡也。

【釋文】「惡知」音烏，下同。「焉知」於虔反。下皆同。

❽【注】夫死生猶覺夢耳，今夢自以爲覺，則無以明覺之非夢也；苟無以明覺之非夢，則亦無以明生之非死矣。死生覺夢，未知所在，當其所遇，無不自得，何爲在此而憂彼哉！

【疏】夢是昏睡之時，覺是了知之日。仲尼顏子，猶拘名教，爲昏於大夢之中，不達死生，未嘗暫覺者也。

【釋文】「覺者」古孝反。注、下皆同。

❾【注】以③變化爲形之駭動耳，故不以死生損累其心。

【疏】彼之孟孫，冥於變化，假見生死爲形之驚動，終無哀樂損累心神也。

【釋文】「駭形」如字。崔作咳，云：有嬰兒之形。

❿【注】以形骸之變爲旦宅之日新耳，其情不以爲死。

【疏】旦，日新也。宅者，神之舍也。以形之改變爲宅舍之日新耳，其性靈凝淡，終無死生之累者也。

【釋文】「旦宅」並如字。王云，旦暮改易，宅是神居也。李本作怛侘，上丹末反，下陟嫁反，云：驚惋之貌。崔本作靼宅。靼，怛也。

⑪【注】夫常覺者，無往而有逆也，故人哭亦哭，正自是其所宜也④。

【疏】孟孫冥同生死，獨居覺悟，應於內外，不乖人理。人哭亦哭，自是順物之宜者也。

【釋文】「所以乃」崔本乃作惡。

⑫【注】夫死生變化，吾皆吾之。既皆是吾，吾何失哉！未始失吾，吾何憂哉⑤！無逆，故人哭亦哭；無憂，故哭而不哀。

⑬【注】靡所不吾也，故玄同外內，彌貫古今，與化日新，豈知吾之所在也！

【疏】吾生吾死，相與皆吾，未始非吾，吾何所失！若以係吾爲意，何適非吾！

【疏】庸，常也。凡常之人，識見淺狹，詎知吾之所謂無處非吾！假令千變萬化，而吾常在，新吾故吾，何欣何惡也！

【釋文】「庸詎」其庶反。下章同。

⑭【注】言無往而不自得也。

⑮【注】夢之時自以爲覺，則焉知今者之非夢耶，亦焉知其非覺耶？覺夢之化，無往而不可，則死生之變，無時而足惜也。

【疏】厲，至也。且爲魚爲鳥，任性逍遙，處死處生，居然自得。而魚鳥既無優劣，死生亦何勝負而係之哉！孟孫妙達斯源，所以未嘗介意。又不知今之所論魚鳥者，爲是覺中而辯，爲是夢中而說乎？夫人夢中，自以爲覺；今之覺者，何妨夢中！是知覺夢生死，未可定也。

⑯【注】所造皆適，則忘適矣，故不及笑也。排者，推移之謂也。夫禮哭必哀，獻笑必樂，哀樂存懷，則不能與適推移矣。今孟孫常適，故哭而不哀，與化俱往也。

【疏】造，至也。獻，善也。排，推動也。夫所至皆適，斯亦適也，其常適何及歡笑然後樂哉！若從善事感己而後適者，此則不能隨變任化，與物推移也。今孟孫常適，故哭而不哀也。

【釋文】「造適」七報反。注同。「獻笑」向云：獻，善也。王云：章也，意有適，章於笑，故曰獻笑。◎家世父曰：造適者，以心取適而已，言笑皆忘也。獻笑者，以笑為歡而已，推排皆化也。極推排之力而冥然安之，窮變化之用而超然去之，乃以游蕩於萬物之表而與天為一。「及排」皮皆反。「必樂」音洛。下同。

⑰【注】安於推移而與化俱去，故乃入於寂寥而與天爲一也。自此以上，至於子祀，其致一也。所執之喪異，故歌哭不同。

【疏】所在皆適，故安任推移，未始非吾，而與化俱去。如此之人，乃能入於寥廓之妙門，自然之一道也。

【釋文】「寥」本亦作廖，力彫反。李良救反。「天一」崔本作造敵不及笑，獻芥不及盭，安排而造化不及眇，眇不及雄漂淪，雄漂淪不及簟笠，簟笠乃入於漻天一。「以上」時掌反。

【校】①朱桂曜本乃作盈。②世德堂本往作生。③世德堂本以作似。④趙諫議本無注首夫字，注末也字。⑤世德堂本是吾作自吾，兩哉字均作矣。

意而子見許由。許由曰：「堯何以資汝❶？」

❶【注】資者，給濟之謂也。

【疏】意而，古之賢人。資，給濟之謂也。意而先謁帝堯，後見仲武。問云：「帝堯大聖，道德甚高，汝既謁見，有何敬授資濟之術，幸請陳說耳。」

【釋文】「意而子」李云：賢士也。「資汝」資，給也。

意而子曰：「堯謂我：『汝必躬服仁義而明言是非❶。』」

❶【疏】躬，身也。仁則恩慈育物，義則斷割裁非，是則明賞其善，非則明懲其惡。此之四者，人倫所貴，汝必須己身服行，亦須明言示物。此是意而述堯教語之辭也。

許由曰：「而奚來為軹❶？夫堯既已黥汝以仁義，而劓汝以是非矣，汝將何以遊夫遙蕩恣睢轉徙之塗乎❷？」

❶【疏】而，汝也。奚，何也。軹，語助也。堯將教迹刑害於汝，瘡痕已大，何爲更來矣？

【釋文】「為軹」之是反，郭之忍反。崔云：軹，辭也。李云：是也。

❷【注】言其將以刑教自虧殘，而不能復遊夫自得之場，無係之塗也。

【疏】黥，鑿額也。劓，割鼻也。恣睢，縱任也。轉徙，變化也。塗，道也。夫仁義是非，損傷真性，其爲殘害，譬之刑戮。汝既被堯黥劓，拘束性情，如何復能遨遊自得，逍遙放蕩，從容自適於變化之道乎？言其不復能如是。

【釋文】「黥」其京反。「劓」魚器反。李云：毀道德以為仁義，不似黥乎！破玄同以為是非，不似劓乎！「遙蕩」王云：縱散也。「恣」七咨反，又如字。「睢」郭李云：許維反，徐許鼻反。李王皆云：恣睢，自得貌。「復遊」扶又反。下同。

意而子曰：「雖然，吾願遊於其藩❶。」

❶【注】不敢復求涉中道也，且願遊其藩傍而已。

【疏】我雖遭此虧殘，而庶幾之心靡替，不復敢當中路，願涉道之藩傍也。

【釋文】「其藩」甫煩反。李音煩。司馬向皆云：崖也。崔云：域也。

許由曰：「不然。夫盲者无以與乎眉目顏色之好，瞽者无以與乎青黃黼黻之觀❶。」

❶【疏】盲者，有眼睛而不見物；瞽者，眼無眹縫如鼓皮也。作斧形謂之黼，兩己相背謂之黻。而盲瞽之人，眼睛已敗，既不能觀文彩青黃，亦不愛好眉目顏色。譬意而遭堯黥劓，情智已傷，豈能愛慕深玄，觀覽眾妙邪！

【釋文】「盲者」本又作眇。崔本作目，云：目，或作刑。刑，黥劓也。「以與」音豫。下同。「之好」如字，又呼報反。「黼黻」上音甫，下音弗。「觀」古亂反。

意而子曰：「夫无莊之失其美，據梁之失其力，黃帝之亡其知，皆在鑪捶①之間耳❶。庸詎知夫造物者之不息我黥而補我劓，使我乘成以隨先生邪❷？」

❶【注】言天下之物，未必皆自成也，自然之理，亦有須冶鍛而為器者耳。故此之三人，亦皆聞道而後忘其所務也。此皆寄言，以遣云為之累耳。

【疏】无莊，古之美人，為聞道故，不復莊飾，而自忘其美色也。據梁，古之多力人，為聞道守雌，故不勇其力也。黃帝，軒轅也，有聖知，亦為聞道，故能忘遺其知也。鑪，竈也。錘，鍛也。以上三人，皆因聞道，然後忘其所務以契其真，猶如世間器物，假於鑪冶打鍛以成其用者耳。今何妨自然之理，令夫子教示於我，以成其道耶？故知自然造物，在鑪冶之間，則是有修學冶鍛之義也。

【釋文】「无莊據梁」司馬云：皆人名。李云：无莊，无莊飾也。據梁，強梁也。「鑪」音盧。「捶」本又作錘。徐之睡反，又之蘂反，一音時蘂反。李云：錘，鵖頭頗口，句鐵以吹火也。崔云：盧謂之瓮。捶當作甀。盧甀之間，言小處也。甀音丈偽反。「鍛」丁亂反。

❷【注】夫率性②直往者，自然也；往而傷性，性傷而能改者，亦自然也。庸詎知我③之自然當不息黥補劓，而乘可成之道以隨夫子耶？而欲棄而勿告，恐非造物之至也④。

【疏】造物，猶造化也。我雖遭仁義是非殘傷情性，焉知造之內，不補劓息黥，令我改過自新，乘可成之道，隨夫子以請益耶？乃欲棄而不教，恐乖造物者也。◎慶藩案乘，猶載也。成，猶備也。與《詩》儀既成兮義同。黥劓則形體不備，息之補之，復完成矣。言造物者使我得遇先生，安知不使我載一成體以相隨耶？此兼采宣氏說，較郭訓爲長。

【校】①趙諫議本捶作錘。②趙本性作然。③世德堂本知我作我知。④世德堂本無也字。

許由曰：「噫！未可知也。我為汝言其大略❶。吾師乎！吾師乎！韲萬物而不為義，澤及萬世而不為仁❷，長於上古而不為老❸，覆載天地刻彫眾形而不為巧❹。此所遊已❺。」

❶【疏】噫，嘆聲也。至道深玄，絕於言象，不可以心慮測，故嘆云未可知也。既請益慇懃，亦無容杜默，雖復不可言盡，爲汝梗概陳之。

【釋文】「曰噫」徐音醫。李云：歎聲也。崔云：亂也。本亦作意，音同。又如字，謂呼意而名也。「我為」于偽反。注同。

❷【注】皆自爾耳，亦無愛爲於其間也，安所寄其仁義！

【疏】吾師乎者，至道也。然至道不可心知，爲汝略言其要，即吾師是也。韲，碎也。至如素秋霜降，碎落萬物，豈有情斷割而爲義哉？青春和氣，生育萬物，豈有情恩愛而爲仁哉？蓋不然而然也。而許由師於至道，至道既其如是，汝何得躬服仁義耶？此略爲意而說息黥補劓之方也。

【釋文】「韲」子兮反。司馬云：碎也。◎盧文弨曰：《說文》作韲，亦作虀。陸每從敕，譌。今從隸省作盭。下並同。

❸【注】日新也。

【釋文】「長於」丁丈反。

❹【注】自然，故非巧也。

【疏】萬象之前，先有此道，智德具足，故義說爲長而實無長也。長既無矣，老豈有耶！欲明不長而長，老而不老，故長於上古而不爲老也。雖復天覆地載，而以道爲源，眾形彫刻，咸資造化，同稟自然，故巧名斯滅。既其無老無巧，無是無非，汝何所明言耶？

❺【注】游於不爲而師於無師也。

【疏】吾師之所遊心，止如此說而已。此則總結以前吾師之義是也。

顏回曰：「回益矣❶。」

❶【注】以損之爲益也。

【疏】顏子稟教孔氏，服膺問道，覺己進益，呈解於師。損有益空，故以損爲益也。

仲尼曰：「何謂也❶？」

❶【疏】既言益矣，有何意謂？

曰：「回忘仁義矣❶。」

❶【疏】忘兼愛之仁，遣裁非之義，所言益者，此之謂乎！

曰：「可矣，猶未也❶。」

❶【注】仁者，兼愛之迹；義者，成物之功。愛之非仁，仁迹行焉；成之非義，義功見焉。存夫仁義，不足以知愛利之由無心，故忘之可也。但忘功迹，故猶未玄達也。

【疏】仁義已忘，於理漸可；解心尚淺，所以猶未。

【釋文】「功見」賢遍反。下文同。

他日，復見，曰：「回益矣❶。」

❶【疏】他日，猶異日也。空解日新，時更復見。所言進益，列在下文。

【釋文】「他日」崔本作異日。下亦然。「復見」扶又反。下同。

曰：「何謂也❶？」

❶【疏】所言益者，是何意謂也？

曰：「回忘禮樂矣❶。」

❶【疏】禮者，荒亂之首，樂者，淫蕩之具，爲累更重，次忘之也。

曰：「可矣，猶未也❶。」

❶【注】禮者，形體之用，樂者，樂生之具。忘其具，未若忘其所以具也。

【疏】虛心漸可，猶未至極也。

【釋文】「樂生」音洛，又音獄。

他日，復見，曰：「回益矣。」

曰：「何謂也❶？」

❶【疏】並不異前解也。

曰：「回坐忘矣❶。」

❶【疏】虛心無著，故能端坐而忘。坐忘之義，具列在下文。◎慶藩案《文選》賈長沙《鵩鳥賦注》引司馬云：坐而自忘其身。《釋文》闕。

仲尼蹵然曰：「何謂坐忘❶？」

❶【疏】蹵然，驚悚貌也，忘遺既深，故悚然驚歎。坐忘之謂，厥義云何也？

【釋文】「蹵然」子六反。崔云：變色貌。

顏回曰：「墮肢體，黜聰明❶，離形去知，同於大通，此謂坐忘❷。」

❶【疏】墮，毀廢也。黜，退除也。雖聰屬於耳，明關於目，而聰明之用，本乎心靈。既悟一身非有，萬境皆空，故能毀廢四肢百體，屈黜聰明心智者也。

【釋文】「隳」許規反。徐又待果反。

❷【注】夫坐忘者，奚所不忘哉！既忘其迹，又忘其所以迹者，內不覺其一身，外不識有天地，然後曠然與變化爲體而無不通也。

【疏】大通，猶大道也。道能通生萬物，故謂道爲大通也。外則離析於形體，一一虛假，此解隳肢體也。內則除去心識，悗然無知，此解黜聰明也。既而枯木死灰，冥同大道，如此之益，謂之坐忘也。

【釋文】「去」起呂反。「知」音智。「坐忘」崔云：端坐而忘。◎盧文弨曰：依次當在蹵然之前。

仲尼曰：「同則无好也❶，化則无常也❷。而果其賢乎！丘也請從而後也❸。」

❶【注】無物不同，則未嘗不適，未嘗不適，何好何惡哉！

【釋文】「无好」呼報反。注同。「何惡」烏路反。

❷【注】同於化者，唯化所適，故無常也。

【疏】既同於大道，則無是非好惡；冥於變化，故不執滯守常也。

❸【疏】果，決也。而，汝也。「忘遺如此，定是大賢。丘雖汝師，遂落汝後。從而學之，是丘所願。」撝謙退己，以進顏回者也。

子與與子桑友，而霖①雨十日。子與曰：「子桑殆病矣！」裹飯而往食之❶。至子桑之門，則若歌若哭，鼓琴曰：「父邪！母邪！天乎！人乎！」有不任其聲而趨舉其詩焉❷。

❶【注】此二人相爲於無相爲者也。今裹飯而相食者，乃任之天理而自爾耳，非相爲而後往者也。

【疏】雨經三日已上爲霖。殆，近也。子桑家貧，屬斯霖雨，近於餓病。此事不疑於方外之交，任理而往，雖復裹飯，非有相爲之情者也。

【釋文】「霖雨」本又作淋，音林。《左傳》云：雨三日以往為霖。「裹」音果。「食」音嗣。注同。

❷【疏】任，堪也。趨，卒疾也。子桑既遭飢餒，故發琴聲，問此飢貧從誰而得，爲關父母？爲是人天？此則歌哭之辭也。不堪此舉，又卒爾詩詠也。

【釋文】「有不任」音壬。「其聲而趨」七住反。「舉其詩焉」崔云：不任其聲，憊也；趨舉其詩，無音曲也。

【校】①趙諫議本作淋。

子輿入，曰：「子之歌詩，何故若是❶？」

❶【注】嫌其有情，所以趨出遠理也。

【疏】一於死生，忘於哀樂，〔相與〕於無相與，方外之交。今子歌詩，似有怨望，故入門驚怪，問其所由也。

曰：「吾思夫使我至此極者而弗得也。父母豈欲吾貧哉？天无私覆，地无私載，天地豈私貧我哉？求其為之者而不得也。然而至此極者，命也夫❶！」

❶【注】言物皆自然，無爲之者也。

【疏】夫父母慈造，不欲飢凍；天地無私，豈獨貧我！思量主宰，皆是自然，尋求來由，意無兆朕。而使我至此窮極者，皆我之賦命也，亦何惜之有哉！

莊子集釋　卷三下

內篇　應帝王第七❶

❶【注】夫無心而任乎自化者，應爲帝王也。

【釋文】崔云：行不言之教，使天下自以為牛馬，應為帝王者也。

齧缺問於王倪，四問而四不知❶。齧缺因躍而大喜，行以告蒲衣子。

❶【疏】四問而四不知，則《齊物篇》中四問也。夫帝王之道，莫若忘知，故以此義而爲篇首。

【釋文】「齧缺」五結反。下丘悅反。「王倪」五兮反。「四問而四不知」向云：事在《齊物論》中。《老子》云不以智治國國之德者也。

蒲衣子曰：「而乃今知之乎❶？有虞氏不及泰氏❷。有虞氏，其猶藏①仁以要人，亦得人矣，而未始出於非人❸。泰氏，其臥徐徐，其覺于于❹；一以己為馬，一以己為牛❺；其知情信❻，其德甚真❼，而未始入於非人❽。」

❶【疏】蒲衣子，堯時賢人，年八歲，舜師之，讓位不受，即被衣子也。齧缺得不知之妙旨，仍踴躍而喜歡，走以告於蒲衣子，述王倪之深義。蒲衣是方外之大賢，達忘言之至道，理無知而固久，汝今日乃知也？

【釋文】「蒲衣子」《尸子》云：蒲衣八歲，舜讓以天下。崔云：即被衣，王倪之師也。《淮南子》曰：齧缺問道於被衣。

❷【注】夫有虞氏之與泰氏，皆世事之迹耳，非所以迹者也。所以迹者，無迹也，世孰名之哉！未之嘗名，何勝負之有耶！然無迹者，乘羣變，履萬世，世有夷險，故迹有不及也。

【疏】有虞氏，舜也。泰氏，即太昊伏羲也。三皇之世，其俗淳和；五帝之時，其風澆競。澆競則運知而養物，淳和則任真而馭宇，不及之義，驗此可知也。

【釋文】「泰氏」司馬云：上古帝王也。崔云：帝王也。李云：大庭氏；又云：無名之君也。◎慶藩案《路史前紀七》引司馬云：上古之帝王，無名之稱。與《釋文》所引小異。

❸【注】夫以所好爲是人，所惡爲非人者，唯以是非爲域者也。夫能出於非人之域者，必入於無非人之境矣，故無得無失，無可無不可，豈直藏仁而要人也！

【疏】夫舜，包藏仁義，要求士庶，以得百姓之心，未是忘懷，自合天下，故未出於是非之域。亦有作臧字者。臧，善也。善於仁義，要求人心者也。

【釋文】「藏仁」才剛反。崔云：懷仁心以結人也。本亦作臧，作剛反，善也。簡文同。「以要」一遙反。注同。◎家世父曰：有人之見存，而要人之仁行焉。無人之見存，出入鳥獸之羣而不亂；其

〔世〕〔與〕人也〔汛〕〔汎〕乎相遇泯泯之中，而奚以要人為！出於非人，忘非我之分矣。入於非人，人我之分之兩忘者，不以心應焉。為馬為牛，非獨忘人也，亦忘己也。「所好」呼報反。「所惡」烏路反。「之竟」音境。

❹【疏】徐徐，寬緩之貌。于于，自得之貌。伏犧之時，淳風尙在，故臥則安閒而徐緩，覺則歡娛而自得也。

【釋文】「徐徐」如字。崔本作袪袪。「其覺」古孝反。「于于」如字。司馬云：徐徐，安穩貌。于于，無所知貌。簡文云：徐徐于于，寐之狀也。◎慶藩案于于，即盱盱也。《說文》：盱，張目也。于與盱，聲近義同。《淮南‧俶真篇》，萬民睢睢盱盱然。《魯靈光殿賦》鴻荒朴略，厥狀睢盱，張載曰：睢盱，質朴之形。正與司馬注無所知意相合。《淮南‧覽冥篇》臥倨倨，興盱盱，高注曰：盱盱，無智巧貌也。又《淮南》盱盱作眄眄。王氏《讀書雜志》據諸書證為盱盱之偽，亦正與質朴無知同義。

❺【注】夫如是，又奚是人非人之有哉！斯可謂出於非人之域。

【疏】忘物我，遺是非，或馬或牛，隨人呼召。人獸尙且無主，何是非之有哉！

❻【注】任其自知，故情信。

【疏】率其真知，情無虛矯，故實信也。

❼【注】任其自得，故無僞。

【疏】以不德爲德，德無所德，故不僞者也。

❽【注】不入乎是非之域，所以絕於有虞之世。

【疏】既率其情，其德不僞，故能超出心知之境，不入是非之域者也。

【校】①趙諫議本藏作臧。

肩吾見狂接輿。曰：「日中始何以語女？」❶

❶【疏】肩吾接輿，已具前解。日中始，賢人姓名，即肩吾之師也。既是女師，有何告示？此是接輿發語以問故也。

【釋文】「日」人實反。「中」音仲，亦如字。「始」李云，日中始，人姓名，賢者也。崔本無日字，云：中始，賢人也。◎俞樾曰：《釋文》引李云，日中始，人姓名，賢者也。此恐不然。中始，人名，日，猶云日者也。謂日者中始何以語女也，文七年《左傳》，日衛不睦，襄二十六年《傳》，日其過此也，昭七年《傳》，日君以夫公孫段為能任其事，十六年《傳》，日起請夫環，並與此日字同義。李以日中始三字為人姓名，失之矣。崔本無日字。「以語」魚據反。「女」音汝。後皆同。

肩吾曰：「告我君人者以己出經式義度，人①孰敢不聽而化諸❶！」

❶【疏】式，用也。教我爲君之道，化物之方，必須己出智以經綸，用仁義以導俗，則四方氓庶，誰不聽從，遐遠黎元，敢不歸化耶！

【釋文】「出經」絕句。司馬云：出，行也。經，常也。崔云：出典法也。「式義度人」絕句。式，法也。崔云：式，用也。用仁義以法度人也。◎王念孫曰：《釋文》曰：出經絕句，式義度人絕句，引諸說皆未協。案此當以以己出經式義度為句，人孰敢不聽而化諸為句。義讀為儀。（義〔與〕儀，古字通。《說文》：義，己之威儀也。《文侯之命》父義和，鄭注：義讀為儀。《周官》肆師治其禮儀，鄭注：故書儀為義，鄭司農云：義讀為儀。古者書儀但為義，今時所為義為誼。《小雅・楚茨篇》禮儀卒度，《韓詩》作義。《周官》大行人大客之儀，《大戴・禮朝事篇》作義。《樂記》制之禮義，《漢書・禮樂志》作儀。《周語》示民軌儀，《大射儀》注引作義。）儀，法也。（見《周語》注、《淮南・精神篇注》、《楚辭・九歎》注。）經式儀度，皆謂法度也，解者失之。

【校】①《闕誤》引張君房本度人作庶民。

狂①接輿曰：「是欺德也❶；其於治天下也，猶涉海鑿河而使蚉負山也❷。夫聖人之治也，治外乎❸？正而後行❹，確乎能其事者而已矣❺。且鳥高飛以避矰弋之害，鼷鼠深穴乎神丘之下以避熏鑿之患❻，而曾二蟲之無知❼！」

❶【注】以己制物，則物失其真。

【疏】夫以己制物，物喪其真，欺誑之德非實道。

【釋文】「欺德」簡文云：欺，(忘)〔妄〕②也。

❷【注】夫寄當於萬物，則無事而自成；以一身制天下，則功莫就而任不勝也。

【疏】夫溟海弘博，深廣難窮，而穿之爲河，必無成理。猶大道遐曠，玄絕難知，而鑿之爲義，其功難克。又蚉蟲至小，山岳極高，令其負荷，無由勝任。以智經綸，用仁理物，能小謀大，其義亦然。

【釋文】「涉海鑿」待洛反。下同。郭粗鶴反。「河」李云：涉海必陷波，鑿河無成也。「蚉」音文。本亦作蟁，同。「不勝」音升。

❸【注】全其性分之內而已。

【疏】隨其分內而治之，必不分外治物。治乎外者，言不治之者也。

❹【注】各正性命之分也。

【疏】順其正性而後行化。

❺【注】不爲其所不能。

【疏】確，實也。順其實性，於事有能者，因而任之，止於分內，不論於外者也。

【釋文】「確乎」苦學反。李云：堅貌。崔本作槖，音託。◎慶藩案《文選》劉孝標《辯命論注》引司馬云：確乎，不移易。《釋文》闕。

❻【注】禽獸猶各有以自存，故帝王任之而不爲，則自成也。

【疏】矰，網也。弋，以繩係箭而射之也。鼷鼠，小鼠也。神丘，社壇也。鳥則高飛而逃網，鼠則深穴而避熏，斯皆率性自然，豈待教而遠害者也！鳥鼠既爾，在人亦然。故知式義出經，誣罔之甚矣。

【釋文】「矰」則能反。李云：罔也。「之害」崔本作菑。「鼷」音兮。「熏」香云反。

❼【注】言汝曾不知③此二蟲之各存而不待教乎！

【疏】而，汝也。汝不曾知此二蟲，不待教令，而解避害全身者乎？既深穴高飛，豈無知耶！

況在人倫，而欲出經式義，欺矯治物，不亦妄哉！

【校】①世德堂本無狂字。②妄字依世德堂本改。③世德堂本知作如。

天根遊於殷陽，至蓼水之上，適遭無名人而問焉，曰：「請問為天下。」❶

❶【疏】天根無名，並爲姓字，寓言問答也。殷陽，殷山之陽。蓼水，在趙國界內。遭，遇也。天根遨遊於山水之側，適遇無名人而問之，請問之意，在乎天下。

【釋文】「天根」崔（本）①云：人姓名也。「遊於殷陽」李云：殷，山名。陽，山之陽。崔云：殷陽，地名。司馬云：殷，衆也，言向南遊也。或作殷湯。「蓼水」音了。李云：水名也。

【校】①本字依世德堂本及《釋文》原本刪。

无名人曰：「去！汝鄙人也，何問之不豫①也❶！予方將與造物者為人❷，厭，則又乘夫莽眇之鳥，以出六極之外，而遊无何有之鄉，以處壙埌之野❸。汝又何帛以治天下感予之心為❹？」

❶【注】問爲天下，則非起於大初，止於玄冥也。

【疏】汝是鄙陋之人，宜其速去。所問之旨，甚不悅豫我心。

【釋文】「不豫」司馬云：嫌不漸豫，太倉卒也。簡文云：豫，悅也。◎盧文弨曰：今本作不預。◎俞樾曰：《爾雅釋詁》：豫，厭也。《楚辭・惜誦篇》行婞直而不豫兮，王逸注亦曰：豫，厭也。是豫之訓厭，乃是古義。無名人深怪天根之多問，故曰何問之不豫，猶云何許子之不憚煩也。簡文云，豫，悅也，殊失其義。「大初」音泰。

❷【注】任人之自爲。

【疏】夫造物爲人，素分各足，何勞作法，措意治之！既同於大通，故任而不助也。

❸【注】莽眇，羣碎之謂耳。乘羣碎，馳萬物，故能出處常通，而無狹滯之地。

【疏】莽眇，深遠之謂。壙埌，弘博之名。鳥則取其無迹輕昇。六極，猶六合也。夫聖人馭世，恬淡無爲，大順物情，有同造化。若其息用歸本，厭離世間，則乘深遠之大道，凌虛空而滅迹，超六合以放任，遊無有以逍遙，凝神智於射山，處清虛於曠野。如是，則何天下之可爲哉！蓋無爲者也。

【釋文】「乘夫」音符。「莽」莫蕩反。崔本作猛。「眇」妙小反。莽眇，輕虛之狀也。崔云，猛眇之鳥首也，取其行而無迹。「壙」徐苦廣反。「埌」徐力黨反。李音浪。壙埌，无滯為名也。崔云：猶曠蕩也。「无狹」戶夾反。

❹【注】言皆放之自得之場，則不治而自治也。

【疏】夫放而任之，則物皆自化。有何帛術，輒欲治之？感動我心，何爲如此？

【釋文】「帛」徐音藝，又魚例反。司馬云：法也。一本作寱，牛世反。崔本作為。◎俞樾曰：帛，未詳何字，以諸說參考之，疑帛乃臬字之誤，故有魚例反之音；而司馬訓法，亦即臬之義也。然字雖是臬，而義則非臬，當讀為寱。寱，本從臬聲，古文以聲為主，故或止作臬也。一本作寱者，破叚字而為正字耳。《一切經音義》引《通俗文》曰：夢語謂之寱。無名人蓋謂天根所問皆夢語也，故曰汝又何寱以治天下感予之心為？◎慶藩案《一切經音義》四分律卷三十二引《三蒼》云：寱，〔于〕〔牛〕歲反，譪言也。譪言即與夢語無異。「而自治」直吏反。下文同。

【校】①世德堂本作預。

又復問❶。

❶【疏】天根未達，更請決疑。

【釋文】「又復」扶又反。

无名人曰：「汝遊心於淡❶，合氣於漠❷，順物自然而無容私焉，而天下治矣❸。」

❶【注】其任性而無所飾焉則淡矣。

【釋文】「於淡」徒暫反，徐大敢反。

❷【注】漠然靜於性而止。

【疏】可遊汝心神於恬淡之域，合汝形氣於寂寞之鄉，唯形與神，二皆虛靜。如是，則天下不待治而自化者耳。

【釋文】「於漠」音莫。

❸【注】任性自生，公也；心欲益之，私也；容私果不足以生生，而順公乃全也。

【疏】隨造化之物情，順自然之本性，無容私作法術，措意治之。放而任之，則物我全之矣。

陽子居見老聃，曰：「有人於此，嚮疾強梁，物徹疏明，學道不勧。如是者，可比明王乎❶？」

❶【疏】姓陽，名朱，字子居。問老子明王之道：假且有人，素性聰達，神智捷疾，猶如嚮應，涉事理務，強幹果決，鑒物洞徹，疏通明敏，學道精勤，曾無懈倦。如是之人，可得將明王聖帝比德否乎？

【釋文】「陽子居」李云：居，名也。子，男子通稱。「嚮」許亮反。李許兩反。「疾強梁」崔云：所在疾強梁之人也。李云：敏疾如嚮也。簡文云：如嚮，應聲之疾，故是強梁之貌。「物徹疏明」司馬云：物，事也；徹，通也；事能通而開明也。崔云：無物不達，無物不明。「不勧」其眷反。

老聃曰：「是於聖人也，胥易技係，勞形怵心者也❶。且（曰）〔也〕①虎豹之文來田，猨狙之便執斄之狗來藉。如是者，可比明王乎？❷」

❶【注】言此功夫，容身不得，不足以比聖王。

【疏】若將彼人比聖王，無異胥徒勞苦，改易形容。技術工巧，神慮劬勞，故形容變改；係累，故心靈怵惕也。

【釋文】「胥」如字。司馬云：疏也。簡文云：相也。「易」音亦。崔以豉反，云：相輕易也。簡文同。「技」徐其綺反。簡文云：藝也。「係」如字。崔本作繫，或作轂。簡文云：音繫。◎盧文弨曰：轂，舊作繫，與上複。今定作轂，見《漢書》。◎慶藩案鄭注《周禮》：胥徒，民給徭役者。易，讀如

《孟子》易其田疇之易。胥易，謂胥徒供役治事。鄭注《檀弓》：易墓，謂治草木。易，猶治也。技係，若《王制》凡執技以事上者，不貳事，不移官，謂為技所繫也。《釋文》云：司馬云，胥，疏也。簡文云，胥，相也，竝誤。「怵心」敕律反。

❷【注】此皆以其文章技能係累其身，非涉虛以御乎無方也。

【疏】藉，繩也。猨狙，獮猴也。虎豹之皮有文章，故來田獵；獮猴以跳躍便捷，恆被繩拘；狗以執捉狐狸，每遭係頸。若以嚮疾之人類於聖帝，則此之三物，可比明王乎？

【釋文】「來田」李云：虎豹以皮有文章見獵也。田，獵也。「猨」音袁。「狙」七餘反。「之便」毗肩反，舊扶面反。「斄」音來，李音狸。崔云：旄牛也。「來藉」司馬云：藉，繩也，由捷見結縛也。崔云：藉，繫也。

【校】①也字惟覆宋本作曰，今依各本改。

陽子居蹵然曰：「敢問明王之治❶。」

❶【疏】既其失問，故驚悚變容，重請明王爲政，其義安在。

【釋文】「蹵然」子六反，改容之貌。「之治」直吏反。下同。

老聃曰：「明王之治：功蓋天下而似不自己❶，化貸萬物而民弗恃❷；有莫舉名，使物自喜❸；立乎不測❹，而遊於无有者也❺。」

❶【注】天下若無明王，則莫能自得。令①之自得，實明王之功也；然功在無爲而還任天下。天

下皆得自任，故似非明王之功。

【疏】夫聖人為政，功侔造化，覆等玄天，載周厚地，而功成不處，故非己為之也。

❷【注】夫明王皆就足物性，故人人皆云我自爾，而莫知恃賴於明王。

【疏】誘化蒼生，令其去惡；貸借萬物，與其福善；而玄功潛被，日用不知，百姓謂我自然，不賴君之能。

【釋文】「貸」吐代反。

❸【注】雖有蓋天下之功，而不舉以為己名，故物皆自以為得而喜。

【疏】莫，無也。舉，顯也。推功於物，不顯其名，使物各自得而懽喜適悅者也。

❹【注】居變化之塗，日新而無方者也。

❺【注】與萬物為體，則所遊者虛也。不能冥物，則迕物不暇，何暇遊虛哉！

【疏】無有，妙本也。樹德立功，神妙不測，而即迹即本，故常遊心於至極也。

【校】①世德堂本令作今。

鄭有神巫曰季咸❶，知人之死生存亡，禍福壽夭，期以歲月旬日，若神。鄭人見之，皆棄而走❷。列子見之而心醉，歸，以告壺子❸，曰：「始吾以夫子之道為至矣，則又有至焉者矣❹。」

❶【疏】鄭國有神異之巫，甚有靈驗，從齊而至，姓季名咸也。

【釋文】「神巫曰季咸」李云：女曰巫，男曰覡。季咸，名。

❷【注】不憙自聞死日也。

【疏】占候吉凶，必無差失，剋定時日，驗若鬼神。不喜預聞凶禍，是以棄而走避也。

【釋文】「不憙」許忌反。

❸【疏】列子事跡，具《逍遙篇》，今不重解。壺子，鄭之得道人也。號壺子，名林，即列子之師也。列子見季咸小術，驗若鬼神，中心羨仰，恍然如醉，既而歸反，具告其師。

【釋文】「心醉」向云：迷惑於其道也。「壺子」司馬云：名林，鄭人，列子師。

❹【注】謂季咸之至又過於夫子。

【疏】夫子，壺子也。至，極也。初始稟學，先生之道爲至，今見季咸，其道又極於夫子。此是禦寇心醉之言也。

壺子曰：「吾與汝既①其文，未既其實，而固得道與❶？衆雌而无雄，而又奚卵焉❷！而以道與世亢，必信，夫故使人得而相（女）〔汝〕②❸。嘗試與來，以予示之❹。」

❶【疏】與，授也。既，盡也。吾比授汝，始盡文言，於其妙理，全未造實。汝固執文字，謂言得道，豈知筌蹄異於魚兔耶！

【釋文】「既其文」李云：既，盡也。「得道與」音餘。

❷【注】言列子之未懷道也。

【疏】夫眾雌无雄，無由得卵。既文無實，亦何道之有哉！

【釋文】「眾雌而无雄而又奚卵焉」司馬云：言汝受訓未熟，故未成，若眾雌无雄則无卵也。

❸【注】未懷道則有心，有心而亢其一方，以必信於世，故可得而相之。

【疏】女用文言之道而與世間亢對，既無大智，必信彼小巫，是故季咸得而相女者也。

【釋文】「世亢」苦浪反。「必信」崔云：絕句。「相女」息亮反，注、下同。◎盧文弨曰：今本作汝。

❹【疏】夫至人凝遠，神妙難知，本迹寂動，非凡能測，故召令至，以我示之也。

【釋文】「示之」本亦作視。崔云：視，示之也。

【校】①《闕誤》引江南《古藏》本既作無。②汝字依世德堂本及盧校改。

明日，列子與之見壺子。出而謂列子曰：「嘻！子之先生死矣！弗活矣！不以旬數矣！吾見怪焉，見溼灰焉❷。」

❶【疏】嘻，歎聲也。子林示其寂泊之容，季咸謂其將死，先怪已彰，不過十日，弗活之兆，類彼溼灰也。

【釋文】「嘻」徐音熙，郭許意反。「旬數」所主反。

列子入，泣涕沾襟以告壺子。壺子曰：「鄉①吾示之以地文，萌乎不震不正②

❶。是殆見吾杜德機也❷。嘗又與來❸。」

❶【注】萌然不動，亦不自正，與枯木同其不華，濕灰均於寂魄，此乃至人無感之時也。夫至人，其動也天，其靜也地，其行也水流，其止也淵默。淵默之與水流，天行之與地止，其於不爲而自爾，一也。今季咸見其尸居而坐忘，即謂之將死；覩其神動而天隨，因謂之有生。誠〔能〕③應不以心而理自玄符，與變化升降而以世爲量，然後足爲物主而順時無極，故非相者所測耳。此應帝王之大意也。

【疏】文，象也。震，動也。地以無心而寧靜，故以不動爲地文也。萌然寂泊，曾不震動，無心自正，（文）〔又〕類傾頹，此是大聖無感之時，小巫謂之弗活也。而壺丘示見，義有四重：第一，示妙本虛凝，寂而不動；第二，示垂迹應感，動而不寂；第三，本迹相即，動寂一時；第四，本迹兩忘，動寂雙遣。此則第一妙本虛凝，寂而不動也。

【釋文】「鄉吾」許亮反。本作嚮，亦作向，同。崔本作康，云：向也。「地文」與士同也。崔云：文，猶理也。「不震不正」並如字。崔本作不誫不止，云：如動不動也。◎俞樾曰：《列子・黃帝篇》作罪乎不誫不止，當從之。罪讀為嶵。《說文・山部》作嶵，云：山貌，是也。誫即震之異文。不誫不止者，不動不止也。故以嶵乎形容之，言與山同也。今罪誤作萌，（正）〔止〕誤作（止）〔正〕④，失其義矣。據《釋文》，則崔本作不誫不止，與《列子》同，可據以訂正。「誠應」應對之應。後同。

❷【注】德機不發曰杜。

【疏】殆，近也。杜，塞也。機，動也。至德之機，開而不發，示其凝淡，便爲濕灰。小巫庸瑱，近見於此矣。

【釋文】「杜德機」崔云：塞吾德之機。

❸【疏】前者伊妄言我死，今時重命，令遣更來也。

【校】①趙諫議本作鼂。②《闕誤》引江南《古藏》本正作止。③能字依《道藏》本補。④止誤作正，依《諸子平議》改。

明日，又與之見壺子。出而謂列子曰：「幸矣子之先生遇我也！有瘳矣，全然有生矣❶！吾見其杜權矣❷。」

❶【疏】此即第二，垂迹應感，動而不寂，示以應容，神氣微動，既殊槁木，全似生平。而濫以聖功，用爲己力，謬言遇我，幸矣有瘳也。

【釋文】「有瘳」丑留反。

❷【注】權，機也。今乃自覺昨日之所見，見其杜權，故謂之將死也。

【疏】權，機也。前時一覩，有類濕灰，杜塞機權，全無應動。今日遇我，方得全生。小巫寡識，有茲叨濫者也。

列子入，以告壺子。壺子曰：「鄉吾示之以天壤❶，名實不入❷，而機發於踵❸。是殆見吾善者機也❹。嘗又與來。」

❶【注】天壤之中，覆載之功見矣。比之地文，不猶（卵）〔外〕①乎！此應感之容也。

【疏】壤，地也。示之以天壤，謂示以應動之容也。譬彼兩儀，覆載萬物，至人應感，其義亦然。

【釋文】「功見」賢遍反。◎慶藩案《文選》陸士衡《演連珠注》引司馬云：壤，地也。《釋文》闕。

❷【注】任自然而覆載，則天機玄應，而名利之飾皆爲棄物也。

【疏】雖復降迹同塵，和光利物，而名譽真實，曾不入於靈府也。

❸【注】常在極上起。

【疏】踵，本也。雖復物感而動，不失時宜，而此之神機，發乎妙本，動而常寂。

❹【注】機發而善於彼，彼乃見之。

【疏】示其善機，應此兩儀。季咸見此形容，所以謂之爲善。全然有生，則是見善之謂也。

【校】①外字依宋本改。

明日，又與之見壺子。出而謂列子曰：「子之先生不齊，吾无得而相焉。試齊，且復相之。❶」

❶【疏】此是第三，示本迹相即，動寂一時。夫至人德滿智圓，虛心凝照，本迹無別，動靜不殊。其道深玄，豈小巫能測耶！謂齊其心迹，試相之焉。不敢的定吉凶，故言且復相者耳。

【釋文】「不齊」側皆反，本又作齋。下同。「月復」扶又反。

列子入，以告壺子。壺子曰：「吾鄉示之以太沖莫勝❶。是殆見吾衡氣機也❷。鯢桓之審為淵，止水之審為淵，流水之審為淵。淵有九名，此處三焉❸。嘗又與來❹。」

❶【注】居太沖之極，浩然泊心而玄同萬方，故勝負莫得厝①其間也。

【疏】沖，虛也。莫，無也。夫聖照玄凝，與太虛等量，本迹相即，動寂一時，初無優劣，有何勝負哉！

【釋文】「泊心」白博反，又音魄。「得厝」七故反。字又作措，同。◎盧文弨曰：今本作措。

❷【注】無往不平，混然一之。以管闚天者，莫見其涯，故似不齊。

【疏】衡，平也。即迹即本，無優無劣，神氣平等，以此應機。小巫近見，不能遠測，心中迷亂，所以請齊耳。

【釋文】「管闚」去規反。

❸【注】淵者，靜默之謂耳。夫水常無心，委順外物，故雖流之與止，鯢桓之與龍躍，常淵然自若，未始失其靜默也。夫至人用之則行，捨之則止，行止雖異而玄默一焉，故略舉三異以明之。雖波流九變，治亂紛如，居其極者，常淡然自得，泊乎忘爲也。

【疏】此舉譬也。鯢，大魚也。桓，盤也。審，聚也。夫水體無心，動止隨物，或鯨鯢盤桓，或螭龍騰躍，或凝湛止住，或波流湍激。雖復漣漪清淡，多種不同，而玄默無心，其致一也。故鯢桓以方衡氣，止水以譬地文，流水以喻天壤，雖復三異，而虛照一焉。而言淵有九名者，謂鯢桓、止水、流水、（汎）〔氿〕②水、濫水、沃水、雍水、（文）〔汧〕③水、肥水，故謂之九也。並出《列子》，彼文具載，此略敍有此三焉也。

【釋文】「鯢」五兮反。「桓」司馬云：鯢桓，二魚名也。簡文云：鯢，鯨魚也，桓，盤桓也。崔本作鯢拒，云：魚所處之方穴也。又云：拒，或作桓。「之審」郭如字。簡文云：處也。司馬云：審當為蟠，蟠，聚也。崔本作潘，云：回流所鍾之域也。◎俞樾曰：審，司馬云當為蟠，蟠，聚也；崔本作潘，云回流所鍾之域也。今以字義求之，則實當為瀋。《說文・水部》：瀋，大波也，從水，旛聲。作潘者，字之省。司馬彪讀為蟠，誤也。郭本作審，則失其字矣。又案《列子・黃帝篇》云：鯢旋之潘為淵，止水之潘為淵，流水之潘為淵，濫水之潘為淵，沃水之潘為淵，氿水之潘為淵，雍水之潘為淵，汧水之潘為淵，肥水之潘為淵，是為九淵焉。九淵全列，然於上下文殊不相屬，疑為它處之錯簡。《莊子》所見已然。雖不敢徑去，而實非本篇文義所繫，故聊舉其三耳。◎家世父曰：《釋文》引崔本審作潘，云回流所鍾之域也。《列子・黃帝篇》鯢旋之潘為淵。字當作潘。《說文》：淵，回水也。《管子・度地篇》水出地而不流，命曰淵。謂水回旋而潴為淵，有物伏孕其中而成淵者，有止而不流者，有流而中渟為淵者，水之渟滀，因其自然之勢而或流或止，皆積之以成淵焉，故曰太沖莫朕。侵尋（汛）〔汎〕溢，非人力之所施也。「淵有九名」《淮南子》云，有九旋之淵。許慎注云：至深也。「治亂」直吏反。

❹【疏】欲示極玄，應須更召。

【校】①世德堂本作措。②氿字依《列子》改。③汧字依《列子》改。

明日，又與之見壺子。立未定，自失而走❶。壺子曰：「追之❷！」

❶【疏】季咸前後虞度來相，未呈玄遠，猶有近見。今者第四，其道極深，本迹兩忘，動寂雙遣。聖心行虛，非凡所測，遂使立未安定，奔逸而走也。

【釋文】「失而走」如字，徐音逸。

❷【疏】既見奔逃，命令捉取。

列子追之不及。反，以報壺子曰：「已滅矣，已失矣，吾弗及已❶。」

❶【疏】驚迫已甚，奔馳亦速，滅矣失矣，莫知所之也。

【釋文】「已滅」崔云：滅，不見也。

壺子曰：「鄉吾示之以未始出吾宗❶。吾與之虛而委蛇❷，不知其誰何❸，因以為弟靡，因以為波流，故逃也❹。」

❶【注】雖變化無常，而常深根冥極也。

【疏】夫妙本玄源，窈冥恍惚，超茲四句，離彼百非，不可以心慮知，安得以形名取！既絕言象，無的宗塗，不測所由，故失而走。

❷【注】無心而隨物化。

【釋文】「委」於危反。「蛇」以支反。委蛇，至順之貌。

❸【注】（汎）〔汎〕然無所係也。

【疏】委蛇，隨順之貌也。至人應物，虛己忘懷，隨順逗機，不執宗本；既不可名目，故不知的是何誰也。

❹【注】變化頹靡，世事波流，無往而不因也。夫至人一耳，然應世變而時動，故相者無所措其目，自失而走。此明應帝王者無方也。

【疏】頹者，放任；靡者，順從。夫上德無心，有感斯應，放任不務，順從於物，而揚波塵俗，隨流世間，因任前機，曾無執滯。千變萬化，非相者所知，是故季咸宜其逃逸也。

【釋文】「為弟」徐音頹，丈回反。「靡」弟靡，不窮之貌。崔云：猶遜伏也。◎盧文弨曰：《正字通》弟作弟。後來字書亦因之，而於古無有也。《類篇》弟字下有徒回反一音，云：弟靡，不窮皃。正本此。《列子・黃帝篇》作茅靡。「波流」如字。崔本作波隨，云：常隨從之。◎王念孫曰：郭象曰，變化頹靡，世事波流，無往而不因。《釋文》曰，波流，崔本作波隨，云常隨從之。案作波隨者是也。蛇何靡隨為韻。蛇，古音徒禾反。（委蛇之委，古音於禾反。委蛇，疊韻字也。《召南・羔羊篇》委蛇委蛇，與皮紽為韻。皮，古音婆。《莊子・庚桑楚篇》與物委蛇，與為波為韻。為，古音譌。委蛇，或作委佗。《鄘風・君子偕老篇》委委佗佗，與珈河宜何為韻。宜，古音俄。）靡，古音。摩（《中孚》九二，吾與爾靡之，與和為韻。《莊子・知北遊篇》安與之相靡，與化多為韻。成二年《左傳》師至於靡笄之下，靡一音摩。《史記・蘇秦傳》期年以出揣摩，鄒誕本作揣靡）隨，古亦音徒禾反。（波隨疊韻。《詩序》男行而女不隨，《老子》前後相隨，《管子・白心篇》天不始不隨，《呂氏春秋・審應篇》人先我隨，《韓子・解老篇》大姦作則小盜隨，《淮南・泰族篇》上動而下隨，《史記・太史公自序》主先而臣隨，並與和為韻。又《呂氏春秋・任數篇》無先有隨，與和多為韻。《賈子・道術篇》有端隨之，與和宜為韻。《淮南・原道篇》禍乃相隨，與多為韻。《說文》：隨，從辵，隋聲。隋音佗果反。《史記・天官書》，前列直斗口，三星隨北端兌，《索隱》曰：隨音他果反。）

然後列子自以為未始學而歸❶，三年不出。為其妻爨，食豕如食人❷。於事无與親❸，彫琢復朴❹，塊然獨以其形立❺。紛而封哉①❻，一以是終❼。

❶【疏】季咸逃逸之後，《列子》方悟己迷，始覺壺丘道深，神巫術淺。自知未學，請乞其退歸，習尚無爲，伏膺玄業也。

❷【注】忘貴賤也。

【疏】不出三年，屏於俗務。爲妻爨火，忘於榮辱。食豕如人，淨穢均等。

【釋文】「為其」于偽反。「妻爨」七判反。「食豕」音嗣。下同。

❸【注】唯所遇耳。

【疏】悟於至理，故均彼我，涉於世事，無親疏也。

❹【注】去華取實。

【疏】彫琢華飾之務，悉皆棄除，直置任真，復於朴素之道者也。

【釋文】「彫琢」竹角反。「去華」羌呂反。

❺【注】外飾去也。

【疏】塊然，無情之貌也。外除彫飾，內遣心智，槁木之形，塊然無偶也。

【釋文】「塊然」徐苦怪反，又苦對反。

❻【注】雖動而真不散也。

【疏】封，守也。雖復涉世紛擾，和光接物，而守於真本，確爾不移。

【釋文】「紛而」芳云反。崔云：亂貌。「封哉」崔本作戎，云：封戎，散亂也。◎李楨曰：紛而封哉，《列子・黃帝篇》作份然而封戎。按封戎是也。六句並韻語。食豕二句，人親為韻。彫琢二句，朴立為韻。紛而二句，戎終為韻。哉字，傳寫之譌。下四亦韻語。惟崔本不誤，與《列子》同。《尚書》公無困哉，《漢書》兩引作公無困我。此以我譌哉。亦是一證。

❼【注】使物各自終。

【疏】動不乖寂，雖紛擾而封哉；應不離真，常抱一以終始。

【校】①《闕文》引張君房本〔封〕〔紛〕下有然字。又一本作〔粉〕〔紛〕而封戎。

无為名尸❶，无為謀府❷；无為事任❸，无為知主❹。體盡无窮❺，而遊无朕❻；盡其所受乎天❼，而无見得❽，亦虛而已❾。至人之用心若鏡❿，不將不迎①，應而不藏⓫，故能勝物而不傷⓬。

❶【注】因物則物各自當其名也。

【疏】尸，主也。身尚忘遺，名將安寄，故無復爲名譽之主也。

❷【注】使物各自謀也。

【疏】虛淡無心，忘懷任物，故無復運爲謀慮於靈府耳。

❸【注】付物使各自任。

【疏】各率素分，恣物自爲，不復於事，任用於己。

❹【注】無心則物各自主其知也。

【疏】忘心絕慮，大順羣生，終不運知，以主於物。

【釋文】「知主」音（知）〔智〕②。注同。

❺【注】因天下之自爲，故馳萬物而無窮也。

【疏】體悟真源，故能以智境冥會，故曰皆無窮也。

❻【注】任物，故無迹。

【疏】朕，迹也。雖遨遊天下，接濟蒼生，而晦迹韜光，故无朕也。

【釋文】「无朕」直忍反。崔云：兆也。

❼【注】足則止也。

【疏】所稟天性，物物不同，各盡其能，未爲不足者也。

❽【注】見得則不知止。

【疏】夫目視之所見，雖見不見；得於分內之得，雖得不得。既不造意於見得，故雖見得而無見得也。

❾【注】不虛則不能任羣實。

【疏】所以盡於分內而無見得者，(自)直〔自〕虛心(忘)淡〔忘〕而已。

❿【注】鑒物而無情。

【疏】夫懸鏡高堂，物來斯照，至人虛應，其義亦然。

⓫【注】來即應，去即止。

【疏】將，送也。夫物有去來而鏡無迎送，來者即照，必不隱藏。亦猶聖智虛凝，無幽不燭，物感斯應，應不以心，既無將迎，豈有情於隱匿哉！

【釋文】「應而不藏」如字。本又作臧，亦依字讀。

⓬【注】物來乃③鑒，鑒不以心，故雖天下之廣④，而無勞神之累。

【疏】夫物有生滅，而鏡無隱顯，故常能照物而物不能傷。亦(由)〔猶〕聖人德合二儀，明齊三景，鑒照遐廣，覆載無偏。用心不勞，故無損害，爲其勝物，是以不傷。

【校】①世德堂本作逆。②智字依《釋文》原本及世德堂本改。③世德堂本乃作即。④趙諫議本作來照。

南海之帝為儵，北海之帝為忽，中央之帝為渾沌❶。儵與忽時相與遇於渾沌之地，渾沌待之甚善❷。儵與忽謀報渾沌之德，曰：「人皆有七竅以視聽食息，此獨无有，嘗試鑿之❸。」日鑿一竅，七日而渾沌死❹。

❶【疏】南海是顯明之方，故以儵爲有。北是幽闇之域，故以忽爲無。中央既非北非南，故以渾沌爲非無非有者也。

【釋文】「儵」音叔。李云：喻有象也。「忽」李云：喻無形也。「渾」胡本反。「沌」徒本反。崔云：渾沌，無孔竅也。李云：清濁未分也。此喻自然。簡文云：儵忽取神速為名，渾沌以合和為貌。神速譬有為，合和譬無為。

❷【疏】有無二心，會於非無非有之境，和二偏之心執爲一中之志，故云待之甚善也。

❸【疏】儵忽二人，（由）〔猶〕懷偏滯，未能和會，尚起學心，妄嫌渾沌之無心，而謂穿鑿之有益也。

❹【注】爲者敗之。

【疏】夫運四肢以滯境，鑿七竅以染塵，乖渾沌之至淳，顯有無之取舍，是以不終天年，中塗夭折。勗哉學者，幸勉之焉！故郭《注》云爲者敗之也。

【釋文】「七竅」苦叫反。《說文》云：孔也。「七日而渾沌死」崔云：言不順自然，強開耳目也。

莊子集釋 卷四上

外篇 駢拇第八❶

❶【釋文】舉事以名篇。

駢拇枝指，出乎性哉！而侈於德❶。附贅縣疣，出乎形哉！而侈於性❷。多方乎仁義而用之者，列於五藏哉！而非道德之正也❸。是故駢於足者，連无用之肉也；枝於手者，樹无用之指也❹；多方駢枝於五藏之情者，淫僻於仁義之行❺，而多方①於聰明之用也❻。

❶【疏】駢，合也；〔拇，足〕大〔指〕②也；謂足大拇指與第二指相連，合爲一指也。枝指者，謂手大拇指傍枝生一指，成六指也。出乎性者，謂此駢枝二指，並稟自然，性命生分中有之。侈，多也。德，謂仁義禮智信五德也。言曾史稟性有五德，蘊之五藏，於性中非剩也。

【釋文】「駢」步田反。《廣雅》云：並也。李云：併也。「拇」音母，足大指也。司馬云：駢拇，謂足拇指連第二指也。崔云：諸指連大指也。「枝指」如字。《三蒼》云：枝指，手有六指也。崔云：音岐，謂指有歧也。◎盧文弨曰：歧當作岐，後人強分之。「而侈」昌是反，徐處豉反。郭云：多貌。司馬云：溢也。崔云：過也。「於德」崔云：德，猶容也。

❷【注】夫長者不爲有餘，短者不爲不足，此則駢贅皆出於形性，非假物也。然駢與不駢，其性③各足，而此獨駢枝，則於眾以爲多，故曰侈耳。而惑者或云非性，因欲割而棄之，是道有所不存，德有所不載，而人有棄才，物有棄用也，豈是至治之意哉！夫物有小大，能有少多，所大即駢，所多即贅。駢贅之分，物皆有之，若莫之任，是都棄萬物之性也。

【疏】附生之贅肉，縣係之小疣，並稟形以後方有，故出乎形哉而侈性者，譬離曠稟性聰明，列之藏府，非關假學，故無侈性也。

【釋文】「附贅」章銳反。《廣雅》云：疣也。《釋名》云：橫生一肉，屬著體也。一云：瘤結也。「縣」音玄。「疣」音尤。「而侈於性」司馬云：性，人之本體也。駢拇，枝指，附贅，縣疣，此四者各出於形性，而非形性之正，於眾人為侈耳。於形為侈，於性為多，故在手為莫用之肉，於足為無施之指也。王云：性者，受生之質；德者，全生之本。駢枝受生而有，不可多於德；贅疣形後而生，不可多於性。此四者以況才智德行。◎俞樾曰：性之言生也。駢拇枝指，生而已然者也。故曰出乎性。附贅縣疣，成形之後而始有者也，故曰出乎形。德者，所以生者也。《天地篇》曰，物得以生謂之德，是也。駢拇枝指出乎性，而以德言之則侈矣；附贅縣疣出乎形，而以性言之則侈矣。崔云：德，猶容也，司馬云：性，人之本體也。混性與德與形而一之，殊失其旨。◎家世父曰：《釋文》引王云：性者，受生之質；德者，全生之本。駢拇枝指，與生俱來，故曰出於性；附贅縣疣，形既具而後附焉，故曰出於形。

「夫」音符。發句之端放此。「至治」直吏反。「之分」符問反。後可以意求。「物皆有之」之，或作定。

❸【注】夫與物冥者，無多也。故多方於仁義者，雖列於五藏，然自一家之正耳，未能與物無方而各正性命，故曰非道德之正。夫方之少多，天下未之有限。然少多之差，各有定分，毫芒之際，即不可以相跂，故各守其方，則少多無不自得。而惑者聞多之不足以正少，因欲棄多而任少，是舉天下而棄之，不亦妄乎！

【疏】方，道術也。言曾史之德，性多仁義，羅列藏府而施用之，此直一家之知，未能大冥萬物。夫能與物冥者，故當非仁非義而應夫仁義，不多不少而應夫多少，千變萬化，與物無窮，無所偏執，故是道德之正（言）（也）。

【釋文】「五藏」才浪反，後皆同。《黃帝素問》云：肝心脾肺腎為五藏。

❹【注】直自性命不得不然，非以有用故然也。

【疏】夫駢合之拇，無益於行步，故雖有此連，終成無用之肉；枝生於手指者，既不益操捉，故雖樹立此肉，終是無用之指也。欲明稟自然天性有之，非關助用而生也。

❺【注】五藏之情，直自多方耳，而少者橫復尚之，以至淫僻，而失至當於體中也。

【疏】夫曾史之徒，性多仁義，以此情性，駢於藏府。性少之類，矯情慕之，務此爲行，求於天理，既非率性，遂成淫僻。淫者，耽滯；僻者，不正之貌。

【釋文】「淫僻」本又作辟，匹亦反，徐敷赤反。注及篇末同。「於仁義之行」下孟反。崔云：駢枝贅疣，雖非性之正，亦出於形，不可去也。五藏之情，雖非道德之正，亦列於性，不可治也。今設仁義之教以治五藏之情，猶削駢枝贅疣也，既傷自然之理，更益其疾也。「橫復」扶又反。(徐)〔除〕篇末注皆同。「至當」丁浪反。後皆倣此。

❻【注】聰明之用，各有本分，故多方不爲有餘，少方不爲不足。然情欲之所蕩，未嘗不賤少而貴多也，見夫可貴而矯以尚之，則自多於本用而困其自然之性。若乃忘其所貴而保其素分，則與性無多而異方俱全矣。

【疏】言離曠素分，足於聰明，性少之徒，矯情爲尙，以此爲用，不亦謬乎！

【校】①《闕誤》引張君房本方作□。②三字依《釋文》補。③世德堂本性作於。

是故駢於明者，亂五色，淫文章，青黃黼黻之煌煌非乎？而離朱是已❶。多於聰者，亂五聲，淫六律，金石絲竹黃鐘①大呂之聲非乎？而師曠是已❷。枝於仁者，擢德塞性以收名聲，使天下簧鼓以奉不及之法非乎？而曾史是已❸。駢於辯者，纍瓦結繩竄句，遊心於堅白同異之閒，而敝跬譽無用之言非乎？而楊墨是已❹。故此皆多駢旁枝之道，非天下之至正也❺。

❶【疏】斧形謂之黼。兩己相背謂之黻。五色，青黃赤白黑也。青與赤爲文，赤與白爲章。煌煌，眩目貌也。豈非離朱乎？是也。已，助聲也。離朱，一名離婁，黃帝時明目人，百里察毫毛也。

【釋文】「黼黻」音甫，下音弗。《周禮》云：白與黑謂之黼，黑與青謂之黻。「煌煌」音皇。《廣雅》云：光也。向崔本作⿰車黃。向云：馬氏音煌。《毛詩傳》云：皇皇，猶煌煌也。煌，又音晃。◎盧文弨曰：舊作光光也，今據本書刪一光字。「非乎」向云：非乎，言是也。「離朱」司馬云：黃帝時人，百步見秋毫之末，一云：見千里針鋒。《孟子》作離婁。「是已」向云：猶是也。

❷【注】夫有耳目者，未嘗以慕聾盲自困也，所困常在於希離慕曠，則離曠雖性聰明，乃是亂耳目之主也。

【疏】五聲，謂宮商角徵羽也。六律，黃鐘大呂姑洗蕤賓無射夾鐘之徒是也。六律陽，六呂陰，總十二也。金石絲竹匏土革木，此八音也。非乎，言滯著此聲音，豈非是師曠乎。師曠，字子野，晉平公樂師，極知音律。言離曠二子素分聰明，庸昧之徒橫生希慕，既失本性，寧不困乎！然則離曠聰明，乃是亂耳目之主也。

【釋文】「五聲」本亦作五音。「師曠」司馬云：晉賢大夫也，善音律，能致鬼神。《史記》云：冀州南和人，生而無目。

❸【注】夫曾史性長於仁耳，而性不長者橫復慕之，慕之而仁，仁已僞矣。天下未嘗慕桀跖而必慕曾史，則曾史之簧鼓天下，使失其真性，甚於桀跖也。

【疏】枝於仁者，謂素分枝多仁義，(由)〔猶〕如生分中枝生一指也。擢用五德，既偏滯邪淫，仍閉塞正性。用斯接物，以收聚名聲，遂使蒼生馳動奔競，(由)〔猶〕如笙簧鼓吹，能感動於物欣企也。然曾史性長於仁義，而不長者橫復慕之，捨短效長，故言奉不及之法也。擢，拔；謂拔擢僞德，塞其真性也。曾者，姓曾，名參，字子輿，仲尼之弟子。史者，姓史，名鰌，字子魚，衛靈公臣。此二人並稟性仁孝，故舉之。

【釋文】「攞德」音灑。司馬云，拔也。◎王念孫曰：塞與攞義不相類。塞當為搴，攞，搴，皆謂拔取之也。《廣雅》云：搴，取也，（《楚辭・離騷》注及《史記・叔孫通傳索隱》引許慎，並與《廣雅》同。《方言》作攓，云：取也，南楚曰攓。《說文》作擦，云：拔取也。）拔也。（樊光注《爾雅》及李奇注《漢書・季布欒布田叔傳贊》，並與《廣雅》同。）此言世之人皆攞其德，搴其性，務為仁義以收名聲，非謂塞其性也。《淮南・俶真篇》曰：俗世之學，攞德攓性，內愁五藏，外勞耳目，乃始招蟯振繾物之毫芒，搖消掉捎仁義禮樂，暴行越智於天下，以招號名聲於世。又曰：今萬物之來，攞拔吾性，攓取吾情。皆其證也。隸書手字或作扌，（若擧字作舉，拳字作奉之類。）故搴字或作搴，形與塞相似，因譌而為塞矣。「簧鼓」音黃，謂笙簧也。鼓，動也。「曾史」曾參史鰌也。曾參行仁，史鰌行義。「跖」之石反。

❹【注】夫騁其奇辯，致其危辭者，未曾容思於檮杌之口，而必競辯於楊墨之閒，則楊墨乃亂羣言之主也。

【疏】楊者，姓楊，名朱，字子居，宋人也。墨者，姓墨，名翟，亦宋人也，爲宋大夫；以其行墨之道，故稱爲墨。此二人並墨之徒，稟性多辯，咸能致高談危險之辭，鼓動物性，固執是非；（由）〔猶〕如緘結藏匿文句，使人難解，其游心學處，惟在堅執守白之論，是非同異之閒，未始出非人之域也。蹩躠，（由）〔猶〕自持也，亦用力之貌。譽，光贊也。楊墨之徒，並矜其小學，炫燿衆人，誇無用之言，惑於羣物。然則楊墨豈非亂羣之師乎？言即此楊墨而已也。

【釋文】「纍」劣彼反。「瓦」危委反，向同，崔如字。一云：瓦當作丸。「結繩」（本）〔李〕②云：言小辯危詞，若結繩之纍瓦也。崔云：聚無用之語，如瓦之纍，繩之結也。「竄」七亂反。《爾雅》云：微也。一云藏也。「句」紀具反。司馬云：竄句，謂邪說微隱，穿鑿文句也。一音鉤。「敝」本亦作蹩。徐音婢，郭父結反，李步計反。司馬云：罷也。「跬」徐丘婢反，郭音屑。向崔本作趌。向丘氏反，云：近也。司馬同。李却垂反。一云：敝跬，分外用力之貌。「譽」音餘。◎家世父曰：《釋文》，敝跬，分外用力之貌。今案跬譽猶云咫言。《方言》，半步為跬。《司馬法》，一舉足曰跬。跬，三尺也。跬譽者，邀一時之近譽也。敝，如《周禮》弓人筋欲敝之敝，謂勞敝也。敝精罷神於近名而無實用之言，故謂之駢於辯。「楊墨」崔李云：楊朱墨翟也。「容思」息嗣反。「檮杌」上徒刀反。下音兀。

❺【注】此數子皆師其天性，直自多駢旁枝，各自是一家之正耳。然以一正萬，則萬不正矣。故至正者不以己正天下，使天下各得其正而已。

【疏】言此數子皆自天然聰明仁辯，（由）〔猶〕如合駢之拇，傍生枝指，稟之素分，豈由人爲！故知率性多仁，乃是多駢傍枝之道也。而愚惑之徒，捨己效物，求之分外，由而不已。然搖動物性，由此數人，以一正萬，故非天下至道正理也。

【釋文】「此數」色主反。下文此數音同。

【校】①趙諫議本鐘作鍾。②李字依世德堂本及《釋文》原本改。

彼正正者，不失其性命之情❶。故合者不為駢❷，而枝者不為跂①❸；長者不為有餘❹，短者不為不足❺。是故鳧脛雖短，續之則憂；鶴脛雖長，斷之則悲❻。故性長非所斷，性短非所續，無所去憂也❼。意仁義其非人情乎❽！彼仁人何其多憂也❾？

❶【注】物各任性，乃正正也。自此已下觀之，至正可見矣。

【疏】以自然之正理，正蒼生之性命，故言正也。物各自得，故言不失也。言自然者即我之自然，所言性命者亦我之性命也，豈遠哉！故言正正者，以不正而正，正而不正（之無）言〔之〕也②。自此以上，明矯性之失；自此以下，顯率性之得也。◎俞樾曰：上正字乃至字之誤。上文云故此皆多駢旁枝之道，非天下之至正也，此云彼至正者不失其性命之情，兩文相承。今誤作正正，義不可通。郭曲爲之說，非是。

❷【注】以枝正合，乃謂合爲駢。

❸【注】以合正枝，乃謂枝爲跂。

【疏】以枝望合，乃謂合爲駢，而合實非駢；以合望枝，乃謂枝爲跂，而枝實非跂也。

【釋文】「不為跂」其知反。崔本作枝，音同。或渠支反。

❹【注】以短正長，乃謂長有餘。

❺【疏】以長正短，乃謂短不足。

【疏】長者，謂曾史離曠楊墨，並稟之天性，蘊蓄仁義，聰明俊辯，比之羣小，故謂之長，率性而動，故非有餘。短者，眾人比曾史等不及，故謂之短，然亦天機自張，故非爲不足。

❻【注】各自有正，不可以此正彼而損益之。

【疏】鳧，小鴨也。鶴，鵠之類也。脛，腳也。自然之理，亭毒眾形，雖復脩短不同，而形體各足稱事，咸得逍遙。而惑者方欲截鶴之長續鳧之短以爲齊，深乖造化，違失本性，所以憂悲。

【釋文】「鳧」音符。「脛」形定反。《釋名》云：莖也，直而長，如物莖也。本又作踁。「鶴」戶各反。「斷之」丁管反。下及注同。

❼【注】知其性分非所斷續而任之，則無所去憂而憂自去也。

【疏】夫稟性受形，僉有崖量，脩短明暗，素分不同。此如鳧鶴，非所斷續。如此，即各守分內，雖爲無勞去憂，憂自去也。

【釋文】「去憂」起呂反。注去憂、去也同。

❽【注】夫仁義自是人之情性，但當任之耳。

【釋文】「意」如字。下同。亦作醫。

❾【注】恐仁義非人情而憂之者，真可謂多憂也。

【疏】噫，嗟歎之聲也。夫仁義之情，出自天理，率性有之，非由放效。彼仁人者，則是曾史之徒，不體真趣，橫生勸獎，謂仁義之道可學而成。莊生深嗟此迷，故發噫歎。分外引物，故謂多憂也。（非）其（非）③人情乎者，是人之情性者也。

【校】①《闕誤》引江南《古藏》本云岐作跂。今本作跂，疑《釋文》云崔本作枝之枝係岐字之誤，故云或渠支反。②之無二字依劉文典《補正》本刪，並以之字屬言字下。③其非依正文改。

且夫駢於拇者，決之則泣；枝於手者，齕之則啼。二者，或有餘於數，或不足於數，其於憂一也❶。今世之仁人，蒿目而憂世之患❷；不仁之人，決性命之情而饕貴富❸。故意仁義其非人情乎❹！自三代以下者，天下何其囂囂也❺？

❶【注】謂之不足，故泣而決之；以爲有餘，故啼而齕之。夫如此，雖①羣品萬殊，無釋憂之地矣。唯各安其天性，不決駢而齕枝，則曲成而無傷，又何憂哉！

【疏】齕者，齧斷也。決者，離析也。有餘於數，謂枝生六指也。不足於數，謂駢爲四指也。夫駢枝二物，自出天然，但當任置，未爲多少。而惑者不能忘淡，固執是非，謂枝爲有餘，駢爲不足，橫欲決駢齕枝，成於五數。既傷造化，所以泣啼，故決齕雖殊，其憂一也。

【釋文】「齕」李音紇，恨發反，齒斷也。徐胡勿反。郭又胡突反。「啼」音提。崔本作諦。

❷【注】兼愛之迹可尚，則天下之目亂矣。以可尚之迹，蒿令有患而遂憂之，此爲陷人於難而後拯之也。然今世正謂此爲仁也。

【疏】蒿，目亂也。仁，兼愛之迹也。今世，猶末代。言曾史之徒，行此兼愛，遂令惑者捨己效人，希幸之路既開，耳目之用亂矣。耳目亂則患難生，於是憂其紛擾，還救以仁義。不知患難之所興，興乎聖迹也。

【釋文】「蒿目」好羔反。司馬云：亂也。李云：蒿目，快性之貌。◎盧文弨曰：今本快作決②。◎俞樾曰：司馬與郭注共以蒿目二字為句，解為亂天下之目，義殊未安。蒿乃睢之叚字。《玉篇・目部》：睢，庚鞠切，目明又望也。是睢為望視之貌。仁人之憂天下，必為之睢然遠望，故曰睢目而憂世之患。

晦與蒿，古音相近，故得通用。《詩・靈臺篇》白鳥翯翯，《孟子・梁惠王篇》作鶴鶴，《文選・景福殿賦》作晦晦。然則蒿之通作晦，猶翯之通作鶴與晦矣。《周易・文言傳》：確乎其不可拔。《說文・土部》曰：塙，堅不可拔也。即本《易》義。是確與塙通，亦其例也。「蒿令」力呈反，下同。「於難」乃旦反。「後拯」拯救之拯。

❸【注】夫貴富所以可饕，由有蒿之者也。若乃無可尙之迹，則人安其分，將量力受任，豈有決己效彼以饕竊非望哉？

【疏】饕，貪財也。素分不懷仁義者，謂之不仁之人也。意在貪求利祿，偷竊貴富，故絕己之天性，亡失分命真情，而矯性僞情，舍我逐物，良由聖迹可尙，故有斯弊者也。是知抱樸還淳，必須絕仁棄義。

【釋文】「饕」吐刀反。杜預注《左傳》云：貪財曰饕。

❹【疏】此重結前旨也。◎慶藩案意讀爲抑。抑或作意，語詞也。《論語・學而篇》抑與之與，《漢石經》作意。《墨子・非命篇》意將以爲利天下乎，《晏子春秋・雜篇》意者非臣之罪乎，《漢書敍傳》曰，其抑者從橫之事復起於今乎。抑者與意者同，竝與此句法一例。或言意者，或單言意，義亦同也。

❺【注】夫仁義自是人情也。而三代以下，橫共囂囂，棄③情逐迹，如將不及，不亦多憂乎！

【疏】自，從也。三代，夏殷周也。囂囂，猶讙聒也。夫仁義者，出自性情。而三代以下，棄情徇迹，囂囂競逐，何愚之甚！是以夏行仁，殷行義，周行禮，即此囂囂之狀也。

【釋文】「嚻嚻」許橋反，又五羔反。《字林》云：聲也。崔云：憂世之貌。

【校】①世德堂本雖作舉。②《釋文》原刻作快，世德堂本作決。③世德堂本棄作乘。

且夫待鉤繩規矩而正者，是削其性者也❶；待繩約膠漆而固者，是侵其德者也❷；屈折禮樂，呴俞仁義，以慰天下之心者，此失其常然也❸。天下有常然。常然者，曲者不以鉤，直者不以繩，圓者不以規，方者不以矩，附離不以膠漆，約束不以纆索❹。故天下誘然皆生而不知其所以生，同焉皆得而不知其所以得❺。故古今不二，不可虧也❻。則仁義又奚連連如膠漆纆索而遊乎道德之間為哉❼，使天下惑也❽！

❶【疏】鉤，曲；繩，直；規，圓；矩，方也。夫物賴鉤繩規矩而後曲直方圓也，此非天性也；（諭）〔喻〕人待教迹而後仁義者，非真性也。夫真率性而動，非假學也。故矯性僞情，舍己效物而行仁義者，是減削毀損於天性也。

❷【疏】約，束縛也。固，牢也。侵，傷也。德，真智也。夫待繩索約束，膠漆堅固者，斯假外物，非真牢者也；喻學曾史而行仁者，此矯僞，非實性也。既乖本性，所以侵傷其德也。

❸【疏】屈，曲也。折，截也。呴俞，猶嫗撫也。揉直爲曲，施節文之禮；折長就短，行漫澶之樂；嫗撫偏愛之仁，呴俞執迹之義。以此僞真，以慰物心，遂使物喪其真，人亡其本，既而棄本逐末，故失其真常自然之性者也。此則總結前文之失，以生後文之得也。

【釋文】「屈」崔本作詘。「折」之熱反，謂屈折支體為禮樂也。「呴」況於反，李況付反。本又作傴，於禹反。「俞」音臾，李音喻。本又作呴，音詡，謂呴喻顏色為仁義之貌。

❹【疏】夫天下萬物，各有常分。至如蓬曲麻直，首圓足方也，水則冬凝而夏釋，魚則春聚而秋散，斯出自天然，非假諸物，豈有鉤繩規矩膠漆纆索之可加乎！在形既然，於性亦爾。故知禮樂仁義者，亂天之經者也。又解：附離，離，依也。故《漢書》云，哀帝時附離董氏者，皆起家至二千石，注云：離，依之也。

【釋文】「纆」音墨。《廣雅》云：索也。「索」悉各反。下同。

❺【注】夫物有常然，任而不助，則泯然自得而不自覺也。

【疏】誘然生物，稟氣受形，或方或圓，乍曲乍直，亭之毒之，各足於性，悉莫辨其然，皆不知所以生，豈措意於緣慮，情係於得失者乎！是知屈折呴俞，失其常也。

❻【注】同物，故與物無二而常全。

【疏】夫見始終以不一者，凡情之闇惑也；覩古今之不二者，聖智之明照也。是以不生而生，不知所以生，不得而得，不知所以得；雖復時有古今而法無虧損，千變萬化，常唯一也。

❼【注】任道而得，則抱朴獨往，連連假物，無爲其閒也。

【疏】奚，何也。連連，猶接續也。夫道德者，非有非無，不生不滅，不可以聖智求，安得以形名取！而曾史之類，性多於仁，以己率物，滯於名教，束縛既似纆繩，執固又如膠漆，心心相續，連連不斷。懷挾此行，遨遊道德之鄉者，譬猶以圓學方，以魚慕鳥，徒希企尙之名，終無功用之實，筌蹄不忘魚兔，又喪已陳芻狗，貴此何爲也！

【釋文】「連連」司馬云：謂連續仁義，遊道德間也。

❽【注】仁義連連，祇足以惑物，使喪其真。

【疏】仁義之教，聰明之迹，乖自然之道，亂天下之心。

【釋文】「祇足」音支。「使喪」息浪反。下已喪同。

夫小惑易方，大惑易性❶。何以知其然邪❷？自虞氏招仁義以撓天下也，天下莫不奔命於仁義❸，是非以仁義易其性與❹？故嘗試論之，自三代以下者，天下莫不以物易其性矣❺。小人則以身殉利，士則以身殉名，大夫則以身殉家，聖人則以身殉天下❻。故此數子者，事業不同，名聲異號，其於傷性以身為殉，一也❼。臧與穀，二人相與牧羊而俱亡其羊❽。問臧奚事，則挾筴讀書；問穀奚事，則博塞以遊。二人者，事業不同，其於亡羊均也❾。伯夷死名於首陽之下，盜跖死利於東陵之上❿，二人者，所死不同，其於殘生傷性均也⓫，奚必伯夷之是而盜跖之非乎⓬！天下盡殉也。彼其所殉仁義也，則俗謂之君子；其所殉貨財也，則俗謂之小人⓭。其殉一也，則有君子焉，有小人焉；若其殘生損性，則盜跖亦伯夷已，又惡取君子小人於其間哉！⓮

❶【注】夫東西易方，於體未虧；矜仁尚義，失其常然，以之死地，乃大惑也。

【疏】夫指南爲北，其迷尚小；滯迹喪真，爲惑更大。

❷【疏】然，如是也。此即假設疑問以出後文。

❸【注】夫與物無傷者，非爲仁也，而仁迹行焉；令萬理皆當者，非爲義也，而義功見焉；故當而無傷者，非仁義之招也。然而天下奔馳，棄我徇彼以失其常然。故亂心不由於醜而恆在美色，撓世不由於惡而恆由仁義，則仁義者，撓天下之具也。

【疏】虞氏，舜也。招，取也。撓，亂也。自唐堯以前，猶懷質朴；虞舜以後，淳風漸散，故以仁義聖迹，招慰蒼生，遂使宇宙黎元，荒迷奔走，喪於性命，逐於聖迹。

【釋文】「以撓」而小反，郭呼堯反，又許羔反。《廣雅》云：亂也。又奴爪反。俞樾曰：《國語・周語》好盡言以招人過，韋注曰：招，舉也。舊音曰，招音翹。《漢書・陳勝傳贊》招八州而朝同列，鄧展曰：招，舉也。蘇林曰：招音翹。此文招字，亦當訓舉而讀為翹，言舉仁義以撓天下也。郭注曰，故當而無傷者，非仁義之招也，然而天下奔馳，棄我殉彼，以失其常然，是讀如本字。然以仁義招人，不得反云招仁義，可知其非矣。「功見」賢遍反。

❹【注】雖虞氏無易之〔之〕①情，而天下之性固以易矣。

【疏】由是觀之，豈非用仁義聖迹撓亂天下，使天下蒼生，棄本逐末而改其天性耶？

【釋文】「性與」音餘。此可以意消息，後皆倣此。

❺【注】自三代以上，實有無爲之迹。無爲之迹，亦有爲者之所尚也，尚之則失其自然之素。故雖聖人有不得已，或以槃夷之事易垂拱之性，而況悠悠者哉！

【疏】五帝以上，猶扇無爲之風；三代以下，漸興有爲之教。澆淳異世，步驟殊時，遂使捨己效人，易奪真性，殉物不及，不亦悲乎！注云或以槃夷之事易垂拱之性者，槃夷，猶創傷也。言夏禹以風櫛雨沐，手足胼胝，以此辛苦之事，易於無爲之業，居上既爾，下民亦然也。

【釋文】「三代」夏殷周也。「以上」時掌反。「槃夷」並如字，謂創傷也。依字應作瘢痍。

❻**【注】**夫鶉居而鷇食，鳥行而無章者，何惜而不殉哉！故與世常冥，唯變所適，其迹則殉世之迹也；所遇者或時有槃夷禿脛之變，其迹則傷性之迹也。然而雖揮斥八極而神氣無變，手足槃夷而居形者不擾，則奚殉哉？無殉也，故乃不殉其所殉，而迹與世同殉也。

【疏】殉，從也，營也，求也，逐也，謂身所以從之也。夫小人貪利，廉士重名，大夫殉爲一家，帝王營於四海，所殉雖異，易性則同。然聖人與世常冥，其迹則殉，故有瘢痍禿脛之變，而未始累其神者也。

【釋文】「殉」辭俊反，徐辭倫反。司馬云：營也。崔云：殺身從之曰殉。「鶉」音純，又音敦。「鷇」口豆反。「禿」吐木反。「揮斥」上音揮，下音赤。

❼**【疏】**數子者，則前之三世以下四人也。事業者，謂利名〔家〕②天下不同也。名聲者，謂小人士大夫聖人異號也。言此四人，事業雖復不同，名聲異號也，其於殘生以身逐物，未始不均也。

❽**【疏】**此仍前舉譬以生後文也。《孟子》云：臧，善學人；穀，孺子也。揚雄云：男壻婢曰臧；穀，良家子也。牧，養也。亡，失也。言此二人各耽事業，俱失其羊也。

【釋文】「臧」作郎反。崔云：好書曰臧。《方言》云：齊之北鄙，燕之北郊，凡民男而壻婢謂之臧，女而婦奴謂之獲。張揖云：壻婢之子謂之臧，婦奴之子謂之獲。「與穀」如字。《爾雅》云：善也。崔本作穀，云：孺子曰穀。「牧羊」牧養之牧。

❾【疏】奚，何也。册，簡也。古人無紙，皆以簡册寫書。行五道而投瓊曰博，不投瓊曰塞。問臧問穀，乃有書塞之殊，牧羊亡羊，實無復異也。

【釋文】「挾」音協。「筴」字又作策，初革反。李云：竹簡也。古以寫書，長二尺四寸。「博塞」悉代反。塞，博之類也。《漢書》云：吾丘壽王以善格五待詔，謂博塞也。

❿【疏】此下合譬也。伯夷叔齊，並孤竹君之子也。孤竹，神農氏之後也，姜姓。伯夷，名允，字公信；叔齊，名致，字公遠。夷長而庶，齊幼而嫡，父常愛齊，數稱之於夷。及其父薨，兄弟相讓，不襲先封。聞文王有德，乃往於周。遇武王伐紂，扣馬而諫，諫不從，走入首陽山，採薇爲糧，不食周粟，遂餓死首陽山。山在蒲州河東縣。蒲州城南三十里，見有夷齊廟墓，林木森踈。盜跖者，柳下惠之從弟，名跖，徒卒九千，常爲巨盜，故以盜爲名。東陵者，山名，又云即太山也，在齊州界，去東平十五里，跖死其上也。

【釋文】「首陽」山名，在河東蒲坂縣。死，謂餓而死。「東陵」李云：謂泰山也。一云：陵名，今名東平陵，屬濟南郡。◎慶藩案《文選》任彥昇《王文憲集》（字）〔《序》〕③《注》引司馬云：東陵，陵名，今屬濟南也。《釋文》闕。

⓫【疏】伯夷殉名，死於首陽之下；盜跖貪利，殞於東陵之上。乃名利所殉不同，其於殘傷，未能相異也。

⑫【注】天下之所惜者生也，今殉之太甚，俱殘其生，則所殉是非，不足復論。

【疏】據俗而言，有美有惡；以道觀者，何是何非。故盜跖不必非，伯夷豈獨是。◎慶藩案慧琳《一切經音義》卷八十九《梁高僧傳》四引司馬云：盜跖，兇惡人也。《釋文》闕。

⑬【疏】此總結前文以成後義。但道喪日久，並非適當。今俗中盡殉，豈獨夷跖！從於仁義，未始離名；逐於貨財，固當走利。唯名與利，殘生之本，即非天理，近出俗情，君子小人，未可正據也。

⑭【注】天下皆以不殘爲善，今均於殘生，則雖所殉不同，不足復計也。夫生奚爲殘，性奚爲易哉？皆由乎尚無爲之迹也。若知迹之由乎無爲而成，則絕尚去甚而反冥我極矣。堯桀將均於自得，君子小人奚（辯）〔辨〕④哉！

【疏】惡，何也。其所殉名利，則有君子小人之殊；若殘生損性，曾無盜跖伯夷之異。此蓋俗中倒置，非關真極。於何而取君子，於何而辨小人哉？言無別也。

【釋文】「又惡」音烏。「取君子小人於其間哉」崔本無小人於三字。

【校】①之字依王叔岷說補。②家字依正文補。③序字依《文選》改。④辨字依世德堂本改。

且夫屬其性乎仁義者，雖通如曾史，非吾所謂臧也❶；屬其性於五味，雖通如俞兒，非吾所謂臧也❷；屬其性乎五聲，雖通如師曠，非吾所謂聰也；屬其性乎五色，雖通如離朱，非吾所謂明也❸。吾所謂臧者，非仁義之謂也，臧於其德而已矣

❹；吾所謂臧者，非所謂仁義之謂也，任其性命之情而已矣❺；吾所謂聰者，非謂其聞彼也，自聞而已矣；吾所謂明者，非謂其見彼也，自見而已矣❻。夫不自見而見彼，不自得而得彼者，是得人之得而不自得其得者也，適人之適而不自適其適者也❼。夫適人之適而不自適其適，雖盜跖與伯夷，是同為淫僻也❽。余愧乎道德，是以上不敢為仁義之操，而下不敢為淫僻之行也❾。

❶【注】以此係彼爲屬。屬性於仁，殉仁者耳，故不善也。

【疏】屬，係也。臧，善也。吾，莊生自稱也。夫捨己効人，得物喪我者，流俗之僞情也。故係我天性，學彼仁義，雖通達聖迹，如曾參史魚，乖於本性，故非論生之所善也。

【釋文】「屬其」郭時欲反，謂係屬也。徐音燭，屬，著也。下皆同。

❷【注】率性通味乃善。

【疏】《孟子》云：俞兒，齊之識味人也。《尸子》云：俞兒和薑桂，爲人主上食。夫自無天素，効物得知，假令通似俞兒，非其善故也。

【釋文】「雖通如楊墨」一本無此句。「俞兒」音榆，李式榆反。司馬云：古之善識味人也。崔云：《尸子》曰：膳俞兒和之以薑桂，為人主上食。《淮南》云：俞兒狄牙，嘗淄澠之水而別之。一云：俞兒，黃帝時人。狄牙則易牙，齊桓公時識味人也。一云：俞兒亦齊人。《淮南子》一本作申兒，疑申當為臾。

❸【注】不付之於我而屬之於彼，則雖通之如彼，而我已喪矣。故各任其耳目之用，而不係於離

曠，乃聰明也。

【疏】夫離朱師曠，稟分聰明，率性而能，非關學致。今乃矯性僞情，捨己效物，雖然通達，未足稱善也。

❹【注】善於自得，忘仁而仁。

【疏】德，得也。夫達於玄道者，不易性以殉者也，豈復執已陳之芻狗，滯先王之蘧廬者哉！故當知其自知，得其自得，以斯爲善，不亦宜乎！

❺【注】謂仁義爲善，則損身以殉之，此於性命還自不仁也。身且不仁，其如人何！故任其性命，乃能及人，及人而不累於己，彼我同於自得，斯可謂善也。

【疏】夫曾參史魚楊朱墨翟，此四子行仁義者，蓋率性任情，稟之天命，譬彼駢枝，非由學得。而惑者覩曾史之仁義，言放效之可成；聞離曠之聰明，謂庶幾之必致；豈知造物而亭毒之乎！故王弼注《易》云，不性其情，焉能久行其致，斯之謂也。

【釋文】「不累」劣僞反。後皆倣此。

❻【注】夫絕離棄曠，自任聞見，則萬方之聰明莫不皆全也。

【疏】夫希離慕曠，見彼聞他，心神馳奔，耳目竭喪，此乃愚闇，豈曰聰明！若聽耳之所聞，視目之所見，保分任真，不蕩於外者，即物皆聰明也。

❼【注】此舍己効人者也，雖効之若人，而己已亡矣。

【疏】夫不能視見之所見而見目以求離（未）〔朱〕之明，不能知知之所知而役知以慕史魚之義者，斯仍僞情學人之得，非謂率性自得己得也。既而僞學外顯，効彼悅人，作僞心勞，故不自適其適也。

【釋文】「舍己」音捨。

❽【注】苟以失性爲淫僻，則雖所失之塗異，其於失之一也。

【疏】淫，滯也。僻，邪也。夫保分率性，正道也；尙名好勝，邪淫也。是以捨己逐物，開希幸之路者，雖伯夷之善，盜跖之惡，亦同爲邪僻也。重舉適人之適者，此疊前生後以起文勢故也。

❾【注】愧道德之不爲，謝冥復之無迹，故絕操行，忘名利，從容吹累，遺我忘彼，若斯而已矣。

【疏】夫虛通之道，至忘之德，絕仁絕義，無利無名。而莊生妙體環中，遊心物表，志操絕乎仁義，心行忘乎是非；體自然之無有，愧道德之不爲。而言上下者，顯仁義淫僻之優劣也。而云余愧不敢者，示謙也。郭注云從容吹累者，從容，猶閒放；而吹累，動而無心也。吹，風也；累，塵；猶清風之動，微塵輕舉也。

【釋文】「愧乎」崔本作聭，云：聭，愧同。「之行」下孟反。注同。「冥復」音服。「從容」七容反。「吹」如字，又昌僞反。字亦作炊。

莊子集釋　卷四中

外篇　馬蹄第九❶

❶【釋文】舉事以名篇。

馬，蹄可以踐霜雪，毛可以禦風寒，齕草飲水，翹足而陸，此馬之真性也❶。雖有義臺路寢，無所用之❷。及至伯樂，曰：「我善治馬。」燒之，剔之，刻之，雒之，連之以羈馽，編之以皁棧，馬之死者十二三矣；❸飢之，渴之，馳之，驟之，整之，齊之，前有橛飾之患，而後有鞭筴之威，而馬之死者已過半矣❹。陶者曰：「我善治埴，圓者中規，方者中矩❺。」匠人曰：「我善治木，曲者中鉤，直者應繩❻。」夫埴木之性，豈欲中規矩鉤繩哉❼？然且世世稱之曰「伯樂善治馬而陶匠善治埴木」，此亦治天下者之過也❽。

❶【注】駑驥各適於身而足。

【疏】齕，齧也；踐，履；禦，捍；翹，舉也，夫蹄踐霜雪，毛禦風寒，飢即齕草，渴即飲水，逸豫適性，即舉足而跳躑，求稟乎造物，故真性豈願羈馽皁棧而爲服養之乎！況萬有參差，咸資素分，安排任性，各得逍遙，不矜不企，即生涯可保。

【釋文】「馬」《釋名》云：武也。王弼注《易》云：在下而行者也。「蹄」音提。司馬云：馬足甲也。「禦」魚呂反。《廣雅》云：敵也。崔本作辟。「齕」恨發反，又胡切反。「翹」祁饒反。「足」崔本作尾。「而陸」司馬云：陸，跳也。《字書》作駐。駐，馬健也。◎慶藩案《釋文》崔本作翹尾，引司馬云，陸，跳也。《字書》作駐，馬健也。今案足作尾是也。《文選》〔郭景純〕《江賦注》引《莊子》正作尾，陸作踛，云：踛，音六。《廣韻》：踛，力竹切，翹踛也。踛依字當作䟡。《說文》：䟡，曲脛也，讀若逵。是踛即䟡之異體。逵從辵坴，踛從足坴，古足辵之字多互用，形相似也。據《選》《注》所引，知陸乃踛之譌。「駑」音奴，惡馬也。「驥」音冀，千里善馬也。

❷【注】馬之真性，非辭鞍而惡乘，但無羨於榮華。

【疏】義，養也，謂是貴人養衛之臺觀也。亦言：義臺，猶靈臺也。路，大也，正也，即正寢之大殿也。言馬之爲性，欣於原野，雖有高臺大殿，無所用之。況清虛之士，淳樸之民，樂彼茅茨，安茲甕牖，假使丹楹刻桷，於我何爲。

【釋文】「義」許宜反，又如字。徐音儀，崔本同。一本作羲。「臺」崔云：義臺，猶靈臺也。「路寢」路，正也，大也。崔云：路寢，正室。◎慶藩案《史記·魏世家索隱》引司馬云：義臺，臺名。《釋文》闕。◎俞樾曰：義，徐音儀，當從之。《周官》肆師職鄭注曰：故書儀為義。是義即古儀字也。儀臺，猶言容臺。《淮南子·覽冥篇》容臺振而掩覆，高注曰：容臺，行禮容之臺。儀與容，異名同實，蓋是行禮儀之臺，故曰儀臺也。「而惡」烏路反。

❸【注】有意治之，則不治矣。治之爲善，斯不善也。

【疏】《列子》云：姓孫，名陽，字伯樂，秦穆公時善治馬人。燒，鐵炙之也。剔，謂翦其毛；刻，謂削其蹄；雒，謂著籠頭也。羈，謂連枝絆也；馽，謂約前兩腳也。皁，謂槽櫪也。棧，編木爲椗，安馬腳下，以去其濕，所謂馬床也。夫不能任馬真性，而橫見燒剔，既乖天理，而死者已多。況無心徇物，性命所以安全；有意治之，天年於焉夭折。

【釋文】「伯樂」音洛，下同。伯樂，姓孫，名陽，善馭馬。石氏《星經》云：伯樂，天星名，主典天馬。孫陽善馭，故以為名。「剔之」敕歷反。《字林》云：剃也。徐詩赤反。向崔本作鬄。向音郝。「雒之」音洛。司馬云：燒，謂燒鐵以爍之；剔，謂翦其毛；刻，謂削其甲；雒，謂羈雒其頭也。◎王念孫曰：司馬彪曰，雒，謂羈絡其頭也。案雒讀為鉻，（音落。）字或作剳，通作雒，又通作落。鉻之言落也，剔去毛鬣爪甲謂之鉻。《說文》曰：鉻，鬄也。《廣雅》曰：雒，剔也。《吳子·治兵篇》說畜馬之法云：刻剔毛鬣，謹落四下。此云燒之剔之刻之雒之，語意略相似。司馬以鉻為羈絡，非也。下文連之以羈馽，乃始言羈絡耳。◎家世父曰：司馬云，刻，謂削其甲；雒，謂羈雒其頭也。是通雒為絡。疑上四者專就馬身言之，下文羈馽皁棧，始及銜勒之事。雒當為烙，所謂火鉞曰烙也。杜甫詩，細看六印帶官字，六印，亦作火印。刻，謂鑿蹄；雒，謂印烙。燒之剔之以理其毛色。刻之雒之以存其表識。作絡者非也。◎俞樾曰：司馬彪解雒之曰，謂羈雒其頭也，是以雒為絡之叚字。然下文連之以羈馽，乃始言羈絡之事，此恐非也。雒疑當為烙。《說文·火部》新附有烙字，曰：灼也。今官馬以火烙其皮毛為識，即其事矣。「羈」居宜反。《廣雅》云：勒也。「馽」丁邑反，徐丁立反，絆也。李音述。本或作馵，非也。馵音之樹反。司馬向崔本並作纈。向云：馬氏音竦。崔云：絆前兩足也。◎盧文弨曰：舊本無音字，案例當有，今增。「編之」必然反。「皁」才老反，櫪也。一云：槽也。崔云：馬閑也。「棧」（土）〔士〕①板反。徐在簡反，又士諫反。編木作（靈）似〔靈〕牀曰棧，以禦濕也。崔云：木棚也。◎盧文弨曰：靈即櫺字。濕當作溼，後人多混用。棚，疑當作柵。◎慶藩案《文選》顏延年《赭白馬賦注》、潘安仁《馬汧督誄注》引司馬云：皁，櫪也。棧，若櫺牀。施之溼地也。《釋文》闕。「不治」直吏反。

❹【注】夫善御者，將以盡其能也。盡能在於自任，而乃走作馳步，求其過能之用，故有不堪而多死焉。若乃任駑驥之力，適遲疾之分，雖則足迹接乎八荒之表，而眾馬之性全矣。而惑②者聞任馬之性，乃謂放而不乘；聞無爲之風，遂云行不如臥；何其往而不返哉！斯失乎莊生之旨遠矣。

【疏】橛，銜也，謂以寶物飾於鑣也。帶皮曰鞭，無皮曰筴，俱是馬杖也。夫馳驟過分，飢渴失常，整之以衡扼，齊之以鑣轡，威之以鞭筴，而求其以分外之能，故駑駘不堪，而死已過半。聖智治物，其損亦然。

【釋文】「驟」士救反。「橛」向徐其月反。司馬云：銜也。崔云：鑣也。「飾」徐音式。司馬云：排銜也，謂加飾於馬鑣也。◎慶藩案《文選》潘安仁《西征賦注》引司馬云：橛，騑馬口中長銜也。與《釋文》異。◎又案橛，一作橜。《說文》齺下曰：齺，馬口中橜也。《史記索隱》引《周輿服志》云：鉤逆上者為橜，橜在銜中，以鐵為之，大如雞子。《漢書·司馬相如傳張揖注》曰：銜，馬勒銜也。

槩，騑馬口長銜也。《韓子·姦劫弒臣篇》無垂策之威，銜橛之備，雖造父不能以服馬，《鹽鐵論·刑德篇》猶無銜橛而禦捍馬也，是銜與橛皆所以制馬者。「鞭」必然反。「筴」初革反。杜注《左傳》云：馬檛也。檛，音竹瓜反。

❺【疏】範土曰陶。陶，化也，亦窰也。埴，黏也，亦土也。謂陶者善能調和水土而爲瓦器，運用方圓，必中規矩也。

【釋文】「陶」道刀反，謂窰也。窰，音弋消反。「埴」徐時力反。崔云：土也。司馬云：埴土可以為陶器。《尚書傳》云：土黏曰埴。《釋名》云：埴，職也。職音之食反。「中規」丁仲反。下皆同。

❻【疏】鉤，曲也。繩，直也。謂匠人機巧，善能治木，木之曲直，必中鉤繩。

【釋文】「應繩」應對之應。後不音者倣此。

❼【疏】土木之性，稟之造物，不求曲直，豈慕方圓；陶者匠人，浪爲臧否。

❽【注】世以任自然而不加巧者爲不善於治也，揉曲爲直，厲駑習驥，能爲規矩以矯拂其性，使死而後已，乃謂之善治也，不亦過乎！

【疏】此總舉前文以合其譬。然世情愚惑，以治爲善，不治之爲僞，僞莫大焉。

【釋文】「揉曲」汝久反。「矯」居兆反。「拂」房弗反。

【校】①土字依世德堂本及《釋文》原本改。②世德堂本惑作或。

吾意善治天下者不然❶。彼民有常性，織而衣，耕而食，是謂同德❷；一而不

黨，命曰天放❸。故至德之世，其行填填，其視顛顛❹。當是時也，山无蹊隧，澤无舟梁❺；萬物羣生，連屬其鄉❻；禽獸成羣，草木遂長❼。是故禽獸可係羈而遊，鳥鵲之巢可攀援而闚❽。

❶【注】以不治治之，乃善治也。

【疏】然，猶如此也。《莊子》云：我意謂善治天下，不如向來陶匠等也。善治之術，列在下文。

❷【注】夫民之德，小異而大同。故性之不可去者，衣食也；事之不可廢者，耕織也；此天下之所同而爲本者也。守斯道者，無爲之至也。

【疏】彼民，黎首也。言蒼生皆有真常之性而不假於物也。德者，得也。率其真常之性，物各自足，故同德。郭象云，性之不可去者衣食，事之不可廢者耕織，此天下之所同而爲本也，守斯道也，無爲至矣。

【釋文】「去者」羌呂反。

❸【注】放之而自一耳，非黨也，故謂之天放。

【疏】黨，偏也。命，名也。天，自然也。夫虛通一道，亭毒羣生，長之育之，無偏無黨。若有心治物，則乖彼天然，直置放任，則物皆自足，故名曰天放也。

【釋文】「天放」如字。崔本作牧，云：養也。

❹【疏】此自足於內，無所求及之貌。

【疏】填填，滿足之心。顛顛，高直之貌。夫太上淳和之世，遂初至德之時，心既遣於是非，行亦忘乎物我。所以守真內足，填填而處無爲；自不外求，顛顛而游於虛淡。

【釋文】「填填」徐音田，又徒偃反。質重貌。崔云：重遲也。一云：詳徐貌。《淮南》作莫莫。「顛顛」丁田反。崔云：專一也。《淮南》作瞑瞑。

❺【注】不求非望之利，故止於一家而足。

【疏】蹊，徑；隧，道也。舟，船也。當是時，即至德之世也。人知守分，物皆淳樸，不伐不奪，徑道所以可遺；莫往莫來，船橋於是乎廢。

【釋文】「蹊」徐音兮。李云：徑也。「隧」徐音遂。崔云：道也。

❻【疏】混茫而同得也，則與一世而淡漠焉，豈國異而家殊哉！

【疏】夫混茫之世，淳和淡漠。故無情萬物，連接而共里閭；有識羣生，係屬而同鄉縣；豈國異政而家殊俗哉！

【釋文】「連屬其鄉」王云：既無國異家殊，故其鄉連屬。「混」胡本反。「茫」莫剛反。「淡」徒暫反。「漠」音莫。

❼【注】足性而止，無吞夷之欲，故物全。

【疏】飛禽走獸不害，所以成羣；蔬草果木不伐，遂其盛茂。

【釋文】「遂長」丁丈反，又直良反。「無吞」敦恩反，又音天。

❽【注】與物無害，故物馴也。

【疏】人無害物之心，物無畏人之慮。故山禽野獸，可羈係而遨遊；鳥鵲巢窠，可攀援而窺望也。

【釋文】「攀」本又作扳，普班反。「援」音袁。《廣雅》云：牽也，引也。「闚」去規反。「物馴」似遵反，或音純。

夫至德之世，同與禽獸居，族與萬物並，惡乎知君子小人哉❶！同乎无知，其德不離❷；同乎无欲，是謂素樸❸；素樸而民性得矣。❹及至聖人❺，蹩躠為仁，踶跂為義，而天下始疑矣；澶漫為樂，摘僻為禮，而天下始分矣❻。故純樸不殘，孰為犧尊！白玉不毀，孰為珪璋❼！道德不廢，安取仁義❽！性情不離，安用禮樂❾！五色不亂，孰為文采！五聲不亂，孰應六律❿！夫殘樸以為器，工匠之罪也；毀道德以為仁義，聖人之過也。⓫

❶【疏】夫殉物邪僻爲小人，履道方正爲君子。既而巢居穴處，將鳥獸而不分，含哺鼓腹，混羣物而無異，於何而知君子，於何而辨小人哉！

【釋文】「惡乎」音烏。

❷【注】知則離道以善也。

【疏】既無分別之心，故同乎無知之理。又不（以）險德以求行，故抱一而不離也。

【釋文】「不離」力智反。注皆同。

❸【注】欲則離性以飾也。

【疏】同遂初之無欲，物各清廉；異末代之浮華，人皆淳樸。

【釋文】「素樸」普剝反。

❹【注】無煩乎知欲也。

【疏】夫蒼生所以失性者，皆由滯欲故也。既而無欲素樸，真性不喪，故稱得也。此一句總結已前至德之美者也。

❺【注】聖人者，民得性之迹耳，非所以迹也。此云及至聖人，猶云及至其迹也。

❻【注】夫聖迹既彰，則仁義不真而禮樂離性，徒得形表而已矣①。有聖人即有斯弊，吾若是何哉！

【疏】自此以上，明淳素之德；自此以下，斥聖迹之失。及至聖人，即五帝已下行聖迹之人也。蹩躠，用力之貌。踶跂，矜恃之容。澶漫是縱逸之心，摘僻是曲拳之行。夫淳素道消，澆僞斯起。踶跂恃裁非之義，蹩躠夸偏愛之仁，澶漫貴奢淫之樂，摘僻尚浮華之禮，於是宇內分離，蒼生疑惑，亂天之經，自斯而始矣。

【釋文】「蹩」步結反。向崔本作弊，音同。「躠」本又作薛，悉結反。向崔本作殺，音同。一音素葛反。「踶」直氏反，向同，崔音緹。「跂」丘氏反，一音呂氏反，崔音技。李云：蹩躠踶跂，皆用心為仁義之貌。◎慶藩案踶，各本無訓。《說文》：踶，躗也。躗，踶（躗）②也。（〔段注〕舊本譌作衛，今據踶字注及《牛部》𤜓字注改正。）「澶」本又作儃，徒旦反。又吐旦反。向崔本作但，音燀。「漫」武半反。向崔本作曼，音同。李云：澶漫，猶縱逸也。崔云：但曼，淫衍也。一云：澶漫，牽引也。「摘」敕歷反，又涉革反。「辟」匹壁反，向音檗，徐敷歷反，李父歷反。本或作僻，音同。李云：糾擿邪辟而為禮也。一音婦赤反，法也。崔云：擿辟，多節。◎盧文弨曰：今本作僻。◎家世父曰：《釋文》引李曰，糾擿邪辟而為禮也，崔云，擿辟，多節。擿辟，當作摘擗。王逸注《楚辭》：擗，析也。摘者，摘取之；擗者，分之：謂其煩碎也。「始分」如字。下分皆同。

❼【疏】純樸，全木也。不殘，未彫也。孰，誰也。犧尊，酒器，刻爲牛首，以祭宗廟也。上銳下方曰珪，半珪曰璋。此略舉譬喻，以明澆競之治也。

【釋文】「犧尊」音羲。尊，或作樽。司馬云：畫犧牛象以飾樽也。王肅云：刻為牛頭。鄭玄云：畫鳳皇羽飾尊，婆娑然也。音先河反。◎盧文弨曰：今本作樽，俗③。「珪璋」音章。李云：皆器名也。銳上方下曰珪，半珪曰璋。

❽【疏】此合譬也。夫大道之世，不辨是非；至德之時，未論憎愛。無愛則人心自息，無非則本迹斯忘，故《老經》云大道廢，有仁義矣。

❾【疏】禮以檢迹，樂以和心。情苟不散，安用和心！性苟不離，何勞檢迹！是知和心檢迹，由乎道喪也。

【釋文】「情性不離」如字。別離也。◎盧文弨曰：今本情性作性情。

❿【注】凡此皆變樸爲華，棄本崇末，於其天素，有殘廢矣，世雖貴之，非其貴也。

【疏】夫文采本由相間，音樂貴在相和。若各色各聲，不相顯發，則官商黼黻，無由成用。此重起譬，卻證前旨。

⑪【注】工匠則有規矩之制，聖人則有可尚之迹。

【疏】此總結前義。夫工匠以犧尊之器殘淳樸之本，聖人以仁義之迹毀無爲之道，爲弊既一，獲罪宜均。

【校】①趙諫議本無矣字及注首夫字。②犧字依《說文》删。③世德堂本作樽，本書依《釋文》改。

夫馬，陸居則食草飲水，喜則交頸相靡，怒則分背相踶。馬知已此矣❶。夫加之以衡扼，齊之以月題，而馬知介倪闉扼鷙曼詭銜竊轡❷。故馬之知而態至盜者，伯樂之罪也❸。

❶【注】御其真知，乘其自（陸）〔然〕①，則萬里之路可致，而羣馬之性不失。

【疏】靡，摩也，順也。踶，蹈也。已，止也。夫物之喜怒，稟自天然，率性而動，非由矯僞。故喜則交頸而摩順，怒則分背而踶蹈，而馬之知解適盡於此，食草飲水，樂在其中矣。

【釋文】「交頸」頸，領也。居郢反，又祁盈反。「相靡」如字。李云：摩也。一云：愛也。◎慶藩案靡，古讀若摩，故與摩通。（見唐韻正。）《漢書·淮南衡山王傳》亦其俗薄臣，下漸靡使然也。漸靡即漸摩。《荀子·性惡篇》身日進於仁義而不自知也者，靡使然也。靡即摩也。（《禮·學記》相觀而善之謂摩，鄭注：摩，相切磋也。）成二年《左傳》師至於靡笄之下，靡一音摩。《史記·蘇秦傳》以出揣摩，鄒誕本作揣靡。靡讀為摩。元戴侗《六書故》：靡與摩通。本書凡交近則相靡以信，亦讀靡為摩。「相踶」大計反，又徒兮反，又徒祁反。李云：踶，蹋也。《廣雅》、《字韻》、《聲類》並同。《通俗文》云：小蹋謂之踶。「馬知」李音智。下同。

❷【疏】衡，轅前橫木也。扼，乂馬頸木也。月題，額上當顱，形似月者也。介，獨也。倪，睥睨也。闉，曲也。鷙，抵也。曼，突也。詭，詐也。竊，盜也。夫馬之真知，唯欣放逸；不求服飾，豈慕榮華！既而加以月題，齊以衡扼，乖乎天性，不任困苦，是以譎詐萌出，睥睨曲頭綟扼，抵突御人。竊轡即盜脫籠頭，詭銜乃吐出其勒。良由乖損真性，所以矯偽百端者矣。

【釋文】「衡扼」於革反。衡，轅前橫木，縛軛者也。扼，乂馬頸者也。「月題」徒兮反。司馬崔云：馬額上當顱如月形者也。「介」徐古八反。「倪」徐五圭反，郭五第反。李云：介倪，猶睥睨也。崔云：介出俾倪也。「闉」音因。「鷙」徐敕二反，郭音躓。「曼」武半反，郭武諫反。李云：闉，曲也。鷙，抵也。曼，突也。崔云：闉扼鷙曼，距扼頓遲也。司馬云：言曲頸於扼以抵突也。一云：鷙曼，旁出也。◎家世父曰：《釋文》引李云：介倪，猶睥睨也。闉，曲也。鷙，抵也。曼，突也。崔云：闉扼鷙曼，距扼頓遲也。司馬云，言曲頸於扼以抵突也，一云：鷙曼，旁出也。今案成二年《左傳》不介馬而馳之，杜預注：介，馬甲也。《說文》：俾，益也。倪，俾也。言馬知甲之加其身。《史記・晉世家》馬鷙不能行。《說文》：鷙，馬重貌。闉扼，猶言困扼；鷙曼，猶言遲重；言馬被介而氣塞行滯，有決銜絕轡之憂，李云睥睨者，失之。「詭」九彼反。「銜」口中勒也。或云：詭銜，吐出銜也。「竊轡」齧轡也。崔云：詭銜竊轡，戾銜橛，盜鞎轡也。◎盧文弨曰：舊鞎譌艱，今改正。《說文》：車前革曰鞎。

❸【注】馬性不同而齊求其用，故有力竭而態作者。

【疏】態，姦詐也。夫馬之真知，適於原野，馳驟過分，即矯詐心生，詭竊之態，罪歸伯樂也。

【釋文】「態作」吐代反。

【校】①然字依王叔岷說改。

夫赫胥氏之時，民居不知所為，行不知所之，含哺而熙，鼓腹而遊，民能以此矣❶。及至聖人，屈折禮樂以匡天下之形，縣跂仁義以慰天下之心，而民乃始踶跂好知，爭歸於利，不可止也。此亦聖人之過也❷。

❶【注】此民之真能也。

【疏】之，適也。赫胥，上古帝王也；亦言有赫然之德，使民胥附，故曰赫胥，蓋炎帝也。夫行道之時，無爲之世，心絕緣慮，安居而無所爲；率性而動，遊行而無所往。既而含哺而熙戲，與嬰兒而不殊；鼓腹而遨遊，將童子而無別。此至淳之世，民能如此也。

【釋文】「赫」本或作萘，呼白反。「胥氏」司馬云：赫胥氏，上古帝王也。一云：有赫然之德，使民胥附，故曰赫胥，蓋炎帝也。◎俞樾曰：《釋文》引司馬云，赫胥氏上古帝王也，此為允當。又曰，一云有赫然之德，使民胥附，故曰赫胥，蓋炎帝也。此望文生訓，殊不足據。炎帝，即神農也。《胠篋篇》既云赫胥氏，又云神農氏，其非一人明矣。赫胥，疑即《列子》書所稱華胥氏。華與赫，一聲之轉耳。《廣雅・釋器》：赫，赤也。而古人名赤者多字華。羊舌赤字伯華，公西赤字子華，是也。是華亦赤也。赤謂之赫，亦謂之華，可證赫胥之即華胥矣。「含哺」音步。

❷【注】其過皆由乎迹之可尚也。

【疏】夫屈曲折旋，行禮樂以正形體；高縣仁義，令企慕以慰心靈；於是始踶跂自矜，好知而興矯詐；經營利祿，爭歸而不知止。噫！聖迹之過者也。

【釋文】「縣企」音玄。◎盧文弨曰：今本或作跂。◎慶藩案《文選》傅長虞《贈何劭王濟詩》注引司馬云：企，望也。《釋文》闕。「踶」直氏反。「跂」丘氏反。「好知」呼報反。下音智。

外篇 胠篋第十❶

❶【釋文】舉事以名篇。

將為胠篋探囊發匱之盜而為守備，則必攝緘縢，固（扃）〔扃〕①鐍，此世俗之所謂知也。❶然而巨盜至，則負匱揭篋擔囊而趨，唯恐緘縢扃鐍之不固也。然則鄉②之所謂知者，不乃為大盜積者也❷？

❶【疏】胠，開；篋，箱；囊，袋；攝，收；緘，結；縢，繩也。扃，關鈕也；鐍，鎖鑰也。夫將爲開箱探囊之竊，發匱取財之盜，此蓋小賊，非巨盜者也。欲爲守備，其法如何？必須收攝箱

囊，緘結繩約，堅固扃鐍，使不慢藏。此世俗之淺知也。

【釋文】「胠」李起居反。《史記》作擠。徐起法反，一音虛乏反。司馬云：從旁開為胠。一云：發也。「篋」苦協反。「探」吐南反。「囊」乃剛反。「匱」其位反，檻也。「必攝」如字。李云：結也。崔云：收也。「緘」古減反。「縢」向崔本作幐，同。徒登反。崔云：約也。案《廣雅》云：緘縢，皆繩也。「扃」古熒反。崔李云：關也。「鐍」古穴反。李云：紐也。崔云：環舌也。「知也」如字，又音智。下同。

❷【注】知之不足恃也如此。

【疏】夫攝緘縢固扃鐍者，以備小賊。然大盜既至，負揭而趨，更恐繩約關鈕之不牢，向之守備，翻爲盜資，是故俗知不足可恃。

【釋文】「揭」徐其謁反，又音桀。《三蒼》云：舉也，擔也，負也。「擔」丁甘反。「而趨」七須反。李云：走也。「唯恐」丘用反。「鄉之」本又作向，亦作嚮，同。許亮反。「為大盜」于偽反。下及下注而為同。「積者」如字，李子賜反。

【校】①依世德堂本及《釋文》原本改。以下均誤，不複出。②趙諫議本作向。

故嘗試論之，世俗之所謂知者，有不為大盜積者乎？所謂聖者，有不為大盜守者乎？❶何以知其然邪❷？昔者齊國鄰邑相望，雞狗之音相聞，罔罟之所布，耒耨之所刺，方二千餘里❸。闔四竟之內，所以立宗廟社稷，治邑屋州閭鄉曲者，曷嘗不法聖人①哉❹！然而田成子一旦殺齊君而盜其國❺。所盜者豈獨其國邪？並與其聖知之法而盜之❻。故田成子有乎盜賊之名，而身處堯舜之安❼；小國不敢非，大國不敢誅，十二世有齊國❽。則是不乃竊齊國，並與其聖知之法以守其盜賊之身乎❾？

❶**【疏】**夫體道大賢，言无的當，將欲顯忘言之理，故曰試論之。曰：夫世俗之人，知謨淺近，顯迹之聖，於理未深。既而意在防閑，更爲賊之聚積；雖欲官世，翻爲盜之守備。而〔信〕〔言〕有不爲者，欲明豈有不爲大盜積守乎，言其必爲盜積也。

❷**【疏】**假設疑問，發明義旨。

❸**【疏】**齊，即太公之後，封於營丘之地。逮桓公九合諸侯，一匡天下，百姓殷實，無出三齊。是以雞犬鳴吠相聞，鄰邑棟宇相望，罔罟布以事畋漁，耒耨刺以修農業。境土寬大，二千餘里，論其盛美，實冠諸侯。耒，犁也，耨，耡也。

【釋文】「罔罟」音古，罔之通名。「耒」力對反，徐力猥反，郭呂匱反。李云：犁也。一云：耜柄也。「耨」乃豆反。李云：鋤也。或云：以木為鋤柄。「所刺」徐七智反。

❹**【疏】**夫人非土不立，非穀不食，故邑封土祠曰社，封稷祠曰稷。稷，五穀之長也。社，吐也，言能吐生萬物也。《司馬法》：六尺爲步，步百爲畝，畝百爲夫，夫三爲屋，屋三爲井，井四爲邑。又云：五家爲比，五比爲閭，五閭爲族，五族爲黨，五黨爲州，五州爲鄉。鄭玄云：二十五家爲閭，二千五百家爲州，萬二千五百家爲鄉也。闔，合也。曷，何也。闔四境之內，三齊之中，置

此宗廟等事者，皆放效堯舜以下聖人，立邦國之法則也。

【釋文】「闔」戶臘反。「四竟」音境。下之竟同。「治邑」直吏反。「屋」《周禮》：夫三為屋。「州」五黨為州，二千五百家也。「闔」五比為閭，二十五家也。「鄉」五州為鄉，萬二千五百家也。

❺【注】法聖人者，法其迹耳。夫迹者，已去之物，非應變之具也，奚足尙而執之哉！執成迹以御乎無方，無方至而迹滯矣，所以守國而爲人守之也。

【疏】田成子，齊大夫陳恆也，是敬仲七世孫。初，敬仲適齊，食（菜）〔采〕於田，故改爲田氏。魯哀公十四年，陳恆弒其君，君即簡公也。割安平至于郎邪，自爲封邑。至恆曾孫太公和，遷齊康公於海上，乃自立爲齊侯。自敬仲至莊公，凡九世知齊政；自太公至威王，三世爲齊侯；通計爲十二世。莊子，宣王時人，今不數宣王，故言十二世也。

【釋文】「田成子」齊大夫陳恆也。「一旦」宋元嘉中本作一日。「殺」音試。「齊君」簡公也。《春秋》哀公十四年，陳恆殺之于舒州。「而盜其國」司馬云：謂割安邑以東至郎邪自為封邑也。

❻【注】不盜其聖法，乃無以取其國也。

【疏】田恆所盜，豈唯齊國？先盜聖智，故得諸侯。是知仁義陳迹，適爲盜本也。

【釋文】「聖知」音智。下同。

❼【疏】田恆篡竊齊國，故有巨盜之聲名；而位忝諸侯，身處唐虞之安樂。

❽【疏】子男之邦，不敢非毀；伯侯之國，詎能征伐！遂胤冑相繫，宗廟遐延。世歷十二，俱如前解。

【釋文】「十二世有齊國」自敬仲至莊子，九世知齊政；自太公和至威王，三世為齊侯，故云十二世也。◎俞樾曰：《釋文》曰，自敬仲至莊子九世知齊政；自太公和至威王，三世為齊侯，故云十二世。此說非也。本文是說田成子，不當追從敬仲數起。疑《莊子》原文本作世世有齊國，言自田成子之後，世有齊國也。古書遇重字，止於字下作二字以識之，應作世二有齊國。傳寫者誤倒之，則為二世有齊國。於是其文不可通，而從田成子追數至敬仲適得十二世，遂臆加十字於其上耳。

❾【注】言聖法唯人所用，未足以爲全當之具。

【疏】揭仁義以竊國，資聖智以保身。此則重舉前文，以結其義也。

【釋文】「以守」如字，舊音狩。

【校】①《闕誤》引張君房本聖人作聖智，下文善人不得聖人之道不立，跖不得聖人之道不行；則聖人之利天下也少；聖人生而大盜起；掊擊聖人；聖人已死；聖人不死；雖重聖人；是乃聖人之過也；彼聖人者天下之利器也；句內聖人並同。

嘗試論之，世俗之所謂至知者，有不為大盜積者乎？所謂至聖者，有不為大盜守者乎❶？何以知其然邪❷？昔日龍逢斬，比干剖，萇弘胣，子胥靡，故四子之賢而身不免乎戮❸。故跖之徒問於跖曰：「盜亦有道乎❹？」跖曰：「何適而无有道邪❺！」夫妄意室中之藏，聖也；入先，勇也；出後，義也；知可否，知也；分均，仁也。五者不備而能成大盜者，天下未之有也。❻由是觀之，善人不得聖人之道不立，跖不得聖人之道不行❼；天下之善人少而不善人多，則聖人之利天下也少而害天下也多❽。故曰，脣竭則齒寒，魯酒薄而邯鄲圍，聖人生而大盜起❾。掊擊聖人，縱舍盜賊，而天下始治矣❿。夫川竭而谷虛，丘夷而淵實。聖人已死，則大盜不起，⓫天下平而无故矣⓬。

❶【疏】重結前義，以發後文也。

❷【疏】假設疑問，以暢其旨也。

❸【注】言暴亂之君，亦得據君人之威以戮賢人而莫之敢亢者，皆聖法之由也。向無聖法，則桀紂焉得守斯位而放其毒，使天下側目哉！

【疏】龍逢，姓關，夏桀之賢臣，爲桀所殺。比干，王子也，諫紂，紂剖其心而視之。萇弘，周靈王賢臣。《說苑》云：晉叔向之殺萇弘也，萇弘數見於周，因（羣）〔佯〕遺書，萇弘謂叔向曰：「子起晉國之兵以攻周，以廢劉氏（以）〔而〕①立單氏。」劉子謂君曰：「此萇弘也。」乃殺之。胣，裂也。亦言：胣，刳腸；靡，爛也，碎也。言子胥遭戮，浮屍於江，令靡爛也。言此四子共有忠賢之行，而不免于戮刑者，爲無道之人，恃君人之勢，賴聖迹之威，故得躓頓忠良，肆其毒害。

【釋文】「比干剖」普口反，謂割心也。崔本作節，云：支解也。「萇」直良反。「弘胣」本又作胣。徐勅紙反，郭詩氏反。崔云：讀若拖，或作施字。胣，裂也。《淮南子》曰：萇弘鈹裂而死。司馬云：胣，剔也。萇弘，周靈王賢臣也。案《左傳》，是周景王敬王之大夫，魯哀公三年六月，周人殺萇弘。一云：刳腸曰胣。「子胥靡」密池反，司馬如字，云：縻也。崔云：爛之於江中也。案子胥，伍員也，諫夫差，夫差不從，賜之屬鏤以死，投之江也。「焉得」於虔反。

❹【疏】假設跖之徒類以發問之端。

【釋文】「故跖」之石反。

❺【疏】此即答前問意。道無不在，何往非道！道之所在，具列下文。◎慶藩案何適而無有道邪，當作何適其有道邪。適與啻同。（《秦策》疑臣者不適三人，適與啻通。《史記・甘茂傳》作疑臣者非特三人。）後人不知，誤以爲適齊適楚適秦之適，故改而無二字。《呂氏春秋・當務篇》正作奚啻其有道也。（《淮南・道應篇》奚適其有道也，今本作無道，亦後人所妄改。）

❻【注】五者所以禁盜，而反爲盜資也。

【疏】室中庫藏，以貯財寶，賊起妄心，斟量商度，有無必中，其驗若神，故言聖也。戮力同心，不避強禦，並爭先入，豈非勇也！矢石相交，不顧性命，出競居後，豈非義也！知可則爲，不可則正，識其安危，審其吉凶，往必克捷，是其智也。輕財重義，取少讓多，分物均平，是其仁也。五者則向之聖勇義智仁也。夫爲一盜，必資五德，五德不備，盜則不成。是知無聖智而成巨盜者，天下未之有也。

【釋文】「之藏」才浪反，又如字。◎慶藩案意，度也，與億同。《禮運》聖人耐以天下為一家，以中國為一人者，非意之也。《管子・小問篇》君子善謀而小人善意，（以）〔臣〕②意之也。皆訓度之義。《韓子・解老篇》前識者，無緣而忘意度也。（案忘即妄字之隸變。）王褒《四子講德論》君子執分寸而罔意度。（案罔即妄字之義。）《少儀》鄭注曰：測，意度也，意，本〔又〕作億，《論語・先進篇》億則屢中，《漢書・貨殖傳》作意。「知可」如字，本或作知可否。◎盧文弨曰：今本有否字。「分均」符問反，又如字。

❼【疏】聖人之道，謂五德也。以向如是（以）〔之〕理觀之，爲善之徒不履五德，則無由立身行道，盜跖之類不資聖智，豈得行其盜竊乎！

❽【注】信哉斯言！斯言雖信，而猶不可亡聖者，猶天下之知未能都亡，故須聖道以鎮之也。羣知不亡而獨亡於聖知，則天下之害又多於有聖矣。然則有聖之害雖多，猶愈於亡聖之無治也。雖愈於亡聖，故未若都亡之無害也。甚矣，天下莫不求利而不能一亡其知，何其迷而失致哉！

【疏】夫善惡二途，皆由聖智者也。伯夷守廉絜著名，盜跖恣貪殘取利。然盜跖之徒甚衆，伯夷之類蓋寡，故知聖迹利益天下也少而損害天下也多。

【釋文】「無治」直吏反。下文始治同。

❾【注】夫竭脣非以寒齒而齒寒，魯酒薄非以圍邯鄲而邯鄲圍，聖人生非以起大盜而大盜起。此自然相生，必至之勢也。夫聖人雖不立尚於物，而亦不能使物不尚也。故人無貴賤，事無真僞，苟效聖法，則天下吞聲而闇服之，斯乃盜跖之所至賴而以成其大盜者也。

【疏】《春秋左傳》云，脣亡齒寒，虞虢之謂也。邯鄲，趙城也。昔楚宣王朝會諸侯，魯恭公後至而酒薄。宣王怒，將辱之。恭公曰：「我周公之胤，行天子禮樂，勳在周室。今送酒已失禮，方責其薄，無乃太甚乎！」遂不辭而還。宣王怒，興兵伐魯。梁惠王恆欲伐趙，畏魯救之。今楚魯有事，梁遂伐趙而邯鄲圍。亦（由）〔猶〕聖人生，非欲起大盜而大盜起，勢使之然也。

【釋文】「魯酒薄而邯」音寒。「鄲」音丹。邯鄲，趙國都也。「圍」楚宣王朝諸侯，魯恭公後至而酒薄，宣王怒，欲辱之。恭公不受命，乃曰：「我周公之胤，長於諸侯，行天子禮樂，勳在周室。我送酒已失禮，方責其薄，無乃太甚！」遂不辭而還。宣王怒，乃發兵與齊攻魯。梁惠王常欲擊趙，而畏楚救。楚以魯為事，故梁得圍邯鄲。言事相由也，亦是感應。宣王，名熊良夫，悼王之子。恭公，名奮，穆公之子。許慎注《淮南》云：楚會諸侯，魯趙俱獻酒於楚王。魯酒薄而趙酒厚，楚之主酒吏求酒於趙，趙不與。吏怒，乃以趙厚酒易魯薄酒，奏之。楚王以趙酒薄，故圍邯鄲也。◎俞樾曰：此竭字當讀為竭其尾之竭。《說文》豕篆說解曰：竭其尾，故謂之豕，是也。蓋竭之本義為負舉，竭其尾即舉其尾也。此云脣竭者，謂反舉其脣以向上。③

⑩【注】夫聖人者，天下之所尙也。若乃絕其所尙而守其素朴，棄其禁令而代以寡欲，此所以掊擊聖人而我素朴自全，縱舍盜賊而彼姦自息也。故古人有言曰，閑邪存誠，不在善察；息淫去華，不在嚴刑；此之謂也。

【疏】掊，打也。聖人，猶聖迹也。夫聖人者，智周萬物，道濟天下。今言掊擊者，亦示貶斥仁義絕聖棄智之意也。不貴難得之貨，故縱舍盜賊，不假嚴刑，而天下太平也。

【釋文】「掊」普口反。「擊」徐古歷反。「縱舍」音捨，注同。「閑邪」似嗟反。「去華」起呂反。下注去欲、去其皆同。

⑪【注】竭川非以虛谷而谷虛，夷丘非以實淵而淵實，絕聖非以止盜而盜止。故止盜在去欲，不

在彰聖知。

【疏】夫智惠出則姦僞生，聖迹亡則大盜息。猶如川竭谷虛，丘夷淵實，豈得措意，必至之宜。死，息也。

【釋文】「聖人已死則大盜不起」向云：事業日新，新者為生，故者為死，故曰聖人已死也。乘天地之正，御日新之變，得實而損其名，歸真而忘其塗，則大盜息矣。

⑫非唯息盜，爭尚之迹故都去矣。

【疏】故，事也。絕聖棄智，天下太平，人歌擊壤，故無有爲之事。

【釋文】「爭尚」爭鬬之爭。後皆同。

【校】①倂字而字依《說苑》原文改。②臣字依《管子》原文改。③俞注原誤置疏文下，今依例改正。

聖人不死，大盜不止。雖重聖人而治天下，則是重利盜跖也。❶為之斗斛以量之，則並與斗斛而竊之；為之權衡以稱之，則並與權衡而竊之；為之符璽以信之，則並與符璽而竊之，為之仁義以矯之，則並與仁義而竊之。❷何以知其然邪？彼竊鉤者誅，竊國者為諸侯，諸侯之門而仁義存焉，則是非竊仁義聖知邪❸？故逐於大盜，揭諸侯，竊仁義並斗斛權衡符璽之利者，雖有軒冕之賞弗能勸，斧鉞之威弗能禁❹。此重利盜跖而使不可禁者，是乃聖人之過也❺。

❶【注】將重聖人以治天下，而桀跖之徒亦資其法。所資者重，故所利不得輕也。

【疏】若夫淳樸之世，恬淡無爲，物各歸根，人皆復命，豈待教迹而後冥乎！及至聖智不忘，大盜斯起，雖復貴聖法，治天下，無異重利盜跖。何者？所以夏桀肆其害毒，盜跖肆其貪殘者，由資乎聖迹故也。向無聖迹，夏桀豈得居其九五，毒流黎庶！盜跖何能擁卒數千，橫行天下！所資既重，所利不輕，以此而推，過由聖智也。

【釋文】「聖人不死大盜不止」向云：聖人不死，言守故而不日新，牽名而不造實也。大盜不止，不亦宜乎！

❷【注】小盜之所困，乃大盜之所資而利也。

【疏】斛者，今之函，所以量物之多少。權，稱鎚也，衡，稱梁也，所以平物之輕重也。符者，分爲兩片，合而成一，即今之銅魚木契也。璽者，是王者之玉印，握之所以攝召天下也。仁，恩也；義，宜也；王者恩被蒼生，循宜作則，所以育養黔黎也。此八者，天下之利器也，不可相無也。夫聖人立教以正邦家，田成用之以竊齊國，豈非害於小賊而利大盜者乎！

【釋文】「為之斗斛以量之」向云：自此以下，皆所以明苟非其人，雖法無益。「權衡」李云：權，稱鎚；衡，稱衡也。鎚，音直偽反。「符璽」音徙。「矯之」居表反。

❸【疏】鉤者，腰帶鉤也。夫聖迹之興，本懲惡勸善。今私竊鉤帶，必遭刑戮；公劫齊國，飜獲諸侯；仁義不存，無由率眾。以此而言，豈非竊聖迹而盜國邪？何以知其然者，假問也；彼竊以下，假答也。

【釋文】「竊鉤」鉤，謂帶也。◎王引之曰：存焉當為焉存。焉，於是也。言仁義於是乎存也。《呂氏春秋・季春篇》注曰：焉，猶於此也。《聘禮記》曰，及享發氣焉盈容，言發氣於是盈容也。《月令》曰，天子焉始乘舟，（今本焉字在上句乃告舟偕具於天子之下，此後人不曉文義而妄改之。今據《呂氏春秋・季春篇》、《淮南・時則篇》訂正。）言天子於是始乘舟也。《晉語》曰，焉始為令，言於是始為令也。《三年問》曰，故先王焉為之立中制節，言先王於是為之立中制節也。（《荀子・禮論篇》焉作安，楊倞曰：安，語助。或作安，或作案，《荀子》多用此字。焉安案，三字同義，詳見《釋詞》。）《大荒南經》曰，雲雨之山有木名曰欒，羣帝焉取藥，言羣帝於是取藥也。《管子・揆度篇》曰，民財足，則君賦斂焉不窮，言賦斂於是不窮也。《墨子・非攻篇》曰，天乃命湯於鑣宮，用受夏之大命，湯焉敢奉率其眾以鄉有夏之境，言湯於是敢伐夏也。《楚辭・九章》曰，焉洋洋而為客，又曰，焉舒情而抽信兮，言於是洋洋而為客，於是舒情而抽信也。又僖十五年《左傳》，晉於是乎作爰田，晉於是乎作州兵，《晉語》作焉作轅田，焉作州兵。《西周策》，君何患焉，《史記・周本紀》作君何患於是。是焉與於是同義。莊八年《公羊傳》，吾將以甲午之日然後祠兵於是，《管子・小問篇》，且臣觀小國諸侯之不服者唯莒於是，是於是與焉同義。此四句以誅侯為韻，門存為韻，其韻皆在句末。《史記・游俠傳》作竊鉤者誅，竊國者侯，侯之門，仁義存，是其明證也。

❹【注】夫軒冕斧鉞，賞罰之重者也。重賞罰以禁盜，然大盜者又逐而竊之，則反爲盜用矣。所用者重，乃所以成其大盜也。大盜也者，必行以仁義，平以權衡，信以符璽，勸以軒冕，威以斧鉞，盜此公器，然後諸侯可得而揭也。是故仁義賞罰者，適足以誅竊鉤者也。

【疏】逐，隨也。勸，勉也。禁，止也。軒，車也。冕，冠也。夫聖迹之設，本息姦宄，而田恆遂用其道而竊齊國，權衡符璽，悉共有之，誓揭諸侯，安然南面，胡可勸之以軒冕，威之以斧鉞者哉！小曰斧，大曰鉞。又曰黃金飾斧鉞。

【釋文】「揭」其謁其列二反。「斧鉞」音越。◎慶藩案慧琳《一切經音義》卷九十五《正誣論》三引司馬云：夏執黃戉，殷執白戚，周左仗黃戉，右秉白旄。《釋文》闕。「能禁」音今，又居鴆反。下不可禁同。

❺【注】夫跖之不可禁，由所盜之利重也。利之所以重，由聖人之不輕也。故絕盜在賤貨，不在重聖也。

【疏】盜跖所以擁卒九千橫行天下者，亦賴於五德故也。向無聖者，豈得爾乎！是知驅馬掠人，不可禁制者，原乎聖人作法之過也。

故曰：「魚不可脫於淵，國之利器不可以示人❶。」彼聖人者，天下之利器也❷，非所以明天下也❸。故絕聖棄知，大盜乃止❹；擿玉毀珠，小盜不起❺；焚符破璽，而民朴鄙❻；掊斗折衡，而民不爭❼；殫殘天下之聖法，而民始可與論議❽。擢亂六律，鑠絕竽瑟，塞瞽曠之耳，而天下始人含其聰矣；滅文章，散五采，膠離朱之目，而天下始人含其明矣；❾毀絕鉤繩而棄規矩，攦工倕之指，而天下始人有其巧矣。故曰「大巧若拙。」❿削曾史之行，鉗楊墨之口，攘棄仁義，而天下之德始玄同矣⑪。彼人含其明，則天下不鑠矣；人含其聰，則天下不累矣；⑫人含其知，則天下不惑矣；人含其德，則天下不僻矣。⑬彼曾、史、楊、墨、師曠、工倕、離朱，皆外立其德而以爚亂天下者也⑭，法之所无用也⑮。

❶【注】魚失淵則爲人禽，利器明則爲盜資，故不可示人。

【疏】脫，失也。利器，聖迹也。示，明也。魚失水則爲物所禽，利器明則爲人所執，故不可也。

❷【注】夫聖人者，誠能絕聖棄知而反冥物極，物極各冥，則其迹利物之迹也。器猶迹耳，可執而用曰器也。

【疏】聖人則堯舜文武等是也。◎家世父曰：假聖人之知而收其利，天下皆假而用之，則固天下之利器矣。天下假聖人以爲利器，而惟懼人之發其覆也，（能）〔則〕無有能明之者也。

❸【注】示利器於天下，所以資其盜賊。

【疏】夫聖人馭世，應物隨時，揖讓干戈，行藏匪一，不可執固，明示天下。若執而行者，必致其弊，即燕噲白公之類是也。

❹【注】去其所資，則未施禁而自止也。

【疏】棄絕聖知，天下之物各守其分，則盜自息。

❺【注】賤其所寶，則不加刑而自息也。

【疏】藏玉於山，藏珠於川，不貴珠寶，豈有盜濫！

【釋文】「擿玉」持赤反，義與擲字同。崔云：猶投棄之也。郭都革反。李云：刻也。

❻【注】除矯詐之所賴者，則無以行其姦巧。

【疏】符璽者，表誠信也。矯詐之徒，賴而用之，故焚燒毀破，可以反樸還淳而歸鄙野矣。

❼【注】夫小平乃大不平之所用也。

【疏】斗衡者，所以量多少，稱輕重也。既遭（斗）〔盜〕竊，翻爲盜資。掊擊破壞，合於古人之智守，故無忿爭。

❽【注】外無所矯，則內全我朴，而無自失之言也。

【疏】殫，盡也。殘，毀也。聖法，謂五德也。既殘三王，又毀五帝，蘧廬咸盡，芻狗不陳，忘筌忘蹄，物我冥極，然後始可與論重妙之境，議道德之遐也。

【釋文】「殫」音丹，盡也。

❾【注】夫聲色離曠，有耳目者之所貴也。受生有分，而以所貴引之，則性命喪矣。若乃毀其所貴，棄彼任我，則聰明各全，人含其真也。

【疏】擢，拔也。鑠，消也。竽形與笙相似，並布管於匏內，施簧於管端。瑟長八尺一寸，闊一尺八寸，二十七絃，伏犧造也。夫耳淫宮徵，慕師曠之聰；目滯玄黃，希離朱之視；所以心神奔馳，耳目竭喪。既而拔管絕絃，銷經絕緯；毀黃華之曲，棄白雪之歌；滅黼黻之文，散紅紫之采。故膠離朱之目，除矯効之端；塞瞽曠之耳，去亂羣之帥。然後人皆自得，物無喪我，極耳之所聽而反聽無聲，恣目之能視而內視無色，天機自張，無爲之至也，豈有明暗優劣於其間哉！是以天下和平，萬物同德。率己聞見，故人含其聰明。含，懷養也。

【釋文】「鑠絕」郭李詩灼反，向徐音藥。崔云：燒斷之也。「竽」徐音于。「瑟」本亦作笙。「塞瞽曠」崔本塞作杜，云：塞也。◎盧文弨曰：今本無瞽①字。「膠」音交，徐古孝反。「喪矣」息浪反。

⑩【注】夫以蜘蛛蛣蜣之陋，而布網轉丸，不求之於工匠，則萬物各有能也。所能雖不同，而所習不敢異，則若巧而拙矣。故善用人者，使能方者爲方，能圓者爲圓，各任其所能，人安其性，不責萬民以工倕之巧。故眾技以不相能似拙，而天下皆自能則大巧矣。夫用其自能，則規矩可棄而妙匠之指可攦也。

【疏】鉤，曲；繩，直；規，圓；矩，方。工倕是堯工人，作規矩之法；亦云舜臣也。攦，折也，割也。工倕稟性機巧，運用鉤繩，割刻異端，述作規矩，遂令天下黔黎，誘然放效，舍己逐物，實此之由。若使棄規矩，絕鉤繩，攦割倕指，則人師分內，咸有其巧。譬猶蜘網蜣丸，豈關工匠人事，若天機巧也！（事）〔語〕出《老經》。

【釋文】「攦」郭呂係反，又力結反，徐所綺反。李云：折也。崔云：撕之也。「工倕」音垂，堯時巧者也。一音睡。◎盧文弨曰：舊本音譌名，據《達生篇》改正。「蜘」音知。「蛛」音誅。「蛣」起一反。「蜣」音羌。

⑪【注】去其亂羣之率，則天下各復其所而同於玄德也②。

【疏】削，除也。鉗，閉也。攘，卻也。玄，原也，道也。曾參至孝，史魚忠直，楊朱墨翟，稟性弘辯。彼四子者，素分天然，遂使天下學人，捨己效物，由此亂羣，失其本性。則削除忠信之行，鉗閉浮辯之口，攘去蹩躠之仁，棄擲踶跂之義。於是物不喪真，人皆自得，率性全理，故與玄道混同也。

【釋文】「之行」下孟反。「鉗」李巨炎反，又其嚴反。「攘」如羊反。「之帥」本又作率，同。所類反。◎盧文弨曰：今本作率。

⑫【疏】鑠，消散也。累，憂患也。只爲自衒聰明，故憂患斯集，彼蒼生顛仆而銷散也。若能含抱聰明於內府而不衒於外者，則物皆適樂而無憂患也。

【釋文】「不鑠」（朱）〔失〕③灼反。崔云：不消壞也。向音燿。

⑬【疏】若能知於分內，養德而不蕩者，固當履環中之正道，游寓內而不惑，豈有倒置邪僻於其間哉！

【釋文】「不僻」匹亦反。

⑭【注】此數人者，所稟多方，故使天下躍而効之。効之則失我，我失由彼，則彼爲亂主矣。夫天下之大患者，失我也。

【疏】以前數子，皆稟分過人，不能韜光匿燿，而揚波激俗，標名於外，引物從己，炫燿羣生。天下亡德而不反本，失我之原，斯之由也。

【釋文】「爚」徐音藥。《三蒼》云：火光銷也。司馬崔云：散也。「此數」所主反。

⑮【注】若夫法之所用者，視不過於所見，故眾目無不明；聽不過於所聞，故眾耳不聰；事不過於所能，故眾技無不巧；知不過於所知，故羣性無不適；德不過於所得，故羣德無不當。安用立所

不逮於性分之表，使天下奔馳而不能自反哉！

【疏】夫率性而動，動必由性，此法之妙也。而曾史之徒，以己引物，既無益於當世，翻有損於將來，雖設此法，終無所用也。

【校】①世德堂本無瞀字，本書依《釋文》補。②趙諫議本無也字。③失字依世德堂本及《釋文》原本改。

子獨不知至德之世乎？昔者容成氏、大庭氏、伯皇氏、中央氏、栗陸氏、驪畜氏、軒轅氏、赫胥氏、尊盧氏、祝融氏、伏犧氏、神農氏，當是時也，民結繩而用之❶，甘其食，美其服❷，樂其俗，安其居❸，鄰國相望，雞狗之音相聞，民至老死而不相往來❹。若此之時，則至治已❺。今遂至使民延頸舉踵曰，「某所有賢者」，贏糧而趣之，則內棄其親而外去其主之事，足跡接乎諸侯之境，車軌結乎千里之外❻。則是上好知（也）〔之〕①過也❼。

❶【注】足以紀要而已。

【疏】已上十二氏，並上古帝王也。當時既未有史籍，亦不知其次第前後。刻木爲契，結繩表信，上下和平，人心淳樸。故《易》云，上古結繩而治，後世聖人易之以書契。

【釋文】「容成氏」司馬云：此十二氏皆古帝王。「驪」徐力池反，李音犁。「畜」徐敕六反。「伏戲」音羲。

❷【注】適故常甘，當故常美。若思（失）〔夫〕②侈靡，則無時慊矣。

【釋文】「慊」口簟反。

❸【疏】止分，故甘；去華，故美；混同，故樂；恬淡，故安居也。

【釋文】「樂其」音洛。

❹【注】無求之至。

【疏】境邑相比，相去不遠，雞犬吠聲，相聞相接。而性各自足，無求於世，卒於天命，不相往來，無爲之至。

【釋文】「而不相往來」一本作不相與往來。檢元嘉中郭注本及崔向永和中本，並無與字。

❺【疏】無欲無求，懷道抱德，如此時也，豈非至哉！

【釋文】「至治」直吏反。注同。

❻【注】至治之迹，猶致斯弊。

【疏】贏，裹也。亦是至理之風，播而爲教，貴此文迹，使物學之。尙賢路開，尋師訪道，引頸舉足，遠適他方，軌轍交行，足跡所接，裹糧負戴，不憚千里，內則棄親而不孝，外則去主而不忠。至治之迹，遂致斯弊也。

【釋文】「頸」如字。李巨盈反。「贏」音盈。崔云：裹也。《廣雅》云：負也。「糧」音良。「而趣」七于反，徐七喻反。◎慶藩案軌，徹迹也。《說文》：軌，車徹也，從車，九聲。（案徹者通也，中空而通也。經傳多訓軌為車轊頭，蓋軓字之譌。《說文》：軓，車軾前也，從車，凡聲。）車軌與足迹對文，則軌之為車迹明矣。（《攷工記》匠人皆容力九軌，鄭注：軌，徹廣也。結，交也。）車迹可並列，亦可邪交。邪交則相接，結軌即結徹也。《管子・小匡篇》車不結徹，徹，迹也。高注：結，交也。車輪之迹，往來縱横，彼此交錯，故曰結交也。《史記・司馬相如傳》結軌適轅，東鄉將報，《索隱引》張揖注：結，屈也，軌，車跡也。本西行，折而東之，則跡亦曲而東也。

❼【注】上，謂好知之君。知而好之，則有斯過矣。

【疏】尚至治之迹，好治物之智，故致斯也。

【釋文】「上好」呼報反。注下皆同。

【校】①之字依世德堂本改。②夫字依世德堂本改。

上誠好知而无道，則天下大亂矣❶。何以知其然邪❷？夫弓弩畢弋機變之知多，則鳥亂於上矣；鉤餌罔罟罾笱之知多，則魚亂於水矣；削格羅落罝罘之知多，則獸亂於澤矣；❸知詐漸毒頡滑堅白解垢同異之變多，則俗惑於辯矣❹。故天下每每大亂，罪在於好知❺。故天下皆知求其所不知而莫知求其所已知者❻，皆知非其所不善而莫知非其所已善者❼，是以大亂。故上悖日月之明，下爍山川之精，中墮四時之施；惴①耎之蟲，肖翹之物，莫不失其性。甚矣夫好知之亂天下也！❽自三代以下者是已，舍夫種種之民②而悅夫役役之佞，釋夫恬淡无為而悅夫啍啍之意，啍啍已亂天下矣❾！

❶【疏】在上君王不能無爲恬淡，清虛合道，而以知能治物，物必弊之，故大亂也。老君云以知治國，國之賊也。

❷【疏】假設疑問，出其所由。

❸【注】攻之愈密，避之愈巧，則雖禽獸猶不可圖之以知，而況人哉！故治天下者唯不任知，任知無妙也。

【疏】網小而柄，形似畢星，故名爲畢。以繩繫箭射，謂之弋。罟罾，皆網也。笱，曲梁也，亦筌也，削格爲之，即今之鹿角馬槍，以繩木羅落而取獸也。罝罘，兔網也。既以智治於物，寧無沸騰之患，故治國者必不可用智也。

【釋文】「弩」音怒。「畢弋機變」李云：兔網曰畢，繳射曰弋，弩牙曰機。「之知」音智，下及注並下知詐皆同。「鉤餌」如志反。「罔罟罾」音曾。◎盧文弨曰：今本罔作網③。「笱」音④鉤，釣鉤也。餌，魚餌也。《廣雅》云：罟謂之罔。罾，魚網也。《爾雅》云：嫠婦之笱謂之罶。◎王念孫曰：鉤，本作釣，釣即鉤也，今本作鉤者，後人但知釣為釣魚之釣，而不知其又為鉤之異名，故以意改之耳。今案《廣雅》曰：釣，鉤也。《田子方篇》曰，文王，觀於臧，見一丈夫釣，而其釣莫釣，非持其釣，有釣者也，常釣也。（以上六釣字，惟其釣與持其釣兩釣字指鉤而言，餘四釣字皆讀為釣魚之釣。）《鬼谷子・摩篇》曰，如操釣而臨深淵；《淮南・說山篇》曰，操釣上山，揭斧入淵；《說林篇》曰，一目之羅不可以得鳥，無餌之釣不可以得魚；東方朔《七諫》曰，以直鍼而為釣兮，又何魚之能得。是古人謂鉤為釣也。又案《釋文》云，餌，如志反，罾，音曾；笱，音苟，此是釋餌罾笱三字之音。下又云，釣，鉤也；餌，魚餌也。《廣雅》云，罟謂之网；罶，魚网也。《爾雅》云，嫠婦之笱謂之罶。此是釋釣餌網罟罶笱六字之義。後人既改正文釣字為鉤，又改《釋文》笱音苟釣鉤也六字為笱音鉤釣鉤也，其失甚矣。又《外物篇》任公子為大鉤巨緇，《釋文》：鉤，本亦作釣，亦當以作釣者為是。《文選・七啟注》、傅咸《贈何劭王濟詩注》、謝靈運《七里瀨詩注》及《太平御覽・資產部》十四引此，並作釣也。又《列子・湯問篇》，詹何以芒鍼為釣，後人改釣為鉤，不知《御覽》引此正作釣也。又下文投綸沈釣，今本釣作鉤，亦是後人所改。《韻府羣玉》釣字下引《列子》投綸沈釣，則所見本尚作釣也。又《齊策》，君不聞海大魚乎？網不能止，釣不能牽，後人改釣為鉤，不知《御覽・鱗介部》七引此正作釣，《淮南・人間篇》亦作釣也。又《淮南・說山篇》，人不愛江漢之珠而愛己之釣，高注云：釣，鉤也。後人既改正文釣字為鉤，又改注文為鉤釣也，〔則〕其謬滋甚，蓋後人不知釣為鉤之異名，故以其所知改其所不知，古義寖亡矣。「削」七妙反。「格」古百反。李云：削格，所以施羅網也。「羅落罝」子斜反。「罘」本又作罦，音浮。《爾雅》云：鳥罟謂之羅，兔罟謂之罝，罬謂之罦，罦，覆車也。郭璞云：今翻車也。◎家世父曰：《釋文》引李云：削格，所以施羅網也。《說文》：格，木長貌。徐鍇曰：長枝為格。削格，謂刮削之。鄭注《周禮》雍氏所謂（祚）〔柞〕⑤鄂也。《書》（傳）〔《費誓》〕杜乃擭。〔《正義》擭〕，捕獸機檻。左思《吳都賦》峭格周施，峭削義通。謂之格者，格拒之意。削格羅落，皆所以遮要禽獸。《漢書・鼂錯傳》為中周虎落，師古注：謂遮落之。削格即阱擭之擭也。羅落與上畢弋同文。《玉篇》云：弋，橛也，一作杙。《爾雅・釋宮》，樴謂之杙，郭璞注：橜也。畢弋，謂施弋以張畢也。《人間世》狙猴之杙，則用以繫狙猴者。《說文》：率，捕鳥畢也。《詩・小雅》畢之羅之。鳥罟亦謂之畢。李云，兔網曰畢，繳射曰弋，均失之。

❹【注】上之所多者，下不能安其少也，性少而以逐多則迷也。

【疏】智數詐僞，漸漬毒害於物也。頡滑，滑稽也，亦姦黠也。解垢，詐僞也。夫滑稽堅白之智，譎詭同異之談，諒有虧於真理，無益於世教，故遠觀譬於若訥，愚俗惑於小辯。

【釋文】「漸毒」李云：漸漬之毒，不覺深也。崔云：漸毒，猶深害。◎慶藩案知與智同，謂智故也。《淮南・主術》注曰：故，巧。《管子・心術》去知與故，《荀子・非十二子》知而險，《淮南・原道》偶（瞎）〔䁟〕⑥智故，並此知字之義。漸，詐也。《荀子・議兵》是漸之也，《正論》上凶險則下漸詐矣，皆欺詐之義。（李頤謂為漸漬之毒，失之遠矣。）《尚書》民興胥漸，王念孫曰：漸，詐也，言小民方興為詐欺，故下文曰罔中於信，以覆詛盟也。彼《傳》訓為漸化，則與下文不屬。「頡」戶結反。「滑」于八反。頡滑，謂難料理也。崔云：纏屈也。李音骨，滑稽也。一云：頡滑，不正之語也。「解」苦懈反。「垢」苦豆反。司馬崔云：解垢，隔角也。或云：詭曲之辭。

❺【疏】每每，昏昏貌也。夫忘懷任物，則宇內清夷；執迹用智，則天下大亂。故知上下昏昏，由乎好智。

【釋文】「每每」李云：猶昏昏也。◎慶藩案每每即夢夢也。《爾雅・釋訓》：夢夢訰訰，亂也。夢之為每，猶甍之為瓾。（《方言》瓾謂之（甂）〔𤮏〕⑦，郭注：今字作甍。）

❻【注】不求所知而求所不知，此乃舍己效人而不止⑧其分也。

【疏】所以知者，分內也；所不知者，分外也。舍內求外，非惑如何也！

【釋文】「舍己」音捨，下文同。

⑦【注】善其所善，爭尙之所由生也。

【疏】所不善者，桀跖也；所以善者，聖迹也。盜跖行不善以據東陵，田恆行聖迹以竊齊國。故（藏）〔臧〕穀業異，亡羊趣同，或夷跖行殊，損性均也。愚俗之徒，妄生臧否，善與不善，誠未足定也。

⑧【注】夫吉凶悔吝，生於動者也。而知之所動，誠能搖蕩天地，運御羣生，故君人者，胡可以不忘其知哉！

【疏】是以，仍上辭也。只爲上來用智執迹，故天下大亂。悖，亂也。爍，銷也。墮，壞也。附地之徒曰喘耎，飛空之類曰肖翹，皆輕小物也。夫執迹用智，爲害必甚，故能鼓動陰陽，搖蕩天地，日月爲之薄蝕，山川爲之崩竭，炎涼爲之愆敘，風雨所以不時，飛走水陸，失其本性，好知毒物，一至於此也。

【釋文】「上悖」李郭云：必內反，又音佩。司馬云：薄食也。「下爍」失約反。崔云：消也。司馬云：崩竭也。崔向本作爍，同。徐音藥。「中墮」許規反，毀也。「之施」始豉反。「惴」本亦作蝡，又作喘，川兗反。向音揣。「耎」耳轉反。崔云：蠉蝡動蟲也。一云：惴耎，謂無足蟲。「肖翹」音消，下音祁饒反。崔云：肖翹，植物也。李云：翾飛之屬也。

⑨【注】啍啍，以己誨人也。

【疏】自，從也。三代，謂夏殷周也。種種，淳樸之人。役役，輕黠之貌。釋，廢也。啍啍，以己誨人也。夫上古至淳之世，素朴之時，像圜天而清虛，法方地而安靜，並萬物而爲族，同禽獸之無知。逮乎散澆去淳，離道背德，而五帝聖迹已彰，三代用知更甚；舍淳樸之素士，愛輕黠之佞夫，廢無欲之自安，悅有心之誨物，已亂天下，可不悲乎！

【釋文】「種種」向章勇反。李云：謹慤貌。一云：淳厚也。「而說」音悅。下同。◎盧文弨曰：今本作悅。「役役」李云：鬼黠貌。一云：有為人也。「恬」徒謙反。「淡」徒暫反。徐大敢反。「啍啍」李之閏反，又之純反。郭音惇，以己誨人之貌。下同。司馬云：少智貌。徐許彭反，又許剛反。向本作哼，音亨。崔本上句作哼哼，少知而芒也。一云：哼哼，壯健之貌。◎盧文弨曰：〔今本〕此與下俱作哼哼。案從亨亦可得亨音。

【校】①趙諫議本作喘。②世德堂本民作機，趙本作民。③世德堂本作網，本書依《釋文》改。④《釋文》原本無音字。⑤柞字依《周禮》鄭注改。⑥瞌字依《淮南子》改。⑦甂字依《方言》改。⑧趙本止作正。

莊子集釋 卷四下

外篇 在宥第十一❶

❶【釋文】以義名篇。◎慶藩案《文選》謝靈運《九日從宋公戲馬臺集送孔令詩注》引司馬云：在，察也。宥，寬也。《釋文》闕。

聞在宥天下，不聞治天下也❶。在之也者，恐天下之淫其性也；宥之也者，恐天下之遷其德也。❷天下不淫其性，不遷其德，有治天下者哉❸！昔堯之治天下也，使天下欣欣焉人樂其性，是不恬也；桀之治天下也，使天下瘁瘁焉人苦其性，是不愉也❹。夫不恬不愉，非德也。非德也而可長久者，天下无之。❺

❶【注】宥使自在則治，治之則亂也。人之生也直，莫之蕩，則性命不過，欲惡不爽。在上者不能無爲，上之所爲而民皆赴之，故有誘慕好欲而民性淫矣。故所貴聖王者，非貴其能治也，貴其無爲而任物之自爲也。

【疏】宥，寬也。在，自在也。治，統馭也。寓言云，聞諸賢聖任物，自在寬宥，即天下清謚；若立教以馭蒼生，物失其性，如伯樂治馬也。

【釋文】「聞在宥」音又，寬也。「則治」直吏反。下治亂同。「欲惡」烏路反。「好欲」呼報反。

❷【疏】性者，稟生之理；德者，功行之名；故致在宥之言，以防遷淫之過。若不任性自在，恐物淫僻喪性也。若不宥之，復恐効他，其德遷改也。

❸【注】無治乃不遷淫。

【疏】性正德定，何勞布政治之哉！有政不及無政，有爲不及無爲。

【釋文】「有治天下者哉」崔本作有治天下者材失，云：強治之，是材之失也。

❹【注】夫堯雖在宥天下，其迹則治也。治亂雖殊，其於失後世之恬愉，使物爭尙畏鄙而不自得則同耳。故譽堯而非桀，不如兩忘也。

【疏】恬，靜也。愉，樂也。瘁，憂也。堯以德臨人，人歌擊壤，乖其靜性也；桀以殘害於物，物遭憂瘁，乖其愉樂也。堯桀政代斯異，使物失性均也。

【釋文】「人樂」音洛。「恬」徒謙反。「瘁瘁」在季反，病也。《廣雅》云：憂也。崔本作醉。「愉」音瑜，徐音喩。「故譽」音餘。

❺【注】恬愉自得，乃可長久。

【疏】堯以不恬泣人，桀以不愉取物，不合淳和之性；欲得長久，天下未之有也。

人大喜邪？毗於陽；大怒邪？毗於陰。陰陽並毗，四時不至，寒暑之和不成，其反傷人之形乎！使人喜怒失位，居處无常，❶思慮不自得，中道不成章❷，於是乎天下始喬詰卓鷙，而後有盜跖曾史之行。故舉天下以賞其善者不足，❸舉天下以罰其惡者不給❹，故天下之大不足以賞罰❺。自三代以下者，匈匈焉終以賞罰為事，彼何暇安其性命之情哉❻！

❶【疏】毗，助也。喜出於魂，怒出於魄，人稟陰陽，與二儀同氣。堯令百姓喜，毗陽暄舒；桀使人怒，助陰慘肅。人喜怒過分，則天失常，盛夏不暑，隆冬無霜。既失和氣，加之天災，人多疾病，豈非反傷形乎！不可有爲作法，必致殘傷也。

【釋文】「毗於」如字。司馬云：助也。一云：並也。◎俞樾曰：《釋文》，毗如字，司馬云，助也，一云，並也。然下文云，陰陽並毗，四時不至，寒暑之和不成，則訓（為）①助已不可通，若訓並更為失之矣。案此毗字當讀為毗劉暴樂之毗。《爾雅釋詁》云，毗劉，暴樂也。合言之則曰毗劉，分言之則或止曰劉，《詩・桑柔篇》捋采其劉是也；或止曰毗，此言毗於陽毗於陰是也。暴樂，《毛公傳》作爆爍。鄭氏《箋》云：捋采之則爆爍而疏。然則爆爍猶剝落也。喜屬陽，怒屬陰，故大喜則傷陽，大怒則傷陰。毗陰毗陽，言傷陰陽之和也，故四時不至，寒暑之和不成。若從司馬訓毗為助，則下三句不貫矣。《淮南子・原道篇》，人大怒破陰，大喜墜陽，正與此同義。

❷【注】此皆堯桀之流，使物喜怒大過，以致斯患也。人在天地之中，最能以靈知喜怒擾亂羣生而振蕩陰陽也。故得失之間，喜怒集乎百姓之懷，則寒暑之和敗，四時之節差，百度昏亡，萬事失②落也。

【疏】爲滯喜怒，遂使百姓謀慮失真，既乖憲章之法，斯敗也已。

【釋文】「思慮」息嗣反。「大過」音泰。

❸【注】慕賞乃善，故賞不能供。

【釋文】「喬」向欽消反，或去夭反，郭音矯，李音驕。「詰」李去吉反，徐起列反。崔云：喬詰，意不平也。「卓」勅角反，郭丁角反，向音篫。「鷙」勅二反，李豬栗反，向豬立反，又勑栗反。崔云：卓鷙，行不平也。「之行」下孟反。

❹【注】畏罰乃止，故罰不能勝。

【疏】喬，詐僞也。詰，責問也。卓，獨也。鷙，猛也。於是喬僞詰責，卓爾不羣，獨懷鷙猛，輕陵於物，自堯爲始，次後有盜跖之惡，曾史之善，善惡既著，賞罰係焉。慕賞行善，懼罰止惡，舉天下斧鉞不足以罰惡，傾宇宙之藏不足以賞善。給，猶足也。

【釋文】「能勝」音升。

❺【疏】若忘賞罰，任真乃在足也。

❻【注】忘賞罰而自善，性命乃大足耳。夫賞罰者，聖王之所以當功過，非以著勸畏也。故理至則遺之，然後至一可反也。而三代以下，遂尋其事迹，故匈匈焉與迹競逐，終以所寄爲事，性命之情何暇而安哉！

【疏】匈匈，讙譁也，競逐之謂也。人懼斧鉞之誅，又慕軒冕之賞，心懷百慮，事出萬端，匈匈競逐而不知止。夏殷已來，其風漸扇，賞罰擾攘，終日荒忙，有何容暇安其性命！

【釋文】「匈匈」音凶。

【校】①爲字依《諸子平議》刪。②趙諫議本失作夭，世德堂本作失。

而且說明邪？是淫於色也；說聰邪？是淫於聲也；❶說仁邪？是亂於德也；說義邪？是悖於理也；❷說禮邪？是相於技也；說樂（也）〔邪〕①？是相於淫也；❸說聖邪？是相於藝也；說知邪？是相於疵也❹。天下將安其性命之情，之八者，存可也，亡可也❺；天下將不安其性命之情，之八者，乃始臠卷獊②囊而亂天下也❻。而天下乃始尊之惜之，甚矣天下之惑也❼！豈直過也而去之邪！乃齊戒以言之，跪坐以進之，鼓歌以儛之，吾若是何哉❽！

❶【疏】說，愛染也。淫，耽滯也。希離慕曠，爲滯聲色。

【釋文】「而且」如字，徐子餘反。「說明」音悅。下同。

❷【疏】德無憎愛，偏愛故亂德；理無是非，裁非故逆理。悖，逆也。

【釋文】「是悖」必內反，徐蒲沒反。

❸【疏】禮者，擎跽曲拳，節文隆殺。樂者，咸池大夏，律呂八音。說禮乃助浮華技能，愛樂更助宮商淫聲。

【釋文】「是相」息亮反，助也。下及注皆同。「於技」其綺反，李音歧。崔同，云：不端也。

❹【注】當理無說，說之則致淫悖之患矣。相，助也。

【疏】說聖迹，助世間之藝術；愛智計，益是非之疵病也。

【釋文】「說知」音智。「於疵」疾斯反。

❺【注】存亡無所在，任其所受之分，則性命安矣。

【疏】八者，聰明仁義禮樂聖智是也。言人稟分不同，性情各異。離曠曾史，素分有者，存之可也；衆人性分本無，企慕乖真，亡之可也。

❻【注】必存此八者，則不能縱任自然，故爲臠卷獊囊也。

【疏】臠卷，不舒放之容也。獊囊，悤遽之貌也。天下羣生，唯知分外，不能安任，臠卷自拘，夸華人事，獊囊悤速，爭馳逐物，由八者不忘，致斯弊者也。

【釋文】「臠」力轉反。崔本作欒。「卷」卷勉反，徐居阮反。司馬云：臠卷，不申舒之狀也。崔同。一云：相牽引也。「獊」音倉。崔本作戕。「囊」如字。崔云：戕囊，猶搶攘。◎盧文弨曰：今本獊作愴。

❼【注】不能遺之，已爲誤矣。而乃復尊之以爲貴，豈不甚惑哉！

【疏】前八者，亂天下之經，不能忘遺，已是大惑。方復尊敬，用爲楷模，痛惜甚也。

【釋文】「乃復」扶又反。

❽【注】非直由寄而過去也，乃珍貴之如此。

【疏】八條之義，事同芻狗，過去之後，不合更收。誠禁致齊，明言執禮，君臣跪坐，更相進獻，鼓九韶之歌，舞大章之曲。珍重蘧廬，一至於此，莊生目擊，無奈之何也。

【釋文】「而去」起慮反。「之邪」崔本唯此一字作邪，餘皆作咫。「齊戒」本又作齋，同。側皆反。「跪」其詭反，郭音危。

【校】①邪字依世德堂本改。②世德堂本作傖，注同。趙諫議本作傖。

故君子不得已而臨莅天下，莫若无為。无為也而後安其性命之情。❶故貴以身於為天下，則可以託天下；愛以身於為天下，則可以寄天下❷。故君子苟能无解其五藏，无擢其聰明❸；尸居而龍見，淵默而雷聲❹，神動而天隨❺，從容无為而萬物炊累焉❻。吾又何暇治天下哉❼！

❶【注】無爲者，非拱默之謂也，直各任其自爲，則性命安矣。不得已者，非迫於威刑也，直抱道懷朴，任乎必然之極，而天下自賓也。

【疏】君子，聖人也。不得已臨莅天下，恆自無爲。雖復無爲，非關拱默，動寂無心，而性命之情未始不安也。

【釋文】「莅」音利，又音類。◎家世父曰：言貴其身重於所以為天下，愛其身甚於所以為天下。惟貴惟愛，故無為。

❷【注】若夫輕身以赴利，棄我而殉物，則身且不能安，其如天下何！

【疏】貴身賤利，內我外物，保愛精神，不蕩於世者，故可寄坐萬物之上，託化於天下也。

❸【注】解擢則傷也。

【疏】五藏，精靈之宅；聰明，耳目之用。若分辨五藏情識，顯擢聰明之用，則精神奔馳於內，耳目竭喪於外矣。

❹【注】出處默語，常無其心而付之自然。

【釋文】「无解」如字。一音蟹，散也。

【疏】聖人寂同死尸寂泊，動類飛龍在天，豈有寂動理教之異哉！故寂而動，尸居而龍見，淵默而雷聲。欲明寂動動寂，理教教理，不一異也。

【釋文】「龍見」賢遍反。向崔本作睍，向音見，崔音睍。

❺【注】神順物而動，天隨理而行。

【疏】神者，妙萬物而爲言也，即動即寂，德同蒼昊，隨順生物也。◎家世父曰：尸居龍見，不見而章；淵默雷聲，不動而變；神動天隨，無爲而成。

❻【注】若游塵之自動。

【疏】累，塵也。從容自在，無爲虛淡，若風動細塵，類空中浮物，陽氣飄颻，任運去留而已。

【釋文】「從容」七容反。「炊」昌睡反，又昌規反。本或作吹，同。「累」劣僞反。司馬云：炊累，猶動升也。向郭云：如埃塵之自動也。

❼【注】任其自然而已。

【疏】物我齊混，俱合自然，何勞功暇，更爲治法也！

崔瞿問於老聃曰：「不治天下，安藏①人心？」

老聃曰：「女愼無攖人心❶。人心排下而進上❷，上下囚殺❸，淖約柔乎剛彊❹。廉劌彫琢，其熱焦火，其寒凝冰❺。其疾俛仰之間而再撫四海之外❻，其居也淵而靜，其動也縣而天❼。僨驕而不可係者，其唯人心乎❽！

❶【注】攖之則傷其自善也。

【疏】姓崔，名瞿，不知何許人也。既問：「在宥不治人心，何以履善？」答曰：「宥之放之，自合其理，作法理物，則攖撓人心。」（人心）列下文云。

【釋文】「崔瞿」向崔本作臞。向求朱反。崔瞿，人姓名也。「老聃」吐藍反。「女愼」音汝。「攖」於營反，又於盈反。司馬云：引也。崔云：羈落也。

❷【注】排之則下，進之則上，言其易搖蕩也。

【疏】人心排他居下，進己在上，皆常情也。

【釋文】「排」皮皆反。崔本作俳。「進上」時掌反。注及下同。「其易」以豉反。

❸【注】無所排進，乃安全耳。

【疏】溺心上下，爲境所牽，如禁之囚，攖煩困苦。

【釋文】「囚殺」如字，徐所例反。言囚殺萬物也。◎家世父曰：上下囚殺，言詭上詭下，使其心拘囚噍殺，不自適也。淖約者矯揉，則剛可使柔，廉劌者徑遂，寒熱百變，水火兼施，攖之而遂至於不可遏。郭象注恐誤。

❹【注】言能淖約，則剛彊者柔矣。
【疏】淖約，柔弱也。矯情行於柔弱，欲制服於剛彊。
【釋文】「淖」昌略反，又直角反。
❺【注】夫焦火之熱，凝冰之寒，皆喜怒並積之所生。若乃不彫不琢，各全其樸，則何冰炭之有哉！
【疏】廉，務名也。劌，傷也。彫琢名行，欲在物前。若違情起怒，寒甚凝冰；順心生喜，熱踰焦火。
【釋文】「廉劌」居衛反。司馬云：傷也。《廣雅》云：利也。「琢」丁角反。
❻【注】風俗之所動也。
【疏】逐境之心，一念之頃，已遍十方，況俛仰之間，不再臨四海哉！
❼【注】靜之可使如淵，動之則係天而踊躍也。
【疏】有欲之心，去無定準。偶爾而靜，如流水之遇淵潭；觸境而動，類高天之縣；不息動之，則係天踊躍。
【釋文】「縣而天」音玄。向本無而字，云：希高慕遠，故曰縣天。
❽【注】人心之變，靡所不爲。順而放之，則靜而自②通；治而係之，則跂而僨驕。僨驕者，不可禁之勢也。
【疏】排下進上，美惡喜怒，僨發驕矜，不可禁制者，其在人心乎！

【釋文】「僨」向粉問反。《廣雅》云：僵也。郭音奔。「驕」如字，又居表反。郭云：僨驕者，不可禁之勢。

【校】①世德堂本藏作臧。②世德堂本無自字。

昔者黃帝始以仁義攖人之心❶，堯舜於是乎股無胈，脛無毛，以養天下之形，愁其五藏以為仁義，矜其血氣以規法度。然猶有不勝也，❷堯於是放讙兜於崇山，投三苗於三峗，流共工於幽都，此不勝天下也。❸夫施及三王而天下大駭矣❹。下有桀跖，上有曾史❺，而儒墨畢起❻。於是乎喜怒相疑❼，愚知相欺❽，善否相非❾，誕信相譏❿，而天下衰矣⓫；大德不同，而性命爛漫矣⓬；天下好知，而百姓求竭矣⓭。於是乎釿鋸制焉，繩墨殺焉，椎鑿決焉⓮。天下脊脊大亂，罪在攖人心。故賢者伏處大①山嵁巖之下，而萬乘之君憂慄乎②廟堂之上⓯。

❶【注】夫黃帝非爲仁義也，直與物冥，則仁義之迹自見。迹自見，則後世之心必自殉之，是亦黃帝之迹使物攖也。

【疏】黃帝因宜作則，慈愛養民，實異偏尙之仁，裁非之義。後代之王，執其軌轍，蒼生名之爲聖，攖人之心自此始也。弊起後王，釁非黃帝。

【釋文】「自見」賢遍反。下同。

❷【疏】胈，白肉也。堯舜行黃帝之迹，心形瘦弊，股瘦無白肉，脛禿無細毛，養天下形容，安

萬物情性，五藏憂愁於內，血氣矜莊於外，行仁義以爲規矩，立法度以爲楷模，尚不免流放凶族，則有不勝。

【釋文】「股」音古。脛本曰股。「胈」畔末反，向父末反。李扶蓋反，云：白肉也。或云：字當作紱。紱，蔽膝也。崔云：胈，髭也。「脛」刑定反。◎慶藩案矜其血氣，猶孟子言苦其心志也。矜者，苦也，訓見《爾雅》釋言篇。

❸【疏】昔帝鴻氏有不才子，天下謂之渾沌，即讙兜也，爲黨共工，放南裔也。縉雲氏有不才子，天下謂之饕餮，即三苗也，爲堯諸侯，封三苗之國。國在左洞庭，右彭蠡，居豫章，近南岳。三峗，山名，在西裔，即秦州西羌地。少昊氏有不才子，天下謂之窮奇，即共工也，爲堯水官。幽都在北方，即幽州之地。《尚書》有殛鯀，此文不備也。四人皆包藏凶惡，不遵堯化，故投諸四裔，是堯不勝天下之事。放四凶由舜，今稱堯者，其時舜攝堯位故耳。

【釋文】「讙」音歡。「兜」(下)〔丁〕③侯反。「崇山」南裔也。堯六十年，放讙兜於崇山。「投三苗」崔本投作殺，《尚書》作竄。三苗者，縉雲氏之子，即饕餮也。「三峗」音危。本亦作危。三危，西裔之山也，今屬天水。堯六十六年，竄三苗於三危。「共工」音恭。共工，官名，即窮奇也。「幽都」李云：即幽州也。《尚書》作幽州，北裔也。堯六十四年，流共工於幽州。

❹【注】夫堯舜帝王之名，皆其迹耳，我寄斯迹而迹非我也，故駭者自世。世彌駭，其迹愈粗，粗之與妙，自途之夷險耳，遊者豈常改其足哉！故聖人一也，而④有堯舜湯武之異。明斯異者，時世之名耳，未足以名聖⑤人之實也。故夫堯舜者，豈直一堯舜而已哉！是以雖有矜愁之貌，仁義之

迹，而所以迹者故全也。

【疏】施，延也。自黃帝逮乎堯舜，聖迹滯，物擾亂，延及三王，驚駭更甚。

【釋文】「施及」以智反。崔云：延也。「大駭」駭，驚也。「愈粗」音麤。下同。

❺【疏】桀跖行小人之行爲下，曾史行君子之行爲上。

❻【疏】謂儒墨守迹，是非因之而起也。

❼【疏】喜是怒非，更相疑貳。

❽【疏】飾智驚愚，互爲欺侮。

❾【疏】善與不善，彼此相非。

❿【疏】誕虛信實，自相譏誚。

【釋文】「愚知」音智。下及注同。

⓫【注】莫能齊於自得。

【疏】相仍糾紛，宇宙衰也。

⓬【注】立小異而不止於分。

【疏】喜怒是非，熾然大盛，故天年夭枉，性命爛漫。爛漫，散亂也。

⓭【注】知無涯而好之，故無以供其求。

【疏】聖人窮無涯之知，百姓焉不竭哉！

【釋文】「好知」呼報反。注同。

⑭【注】彫琢性命，遂至於此。

【疏】繩墨，正木之曲直；禮義，示人之隆殺；椎鑿，穿木之孔竅；刑法，決人之身首。工匠運斤鋸以殘木，聖人用禮法以傷道。

【釋文】「釿」音斤，本亦作斤。「鋸」音據。「制焉」釿鋸制，謂如肉刑也。「繩墨殺焉」並如字。崔云：謂彈正殺之。「椎」直追反。「鑿」在洛反。「決焉」古穴反，又苦穴反。崔云：肉刑，故用椎鑿。

⑮【注】若⑥夫任自然而居當，則賢愚襲情而貴賤履位，君臣上下，莫匪爾極，而天下無患矣。斯迹也，遂⑦攖天下之心，使奔馳而不可止。故中知以下，莫不外飾其性以眩惑眾人，惡直醜正，蕃徒相引。是以任真者失其據，而崇僞者竊其柄，於是主憂於上，民困於下矣。

【疏】脊脊，相踐籍也。一云亂，宇宙大亂，罪由聖知。君子道消，晦迹林藪，人君雖在廟堂，心恆憂慄，既無良輔，恐國傾危也。

【釋文】「脊脊」音藉，在亦反，相踐藉也。本亦作肴肴。《廣雅》云：肴，亂也。「大山」音泰，亦如字。「嵁」苦巖反，一音苦咸反，又苦嚴反。「巖」音嚴，語銜反。一音嵒，語咸（及）〔反〕⑧。◎盧文弨曰：今本作岩⑨。◎俞樾曰：《釋文》，大山，音泰，亦如字，當以讀如字為是。此泛言山之大者，不必東獄泰山也。嵁當為湛。《文選》封禪文湛恩厖鴻，李注曰：湛，深也。湛巖，猶深巖，因其以山巖言，故變從水者而從山耳。山言其大，巖言其深，義正相應。學者不達其義，而音大為泰，失之矣。《田子方篇》其神經乎大山而無介，入乎淵泉而不濡，《釋文》大音泰，失與此同。《文選·風賦》

緣泰山之阿，《古詩》冄冄孤生竹，結根泰山阿，夫風之所緣，竹之所生，非必泰山也。其原文應並作大山，泛言山之大者。後人誤讀為泰，並改作泰耳。「以眩」玄遍反。「惡直」烏路反。「蕃徒」音煩。

【校】①趙諫議本大作太。②趙本無乎字。③丁字依世德堂本及《釋文》原本改。④世德堂本而作天，趙本而下有天字。⑤趙本聖作至。⑥世德堂本若作故。⑦世德堂本無遂字。⑧反字依世德堂本及《釋文》原本改。⑨世德堂本作岩，本書依《釋文》改。

今世殊死者相枕也，桁楊者相推也，刑戮者相望也❶，而儒墨乃始離跂攘臂乎桎梏之間。意，甚矣哉！其無愧而不知恥也甚矣❷！吾未知聖知之不為桁楊椄槢也，仁義之不為桎梏鑿枘也❸，焉知曾史之不為桀跖嚆矢也❹！故曰『絕聖棄知而天下大治❺。』」

❶【疏】殊者，決定當死也。桁楊者，械也，夾腳及頸，皆名桁楊。六國之時及衰周之世，良由聖迹，鯨劓五刑，遂使桁楊者盈衢，殊死者相枕，殘兀滿路。相推相望，明其多也。

【釋文】「殊死」如字。《廣雅》云：殊，斷也。司馬云：決也。一云：誅也。《字林》云：死也。《說文》同。又云：《漢令》曰，蠻夷長有罪，當殊之。崔本作殀死。「相枕」之鴆反。「桁」戶剛反。司馬云：腳長械也。「楊」向音陽。崔云：械夾頸及脛者，皆曰桁楊。

❷【注】由腐儒守迹，故致斯禍。不思捐迹反一，而方復攘臂用迹以治迹，可謂無愧而不知恥之甚也。

【疏】離跂，用力貌也。聖迹爲害物之具，而儒墨方復攘臂分外，用力於桎梏之間，執迹封教，救當世之弊，何荒亂之能極哉！故發噫歎息，固陋不已，無愧而不知恥也。

【釋文】「離」力氏反，又力智反。「跂」丘氏反，又丘豉反。「攘」如羊反。「桎」之實反。「梏」古毒反。◎慶藩案離跂即《荀子・榮辱篇》離縱而跂訾之義，謂自異於眾也。「意」如字，又音醫。「無愧」崔本作媿。「腐」音輔。「方復」扶又反。

❸【注】桁楊以接槢爲管，而桎梏以鑿枘爲用。聖知仁義者，遠於罪之迹也。迹遠罪則民斯①尙之，尙之則矯②詐生焉，矯詐生而禦姦③之器不具者，未之有也。故棄所尙則矯詐不作，矯詐不作則桁楊桎梏廢矣，何鑿枘接槢之爲哉！

【疏】接槢，械楔也。鑿，孔也。以物內孔中曰枘。械不楔不牢，梏無孔無用。亦猶憲章非聖迹不立，桀跖無仁義不行，聖迹是攖擾之原，仁義是殘害之本。

【釋文】「接」李如字，向徐音（燮）〔妾〕④，郭慈接反。「槢」郭李音習，向徐徒燮反。司馬云：接槢，械楔。音息節反。崔本作⿰片習，云：讀為牒，或作謵字。接槢，桎梏梁也。《淮南》曰：大者為柱梁，小者為接槢也。◎慶藩案《文選》何平叔《景福殿賦注》引司馬〔云：〕槢，械楔也。與《釋文》異。（《釋文》槢上有接字，楔下無也字。）「鑿」在洛反，又在報反。「枘」人銳反。向本作內，音同。《三蒼》云：柱頭枘也。鑿頭廁木，如柱頭枘。「遠於」于萬反。下同。「而禦」魚呂反。本又作御，音同。

❹【注】嚆矢，矢之猛者，言曾史爲桀跖之利用也。

【疏】嚆，箭鏃有吼猛聲也。聖智是竊國之具，仁義爲凶暴之資，曾史爲桀跖利用猛箭，故云然也。

【釋文】「焉知」於虔反。「嚆矢」許交反。本亦作嗃。向云：嚆矢，矢之鳴者。郭云：矢之猛者。《字林》云：嚆，大呼也。崔本作蒿，云：蕭蒿可以為箭。或作矯，矯，梟也。崔本此下更有有無之相生也則甚，曾史與桀跖生有無也，又惡得無相轂也，凡二十四字。

❺【注】去其所以攖也。

【疏】絕竊國之具，棄凶暴之資，即宇內清平，言大治也。

【釋文】「大治」直吏反。「去其」起呂反。

【校】①世德堂本作思，趙諫議本作斯。②趙本矯作驕。③世德堂本作奸。④妾字依世德堂本改，《釋文》原本亦誤變。

黃帝立為天子十九年，令行天下❶，聞廣成子在於空同之（上）〔山〕①，故往見之❷，曰：「我聞吾子達於至道，敢問至道之精。吾欲取天地之精，以佐五穀，以養民人❸，吾又欲官陰陽，以遂羣生，為之奈何❹？」

❶【疏】德化詔令，（寓）〔寓〕內大行。

❷【疏】空同山，涼州北界。廣成，即老子別號也。

【釋文】「廣成子」或云：即老子也。「空同」司馬云：當北斗下山也。《爾雅》云：北戴斗極為空同。一曰：在梁國虞城東三十里。

❸【疏】五穀，黍稷菽麻麥也。欲取窈冥之理，天地陰陽精氣，助成五穀，以養蒼生也。

❹【疏】遂，順也。欲象陰陽設官分職，順羣生之性，問其所以。

【校】①山字依《闕誤》引張君房本及成疏改。

廣成子曰：「而所欲問者，物之質也❶；而所欲官者，物之殘也❷。自而治天下，雲氣不待族而雨，草木不待黃而落，日月之光益以荒矣❸。而佞人之心翦翦者，又奚足以語至道❹！」

❶【注】問至道之精，可謂質也。

【疏】而，汝也。欲播植五穀，官府二儀，所問粗淺，不過形質，乖深玄之致。是詆訶也。

【釋文】「質也」《廣雅》云：質，正也。

❷【注】不任其自爾而欲官之，故殘也。

【疏】苟欲設官分職，引物從己，既乖造化，必致傷殘。

❸【疏】族，聚也。分百官於陰陽，有心治萬物，必致凶災。雨風不調，炎涼失節，雲未聚而雨降，木尚青而葉落；欃槍薄蝕，三光昏晦，人心遭擾，玄象荒殆。

【釋文】「雲氣不待族而雨」司馬云：族，聚也。未聚而雨，言澤少。「草本不待黃而落」司馬云：言殺氣多也。《爾雅》云：落，死也。「益以」崔本作蓋以。

❹【疏】翦翦，狹劣之貌也。汝是諂佞之人，心甚狹劣，何能語至道也！

【釋文】「佞人」如字。郭音寧。「翦翦」如字。郭司馬云：善辯也。一曰：佞貌。李云：淺短貌。或云：狹小之貌。

黃帝退，捐天下，築特室，席白茅，閒居三月，復往邀之❶。

❶【疏】黃帝退，清齊一心，舍九五尊位，築特室，避讙囂，藉白茅以絜淨，閒居經時，重往請道。邀，遇也。

【釋文】「捐」悅全反。「閒居」音閑。下注同。「復往」扶又反。「邀之」古堯反，要也。

廣成子南首而臥，黃帝順下風膝行而進，再拜稽首而問曰：「聞吾子達於至道，敢問，治身奈何而可以長久？」廣成子蹶然而起，曰：「善哉問乎❶！來！吾語女至道。至道之精，窈窈冥冥；至道之極，昏昏默默❷。无視无聽，抱神以靜，形將自正❸。必靜必清，无勞女形，无搖女精，乃可以長生❹。日无所見，耳无所聞，心无所知，女神將守形，形乃長生❺。慎女內❻，閉女外❼，多知為敗❽。我為女遂於大明之上矣。至彼至陽之原也；為女入於窈冥之門矣，至彼至陰之原也❾。天地有官，陰陽有藏❿，慎守女身，物將自壯⓫。我守其一以處其和，故我修身千二百歲矣，吾形未常衰⓬。」

❶【注】人皆自修而不治天下，則天下治矣，故善之也。

【疏】使人治物，物必攖煩，各各治身，天下清正，故善之。蹶然，疾起。

【釋文】「南首」音狩。「蹶」其月反，又音厥，驚而起也。◎慶藩案《文選》張景陽《七命注》引司馬云：蹶，疾起貌。《釋文》闕。「天下治」直吏反。

❷【注】窈冥昏默，皆了無也。夫莊老之所以屢稱無者，何哉？明生物者無物而物自生耳。自生耳，非爲生也，又何有爲於已生乎！

【疏】至道精微，心靈不測，故寄窈冥深遠，昏默玄絕。

【釋文】「吾語」魚據反。下同。「女」音汝。後倣此。「窈窈」烏了反。

❸【注】忘視而自見，忘聽而自聞，則神不擾而形不邪也。

【疏】耳目無外視聽，抱守精神，境不能亂，心與形合，自冥正道。

【釋文】「不邪」似嗟反。

❹【注】任其自動，故閒靜而不夭也。

【疏】清神靜慮，體無所勞，不緣外境，精神常寂，心閒形逸，長生久視。

❺【注】此皆率性而動，故長生也。

【疏】任視聽而無所見聞，根塵既空，心亦安靜，照無知慮，應機常寂，神淡守形，可長生久視也。

❻【注】全其真也。

【疏】忘心，全〔漠〕〔真〕①也。

❼【注】守其分也。

【疏】絕視聽，守分也。

❽【注】知無崖，故敗。

【疏】不慎智慮，心神既困，耳目竭於外，何不敗哉！

❾【注】夫極陰陽之原，乃遂於大明之上，入於窈冥之門也。

【疏】陽，動也。陰，寂也。遂，出也。至人應動之時，智照如日月，名大明也。至陽之原，表從本降迹，故言出也。無感之時，深根寂然凝湛也。至陰之原，示攝迹歸本，故曰入窈冥之門。廣成示黃帝動寂兩義，故託陰陽二門也。

【釋文】「我為」于偽反。下同。

❿【注】但當任之。

⓫【疏】天官，謂日月星辰，能照臨四方，綱維萬物，故稱官也。地官，謂金木水火土，能維持動植，運載羣品，亦稱官也。陰陽二氣，春夏秋冬，各有司存，如藏府也。咸得隨任，無不稱適，何違造化，更立官府也！女但無爲，慎守女身，一切萬物，自然昌盛，何勞措心，自貽伊慼哉！

【釋文】「物將自壯」側亮反。謂不治天下，則眾物皆自任，自任而壯也。

⓬【注】取於盡性命之極，極長生之致耳。身不夭乃能及物也。

【疏】保恬淡一心，處中和妙道，攝衛修身，雖有壽考之年，終無衰老之日。

【校】①真字依注文改。

黃帝再拜稽首曰：「廣成子之謂天矣❶！」

❶【注】天，無爲也。

【疏】歎聖道之清高，可與玄天合德也。

廣成子曰：「來！余語女。彼其物无窮，而人皆以為有終❶；彼其物无測，而人皆以為有極❷。得吾道者，上為皇而下為王❸；失吾道者，上見光而下為土❹。今夫百昌皆生於土而反於土，故余將去女❺，入无窮之門，以遊无極之野❻。吾與日月參光，吾與天地為常❼。當我，緡乎！遠我，昬乎❽！人其盡死，而我獨存乎❾！」

❶【疏】死生變化，物理無窮，俗人愚惑，謂有終始。

❷【注】徒見其一變也。

【疏】萬物不測，千變萬化，愚人迷執，謂有限極。◎慶藩案無測，言無盡也。《說文》：測，深所至也。深所至，謂深之盡極處。《呂氏春秋・論人篇》闊大淵深，不可測也，高注：測，盡極也。《淮南・原道篇》水大不可極，深不可測，高注：測，盡也。无測有極，正對文言之。

❸【注】皇王之稱，隨世之上下耳，其於得通變之道以應無窮，一也。

【疏】得自然之道，上逢淳樸之世，則作羲農；下遇澆季之時，應爲湯武。皇王迹自夷險，道則一也。

【釋文】「之稱」尺證反。

❹【注】失無窮之道，則自信於一變而不能均同上下，故俯仰異心。

【疏】喪無爲之道，滯有欲之心，生則覩於光明，死則便爲土壤。迷執生死，不能均同上下，故有兩名也。

❺【注】土，無心者也。生於無心，故當反守無心而獨往也。

【疏】夫百物昌盛，皆生於地，及其彫落，還歸於土。世間萬物，從無而生，死歸空寂。生死不二，不滯一方，今將去女任適也。

【釋文】「百昌」司馬云：猶百物也。

❻【注】與化俱也。

【疏】反歸冥寂之本，入無窮之門；應變天地之間，遊無極之野。

❼【注】都任之也。

【疏】參，同也。與三景齊明，將二儀同久，豈千二百歲哉！

❽【注】物之去來，皆不覺也。

【疏】聖人無心若鏡，機當感發，即應機冥符，若前機不感，即昏然晦迹也。

【釋文】「當我」如字。「緡乎」武巾反。郭音泯，泯合也。◎家世父曰：《釋文》，緡，泯合也。緡昬字通，緡亦昬也。當我，鄉我而來；遠我，背我而去；任人之鄉背，而一以無心應之。「遠我」于萬反。「昬乎」如字，暗也。司馬云：緡昬，並無心之謂也。

❾【注】以死生爲一體，則無往而非存。

【疏】一死生，明變化，未始非我，無去無來，我獨存也。人執生死，故憂患之。

雲將東遊，過扶搖之枝而適遭鴻蒙。鴻蒙方將拊脾雀①躍而遊。❶雲將見之❷，倘然止，贄然立，曰：「叟何人邪？叟何為此❸？」

❶【疏】雲將，雲主將也。鴻蒙，元氣也。扶搖，（木）神〔木〕②，生東海也。亦云風。遭，遇也。拊，拍也。爵躍，跳躍也。寓言也。夫氣是生物之元也，雲爲雨澤之本也，木是春陽之鄉，東爲仁惠之方。舉此四事，示君王御物，以德澤爲先也。

【釋文】「雲將」子匠反。下同。李云：雲主帥也。「扶搖」扶，亦作夫，音符。李云：扶搖，神木也，生東海。一云：風也。◎慶藩案《初學記》一、《御覽》八引司馬云：雲將，雲之主帥。《釋文》闕。「鴻蒙」如字。司馬云：自然元氣也。一云：海上氣也。「拊」孚甫反，一音甫。「脾」本又作髀，音陛。徐甫婢反，又甫娣反。「雀」本又作爵，同。將略反。「躍」司馬云：雀躍，若雀浴也。一云：如雀之跳躍也。

❷【疏】怪其容儀殊俗，動止異凡，故問行李（也）〔之〕由，庶爲理物之道也。

❸【疏】倘，驚疑貌。贄，不動也。叟，長老名也。

【釋文】「倘」尺掌反，一音吐郎反，李吐黨反。司馬云：欲止貌。李云：自失貌。「贄」之二反，又豬立反，又魚列反。李云：不動貌。「叟」本又作傁，素口反，郭疏走反。司馬云：長者稱。

【校】①趙諫議本脾雀作髀爵，下同。②神木依《釋文》改。

鴻蒙拊脾雀躍不輟，對雲將曰，「遊❶！」

❶【疏】乘自然變化遨遊也。

【釋文】「不輟」丁劣反。李云：止也。

雲將曰：「朕願有問也。」

鴻蒙仰而視雲將曰：「吁！」

雲將曰：「天氣不和，地氣鬱結❶，六氣不調❷，四時不節❸。今我願合六氣之精以育羣生，為之奈何❹？

❶【疏】二氣不降不升，鬱結也。

【釋文】「曰吁」況于反。亦作呼。◎慶藩案《釋文》，吁亦作呼。呼吁，古通用字。《說文》：吁，驚〔語〕①也。文元年《左傳》呼役夫，杜注：呼，發聲也。《堯典》帝曰吁，《傳》曰：吁，疑怪之辭。驚疑之聲，亦發聲也。《檀弓》瞿然曰呼，《釋文》呼作吁。《月令》大雩帝，鄭注：雩，吁嗟求雨之祭。《周官》女巫《疏》引董仲舒曰：雩，求雨之術，呼嗟之歌。皆其例。「鬱結」如字。崔本作絹，音結。

❷【疏】陰陽風雨晦明，此六氣也。

❸【疏】春夏秋冬，節令愆滯其序。

❹【疏】我欲合六氣精華以養萬物，故問也。

【校】①語字依《說文》補。

鴻蒙拊脾雀躍掉頭曰：「吾弗知！吾弗知❶！」

❶【疏】萬物咸稟自然，若措意治之，必乖造化，故掉頭不答。

【釋文】「掉」徒弔反。

雲將不得問。又三年，東遊，過有宋之野而適遭鴻蒙。雲將大喜，行趨而進曰：「天忘朕邪？天忘朕邪？」再拜稽首，願聞於鴻蒙。❶

❶【疏】〔故〕〔敬〕如上天，再言忘朕，幸憶往事也。

【釋文】「有宋」如字，國名也。本作宗者非。

鴻蒙曰：「浮遊，不知所求❶；猖狂，不知所往❷；遊者鞅掌，以觀无妄❸。朕又何知❹！」

❶【注】而自得所求也。

【疏】浮遊處世，無貪取也。

❷【注】而自得所往也。

【疏】無心妄行，無的當也。

❸【注】夫內足者，舉目皆自正也。

【疏】鴻蒙遊心之處寬大，涉見之物眾多，能觀之智，知所觀之境无妄也。鞅掌，眾多也。

【釋文】「鞅掌」於丈反。《毛詩傳》云：鞅掌，失容也。今此言自得而正也。

❹【注】以斯而已矣。

【疏】浮遊猖狂，虛心任物，物各自正，我復何知！

雲將曰：「朕也自以為猖狂，而民隨予①所往；朕也不得已於民，今則民之放也❶。願聞一言❷。」

❶【注】夫乘物非為迹而迹自彰，猖狂非招民而民自往，故為民所放效而不得已也。

【疏】我同鴻蒙，無心馭世，不得已臨人，人則隨我迹，便為物放效也。

【釋文】「之放」方往反，效也。注同。

❷【疏】願聞要旨，庶決深疑。

【校】①趙諫議本予作子。

鴻蒙曰：「亂天之經，逆物之情，玄天弗成❶；解獸之羣，而鳥皆夜鳴❷；災及草木，禍及止①蟲❸。意②，治人之過也❹！」

❶【注】若夫順物性而不治，則情不逆而經不亂，玄默成而自然得也。

【疏】亂天然常道，逆物真性，即譎詐方起，自然之化不成也。

❷【注】離其所以靜也。

【疏】放效迹彰，害物災起，獸則驚羣散起，鳥則駭飛夜鳴。

❸【注】皆坐而受害也。

【疏】草木未霜零落，災禍及昆蟲。昆，明也，向陽啓蟄。

【釋文】「止蟲」如字。本亦作昆蟲。崔本作正蟲。「皆坐」才臥反。

❹【注】夫有治之迹，亂之所由生也。

【疏】天治斯滅，治人過也。

【釋文】「意」音醫。本又作噫。下皆同。

【校】①趙諫議本止作昆。②趙本意作噫，下同。

雲將曰：「然則吾奈何❶？」

❶【疏】欲請不治之術。

鴻蒙曰：「意，毒哉❶！僊僊①乎歸矣❷。」

❶【注】言治人之過深。

【疏】重傷禍敗屢嘆。噫，歎聲。

❷【注】僊僊，坐起之貌。嫌不能隤然通放，故遣使歸。

【疏】僊僊，輕舉之貌。嫌雲將治物爲禍，故示輕舉，勸令息迹歸本。

【釋文】「僊僊」音仙。

【校】①趙諫議本僊作仙。

雲將曰：「吾遇天難，願聞一言。」

鴻蒙曰：「意！心養❶。汝徒處无為，而物自化❷。墮爾形體，吐爾聰明，倫與物忘❸；大同乎涬溟❹，解心釋神，莫然无魂❺。萬物云云，各復其根，各復其根而不知❻；渾渾沌沌，終身不離❼；若彼知之，乃是離之❽。无問其名，无闚其情，物固自生❾。」

❶【注】夫心以用傷，則養心者，其唯不用心乎！

【疏】養心之術，列在下文。

❷【疏】徒，但也。但處心無爲而物自化。

❸【注】理與物皆不以存懷，而闇付自然，則無爲而自化矣。

【疏】倫，理也。墮形體，忘身也。吐聰明，忘心也。身心兩忘，物我雙遣，是養心也。

【釋文】「墮」許規反。◎王引之曰：吐當為咄。咄與黜同。（《徐无鬼篇》黜耆欲，司馬本作咄。）韋昭注《周語》曰：黜，廢也。黜與墮，義相近。《大宗師篇》墮枝體，黜聰明，即其證也。隸書出字或省作士，（若敷省作敖，賣省作賣，欵省作款之類。）故咄字或作吐，形與吐相似，因譌為吐矣。（咄之譌作吐，猶吐之譌作咄。《漢書・外戚傳》必畏惡吐棄我，《漢紀》吐譌作咄。）俞樾曰：吐當作杜，言杜塞其聰明也。

❹【注】與物無際。

【疏】溟涬，自然之氣也。茫蕩身心大同，自然合體也。

【釋文】「涬」戶頂反，又音幸。「溟」亡頂反。司馬云：涬溟，自然氣也。

❺【注】坐忘任獨。

【疏】魂，好知爲也。解釋，遣蕩也。莫然，無知；滌蕩心靈，同死灰枯木，無知魂也。

❻【注】不知而復，乃真復也。

【疏】云云，衆多也。衆多往來，生滅不離自然，歸根明矣，豈得用知然後復根矣哉！

❼【注】渾沌無知而任其自復，乃能終身不離其本也。

【疏】渾沌無知而任獨，千變萬化，不離自然。

【釋文】「渾渾」戶本反。「沌沌」徒本反。「不離」力智反。下及注皆同。

❽【注】知而復之①，與復乖矣。

【疏】用知慕至本，乃離自然之性。

❾【注】闚問則失其自生也。

【疏】道離名言，理絕情慮。若以名問道，以情闚理，不亦遠哉！能遣情忘名，任于獨化，物得生理也。

【校】①世德堂本之作知。

雲將曰：「天降朕以德，示朕以默；躬身求之，乃今也得❶。」再拜稽首，起辭而行。

❶【注】知而不默，常自失也。

【疏】降道德之言，示玄默之行，立身以來，方今始悟。

世俗之人，皆喜人之同乎己而惡人之異於己也❶。同於己而欲之，異於己而不欲者，以出乎眾為心也❷。夫以出乎眾為心者，曷常出乎眾哉❸！因眾以寧所聞，不如眾技眾矣❹。而欲為人之國者，此攬乎三王之利而不見其患者也❺。此以①人之國僥倖也，幾何僥倖而不喪人之國乎❻！其存人之國也②，無萬分之一；而喪人之國也，一不成而萬有餘喪矣❼。悲夫，有土者之不知也❽！

❶【疏】染習之人，迷執日久，同己喜懽，異己嫌惡也。

【釋文】「而惡」烏路反。

❷【注】心欲出羣爲衆儁也。

【疏】夫是我而非彼，喜同而惡異者，必欲顯己功名，超出羣衆。◎家世父曰：出乎衆者，以才智加人而人皆順之。抑不知己之出乎衆乎，衆之出乎己乎？因衆之所同而同之，因衆之所異而異之，以爲衆也，則夫喜人之同而惡人之異，猶之異同乎衆也。喜與怒固不因己而因衆，而一據之以爲己，此所以爲惑也。

❸【注】衆皆以出衆③爲心，故所以爲衆人也。若我亦欲出乎衆，則與衆無異而不能相出矣。夫衆皆以相出爲心，而我獨無往而不同，乃大殊於衆而爲衆主也。

【疏】人以競先出乎衆爲心，此是恆物鄙情，何能獨超羣外！同其光塵，方大殊於衆而爲衆傑。

❹【注】吾一人之所聞，不如衆技多，故因衆則寧也。若不因衆，則衆之千萬，皆我敵也。

【疏】用衆人技能，因衆人聞見，即無忿競。所謂明者爲之視，智者爲之謀也。

【釋文】「因衆以寧所聞」因衆人之所聞見，委而任之，則自寧安。「不如衆技」其綺反。「衆矣」若役我之知達衆人，衆人之技多於我矣，安得而不自困哉！

❺【注】夫欲爲人之國者，不因衆之自爲而以己爲之者，此爲徒求三王主物之利而不見己爲之患也。然則三王之所以利，豈爲之哉？因天下之自爲而任耳。

【疏】用一己偏執爲國者，徒求三王主物之利，不知爲喪身之大患也。

【釋文】「此攬」音覽。本亦作覽。

❻【疏】僥，要也。以皇王之國利要求非分，爲一身之幸會者，未嘗不身遭殞敗。萬不存一，故云幾何也。

【釋文】「僥」古堯反。徐古了反，字或作儌。「倖」音幸。一云：僥倖，求利不止之貌。◎慶藩案僥，要也求也。《釋文》或作儌，儌亦求也。（見《呂覽・頌民篇》高注。）「幾何」居豈反。郭巨機反，「不喪」息浪反。下及注同。

❼【注】己與天下，相因而成者也。今以一己而專制天下，則天下塞矣，己豈通哉！故一身既不

成，而萬方有餘喪矣。

【疏】以僥倖之心爲帝王之主，論存則固無一成，語亡則有餘敗也。

【釋文】「萬分」如字，又扶問反。

❽【疏】此一句傷嘆君王不知僥倖爲弊矣。

【校】①《闕誤》引江南《古藏》本此以作以此因。②世德堂本無此句。③世德堂本無眾字。

夫有土者，有大物也❶。有大物者，不可以物；物❷而不物，故能物物❸。明乎物物者之非物也，豈獨治天下百姓而已哉！出入六合，遊乎九州❹，獨往獨來，是謂獨有❺。獨有之人，是謂至貴❻。

❶【疏】九五尊高，四海弘巨，是稱大物也。

❷【注】不能用物而爲物用，即是物耳，豈能物物哉！不能物物，則不足以有大物矣。

【疏】苟求三王之國，不能任物自爲，翻爲物用。己自是物，焉能物物！斷不可也。

❸【注】夫用物者，不爲物用也。不爲物用，斯不物矣，不物，故物天下之物，使各自得也。

【疏】不爲物用而用於物者也。◎家世父曰：有物在焉，而見以爲物而物之，終身不離乎物，所見之物愈大而身愈小，不見有物而物皆效命焉。夫且不見有物，又奚以物之大小爲哉！◎俞樾曰：郭斷不可以物物五字爲句，失其讀矣。此當讀不可以物爲句，物而不物爲句。

❹【注】用天下之自爲，故馳萬物而不窮。

【疏】聖人通自然，達造化，運百姓心知，用羣生耳目，是知物物非物也。豈獨戴黃屋，坐汾陽，佩玉璽，治天下哉？固當排六合，陵太清，超九州，遊姑射矣。

❺【注】人皆自異而己獨羣遊，斯乃獨往獨來者也。獨有斯獨，可謂獨有矣。

【疏】有注釋也。

❻【注】夫與衆玄同，非求貴於衆，而衆人不能不貴，斯至貴也。若乃信其偏見而以獨異爲心，則雖同於一致，故是俗中之一物耳，非獨有者也。未能獨有，而欲饕竊軒冕，冒取非分，衆豈歸之①哉！故非至貴也。

【疏】（人皆自異而己獨與羣遊，斯乃獨往獨來者也。獨有斯獨，可謂獨有矣。）②人欲出衆而己獨遊，衆無此能，故名獨有。獨有之人，蒼生樂推，百姓荷戴。以斯爲主，可謂至尊至貴也。

【釋文】「饕」吐刀反。「冒」亡北反，又亡報反。

【校】①世德堂本之下有也字。②人皆至有矣二十七字，注文混入，當刪。

大人之教，若形之於影，聲之於響①❶。有問而應之，盡其所懷❷，為天下配❸。處乎无響❹，行乎无方❺。挈汝適復之撓撓❻，以遊无端❼；出入无旁❽，與日无始❾；頌論形軀，合乎大同❿，大同而无己⓫。無己，惡乎得有有⓬！覩有者，昔之君子⓭；覩无者，天地之友⓮。

❶【注】百姓之心，形聲也；大人之教，影響也。大人之於天下何心哉？猶影響之隨形聲耳。

【疏】大人，聖人也。無心感應，應不以心，故百姓之心，形聲也；大人之教，影響也。

【釋文】「於嚮」許丈反。本又作響。注及下同。

❷【注】使物之所懷各得自盡也。

【疏】聖人心隨物感，感又稱機，盡物懷抱。

❸【注】問者爲主，應故爲配。

【疏】配，匹也，先感爲主，應者爲匹也。

❹【注】寂以待物。

【疏】處，寂也。無感之時，心如枯木，寂無影響也。

❺【注】隨物轉化。

【疏】行，應機也。逗機不定方所也。

❻【注】撓撓，自動也。提挈萬物，使復歸自動之性，即無爲之至也。

【疏】撓撓，自動也。逗機無方，還欲提挈汝等羣品，令歸自本性，則無爲至也。

【釋文】「挈」苦結反。《廣雅》云：持（包）〔也〕②。「撓撓」而小反。俞樾曰：郭注未得其解。《爾雅釋詁》：適，往也。然則適復，猶往復也。撓撓，亂也。《廣雅釋詁》：撓，亂也。重言之則為撓撓矣。適復之撓撓，此世俗之人所以不能獨往獨來也。惟大人則提挈其適復之撓撓者而與之共遊於無端，故曰挈汝適復之撓撓以遊無端。二句本止一句，郭失其解，並失其讀矣。

❼【注】與化俱，故無端。

【疏】遊，心與自然俱遊，故無朕迹之端崖。

❽【注】玄同無表。

【疏】出入塵埃生死之中，玄同造物，無邊可見。

❾【注】與日新俱，故無始也。

【疏】與日俱新，故無終始。

❿【注】其形容與天地無異。

【疏】（贊）頌，（贊）；論，語。聖人盛德軀貌，與二儀大道合同，外不闚乎宇宙，內不有其己身也。

⓫【注】有己則不能大同也。

【疏】合二儀，同大道，則物我俱忘也。

⓬【注】天下之難無者己也。己既無矣，則羣有不足復有之。

【疏】己既無矣，物焉有哉！

【釋文】「惡」音烏。「足復」扶又反。

⓭【注】能美其名者耳。

【疏】行仁義，禮君臣者，不離有爲君子也。

⓮【注】覩無則任其獨生也。

【疏】覩無爲之妙理，見自然之正性，二儀非有，萬物盡空，翻有入無，故稱爲友矣。

【校】①趙諫議本作響，世德堂本作嚮，注同。依《釋文》應作嚮。②也字依世德堂本改。

賤而不可不任者，物也；卑而不可不因者，民也❶；匿而不可不為者，事也❷；麤而不可不陳者，法也❸；遠而不可不居者，義也❹；親而不可不廣者，仁也❺；節而不可不積者，禮也❻；中而不可不高者，德也❼；一而不可不易者，道也❽；神而不可不為者，天也❾。故聖人觀於天而不助❿，成於德而不累⓫，出於道而不謀⓬，會於仁而不恃⓭，薄於義而不積⓮，應於禮而不諱⓯，接於事而不辭⓰，齊於法而不亂⓱，恃於民而不輕⓲，因於物而不去⓳。物者莫足為也，而不可不為⓴。不明於天者，不純於德㉑；不通於道者，無自而可㉒；不明於道者，悲夫㉓！

❶【注】因其性而任之則治，反其性而凌之則亂。夫民物之所以卑而賤者，不能因任故也。是以任賤者貴，因卑者尊，此必然之符也。

【疏】民雖居下，各有功能；物雖輕賤，咸負材用。物無棄材，人無棄用，庶咸亨也。

【釋文】「則治」直吏反。

❷【注】夫事藏於彼，故匿也。彼各自爲，故不可不爲，但當因任耳。

【疏】匿，藏也。事有隱顯，性有工拙，或顯於此，或隱於彼，或工於此，或拙於彼，但當任之，悉事濟也。

【釋文】「匿而」女力反。

❸【注】法者妙事之迹也，安可以迹麤而不陳妙事哉！

【疏】法，言教也。以教望理，理妙法粗，取諭筌蹄，故順陳說故也。

❹【注】當乃居之，所以爲遠。

【疏】義雖去道疏遠，苟其合理，應須取斷。

❺【注】親則苦偏，故廣乃仁耳。

【疏】親（雖）〔則〕①偏愛狹劣，周普廣愛，乃大仁也。

❻【注】夫禮節者，患於係一，故物物體之，則積而周矣。

【疏】積，厚也。節，文也。夫禮貴尙往來，人情乖薄，故外示折旋，內敦積厚，此真禮也。

❼【注】事之下者，雖中非德。

【疏】中，順也。修道之人，和光處世，卑順於物，而志行清高，涅而不緇其德也。

【釋文】「中而不可不高者德也」中者，順也。順其性而高也。

❽【注】事之難者，雖一非道，況不一哉！

【疏】妙本一氣，通生萬物，甚自簡易，其唯道乎！

【釋文】「不易」以豉反。下注同。

❾【注】執意不爲，雖神非天，況不神哉！

【疏】神功不測，顯晦無方，逗機無滯，合天然也。

❿【注】順其②自爲而已。

【疏】聖人觀自然妙理，大順羣物而不助其性分。此下釋前文。

⑪【注】自然與高會也。

【疏】能使境智冥會，上德既成，自無瑕累也。

⑫【注】不謀而一，所以爲易。

【疏】顯出妙一之道，豈得待（顯）謀而後說！

⑬【注】恃則不廣。

【疏】《老經》云，爲而不恃。仁慈博愛，貴在合宜，故無恃賴。

⑭【注】率性居遠，非積也。

【疏】先王蘧廬，非可寶重，已陳芻狗，豈積而留！

⑮【注】自然應禮，非由忌諱。

【疏】妙本湛然，迹應於禮，豈拘忌諱！◎俞樾曰：諱讀爲違。違諱並從韋聲，故《廣雅釋詁》曰：諱，避也。韋昭注《周語》、《晉語》，並曰：違，避也。是二字聲近義通。應於禮而不諱，即不違也。郭注曰，自然應禮，非由忌諱，則失之迂曲矣。

⑯【注】事以（禮）〔理〕③接，能否自任，應動而動，無所辭讓。

【疏】混俗揚波，因事接物，應機不取，亦無辭讓。

【釋文】「應動」憶升反。

⑰【注】御粗以妙，故不亂也。

【疏】因於物性，以法齊之，故不亂也。

⑱【注】恃其自爲耳，不輕用也。

【疏】民惟邦本，本固而邦寧，故恃藉不敢輕用也。

⑲【注】因而就任之，不去其本也。

【疏】順黔黎之心，因庶物之性，雖施於法教，不令離於性本。

⑳【注】夫爲者，豈以足爲故爲哉？自體此爲，故不可得而止也。

【疏】物之稟性，功用萬殊，如蟯蜋轉丸，蜘蛛結網，出自天然，非關假學。故素無之而不可強爲，性中有者不可不爲也。

【釋文】「物者莫足為也」分外也。「而不可不為」分內也。

㉑【注】不明自然則有爲，有爲而德不純也。

【疏】闇自然之理，則澆薄之德不純也。

㉒【注】不能虛己以待物，則事事失會。

【疏】滯虛玄道性，故觸事面牆，諒無從而可也。

㉓【疏】闇天人之理，惑君臣之義，所作顛蹶，深可悲傷。

【校】①則字依注文改。②世德堂本無其字。③理字依世德堂本改。

何謂道？有天道，有人道。无為而尊者，天道也；❶有為而累者，人道也❷。

主者，天道也❸；臣者，人道也❹。天道之與人道也，相去遠矣❺，不可不察也❻。

❶【注】在上而任萬物之自爲也。

【疏】無事無爲，尊高在上者，合自然天道也。

❷【注】以有爲爲累者，不能率其自得也。

【疏】司職有爲，事累繁擾者，人倫之道。

❸【注】同乎天之任物，則自然居物上。

【疏】君在上任物，合天道無爲也。

❹【注】各當所任。

❺【注】君位無爲而委百官，百官有所司而君不與焉。二者俱以不爲而自得，則君道逸，臣道勞，勞逸之際，不可同日而論之也。

【疏】君位尊高，委之宰牧；臣道卑下，竭誠奉上；故君道逸，臣道勞，不可同日而語也。

【釋文】「不與」音豫。

❻【注】不察則君臣之位亂矣。

【疏】天道君而無爲，人道臣而有事。尊卑有隔，勞逸不同，各守其分，則君臣咸無爲也。必不能鑒理，即勞逸失宜，君臣亂矣。（夫二儀生育，變化無窮，形質之中，最爲廣大，而新新變化，念念推遷，實爲等均，所謂亭之毒之也。）①

【校】①夫二儀以下三十七字，係下卷《天地篇》首二句疏文混入，當刪。

莊子集釋　卷五上

外篇　天地第十二❶

❶【釋文】以事名篇。

天地雖大，其化均也❶；萬物雖多，其治一也❷；人卒雖衆，其主君也❸。君原於德而成於天❹，故曰，玄古之君天下，无為也，天德而已①矣❺。

❶【注】均於不爲而自化也。

【疏】夫二儀生育，覆載無窮，形質之中，最爲廣大；而新新變化，其狀不殊，念念遷謝，實惟均等，所謂亭之也。故云天地與我並生。

【釋文】「天地」《釋名》云：天，顯也，高顯在上也；又坦也，坦然高遠也；地，底也，其體底下，載萬物也。《禮統》云：天地者，元氣之所生，萬物之祖也。《易說》云：元氣初分，清輕上為天，濁重下為地。

❷【注】一以自得爲治。

【疏】夫四生萬物，其類最繁，至於率性自得，斯理唯一，所謂毒之也。故又云萬物與我爲一。

【釋文】「其治」直吏反。注同，下官治並注亦同。

❸【注】天下異心，無心者主也。

【疏】黔首卒隸，其數雖多，主而君者，一人而已。無心因任，允當斯位。

【釋文】「人卒」尊忽反。

❹【注】以德爲原，無物不得。得者自得，故得而不謝，所以成天也。

【疏】原，本也。夫君主人物，必須以德爲宗；物各自得，故全成自然之性。

【釋文】「君原」原，本也。

❺【注】任自然之運動。

【疏】玄，遠也。古之君，謂三皇已前帝王也。言玄古聖君，無爲而治天下也，蓋何爲哉！此引古證今，成天德之義也。

【校】①趙諫議本已作止。

以道觀言而天下之君正❶，以道觀分而君臣之義明❷，以道觀能而天下之官治❸，以道汎觀而萬物之應備❹。故通於天地者，德也❺；行於萬物者，道也①❻；上治人者，事也❼；能有所藝者，技也❽。技兼於事，事兼於義，義兼於德，德兼於道，道兼於天⑨。故曰，古之畜天下者，无欲而天下足，无為而萬物化⑩，淵靜而百姓定⑪。《記》曰：「通於一而萬事畢⑫。无心得而鬼神服⑬。」

❶【注】無爲者，自然爲君，非邪也。

【疏】以虛通之理，觀應物之數，而無爲因任之君，不用邪僻之言者，故理當於正道。◎家世父曰：言者，名也。正其君之名，天下自然聽命焉。故曰名之必可言也，一衷諸道而已矣。

【釋文】「非邪也」似嗟反。本又作為。

❷【注】各當其分，則無爲位上，有爲位下也。

【疏】夫君道無爲，而臣道有事，尊卑勞逸，理固不同。譬如首自居上，足自居下，用道觀察，分義分明。

❸【注】官各當其所能則治矣。

【疏】夫官有高卑，能有優劣，能受職則物無私得，是故天下之官治也。

❹【注】無爲也，則天下各以其無爲應之。

【疏】夫大道生物，性情不同，率己所以，悉皆備足，或走或飛，咸應其用，不知所以，豈復措心！故以理徧觀，則庶物之應備。

❺【注】萬物莫不皆得，則天地通。

【疏】通，同也。同兩儀之覆載，與天地而俱生者，德也。

❻【注】道不塞其所由，則萬物自得其行矣。

【疏】至理無塞，恣物往來，同行萬物，故曰道也。

❼【注】使人人自得其事。

【疏】雖則治人，因其本性，物各率能，咸自稱適，故事事有宜而天下治也。

❽【注】技者，萬物之末用也。

【疏】率其本性，自有藝能，非假外爲，故眞技術也。

【釋文】「技也」其綺反。注、下同。

❾【注】夫本末之相兼，猶手臂之相包，故一身和則百節皆適，天道順則本末俱暢。

【疏】兼，帶也，濟也，歸也。夫藝能之技，必須帶事。不帶於事，技術何施也！事苟失宜，（事）〔技〕便無用。（難）〔雖〕行於義，不可乖德；雖有此德，理須法道虛通；（故）〔雖〕曰虛通，終歸自然之術。斯乃理事相包，用不同耳。是故示本能攝末，自淺之深之義。

❿【疏】夫兼天所以無爲，兼道所以無欲。故古之帝王養畜羣庶者，何爲哉？蓋無欲而蒼生各足，無爲而萬物自化也。

⓫【疏】一人垂拱而玄默，百姓則比屋而可封。故《老經》云我好靜而民自正。

⓬【疏】一，道也。夫事從理生，理必包事，本能攝末，故知一，萬事畢。語在《西升經》，《莊子》引以爲證。

【釋文】「記曰」書名也，云老子所作。

⓭【注】一無爲而羣理都舉。

【疏】夫迹混人間之事，心證自然之理，而窮原徹際，妙極重玄者，故在於顯則爲人物之所歸，處於幽則爲神鬼之所服。

【校】①《闕誤》引江南《古藏》本此二句作故通於天者道也，順於地者德也，行於萬物者義也。

夫子曰：「夫道，覆載萬物者也，洋洋乎大哉！君子不可以不刳心焉❶。无為為之之謂天❷，无為言之之謂德❸，愛人利物之謂仁❹，不同同之之謂大❺，行不崖異之謂寬❻，有萬不同之謂富❼。故執德之謂紀❽，德成之謂立❾，循於道之謂備❿，不以物挫志之謂完⓫。君子明於此十者，則韜乎其事心之大也⓬，沛乎其為萬物逝也⓭。若然者，藏金於山，藏①珠於淵⓮，不利貨財⓯，不近貴富⓰；不樂壽，不哀夭⓱；不榮通，不醜窮⓲；不拘一世之利以為已私分⓳，不以王天下為已處顯⓴。顯則明㉑，萬物一府，死生同狀㉒。」

❶【注】有心則累其自然，故當刳而去之。

【疏】夫子者，老子也。莊子師老君，故曰夫子也。刳，去也，洒也。虛通之道，包羅無外，二儀待之以覆載，萬物得之以化生，何莫由斯，最爲物本。歎洋洋之美大，以勗當世之君王，可不法道之無爲，洗去有心之累者邪！

【釋文】「夫子」司馬云：莊子也。一云：老子也。此兩夫子曰，元嘉本皆為別章，崔本亦爾。「覆載」芳富反。「洋洋」音洋，又音詳。「不刳」口吳反，又口侯反。崔本作軒，云：寬悅之貌。「而去」起呂反。

❷【注】不爲此爲，而此爲自爲，乃天道。

【疏】無爲爲之，率性而動也。天機自張，故謂之天。此不爲爲也。

❸【注】不爲此言，而此言自言，乃真德。

【疏】寂然無說而應答無方，譬縣鏡高堂，物來斯照，語默不殊，故謂之德也。此不言而言者也。

❹【注】此任其性命之情也。

【疏】慈若雲行，愛如雨施，心無偏執，德澤弘普，措其性命，故謂之仁也。

❺【注】萬物萬形，各止其分，不引彼以同我，乃成大耳。

【疏】夫刻彫眾形，而性情各異，率其素分，僉合自然，任而不割，故謂之大也。

❻【注】玄同彼我，則萬物自容，故有餘。

【疏】夫韜光晦迹，而混俗揚波，若樹德不異於人，立行豈殊於物！而心無崖際，若萬頃之波，林藪蒼生，可謂寬容矣。

❼【注】我無不同，故能獨有斯萬。

【疏】位居九五，威跨萬乘，任庶物之不同，順蒼生之爲異，而羣性咸得，故能富有天下也。

❽【注】德者，人之綱要。

【疏】能持已前之德行者，可謂羣物之綱紀也。

❾【注】非德而成者，不可謂立。

【疏】德行既成，方可立功而濟物也。

❿【注】夫道非偏物也。

【疏】循，順也。能順於虛通，德行方足。

【釋文】「循」音句，或作脩。

⓫【注】內自得也。

【疏】挫，屈也。一毁譽，混榮辱，不以世物屈節，其德完全。

【釋文】「挫」作臥反。

⓬【注】心大，故事無不容也。

【疏】韜，包容也。君子賢人，肆於已前十事，則能包容物務，心性寬大也。

【釋文】「韜」吐刀反。《廣雅》云：藏也。◎俞樾曰：郭注未得事字之義。事心，猶立心也，言其立心之大也。《禮記・郊特牲篇》鄭注曰：事，猶立也。《釋名》曰：事，傳也；傳，立也。並其證也。如郭注，則是心足以容事而非事心矣。《呂氏春秋・論人篇》，事心乎自然之塗，亦以事心連文，義與此同，足證郭注之誤。

⓭【注】德澤滂沛，任萬物之自往也。

【疏】逝，往也。心性寬閒，德澤滂沛，故為羣生之所歸往也。

【釋文】「沛」普貝反。《字林》云：流也。「物逝」崔本逝作啟，云：開也。「滂沛」普旁反。

⑭【注】不貴難得之物。

【疏】若如前行，便是無爲，既不羡於榮華，故不貴於寶貨。是以珠生於水，不索故藏之於淵；金出於山，不求故韜之於岳也。

⑮【注】乃能忘我，況貨財乎！

【疏】雖得珠玉，尙不貪以資身；常用貨財，豈復將爲利也！

⑯【注】自來寄耳，心常去之遠也。

【疏】寄去寄來，不哀不樂，故外疏遠乎軒冕，內不近乎富貴也。

【釋文】「不近」附近之近。

⑰【注】所謂縣解。

【疏】假令壽年延永，不以爲樂，性命夭促，不以爲哀。

【釋文】「不樂」音洛。「縣解」上音玄，下音蟹。

⑱【注】忘壽夭於胸中，況窮通之間哉！

【疏】富貴榮達，不以爲榮華；貧賤窒塞，不以爲醜辱。壽夭（嘗）〔尙〕不以措意，榮辱之情，豈容介懷！

⑲【注】皆委之萬物也。

【疏】光臨宇宙，統御天下，四海珍寶，總繫一人而行，不利貨財，委之萬國，豈容拘束入己，用爲私分也！

⑳【注】忽然不覺榮之在身。

【疏】覆育黔黎，王領天下，而推功於物，忘其富貴，故不以己大而榮顯也。

【釋文】「不以王」于況反。下王德並同。

㉑【注】不顯則默而已②。

【疏】明，彰也。雖坐汾陽，喪其天下，必也顯智，豈曰韜光也！

㉒【注】蛻然無所在也。

【疏】忘於物我，故萬物可以爲一府；冥於變化，故死生同其形狀。死生無變於己，況窮通夭壽之間乎！

【釋文】「蛻然」始銳反，又音悅。

【校】①《闕誤》引張君房本藏作沈。②趙諫議本已作止。

夫子曰：「夫道，淵乎其居也，漻乎其清也❶。金石不得，无以鳴❷。故金石有聲，不考不鳴❸。萬物孰能定之❹！夫王德之人，素逝而恥通於事❺，立之本原而知通於神❻。故其德廣❼，其心之出，有物採之❽。故形非道不生，生非德不明❾。存形窮生，立德明道，非王德者邪❿！蕩蕩乎！忽然出，勃然動，而萬物從之乎！此謂王德之人⓫。視乎冥冥，聽乎无聲⓬。冥冥之中，獨見曉焉；无聲之中，獨聞和焉⑬。故深之又深而能物焉⑭，神之又神而能精焉⑮；故其與萬物接也，至无而供其求⑯，時騁而要其宿，大小，長短，脩遠⑰。」

❶【疏】至理深玄，譬猶淵海，漻然清絜，明燭（鬢）〔鬚〕眉。淵則歎其居寂以深澄，漻則歎其雖動而恆絜也。本亦作君字者。

【釋文】「漻」李良由反，徐力蕭反，《廣雅》下巧反，云：清貌。

❷【注】聲由寂彰。

【疏】鳴由寂彰，應由真起也。

❸【注】因以喻體道者物感而後應也。

【疏】考，擊也。夫金石之內，素蘊宮商，若不考擊，終無聲響。亦（由）〔猶〕至人之心，實懷聖德，物若不感，無由顯應。前託淵水以明至道，此寄金石以顯聖心。

❹【注】應感無方。

【疏】喻彼明鏡，方茲虛谷，物來斯應，應而無心。物既脩短無窮，應亦方圓無定。◎家世父曰：淵穆澄清之中，而天機自動焉。夫機之動也，有所以動之者也，而動無常。金石無常矣，而韶夏濩武，由所動而樂生焉，所以動之者，物莫能定也。

❺【注】任素而往耳，非好通於事也。

【疏】素，真也。逝，往也。王德不驕不（務）〔矜〕，任真而往，既抱朴以清高，故羞通於物務。

【釋文】「非好」呼報反。

❻【注】本立而知不逆。

【疏】神者，不測之用也。常在理上，往而應物也。不測之神，知通於物，此之妙用，必資於本。欲示本能起用，用不乖本義也。

【釋文】「而知」音智。注同。

❼【注】任素通神，而後彌廣。

【疏】夫清素無爲，任真而往，神知通物，而恆立本原，用不乖體，動不傷寂。德行如是，豈非大中之道耶！

❽【注】物採之而後出耳，非先物而唱也。

【疏】採，求也。夫至聖虛懷，而物我斯應，自非物求聖德，無由顯出聖心。聖心之出，良由物採。欲〔示〕和而不唱，不爲物先。

❾【疏】形者，七尺之身；生者，百齡之命；德者，能澄之智；道者，可通之境也。道能通生萬物，故非道不生；德能鑒照理原，故非德不明。《老經》云，道生之，德畜之也。

❿【疏】存，任也。窮，盡也。任形容之姸醜，盡生齡之夭壽，立盛德以匡時，用至道以通物。能如是者，其唯王德乎！

⓫【注】忽，勃，皆無心而應之貌。動出無心，故萬物從之，斯蕩蕩矣。故能存形窮生，立德明道而成王德也。

【疏】蕩蕩，寬平之名。忽，勃，無心之貌。物感而動，逗機而出，因循任物，物則從之。（猶）〔由〕具眾美，故爲王德也。

⑫【疏】至道深玄，聖心凝寂，非色不可以目視，絕聲不可以耳聽。

⑬【注】若夫視聽而不寄之於寂，則有闇昧而不和也。

【疏】雖復冥冥非色，而能陶甄萬象；乃云寂寂無響，故能諧韻八音。欲明從體起用，功能如是者也。

⑭【注】窮其原而後能物物。

【疏】即有即無，即寂即應，遺之又遺，故深之又深。既而窮理盡性，故能物眾物也。

⑮【注】極至順而後能盡妙。

【疏】神者，不測之名。應寂相即，有無洞遣，既而非測非不測，亦〔非非〕不（非）測，乃是神之精妙。

⑯【注】我確斯而都任彼，則彼求自供。

【疏】遺之又遺，乃曰至無。而接物無方，隨機稱適，千差萬品，求者即供，若縣鏡高堂，物來斯照也。

【釋文】「而供」音恭，本亦作恭。「確」苦學反。「斯」音賜，又如字。

⑰【注】皆恣而任之，會其所極而已。

【疏】騁，縱也。宿，會也。若夫體故至無，所以隨求稱適，故能順時因任，應物多方，要在會歸而不滯一。故或大或小，乍短乍長，乃至脩遠，忞其來者，隨彼機務，悉供其求，應病以藥，理無不當。

黃帝遊乎赤水之北，登乎崑崙之丘而南望，還①歸，遺其玄珠❶。使知索之而不得❷，使離朱索之而不得❸，使喫詬索之而不得也❹。乃使象罔，象罔得之❺。黃帝曰：「異哉！象罔乃可以得之乎❻？」

❶【注】此寄明得真之所由。

【疏】赤是南方之色，心是南方之藏。水性流動，位在北方。譬迷心緣鏡，闇無所照，故言赤水北也。崑丘，身也。南是顯明之方，望是觀見之義，玄則疏遠之目，珠乃珍貴之寶。欲明世間羣品，莫不身心迷妄，馳騁耽著，無所覺知，闇似北方，動如流水，迷真喪道，實此之由。今欲返本還源，祈真訪道，是以南望示其照察，還歸表其復命，故先明失真之處，後乃顯得道之方。所顯方法，列在下文。

【釋文】「赤水」李云：水出崑崙山下。「還歸」音旋。「玄珠」司馬云：道真也。◎慶藩案《文選》劉孝標《廣絕交論》注引司馬云：赤水，（而）〔水〕②假名，玄珠，喻道也。與《釋文》異。

❷【注】言用知不足以得真。

【疏】索，求也。故絕慮不可以心求也。

【釋文】「使知」音智。注及下皆同。「索之」所白反。下同。

❸【疏】非色，不可以目取也。

❹【注】聰明喫詬，失真愈遠。

【疏】喫詬，言辨也。離言不可以辨索。

【釋文】「喫」口懈反。「詬」口豆皮。司馬云：喫詬，多力也。◎家世父曰：《廣韻》：喫，同嚉。嚉，聲也；詬，怒也，怒亦聲也。《集韻》云喫詬力諍者是也。知者以神索之，離朱索之形影矣，喫詬索之聲聞矣，是以愈索而愈遠也。象罔者，若有形，若無形，故曰眸而得之。即形求之不得，去形求之亦不得也。《釋文》引司馬云，喫詬，多力也，誤。

❺【疏】罔象，無心之謂。離聲色，絕思慮，故知與離朱自涯而反，喫詬言辨，用力失真，唯罔象無心，獨得玄珠也。

❻【注】明得真者非用心也，象罔然即真也。

【疏】離婁迷性，恃明目而喪道，軒轅悟理，歎罔象而得珠。勖諸學生，故可以不離形去智，黜聰隳體也。

【校】①趙諫議本還作旋。②水字依胡刻本《文選注》改。

堯之師曰許由，許由之師曰齧缺，齧缺之師曰王倪，王倪之師曰被衣❶。

❶【疏】已上四人，並是堯時隱士，厭穢風塵，懷道抱德，清廉潔己，不同人世，堯知其賢，欲讓天下。莊生示有承稟，故具列其師資也。

【釋文】「王倪」徐五兮反。「被衣」音披。

堯問於許由曰：「齧缺可以配天乎❶？吾藉王倪以要之❷。」

❶【注】謂爲天子。

❷【注】欲因其師以要而使之。

【疏】配，合也。藉，因也。堯云：「齧缺之賢者，有合天位之德，庶因王倪，遙能屈致。」情事不決，故問許由。

【釋文】「要之」一遙反。注同。

許由曰：「殆哉圾乎天下❶！齧缺之為人也，聰明叡知，給數以敏，其性過人❷，而又乃以人受天❸。彼審乎禁過，而不知過之所由生❹。與之配天乎？彼且乘人而無天❺，方且本身而異形❻，方且尊知而火馳❼，方且為緒使❽，方且為物絯❾，方且四顧而物應❿，方且應眾宜⓫，方且與物化⓬而未始有恆⓭。夫何足以配天乎？雖然，有族，有祖⓮，可以為眾父，而不可以為眾父父⓯。治，亂之率也⓰，北面之禍也⓱，南面之賊也⓲。」

❶【注】圾，危也。

【疏】殆，近也。圾，危也。若要齧缺，讓萬乘，危亡之徵，其則不遠也。

【釋文】「圾」本又作岌，五急反，又五合反。郭李云：危也。

❷【注】聰敏過人，則使人跂之，屢傷於民也。

【疏】叡，聖也。給，捷也。敏，速也。夫聖人治天下也，冕旒垂目，黈纊塞耳，所以杜聰明，不欲多聞多見。今齧缺乃內懷聖知，外眩聰明，詞鋒捷辯，計數弘遠，德行性識，所作過人；其迹既彰，必以爲患。危亡之狀，列在已下。

【釋文】「給數」音朔。

❸【注】用知以求復其自然。

【疏】物之喪真，其日已久，乃以心智之術，令復其初，故自然之性失之遠矣。

❹【注】夫過生於聰知，而又役知以禁之，其過彌甚矣。故曰，無過在去知，不在於強禁。

【疏】過之所由生者，知也。言齧缺但知審禁蒼生之過患，而不知患生之由智也。

【釋文】「在去」起呂反。「於強」其丈反。

❺【注】若與之天下，彼且遂使後世任知而失真。

【疏】若與天位，令御羣生，必運乎心智，伐乎天理，則物皆喪己，無復自然之性也。

❻【注】夫以萬物爲本，則羣變可一而異形可同。斯迹也，將遂使後世由己以制物，則萬物乖矣。

【疏】方，將也。夫聖人無心，因循任物。今齧缺以己身爲本，引物使歸，令天下異形，從我之化。物之失性，實此之由，後世之患，自斯而始也。

【釋文】「方且」如字。凡言方且者，言方將有所為也。

❼【注】賢者當位於前，則知見尊於後，奔競而火馳也。

【疏】夫不能忘智以任物，而尊知以御世，遂將徇迹，捨己效人，馳驟奔逐，其速如火矣。

❽【注】將興後世事役之端。

【疏】緒，端也。使，役也。不能無爲，而任知御物，後世勞役，自此爲端。

❾【注】將遂使後世拘牽而制物。

【疏】絯，礙也。不能用道以通人，方復任智以礙物也。

【釋文】「物絯」徐戶隔反，《廣雅》公才反，云：束也。與郭義同。今用《廣雅》音。◎家世父曰：《釋文》引《廣雅》云，絯，束也。疑絯當為該。《廣韻》：該，備也，兼也。《漢書·律曆志》該藏萬物，《太玄經》萬物該兼。緒使者，其緒餘足〔以〕役〔役〕〔使〕羣倫。物絯者，其機緘足以包羅萬物。

❿【注】將遂使後世指麾以動物，令應〔工〕〔上〕①務。

【疏】方將顧盼四方，撫安萬國，令彼之氓黎，應我之化法。

【釋文】「令應」力呈反。

⓫【注】將遂使後世不能忘善，而利仁以應宜也。

【疏】用一己之知，應衆物之宜，既非無心，未免危殆矣。

⓬【注】將遂使後世與物相逐，而不能自得於內。

【疏】將我己知，施與物衆，令庶物從化，物既失之，我亦未得也。

⑬【注】此皆盡當時之宜也，然今日受其德，而明日承其弊矣，故曰未始有恆。

【疏】以智理物，政出多門，前荷其德，後遭其弊，既乖淳古，所以無恆。

⑭【注】其事類可得而祖效。

【疏】族，藪也。夫齧缺隱居山藪，高尚其志，不能混迹，未足配天。而混俗之中，罕其輩類，故志尙清遐，良可效耳。◎家世父曰：族者，比類之迹也。祖者，生物之原也。從其比類而合之，則萬物統於一，而主宰夫物者羣生之歸也；從其生物之原而求之，則萬物託始於無，而生物者枝流之衍也。未究乎生物之原，而竊竊焉比類以求合，而治亂緜以生，君臣之禍緜以起矣。

⑮【注】眾父父者，所以迹也。

【疏】父，君也。言齧缺高尙無爲，不夷乎俗，雖其道可述，適可爲眾人之父，而未可爲父父也。父父者，堯也。夫堯寄坐萬物之上，而心馳乎姑射之山，往見四子之時，即在汾陽之地。是以即寂而動，即動而寂，無爲有爲，〔有〕爲無爲（有），有無一時，動寂相即，故可爲君中之君，父中之父。所爲窮理盡性，玄之又玄，而爲眾父之父，故其宜矣。故郭注云，眾父父者所以迹也。

⑯【注】言非但治主，乃爲亂率。

【疏】率，主也。若用智理物，當時雖治，於後必亂。二塗皆以智爲率。

【釋文】「治亂」直吏反。注同。「之率」色類反。注同。又色律反。

⑰【注】夫桀紂非能殺賢臣，乃賴聖知之迹以禍之。

【疏】桀紂賴聖知以殺賢臣，故聖知是北面之禍也。

⑱【注】田桓非能殺君，乃資仁義以賊之。

【疏】田桓資仁義以殺主，故仁義南面之賊。注云，田桓非能殺君，乃資仁義以賊之。

【釋文】「殺君」音試。本又作弑，音同。

【校】①上字依宋本改。

堯觀乎華。華封人曰：「嘻，聖人！請祝聖人。」❶

❶【疏】華，地名也，今華州也。封人者，謂華地守封疆之人也。嘻，歎聲也。封人見堯有聖人之德，光臨天下，請祝願壽富，多其男子。

【釋文】「華」胡化反，又胡花反。司馬云：地名也。「封人」司馬云：守封疆人也。「曰嘻」音熙。「請祝」之又反，又州六反。

「使聖人壽。」堯曰：「辭。」「使聖人富。」堯曰：「辭。」「使聖人多男子。」堯曰：「辭。」❶

❶【疏】夫富壽多男子，實爲繁擾，而能體之者，不廢無爲。故寄彼二人，明茲三患。辭讓之旨，列在下文。

封人曰：「壽，富，多男子，人之所欲也。女獨不欲，何邪？」❶

❶【疏】前之三事，人之大欲存焉。女獨致辭，有何意謂？

【釋文】「女獨」音汝。後同。

堯曰：「多男子則多懼，富則多事，壽則多辱。是三者，非所以養德也，故辭。」❶

❶【疏】夫子嗣扶疏，憂懼斯重；財貨殷盛，則事業實繁；命壽延長，則貽困辱。三者未足養無爲之德，適可以益有爲之累，所以並辭。

封人曰：「始也我以女為聖人邪，今然君子也❶。天生萬民，必授之職。多男子而授之職，則何懼之有！❷富而使人分之，則何事之有❸！夫聖人，鶉居❹而鷇食❺，鳥行而无彰❻；天下有道，則與物皆昌❼；天下无道，則脩德就閒❽；千歲厭世，去而上僊❾；乘彼白雲，至於帝鄉❿；三患莫至，身常无殃；則何辱之有⓫！」

❶【疏】我始言女有無雙照，便爲體道聖人；今既舍有趣無，適是賢人君子也。

❷【注】物皆得所而志定也。

【疏】天地造化爲萬物，各有才能，量才授官，有何憂懼！

❸【注】寄之天下，故無事也。

【疏】百姓豐饒，四海殷實，寄之羣有而不以私焉，斯事無爲也。

❹【注】無意而期安也。

【釋文】「鶉」音淳。「居」鶉居，謂無常處也。又云：如鶉之居，猶言野處。

❺【注】仰物而足。

【疏】鶉，鷂鶉也，野居而無常處。鷇者，鳥之子，食必仰母而足。聖人寢處儉薄，譬彼鷂鶉；供膳裁充，方茲鷇鳥。既無心於侈靡，豈有情於滋味乎！

【釋文】「鷇」口豆反。「食」《爾雅》云：生哺，鷇。鷇食者，言仰物而足也。◎盧文弨曰：舊生譌主，今改正。

❻【注】率性而動，非常迹也。

【疏】彰，文迹也。夫聖人灰心滅智而與物俱冥，猶如鳥之飛行，無蹤跡而可見也。

❼【注】猖狂妄行而自蹈大方也。

【疏】運屬清夷，則撫臨億兆；物來感我，則應時昌盛。郭注云猖狂妄行，恐乖文旨。

❽【注】雖湯武之事，苟順天應人，未爲不閒也。故無爲而無不爲者，非不閒也。

【疏】時逢擾亂，則混俗韜光，脩德隱迹，全我生道，嘉遁閒居，逍遙遁世。所謂隱顯自在，用捨隨時。

【釋文】「就閒」音閑。注同。

❾【注】夫至人極壽命之長，任窮〔理〕〔通〕①之變，其生也天行，其死也物化，故云厭世而上僊也。

【疏】夫聖人達生死之不二，通變化之爲一，故能盡天年之脩短，厭囂俗以消升。何必鼎湖之舉，獨爲上僊，安期之壽，方稱千歲！

❿【注】氣之散，無不之。

【釋文】「上僊」音仙。

⓫【疏】精靈上升，與太一而冥合，乘雲御氣，屆於天地之鄉。

【疏】三患，前富壽多男子也。夫駕造物而來往，乘變化而遨遊，三患本自虛無，七尺來從非有，殃辱之事，曾何足云！

【校】①通字依王叔岷說改。

封人去之。堯隨之，曰：「請問。」❶

❶【疏】請言既訖，封人於是去之。堯方悟其非，所以請問。

封人曰：「退已①❶！」

❶【疏】所疑已決，宜速退歸。

【校】①《闕誤》引江南《古藏》本已作紀。

堯治天下，伯成子高立為諸侯。堯授舜，舜授禹，伯成子高辭為諸侯而耕❶。禹往見之，則耕在野。禹趨就下風，立而問焉，曰：「昔堯治天下，吾子立為諸侯。堯授舜，舜授予，而吾子辭為諸侯而耕，敢問，其故何也？」❷

❶【疏】伯成子高，不知何許人也，蓋有道之士。

【釋文】「伯成子高」《通變經》云：老子從此天地開闢以來，吾身一千二百變，後世得道，伯成子高是也。

❷【疏】唐虞之世，南面稱孤，逮乎有夏，退耕於野。出處頓殊，有何意謂？

子高曰：「昔堯治天下，不賞而民勸，不罰而民畏❶。今子賞罰而民且不仁，德自此衰，刑自此立，後世之亂自此始矣❷。夫子闔行邪？无落吾事！」俋俋乎耕而不顧❸。

❶【疏】夫賞罰者，所以著勸畏也。而堯以無爲爲治，物物從其化，故百姓不待其褒賞而自勉行善，無勞刑罰而畏惡不爲。此顯堯之聖明，其德如是。

❷【疏】盛行賞罰，百姓猶不仁，至德既衰，是以刑書滋起，故知將來之亂，從此始矣。

❸【注】夫禹時三聖相承，治成德備，功美漸去，故史籍無所載，仲尼不能閒，是以雖有天下而不與焉，斯乃有而無之也。故考其時而禹爲最優，計其人則雖三聖，故一堯耳。時無聖人，故天下之心俄然歸啓。夫至公而居當者，付天下於百姓，取與之非己，故失之不求，得之不辭，忽然而往，侗然而來，是以受非毀於廉節之士而名列於三王，未足怪也。莊子因斯以明堯之弊，弊起於堯而釁成於禹，況後世之無聖乎！寄遠迹於子高，便①棄而不治，將以絕聖而反一，遺知而寧極耳。其實則未聞也。夫莊子之言，不可以一途詰，或以黃帝之迹禿堯舜之脛，豈獨貴堯而賤禹哉！故當

遺其所寄，而錄其絕聖棄智之意焉。

【疏】闔，何不也。落，廢也。俋俋，耕地之貌。伯成謂禹爲夫子。「夫子何不行去耶！莫廢我農事。」於是用力而耕，不復顧盼也。夫三聖相承，蓋無優劣，但澆淳異世，故其迹不同。郭注云弊起於堯而釁成於禹者，欲明有聖不如無聖，有爲不及無爲，故尚遠迹，以明絕聖棄智者耳。

【釋文】「闔」本亦作盍，胡臘反。「无落」落，猶廢也。「俋俋」徐於執反，又直立反。李云：耕貌。一云：耕人行貌。又音秩，又於十反。《字林》云：勇壯貌。「治成」直吏反。「能閒」閒廁之閒。「不與」音豫。「侗」音洞，又音同。

【校】①趙諫議本便作使。

泰初有无，无有无名❶；一之所起，有一而未形❷。物得以生，謂之德❸；未形者有分，且然无閒，謂之命❹；留動而生物，物成生理，謂之形❺；形體保神，各有儀則，謂之性❻。性脩反德，德至同於初❼。同乃虛，虛乃大❽。合喙鳴❾；喙鳴合，與天地為合❿。其合緡緡，若愚若昏⓫，是謂玄德，同乎大順⓬。

❶【注】無有，故無所名。

【疏】泰，太；初，始也。元氣始萌，謂之太初，言其氣廣大，能爲萬物之始本，故名太初。太初之時，惟有此無，未有於有。有既未有，名將安寄！故無有無名。

【釋文】「泰初」《易說》云：氣之始也。

❷【注】一者，有之初，至妙者也，至妙，故未有物理之形耳。夫一之所起，起於至一，非起於無也。然莊子之所以屢稱無於初者，何哉？初者，未生而得生，得生之難，而猶上不資於無，下不待於知，突然而自得此生矣，又何營生於已生以失其自生哉！

【疏】一〔應〕〔者〕道也，有一之名而無萬物之狀。

❸【注】夫無不能生物，而云物得以生，乃所以明物生之自得，任其自得，斯可謂德也。

【疏】德者，得也，謂得此也。夫物得以生者，外不資乎物，內不由乎我，非無非有，不自不他，不知所以生，故謂之德也。

❹【疏】雖未有形質，而受氣以有素分，然且此分脩短，慇乎更無閒隙，故謂之命。

【釋文】「有分」符問反。「无閒」如字。◎家世父曰：一陰一陽之謂道，繼之者善也，成之者性也。物得其生，所謂繼之者善也，未有德之名也。至凝而為命，而性含焉，所謂成之者性也。命立而各肖乎形，踐形而乃反乎性，各有儀則，盡性之功也。莊生於此蓋亦得其恍惚。

❺【疏】留，靜也。陽動陰靜，氤氳升降，分布三才，化生萬物，物得成就，生理具足，謂之形也。

【釋文】「留動」留，或作流。

❻【注】夫德形性命，因變立名，其於自爾一也。

【疏】體，質；保，守也。稟受形質，保守精神，形則有醜有妍，神則有愚有智。既而宜循軌則，各自不同，素分一定，更無改易，故謂之性也。

❼【注】恆以不爲而自得之。

【疏】率此所稟之性，脩復生初之德，故至其德處，同於太初。

❽【注】不同於初，而中道有爲，則其懷中故爲有物也，有物而容養之德小矣。

【疏】同於太初，心乃虛豁；心既虛空，故能包容廣大。

❾【注】無心於言而自言者，合於喙鳴。

【疏】喙，鳥口也。心既虛空，迹復冥物，故其說合彼鳥鳴。鳥鳴既無心於是非，聖言豈有情於憎愛！

【釋文】「喙」丁豆反，又充芮喜穢二反。

❿【注】天地亦無心而自動。

【疏】言既合於鳥鳴，德亦合於天地。天地無心於覆載，聖人無心於言說，故與天地合也。

⓫【注】坐忘而自合耳，非照察以合之。

【疏】緡，合也。聖人內符至理，外順羣生，唯迹與本，罄無不合，故曰緡緡。是混俗揚波，同塵萬物，既若愚迷，又如昏暗。又解：既合喙鳴，又合天地，亦是緡緡。

【釋文】「緡緡」武巾反。

⓬【注】德玄而所順者大矣。

【疏】總結已前，歎其美盛。如是之人，可謂深玄之德，故同乎太初，大順天下也。

夫子問於老聃曰：「有人治道若相放，可不可，然不然❶。辯者有言曰，『離堅白若縣寓❷。』若是則可謂聖人乎❸？」

❶【注】若相放效，強以不可爲可，不然爲然，斯矯其性情也。

【疏】師於老聃，所以每事請答。汎論無的，故曰有人。布行政化，使人效放，以己制物，物失其性，故己之可者，物或不可，己之然者，物或不然，物之可然，於己亦爾也。

【釋文】「夫子」仲尼也。「相方」如字，又甫往反。本亦作放，甫往反。注同①。「強以」其兩反。

❷【注】言其高顯易見。

【疏】堅白，公孫龍守白論也。孔穿之徒，堅執此論，當時獨步，天下無敵。今辯者云：我能離析堅白之論，不以爲辯，雄辯分明，如縣日月於區宇。故郭注云言其高顯易見也。

【釋文】「縣」音玄。「寓」音宇，司馬云：辯明白若縣室在人前也。「易見」以豉反。

❸【疏】結前問意。「如是之人，得爲聖否？」

【校】①世德堂本作相放，甫往反，注同。本作作方，如字，又甫往反。

老聃曰：「是胥易技係勞形怵心者也❶。執留①之狗成思，猿狙之便自山林來❷。丘，予告若，而所不能聞與而所不能言。凡有首有趾无心无耳者眾❸，有形者與无形无狀而皆存者盡无❹。其動，止也；其死，生也；其廢，起也。此又非其所以也❺。有治在人❻，忘乎物，忘乎天，其名為忘己❼。忘己之人，是之謂入於天

⑧。」

❶【疏】胥，相也。言以是非更相易奪，用此技藝係縛其身，所以疲勞形體，怵惕心慮也。此答前問意。技，有本或作枝字者，言是非易奪，枝分葉派也。

【釋文】「技係」其綺反。

❷【注】言此皆失其常然也。

【疏】猿狙，獮猴也。執捉狐狸之狗，多遭係頸而獵，既不自在，故成愁思。猿猴本居山林，逶迤放曠，爲（挑）〔跳〕攫便捷，故失其常處。狸，有本作猫者，竹鼠也。

【釋文】「執留」如字。本又作（狸）〔猫〕，音同。一本作（留）〔狸〕②，亦如字。司馬云：猫③，竹鼠也。一云：執留之狗，謂有能故被留係，成愁思也。◎家世父曰：《釋文》，留如字，一本作狸，司馬云：狸，竹鼠也。疑狸不當為鼠。《秋水篇》騏驥驊騮一日而馳千里，捕鼠不如狸狌，非鼠可知。如司馬說，字當作䶉。《說文》：䶉，竹鼠也。《埤雅》：一名竹䶉。郭璞《山海經》注其音如留牛，亦引此文執留之狗為證，則此本作留。然《山海經》自謂留牛，此自謂竹鼠，亦未宜混而一之。司馬一云，執留之狗，謂有能故被留繫。《說文》：留，止也，謂繫而止之。熟玩文義，言狗留繫思，脫然以去。猨狙之在山林，號為便捷矣，而可執之以來，皆失其性者也。於執狸之說無取，當從司馬後說。「猿」音袁。「狙」七徐反。「之便」婢面反，徐扶面反。司馬云：言便捷見捕。

❸【注】首趾，猶始終也。無心無耳，言其自化。

【疏】若，而，皆汝也。首趾，終始也。理絕言辯，故不能聞言也。又不可以心慮知，耳根聽，故言無心無耳也。凡有識無情，皆曰終始，故言眾也。咸不能以言說，悉不可以心知，汝何多設猿狙之能，高張懸之辯，令物效己，豈非過乎！

❹【注】言有形者善變，不能與無形無狀者並存也。故善治道者，不以故自持也，將順日新之化而已。

【疏】有形者，身也；無形者，心也。汝言心與身悉存，我以理觀照，盡見是空也。

❺【注】此言動止死生，盛衰廢興，未始有恆，皆自然而然，非其所用而然，故放之而自得也。

【疏】時有動靜，物有死生，事有興廢，此六者，自然之理，不知所以然也。豈關人情思慮，倣效能致哉！但任而順（之）物之自當也。

❻【注】不在乎主自用。

【疏】人各（有）率性而動，天機自張，非（猶）〔由〕主教。

❼【注】天物皆忘，非獨忘己，復何（所）④有哉？

【疏】豈惟物務是空，抑亦天理非有。唯事與理，二種皆忘，故能造乎非有非無之至也。

【釋文】「復何」扶又反。

❽【注】人之所不能忘者，己也，己猶忘之，又奚識哉！斯乃不識不知而冥於自然。

【疏】入，會也。凡天下難忘者，己也，而己尚能忘，則天下有何物足存哉！是知物我兼忘者，故冥會自然之道也。◎家世父曰：有首有趾，人物之所同也；無心而不能慮事，若鳥獸是也；無耳而不能聞聲，若蟲魚是也。其動止，其死生，其廢起，一皆天地之化機也。化機之在天地，不窮於物，無形無狀，推移動盪天地之中者，皆化機也。而有治在人，人其多事矣乎！強物以從治，不如忘己而聽諸物之適然也。◎慶藩案此言唯忘己之人能與天合德也。《管子・白心篇》尹注：天地，忘形者也。能效天地者，其唯忘己乎！與此同意。

【校】①趙諫議本留作狸。②貍字狸字依《釋文》本改。③世德堂本作狸，此依《釋文》原本。④所字依趙本刪。

將閭葂見季徹曰：「魯君謂葂也曰：『請受教。』辭不獲命，既已告矣，未知中否，請嘗薦之❶。吾謂魯君曰：『必服恭儉，拔出公忠之屬而无阿私，民孰敢不輯❷！』」

❶【疏】薦，獻也。蔣閭及季，姓也。葂，徹，名也。此二賢未知何許人也，未詳所據。魯君，魯侯也，伯禽之後，未知的是何公。魯公見葂，請受治國之術，雖復辭不得免君之命，遂告魯君爲政之道。當時率爾，恐不折中，敢陳所告，試獻吾賢。必不宜，幸希鍼艾。

【釋文】「將」一本作蔣。「閭」力於反。「葂」字亦作菟，音免，又音晚，郭音問。將閭葂，人姓名也。一云：姓將閭，名菟。或云：姓蔣，名閭葂也。「季徹」人姓名也，蓋季氏之族。「魯君」或云：定公。「知中」丁仲反。

❷【疏】阿，曲也。孰，誰也。輯，和也。夫爲政之道，先須躬服恭敬，儉素清約，然後拔擢公平忠節之人，銓衡質直無私之士，獻可替否，共治百姓，則蕃境無虞，域中清謐，民歌擊壤，誰敢

不和！

【釋文】「不輯」音集。《爾雅》云：和也。又側立反。郭思魚反。

季徹局局然笑曰：「若夫子之言，於帝王之德，猶螳蜋之怒臂以當車軼，則必不勝任矣❶。且若是，則其自為處危，其觀臺❷多，物將往❸，投迹者眾❹。」

❶【注】必服恭儉，非忘儉而儉也；拔出公忠，非忘忠而忠也。故雖無阿私，而不足以勝矯詐之任也。

【疏】局局，俛身而笑也。夫必能恭儉，拔出公忠，此皆僞情，非忘淡者也。故以此言爲南面之德，何異乎螳蜋怒臂以敵車轍！用小擬大，故不能任也。

【釋文】「局局」其玉反。一云：大笑之貌。「螳蜋」音堂郎。「車軼」音轍。◎慶藩案《釋文》軼音轍，是也。轍，車轍也。古轍字通作軼。《戰國策》車軼之所至，注：軼，音轍。（《說文》無轍篆，轍即徹也。）《史記・文帝紀》結軼於道，注亦音轍。《漢書・文帝紀》作結轍，是其證。「不勝」音升。注同。

❷【注】此皆自處高顯，若臺觀之可覩也。

【疏】夫恭儉公忠，非能忘淡，適自顯燿以炫眾。人既高危，必遭隳敗，猶如臺觀峻聳，處置危縣，雖復行李觀見，而崩毀非久。

【釋文】「自為遽」其據反。本又作處。◎盧文弨曰：今本作處。「觀臺」古亂反。注同。

❸【注】將使物不止於本性之分，而矯跂自多以附之。

【疏】觀臺高迥，人競觀之，立行自多，物爭歸湊。◎家世父曰：觀臺多，言使民觀象受法，其事繁也。郭象以危其觀臺斷句，恐誤。

❹【注】亢足投迹，不安其本步也。

【疏】顯燿動物，物不安分，故舉足投迹，企踵者多也。

將閭葂覤覤然驚曰：「葂也汒若於夫子之所言矣❶。雖然，願先生之言其風也❷。」

❶【疏】覤覤，驚貌也。汒，無所見也。乍聞高議，率爾驚悚，思量不悟，所以汒然矣。

【釋文】「覤覤」許逆反，又生責反。或云：驚懼之貌。「汒若」本或作芒。武剛反，郭武蕩反。

❷【疏】風，教也。我前所陳，深爲乖理，所願一言，庶爲法教。◎俞樾曰：風當讀爲凡，猶云言其大凡也。風本從凡聲，故得通用。

季徹曰：「大聖之治天下也，搖蕩民心，使之成教易俗，舉滅其賊心而皆進其獨志，若性之自為，而民不知其所由然❶。若然者，豈兄堯舜之教民，溟涬然弟之哉❷？欲同乎德而心居矣❸。」

❶【注】夫志各有趣，不可相效也。故因其自搖而搖之，則雖搖而非爲也；因其自蕩而蕩之，則雖蕩而非動也。故其賊心自滅，獨志自進，教成俗易，悶然無迹，履性自爲而不知所由，皆云我自

然矣。（舉，皆也）①。

【疏】夫聖治天下，大順羣生，乘其自搖而作法，因其自蕩而成教；是以教成而迹不顯，俗易而物不知，皆除滅其賊害之心，而進脩獨化之志。不動於物，故若性之自爲；率性而動，故不知其所由然也。舉，皆也。

【釋文】「舉滅」舉，皆也。「悶然」音門。

❷【注】溟涬，甚貴之謂也。不肯多謝堯舜而推之爲兄也。

【疏】溟涬，甚貴之謂也。若前方法，以教蒼生，則治合淳古，物皆得性，詎須獨貴堯舜而推之爲兄邪！此意揖讓之風，不讓唐虞矣。

【釋文】「豈兄」元嘉本作豈足。「溟」亡頂反。「涬」戶頂反。

❸【注】居者，不逐於外也，心不居則德不同也。

【疏】居，安定之謂也。夫心馳分外，則觸物參差；虛夷靜定，則萬境唯一。故境之異同，在心之靜亂耳。是以欲將堯舜同德者，必須定居其心也。

【校】①舉皆也三字係《釋文》誤入，依趙諫議本刪。

子貢南遊於楚，反於晉，過漢陰，見一丈人方將為圃畦，鑿隧而入井，抱甕而出灌，搰搰然用力甚多而見功寡。❶子貢曰：「有①械於此，一日浸百畦，用力甚寡而見功多，夫子不欲乎❷？」

❶【疏】水南曰陰，種蔬曰圃，埒中曰畦。隧，地道也。搰搰，用力貌也。丈人，長者之稱也。子貢南遊荊楚之地，塗經漢水之陰，遂與丈人更相汎答。其抑揚詞調，具在文中。《莊子》因託二賢以明稱混沌。

【釋文】「圃」布戶反，又音布，園也。李云：菜蔬曰圃。「畦」（口）〔戶〕②圭反。李云：埒中曰畦。《說文》云：五十畝曰畦。「隧」音遂。李云：道也。「甕」烏送反。字亦作瓮。「搰搰」苦骨反，徐李苦滑反，郭忽滑反。用力貌。一音胡沒反。

❷【疏】械，機器也。子貢既見丈人力多而功少，是以教其機器，庶力少功多。輒進愚誠，未知欲否？

【釋文】「有械」戶戒反。《字林》作械③。李云：器械也。「浸」子鴆反。司馬云：灌也。

【校】①《闕誤》引張君房本有下有機字。②戶字依世德堂本及《釋文》原本改。③械疑挔字之誤。

為圃者卬①而視之曰：「奈何❶？」曰：「鑿木為機，後重前輕，挈水若抽，數如泆湯，其名為②槔❷。」為圃者忿然作色而笑曰：「吾聞之吾師，有機械者必有機事，有機事者必有機心。機心存於胸中，則純白不備；純白不備，則神生不定；神生不定者，道之所不載也。吾非不知，羞而不為也❸。」

❶【疏】奈何，猶如何，（謂）〔請〕其方法也。

【釋文】「卬而」音仰。本又作仰。

❷【疏】機，關也。提挈其水，灌若抽引，欲論數疾，似泆湯之騰沸，前輕後重，即今之所用桔槔也。

【釋文】「挈水」口節反。「若抽」敕留反。李云：引也。司馬崔本作流。「數如」所角反，徐所錄反。「泆湯」音逸。本或作溢。李云：疾速如湯沸溢也。司馬本作佚蕩，亦言其往來數疾如佚蕩。佚蕩，唐佚也。「槔」本又作橋，或作皋，同。音羔，徐居橋反。司馬李云：桔槔也。

❸【注】夫用時之所用者，乃純備也。斯人欲修純備，而抱一守古，失其旨也。

【疏】夫有機關之器者，必有機動之務；有機動之務者，必有機變之心。機變存乎胸府，則純粹素白不圓備矣。純粹素白不圓備，則精神懸境，生滅不定。不定者，至道不載也，是以羞而不爲。此未體真脩，故抱一守白者也。

【釋文】「吾師」謂老子也。

【校】①趙諫議本卬作仰。②《闕誤》引張君房本爲作桔。

子貢瞞然慙，俯而不對❶。

❶【疏】瞞，羞怍之貌也。既失所言，故不知何答也。

【釋文】「瞞」武版反，又亡安反。《字林》云：目眥平貌。李〔作憪〕天典反，慙貌。一音門，又亡干反。司馬本作憮，音武。崔本作撫。

有閒，為圃者曰：「子奚為者邪❶？」

❶【疏】有閒，俄頃也。奚，何也。問子貢：「汝是誰門徒？作何學業？」

曰：「孔丘之徒也❶。」

❶【疏】答，宣尼之弟子也。◎慶藩案《一切經音義》二十五引司馬云：徒，弟子也。《釋文》闕。

為圃者曰：「子非夫博學以擬聖，於于以蓋眾，獨弦哀歌以賣名聲於天下者乎❶？汝方將忘汝神氣，墮汝形骸，而庶幾乎❷！而身之不能治，而何暇治天下乎！子往矣，无乏吾事❸！」

❶【疏】於于，佞媚之謂也。言汝博學贍聞，擬似聖人，諂曲佞媚，以蓋群物；獨坐弦歌，抑揚哀歎，執斯聖迹，賣彼名聲，歷聘諸國，徧行天下。

【釋文】「於于」並如字。本或作唹吁，音同。司馬云：夸誕貌。一云：行仁恩之貌。「以蓋眾」司馬本蓋作善。◎家世父曰：《應帝王》，其臥徐徐，其覺于于。《說文》：于，於也，象氣之舒。是於于字同，於于，猶于于也。

❷【注】不忘不墮，則無庶幾之道。

【疏】幾，近也。汝忘遺神氣，墮壞形骸，身心既忘，而後庶近於道。

【釋文】「墮」許規反。

❸【疏】而，汝也。泛，闕也。夫物各自治，則天下理矣；以己理物，則大亂矣。如子貢之德，未足以治身，何容應聘天下！理宜速往，無廢吾業。

子貢卑陬失色，頊頊然不自得，行三十里而後愈❶。

❶【疏】卑陬，慙怍之貌。頊頊，自失之貌。既被詆訶，顏色自失，行三十里，方得復常。

【釋文】「卑陬」走侯反，徐側留反。李云：卑陬，愧懼貌。一云：顏色不自得也。「頊頊」本又作旭旭，許玉反。李云：自失貌。

其弟子曰：「向之人何為者邪？夫子何故見之變容失色，終日不自反邪？❶」

❶【疏】反，復也。子貢之門人謂賜爲夫子也。「向見之人，脩何藝業，遂使先生一覩，容色失常，竟日崇朝，神氣不復？」門人怪之，所以致問。

【釋文】「向之」許亮反。本又作鄉，音同。後倣此。

曰：「始吾以為天下一人耳❶，不知復有夫人也❷。吾聞之夫子，事求可，功求成。用力少，見功多者，聖人之道。❸今徒不然。執道者德全，德全者形全，形全者神全。神全者，聖人之道也。託生與民並行而不知其所之，汒乎淳備哉！功利機巧必忘夫人之心。❹若夫人者，非其志不之，非其心不為。雖以天下譽之，得其所謂，謷然不顧；以天下非之，失其所謂，儻然不受。天下之非譽，无益損焉，

是謂全德之人哉！我之謂風波之民。❺」

❶【注】謂孔丘也。

❷【疏】昔來稟學，宇內唯夫子一人；今逢丈人，道德又更深遠，所以卑慙不能自得也。既未體乎真假，實謂賢乎仲尼也。

❸【注】聖人之道，即用百姓之心耳。

【釋文】「復有」扶又反。「夫人」音符。下夫人同。

【疏】夫事以適時爲可，功以能遂爲成。故力少而見功多者，則是適時能遂之機。子貢述昔時所聞，以爲聖人之道。

❹【注】此乃聖王之道，非夫人道也。子貢聞其假修之說而服之，未知純白者之同乎世也。

【疏】今丈人問余，則不如此。言執持道者則德行無虧，德全者則形不虧損，形全者則精神專一。神全者則寄迹人間，託生同世，雖與群物並行，而不知所往，芒昧深遠，不可測量。故其操行淳和，道德圓備，不可以此功利機巧語其心也。斯乃聖人之道，非假修之術。子貢未悟，妄致斯談。

【釋文】「汒乎」莫剛反。「之心」心，或作道。

❺【注】此宋榮子之徒，未足以爲全德。子貢之迷沒於此人，即若列子之心醉於季咸也。

【疏】謷〔是〕誕慢之容，儻是無心之貌。丈人志氣淳素，不任機巧，心懷寡欲，不務有爲。縱令舉世贊譽，稱爲（斯）〔有〕德，知爲無益，曾不顧盼；舉世非毀，聲名喪失，達其無損，都不領受；既毀譽不動，可謂全德之人。夫水性雖澄，逢風波起，我心不定，類彼波瀾，故謂之風波之民也。郭注云，此宋榮子之徒，未足以爲全德。子貢之迷沒於此人，即若列子之心醉於季咸。

【釋文】「謷之」音餘，下同。「謷然」五羔反。司馬本作警。「儻然」本亦作黨。司馬云本作傥，同。勑蕩反，郭吐更反。

反於魯，以告孔子。孔子曰：「彼假脩渾沌氏之術者也❶；識其一，不知其二❷；治其內，而不治其外❸。夫明白入素，无為復朴，體生抱神，以遊世俗之間者，汝將固驚邪❹？且渾沌氏之術，予與汝何足以識之哉❺！」

❶【注】以其背今向古，羞爲世事，故知其非真渾沌也。

【疏】子貢自魯適楚，反歸於魯，以其情事，咨告孔子。夫渾沌者，無分別之謂也。既背今向古，所以知其（不）〔非〕真渾沌氏之術也。

【釋文】「渾」胡本反。「沌」徒本反。「背今」音佩。

❷【注】徒識脩古抱灌之朴，而不知因時任物之易也。

【疏】識其一，謂〔向〕古而不移也。不知其二，謂不能順今而適變。

【釋文】「之易」以豉反。

❸【注】夫真渾沌，都不治也，豈以其外內爲異而偏有所治哉！

【疏】抱道守素，治內也；不能隨時應變，不治外也。

❹【注】此真渾沌也，故與世同波而不自失，則雖遊於世俗而泯然無迹，豈必使汝驚哉！

【疏】夫心智明白，會於質素之本；無爲虛淡，復於淳朴之原。悟真性而抱精淳，混囂塵而遊世俗者，固當江海蒼生，林藪萬物，鳥獸不駭，人豈驚哉！而言汝將固驚者，明其（必）不〔必〕驚也。◎俞樾曰：固讀爲胡。胡固皆從古聲，故得通用。汝將胡驚邪，言汝與真渾沌遇則不驚也。郭注曰，故與世同波而不自失，則雖遊於世俗而泯然無迹，豈必使汝驚哉！正得其意。古書胡字或以故字爲之。《管子・侈靡篇》，公將有行，故不送公，《墨子・尙賢中篇》，故不察尙賢爲政之本也，皆以故爲胡之證。《禮記・哀公問篇》鄭注曰：固，猶故也。是以固爲胡，猶以故爲胡矣。

❺【注】在彼爲彼，在此爲此，渾沌玄同，孰識之哉？所識者常識其迹耳。

【疏】夫渾沌無心，妙絕智慮，假令聖賢特達，亦何足識哉！明恍惚深玄，故推之於情意之表者也。

諄芒將東之大壑，適遇苑風於東海之濱❶。苑風曰：「子將奚之❷？」

❶【疏】諄，淳也。苑，小風也，亦言是扶搖大風也。濱，涯；大壑，海也。諄芒苑風，皆寓言也。莊生寄此二人，明於大道，故假爲賓主，相値海涯。

【釋文】「諄」郭之倫反，又述倫反。「芒」本或作汒，武剛反。李云：望之諄諄，察之芒芒，故曰諄芒。一云：姓名也。或云：霧氣也。「大壑」火各反。李云：大壑，東海也。「苑風」本亦作宛。徐於阮反。李云：小貌，謂遊世俗也。一云：苑風，人姓名。一云：扶搖大風也。「之濱」音賓。◎慶藩案

《釋文》苑亦作宛，苑宛字同也。《淮南・俶真篇》形苑而神壯，高誘注：苑，枯病也，苑讀南陽宛之宛。

❷【疏】奚，何也。之，往也。借問諄芒，有何游往。

曰：「將之大壑❶。」

❶【疏】欲往東海。

曰：「奚為焉❷？」

❶【疏】又問何所求訪。

曰：「夫大壑之為物也，注焉而不滿，酌焉而不竭；吾將遊焉❶。」

❶【疏】夫大海泓宏，深遠難測，百川注之而不溢，尾閭泄之而不乾。以譬至理，而其義亦然。故雖寄往滄溟，實乃游心大道也。

【釋文】「酌焉」一本作取焉。

苑風曰：「夫子无意於橫目之民乎？願聞聖治❶。」

❶【疏】五行之內，唯民橫目，故謂之橫目之民。且諄芒東游，臨於大壑，觀其深遠，而為治方。苑風既察此情，因發斯問：「夫子豈無意於黔首？願聞聖化之法也。」

【釋文】「橫目之民」李云：倮蟲之屬，欲令其治之也。「願聞」本或依司馬本作問，下同。「聖治」直吏反。下皆同。

諄芒曰：「聖治乎？官施而不失其宜，拔舉而不失其能❶，畢見其情事而行其所為❷，行言自為而天下化❸，手撓顧指，四方之民莫不俱至，此之謂聖治❹。」

❶【疏】施令設官，取得宜便，拔擢薦舉，不失才能。如此則天下太平，彝倫攸敍，聖治之術，在乎茲也。

【釋文】「官施」始支反，又始智反。司馬云：施政布教，各得其宜。

❷【注】皆因而任之。

【疏】夫所乖舛，事業多端，是以步驟殊時，澆淳異世。故治之者莫先任物，必須覩見其情事而察其所爲，然後順物而行，則無不當也。

❸【注】使物爲之，則不化也。

【疏】所有施行之事，教令之言，咸任物自爲，而不使物從己。如此，則宇內蒼生自然從化。

❹【注】言其指麾顧眄而民各至其性也，任其自爲故。

【疏】撓，動也。言動手指揮，舉目顧眄，則四方款附，萬國來朝。聖治功能，其義如是。有本作頤字者，言用頤指揮，四方皆服。此中凡有三人：一聖，二德，三神。以上聖治，以下次列德神二人。

【釋文】「手撓」而小反，又而了反。司馬云：動也。一云：謂指麾四方也。「顧指」如字。向云：顧指者，言指麾顧（眄）〔盼〕①而治也。或音頤。本亦作頤，以之反，謂舉頤指揮也。◎慶藩案手撓顧指，二義對文。注指麾承手撓言，顧盼承顧指言，故疏以動手舉目分釋四字。如向云顧指者言指麾顧盼，失其義矣。顧指，目顧其人而指使之。左思《吳都賦》搴旗若顧指，劉逵注：謂顧指如意。此言顧指，與《漢書・貢禹傳》目指氣使同義。（師古注曰：動目以指物，出氣以使人。）

【校】①盼字依《釋文》原本改。

「願聞德人❶。」

❶【疏】前之聖治，已蒙敷釋；德人之義，深所願聞。

曰：「德人者，居无思，行无慮❶，不藏是非美惡❷。四海之內共利之之謂悅，共給之之為安❸；怊乎若嬰兒之失其母也，儻乎若行而失其道也❹。財用有餘而不知其所自來，飲食取足而不知其所從，此謂德人之容❺。」

❶【注】率自然耳。

【疏】妙契道境，得無所得，故曰德人。德人凝神端拱，寂爾無思，假令應物行化，曾無謀慮。

❷【注】無是非於胸中而任之天下。

【疏】懷道抱德，物我俱忘，豈容蘊蓄是非，包藏善惡邪！

【釋文】「美惡」烏路反。

❸【注】無自私之懷也。

【疏】夫德人惠澤弘博，偏覃群品，故貨財將四海共同，資給與萬民無別，是〔以〕普天慶悅，率土安寧。◎慶藩案謂悅與爲安對文。謂，猶爲也。古謂爲字同義互用。

❹【疏】夫嬰兒失母，心怊悵而無所依；行李迷途，神儻莽而無所據。用斯二事，以況德人也。

【釋文】「怊乎」音超。《字林》云：悵也。徐尺遙反，郭音條。「儻乎」敕黨反。司馬本作儻。

❺【注】德者，神人迹也，故曰容。

【疏】寡欲止分，故財用有餘；不貪滋味，故飲食取足；性命無求，故不知所從來也。都結前義，故云德人之容。

【釋文】「德人之容」羊凶反。或云：依注當作客。

「願聞神人❶。」

❶【注】願聞所以迹也。

【疏】德者，神人之迹耳，願聞所以迹也。

曰：「上神乘光，與形滅亡❶，此謂照曠❷。致命盡情，天地樂而萬事銷亡❸，萬物復情，此之謂混冥❹。」

❶【注】乘光者乃無光。

【疏】乘，用也。光，智也。上品神人，用智照物，雖復光如日月，即照而亡，隳體黜聰，心形俱遺，是故與形滅亡者也。

❷【注】無我而任物，空虛無所懷者，非闇塞也。

【疏】智周萬物，明逾三景，無幽不燭，豈非曠遠！

❸【注】情盡命至，天地樂矣。事不妨樂，斯無事矣。

【疏】窮性命之致，盡生化之情，故寄天地之間而未嘗不逍遙快樂。既達物我虛幻，是以萬事銷亡。

【釋文】「天地樂」音洛。注同。「銷亡」徐音消。

❹【注】情復而混冥無迹也。

【疏】夫忘照而照，照與三景高明；忘生而生，生將二儀並樂。故能視萬物之還原，覩四生之復命，是以混沌無分而冥同一道也。

【釋文】「混冥」胡本反。

門無鬼與赤張滿稽觀於武王之師❶。赤張滿稽曰：「不及有虞氏乎！故離此患也❷。」

❶【疏】門與赤張，姓也。無鬼，滿稽，名也。二千五百人爲師，師，眾也。武王伐紂，兵渡孟津，時則二人共觀。

【釋文】「門无鬼」司馬本作無畏，云：門，姓；無畏，字也。「赤張滿」本或作蒲。「稽」古兮反。李云：門，赤張，氏也。無鬼，滿稽，名也。

❷【疏】離，遭也。虞舜以揖讓御時，武王以干戈濟世。而揖讓干戈，優劣懸隔。以斯商度，至

有不及之言。而兵者不祥之器，故遭殘殺之禍也。

門无鬼曰：「天下均治而有虞氏治之邪？其亂而後治之與❶？」

❶【注】言二聖俱以亂故治之，則揖讓之與用師，直是時異耳，未有勝負於其間也。

【疏】均，平也。若天下太平，物皆得理，則何勞虞舜作法治之！良由堯年將滅，其德日衰，故讓重華，令其緝理也。

【釋文】「均治」直吏反。下及注均治並同。「之與」音餘。本又作邪。「復何」扶又反。下章注同。

赤張滿稽曰：「天下均治之為願，而何計以有虞氏為❶！有虞氏之藥瘍也❷，禿而施髢，病而求醫❸。孝子操藥以脩慈父，其色燋然，聖人羞之①❹。

❶【注】均治則願各足矣，復何爲計有虞氏之德而推以爲君哉！許無鬼之言是也。

【疏】宇內清夷，志願各足，則何須計有虞氏之德而推之爲君！此領悟無鬼之言，許其有理也。

❷【注】天下皆患創亂，故求虞氏之藥。

【疏】瘍，頭瘡也。夫身上患創，故求醫療，亦猶世逢紛擾，須聖人治之。是以不病則無醫，不亂則無聖。

【釋文】「瘍」音羊。李云：頭創也。言創以喻亂，求虞氏藥治之。司馬云：疕瘍也。◎王引之曰：藥，古讀曜，（說見《唐韻正》。）聲與療相近。《方言》：愮，療治也。江湘郊會謂醫治之曰愮，或曰療。注：愮，音曜。與藥古字通。故《申鑒・俗嫌篇》云：藥者，療也。襄三十一年《左傳》不如吾聞而藥之也。《家語・正論篇》同，王肅注：藥，療也。《詩・大雅板篇》，不可救藥，《韓詩外傳》藥作療。藥療字，古同義通用。「患創」初良反。

❸【疏】鬢髮如雲，不勞施髢；幸無疾恙，豈假醫人！是知天下清平，無煩大聖。此之二句，總結前旨也。

【釋文】「禿」吐木反。「髢」大細反。司馬云：髮也。又吐帝反。郭②音毛。李云：髦，髮也。

❹【注】明治天下者，非以爲榮。

【疏】操，執也。脩，理也。燋然，憔悴貌。夫孝子之治慈父，既不伐其功績；聖人之救禍亂，豈務矜以榮顯！事不得已，是故羞之。

【釋文】「操藥」七刀反。「燋然」將遙反，又音樵。

【校】①《闕誤》引張君房本羞之作所羞也。②郭下疑脫作髦二字。

至德之世，不尚賢❶，不使能❷；上如標枝❸，民如野鹿❹；端正而不知以為義，相愛而不知以為仁❺，實而不知以為忠，當而不知以為信❻，蠢動而相使，不以為賜❼。是故行而（為）〔無〕①迹❽，事而無傳❾。」

❶【注】賢當其位，非尚之也。

【疏】夫不肖與賢，各當其分，非尙之以別賢。

❷【注】能者自爲，非使之也。

【疏】巧拙習性，不相夸企，非尙而使之。

❸【注】出物上而不自高也。

【疏】君居民上，恬淡虛忘，猶如高樹之枝，無心榮貴也。

【釋文】「如標」方小反，徐方遙反，又方妙反。言樹杪之枝無心在上也。「校」胡孝反，李音較。一本作枝。◎盧文弨曰：今本校作枝。

❹【注】放而自得也。

【疏】上既無爲，下亦淳樸，譬彼野鹿，絕君王之禮也。

❺【疏】端直其心，不爲邪惡，豈識裁非之義！率乎天理，更相親附，寧知偏愛之仁者也！

❻【注】率性自然，非由知也。

【疏】率性成實，不知此實爲忠；任真當理，豈將此當爲信！

❼【注】用其自動，故動而不謝。

【疏】賜，蒙賴也。蠢動之物，即是精爽之類，更相驅使，理固自然。譬彼股肱，方茲耳目，既無心於爲造，豈有情於蒙賴！無爲理物，其義亦然。

【釋文】「蠢」郭處允反，動也。

❽【注】〔王〕〔主〕②能任其自行，故無迹也。

【疏】君民淳樸，上下和平，率性而動，故無迹之可記。

❾【注】各止其分，故不傳教於彼也。

【疏】方之首足，各有職司，止其分內，不相傳習。迹既昧矣，事亦滅焉。

【釋文】「无傳」丈專反。

【校】①無字依宋本及各本改。②主字依《道藏》本改。

孝子不諛其親，忠臣不諂其君，臣子之盛也❶。親之所言而然，所行而善，則世俗謂之不肖子；君之所言而然，所行而善，則世俗謂之不肖臣。而未知此其必然邪❷？世俗之所謂然而然之，所謂善而善之，則不謂之道①諛之人也。然則俗故嚴於親而尊於君邪❸？謂己道人，則勃然作色；謂己諛人，則怫然作色❹。而終身道人也，終身諛人也❺，合譬飾辭聚眾也，是終始本末不相②坐❻。垂衣裳，設采色，動容貌，以媚一世，而不自謂道諛，與夫人之為徒，通是非，而不自謂眾人，愚之至也❼。知其愚者，非大愚也；知其惑者，非大惑也。大惑者，終身不解；大愚者，終身不靈❽。三人行而一人惑，所適者猶可致也，惑者少也；二人惑則勞而不至，惑者勝也。而今也以天下惑，予雖有祈嚮，不可得也。不亦悲乎❾！

❶【疏】善事父母爲孝。諛，僞也。諂，欺也。不以正求人謂之諂。爲臣爲子，事父事君，不諂不諛，盡忠盡孝，此乃臣子之盛德也。

【釋文】「不諛」羊朱反，郭貽附反。「不諂」敕檢反。

❷【注】此直違俗而從君親，故俗謂不肖耳，未知至當正在何許。

【疏】不肖，猶不似也。君父言行，不擇善惡，直致隨時，曾無諫爭之心，故世俗之中，實爲不肖，未知正理的在何許也。

【釋文】「不肖」音笑。

❸【注】言俗不爲尊嚴於君親而從俗，俗不謂之諂，明尊嚴不足以服物，則服物者更在於從俗也。是以聖人未嘗獨異於世，必與時消息，故在皇爲皇，在王爲王，豈有背俗而用我哉！

【疏】嚴，敬也。此明違從不定也。世俗然善，則諫爭是也。夫違俗從親，謂之道諛，而違親從俗，豈非諂佞耶！且有逆有順，故見是見非，而違順既空，未知正在何處，又違親從俗，豈謂尊嚴君父！

【釋文】「之道」音導。下同。◎慶藩案道人即諂人也。《漁父篇》曰，希意道言謂之諂，道與諂同義。《荀子・不苟篇》非諂諛也，《賈子・先醒篇》君好諂諛而惡至言，《韓詩外傳》並作道諛。諂與道，聲之轉。「豈有背」音佩。

❹【注】世俗遂以多同爲正，故謂之道諛，則作色不受。

【釋文】「則勃」步忽反。「謂己諛人」本又作衆人。下同。司馬云：衆人，凡人也。「則怫」符弗反，郭敷謂反。

❺【注】亦不問道理，期於相善耳。

【疏】勃，怫，皆嗔貌也。道，達也，謂其諂佞以媚君親也。言世俗之人，謂己諂佞，即作色而怒，不受其名，而終身道諛，舉世皆爾。

❻【注】夫合譬飾辭，應受道諛之罪，而世復以此得人以此聚衆亦爲從俗者，恆不見罪坐也。

【疏】夫合於譬喻，飾於浮詞，人皆競趨，故以聚衆，能保其終始，合其本末；衆既從之，故不相罪坐也。譬，本有作璧字者，言合珪璧也。

【釋文】「相坐」才臥反。注同。

❼【注】世皆至愚，乃更不可不從。

【疏】黃帝垂衣裳而天下治，上衣下裳，以象天地，紅紫之色，間而爲彩，用此華飾，改動容貌，以媚一世，浮僞之人，不謂道諛，翻且從君諂佞。此乃與夫流俗之人而徒黨，更相彼此，通用是非，自謂殊於衆人，可謂愚癡之至。

【釋文】「與夫」音符。

❽【注】夫聖人道同而帝王殊迹者，誠世俗之惑不可解，故隨而任之。

【疏】解，悟也。靈，知也。知其愚惑者，聖人也。隨而任之，故（愚）非〔愚〕惑也。大愚惑者，凡俗也，心識闇鄙，觸境生迷，所以竟世終身不覺悟也。

【釋文】「不解」音蟹，又佳買反。「不靈」本又作無靈。司馬云：靈，曉也。

❾【注】天下都惑，雖我有求嚮至道之情而終不可得。故堯舜湯武，隨時而已。

【疏】適，往也。致，至也。惑，迷也。祈，求也。夫三人同行，一人迷路，所往之方，猶自可至，惑少解多故也；二人迷則神勞而不至，迷勝悟劣故也。今宇內皆惑，莊子雖求向至道之情，無由能致，故可悲傷也。

【釋文】「祈嚮」許亮反。司馬云：祈，求也。◎俞樾曰：祈字無義。司馬云，祈，求也。則但云予雖祈嚮足矣。郭注云，雖我有求嚮至道之情，則又增出情字，殆皆非也。祈疑所字之誤，言天下皆惑，予雖有所嚮往，不可得也。祈所字形相似，故誤耳。下同。

【校】①趙諫議本道作導，下同。②《闕誤》引張君房本相下有罪字。

大聲不入於里耳❶，折楊皇荂，則嗑然而笑❷。是故高言不止於眾人之心❸，至言不出，俗言勝也❹。以二缶鍾惑，而所適不得矣❺。而今也以天下惑，予雖有祈嚮，其庸可得邪❻！知其不可得也而強之，又一惑也，故莫若釋之而不推❼。不推，誰其比憂❽！厲之人夜半生其子，遽取火而視之，汲汲然唯恐其似己也❾。

❶【注】非委巷之所尚也。

【釋文】「大聲」司馬云：謂咸池六英之樂也。

❷【注】俗人得嘖曲，則同聲動笑也。

【疏】大聲，謂咸池大韶之樂也，非下里委巷之所聞。折楊皇華，蓋古之俗中小曲也，玩狎鄙野，故嗑然動容，同聲大笑也。昔魏文侯聽於古樂，悗焉而睡，聞鄭衛新聲，欣然而喜，即其事也。

【釋文】「折楊」之列反「皇荂」況于反，又撫于反。本又作華，音花。司馬本作里華。「嗑然」許甲反。李云：折楊皇華，皆古歌曲也。嗑，笑聲也。本又作嗌，烏邈反。司馬本作榼。「嘖曲」仕責反。本又作嗑。

❸【注】不以存懷。

【疏】至妙之談，超出俗表，故謂之高言。適可蘊羣聖之靈府，豈容止於眾人之智乎！大聲不入於里耳，高言固不止於眾心。

❹【注】此天下所以未曾用聖而常自用也。

【疏】出，顯也。至道之言，淡而無味，不入委巷之耳，豈止眾人之心！而流俗之言，飾詞浮僞，猶如折楊之曲，喜聽者多。俗說既其當塗，至言於乎隱蔽，故《齊物》云，言隱於榮華。

❺【注】各自信據，故不知所之。

【疏】踵，足也。夫迷方之士，指北爲南，而二惑既生，垂腳不行，一人亦無由獨進，欲達前所，其可得乎！此復釋前惑者也。

【釋文】「以二缶鍾」缶應作垂，鍾應作踵，言垂腳空中，必不得有之適也。司馬本作二垂鍾，云：鍾，注意也。「所適」司馬云：至也。◎家世父曰：《釋文》缶應作垂，鍾應作踵，言垂腳空中，必不得有所適也。司馬本作二垂鍾。今案《說文》：缶，瓦器也，所以盛酒漿。鍾，酒器也。《小爾雅》：釜二有半謂之藪，藪二有半謂之缶，缶二謂之鍾。缶鍾皆量器也，缶受四斛，鍾受八斛。以二缶鍾惑，謂不辨缶鍾二者所受多寡也，持以為量，茫乎無所適從矣。上文一人惑，二人惑，據人言之；此以二缶鍾惑，據事言之。盡人皆惑，而誰與明之！操量器而惑，不足與定數。舉天下之大而皆惑也，誰與舉而指之！自分兩義。◎俞樾曰：二缶鍾之文，未知何義。《釋文》云，缶應作垂，鍾應作踵，言垂腳空中，必不得有之適也。此於莊子之意不合。所適，謂所之也。郭注曰，各自信據，故不知所之，是也。如陸氏說，則以適為適意之適，當云不得其適，不當云所適不得也。今案鍾當作踵，而二則一字之誤，缶則企字之誤。企下從止，缶字俗作缶，其下亦從止，兩形相似，因致誤耳。《文選・歎逝賦》注引《字林》曰：企，舉踵也。《一切經音義》十五引《通俗文》曰：舉踵曰企。然則企踵猶舉踵也。人一企踵，不過步武之間耳，然以一企踵惑，則已不得其所適矣。故下云，而今也以天下惑，予雖有所嚮，其庸可得邪！以天下惑，極言其地之大；以一企踵惑，極言其地之小也。上文二人惑則勞而不至，惑者勝也。而今也以天下惑，予雖有所嚮，不可得也。以天下對二人言，則以人之多寡言；此以天下對一企踵言，則以地之廣狹言，一企踵誤為二缶鍾，則不得其義矣。

❻【疏】夫二人垂踵，所適尚難，況天下皆迷，如何得正！故雖有求向之心，其用固不可得。此釋前不亦悲乎，傷歎既深，所以鄭重。

❼【注】即而同之。

【疏】釋，放也。迷惑既深，造次難解，而強欲正者，又是一愚，莫若放而不推，則物我安矣。

【釋文】「而強」其丈反。下注同。

❽【注】趣〔令〕〔舍〕①得當時之適，不強推之令解也，則相與無憂於一世矣。

【疏】比，與也。若任物解惑，棄而不推，則彼此逍遙，憂患誰與也！

【釋文】「比憂」毗志反。司馬本作鼻，云：始也。「趣令」力呈反，下同。「令解」音蟹。

❾【注】厲，惡人也。言天下皆不願爲惡，及其爲惡，或迫於苛役，或迷而失性耳。然迷者自思復，而厲者自思善，故我無爲而天下自化。

【疏】厲，醜病人。遽，速也。汲汲，匆迫貌。言醜人半夜生子，速取火而看之，情意匆忙，恐其似己。而厲醜惡之甚，尙希改醜以從姸，欲明愚惑之徒，豈不厭迷以思悟耶！釋之不推，自無憂患。

【釋文】「厲」音賴，又如字。◎家世父曰：厲之人夜半生其子，別出一義以收足上意。以己同俗，亦喜俗之同乎己，不知其非也。厲者生子，而懼其似己，於此顧不求同焉，惟自知其厲也。然則其同於俗也，與其強己以同於厲無以異也，而懵然不辨其非，亦唯其不知焉而已。「遽」巨據反。本或作蘧，音同。「汲汲」音急「苛役」音河。

【校】①舍字依趙諫議本改。

百年之木，破爲犧尊，青黃而文之，其斷在溝中。比犧尊於溝中之斷，則美惡有間矣，其於失性一也❶。跖與曾史，行義有間矣，然其失性均也❷。且夫失性有五❸：一曰五色亂目，使目不明❹；二曰五聲亂耳，使耳不聰❺；三曰五臭薰鼻，困惾中顙❻；四曰五味濁口，使口厲爽❼；五曰趣舍滑心，使性飛揚❽。此五者，皆生之害也⑨。而楊墨乃始離跂自以為得，非吾所謂得也⑩。夫得者困，可以為得乎？則鳩鴞之在於籠也，亦可以為得矣⑪。且夫趣舍聲色以柴其內，皮弁鷸冠搢笏紳修以約其外⑫，內支盈於柴柵，外重纆繳，睆睆然在纆繳之中而自以為得，則是罪人交臂歷指而虎豹在於囊檻，亦可以為得矣⑬。

❶【疏】犧，刻作犧牛之形，以爲祭器，名曰犧尊也。間，別。既削刻爲牛，又加青黃文飾，其一斷棄之溝瀆，不被收用。若將此兩斷相比，則美惡有殊，其於失喪木性一也。此且起譬也。

【釋文】「犧」音羲，又素河反。◎慶藩案《毛傳》曰：犧尊有沙飾（者）〔也〕①。（見《詩・閟宮篇》。）鄭司農曰：犧尊飾以翡翠。（見《周官》司尊彝注。）後鄭曰：犧讀如沙，（見《禮明堂位正義》。）刻畫鳳凰之象於尊，其羽形婆娑然。王念孫引高注《淮南・俶真篇》曰：犧尊，猶疏鏤之尊。然則犧尊者，刻而畫（畫）〔之〕②為眾物之形，在六尊之中，最為華美。故古人言文飾之盛者，獨舉犧尊。今案或曰有沙飾者，或曰飾以翡翠，或曰刻畫鳳凰之象於尊，或曰疏鏤之尊，說雖不同，其於雕鏤之義則一。至阮諶《禮圖》云：犧尊飾以牛，於尊腹之上畫為牛之形，則因犧從牛，望文生義矣。

「其斷」徒亂反。下同。本或作故。

❷【疏】此合譬也。桀跖之縱凶殘，曾史之行仁義，雖復善惡之迹有別，而喪真之處實同。

❸【疏】迷情失性，抑乃多端，要且而言，其數有五。

❹【疏】五色者，青黃赤白黑也，流俗躭貪，以此亂目，不能見理，故曰不明也。

❺【疏】五聲，謂宮商角徵羽也。淫滯俗聲，不能聞道，故曰不聰。

❻【疏】五臭，謂羶薰香鯹腐。悛，塞也，謂刻賊不通也。言鼻躭五臭，故壅塞不通而中傷顙額也。外書呼香爲臭也。故《易》云其臭如蘭；《道經》謂五香，故《西升經》云香味是冤也。

【釋文】「困」如字。本或作惘，音同。「悛」子公反。郭音俊，又素奉反。李云：困悛，猶刻賊不通也。「中」丁仲反。「顙」桑蕩反。

❼【疏】五味，謂酸辛甘苦鹹也。厲，病；爽，失也。令人著五味，穢濁口根，遂使鹹苦成痾，舌失其味，故言厲爽也。

【釋文】「濁口」本又作噣，音同。◎慶藩案《大雅・思齊箋》曰：厲，病也。《逸周書・謚法篇》曰：爽，傷也。（《廣雅》同。）使口厲爽，病傷滋味也。（見《淮南・精神篇》。高誘注作爽傷，《文子・九守篇》作使口生創，皆後人妄改。）

❽【疏】趣，取也。滑，亂也。順心則取，違情則舍，撓亂其心，使自然之性馳競不息，輕浮躁動，故曰飛揚也。

【釋文】「滑心」李音骨。本亦作噣。

❾【疏】總結前之五事，皆是伐命之刀，害生之斧，是生民之巨害也。

❿【疏】離跂，用力貌也。言楊朱墨翟，各擅己能，失性害生，以此爲得，既乖自然之理，故非莊生之所得也。

【釋文】「離」力智（也）〔反〕③。「跂」丘豉反。

⓫【疏】夫仁義禮法約束其心者，非真性者也。既僞其性，則遭困苦。若以此困而爲得者，則何

異乎鳩鴞之鳥在樊籠之中，併其自得者也！

⑫【疏】皮弁者，以皮爲冠也。鷸者，鳥名也，似鶩，紺色，出鬱林；取其翠羽飾冠，故謂之鷸冠。此鳥，知天文者爲之冠也。搢，插也。笏，猶珪，謂插笏也。紳，大帶也。脩，長裙也。此皆以飾朝服也。夫浮僞之徒，以取舍爲業，故聲色諸塵柴塞其內府，衣冠搢笏約束其外形，背無爲之道，乖自然之性，以此爲得，何異鳩鴞也！

【釋文】「鷸」尹必反，徐音述。本又作鶐，音同，鳥名也。一名翠，似燕，紺色，出鬱林，取其羽毛以飾冠。◎慶藩案《說文》：鷸，知天將雨鳥也。案鷸即翠鳥也。《禮記》：知天文冠鷸。《玉篇》、《爾雅》、《釋文》、《漢書・五行志》，鷸並聿述二音。《匡謬正俗》曰：案鷸水鳥，天將雨即鳴，古人以其知天時，乃為象此鳥之形，使掌天文者冠之。鷸，音聿，亦有術音，故《禮》之《衣服圖》及蔡邕《獨斷》謂為術氏冠，亦（音）〔因〕鷸音轉為術耳。此《釋文》鷸又作鶐。案《漢書・輿服志》引《記》曰知天者冠述，《說苑・修文篇》作冠鉥，蓋因鷸有述音，故或作鶐，或作述，或作鉥耳。「笏」音忽。「紳」音申，帶也。

⑬支，塞也。盈，滿也。柵，籠也。纆繳，繩也。睆睆，視貌也。夫以取舍塞滿於內府，故方柴柵；紳搢約束於外形，取譬繳繩。既外內困弊如斯，而自以爲得者，則何異有罪之人，交臂歷指，以繩反縛也！又類乎虎豹遭陷，困於囊檻之中，憂危困苦，莫斯之甚，自以爲得，何異此乎！

【釋文】「柴柵」楚格反，郭音策。「外重」直龍反。「纆」音墨。「繳」音灼，郭古弔反。「睆睆」環版反，又戶鰥反。李云：窮視貌。一云：眠目貌。「交臂歷指」司馬云：交臂，反縛也。歷指，猶歷樓貌。「檻」戶覽反。

【校】①也字依《毛傳》原文改。②之字依《經義述聞》改。③依世德堂本及《釋文》原本改。

莊子集釋　卷五中

外篇　天道第十三❶

❶【釋文】以義名篇。

天道運而无所積，故萬物成❶；帝道運而无所積，故天下歸❷；聖道運而无所積，故海內服❸。明於天，通於聖，六通四辟於帝王之德者，其自①為也，昧然无不靜者矣❹。聖人之靜也，非曰靜也善，故靜也❺；萬物无足以鐃心者，故靜也❻。水靜則明燭鬚眉，平中準，大匠取法焉❼。水靜猶明，而況精神！聖人之心靜乎！天地之鑑也，萬物之鏡也❽。夫虛靜恬淡寂漠无為者，天地之平而道德之至②❾，故帝王聖人休焉❿。休則虛，虛則實，實者倫③矣⓫。虛則靜，靜則動，動則得矣⓬。靜則无為，无為也則任事者責矣⓭。无為則俞俞，俞俞者憂患不能處，年壽長矣⓮。夫虛靜恬淡寂漠无為者，萬物之本也⓯。明此以南鄉，堯之為君也；明此以北面，舜之為臣也⓰。以此處上，帝王天子之德也；以此處下，玄聖素王之道也

⑰。以此退居而閒游江海，山林之士服⑱；以此進為而撫世，則功大名顯而天下一也⑲。靜而聖，動而王⑳，无為也而尊㉑，樸素而天下莫能與之爭美㉒。夫明白於天地之德者，此之謂大本大宗，與天和者也㉓；所以均調天下，與人和者也㉔。與人和者，謂之人樂；與天和者，謂之天樂㉕。

❶【疏】運，動也，轉也。積，滯也，蓄也。言天道運轉，覆育蒼生，照之以日月，潤之以雨露，鼓動陶鑄，曾無滯積，是以四序回轉，萬物生成也。

【釋文】「無所積」積，謂滯積不通。

❷【疏】王者法天象地，運御羣品，散而不積，施化無方，所以六合同歸，八方款附。

❸【注】此三者，皆恣物之性而無所牽滯也。

【疏】聖道者，玄聖素王之道也。隨應垂迹，制法立教，舟航有識，拯濟無窮，道合於天，德同於帝，出處不一，故有帝聖二道也。而運智救時，亦無滯蓄，慈造弘博，故海內服也。

❹【注】任其自爲，故雖六通四辟而無傷於靜也。

【疏】六通，謂四方上下也。四辟者，謂春秋冬夏也。夫唯照天道之無爲，洞聖情之絕慮，通六合以生化，順四序以施爲，以此而總萬乘，可謂帝王之德也。任物自動，故曰自爲；晦迹韜光，其猶昧闇，動不傷寂，故無不靜也。

【釋文】「六通」謂六氣，陰陽風雨晦明。「四辟」毗赤反，謂四方開也。「昧」音妹。◎盧文弨曰：今本作昧。

❺【注】善之乃靜，則有時而動也。

【疏】夫聖人（以）〔之〕所以虛靜者，直形同槁木，心若死灰，亦不知靜之故靜也。若以靜爲善美而有情於爲靜者，斯則有時而動矣。

❻【注】斯乃自得也。

【疏】妙體二儀非有，萬境皆空，是以參變同塵而無喧撓，非由飾勵而得靜也。

【釋文】「鐃心」乃孝反，又女交反，一音而小反。

❼【疏】夫水，動則波流，止便澄靜，懸鑒洞照，與物無私，故能明燭鬚眉，清而中正，治諸邪枉，可爲準的，縱使工倕之巧，猶須倣水取平。故《老經》云，上善若水。此舉喻言之義。

【釋文】「中準」丁仲反。◎盧文弨曰：今本作准④。「大匠」或云：天子也。

❽【注】夫有其具而任其自爲，故所照無不洞明。

【疏】夫聖人德合二儀，智周萬物，豈與夫無情之水同日論邪！水靜猶明燭鬚眉，況精神聖人之心靜乎！是以鑒天地之精微，鏡萬物之玄賾者，固其宜矣。此合譬也。

❾【注】凡不平不至者，生於有爲。

【疏】虛靜恬淡寂漠無爲，四者異名同實者也。歎無爲之美，故具此四名，而天地以此爲平，道德用茲爲至也。

【釋文】「淡」徒暫反。◎慶藩案至與質同。至，實也。《禮・雜記》使某實，鄭注：實當為至。《史記・蘇秦傳》趙得講於魏，至公子延，《索隱》曰：至當為質。《漢書・東方朔傳》非至數也，師古曰：至，實也。《刻意篇》正作道德之質。

⑩【注】未嘗動也。

【疏】息慮，故平至也。

⑪【注】倫，理也。

【疏】既休慮息心，乃與虛空合德；與虛空合德，則會於真實之道；真實之道，則自然之理也。

⑫【注】不失其所以動。

【疏】理虛靜寂，寂而能動，斯得之矣。

⑬【注】夫無爲也，則羣才萬品，各任其事而自當其責矣。故曰巍巍乎舜禹之有天下而不與焉，此之謂也。

【疏】任事，臣也，言臣下各有任職之事也。夫帝王任智，安靜無爲，則臣下職任，各司憂責。斯則主上無爲而臣下有事，故冕旒垂目而不與焉。

【釋文】「巍巍」魚歸反。「不與」音預。

⑭【注】俞俞然，從容自得之貌。

【疏】俞俞，從容和樂之貌也。夫有爲滯境，塵累所以攖其心；無爲自得，憂患不能處其慮。俞俞和樂，故年壽長矣。

【釋文】「俞俞」羊朱反；《廣雅》云：喜也。又音喻。「從容」七容反。

⑮【注】尋其本皆在不爲中來。

【疏】此四句萬物根源，故重舉前言，結成其〔美〕〔義〕也。

⑯【疏】夫揖讓之美，無出唐虞；君臣之盛，莫先堯舜；故舉二君以明四德，雖南面北面，而平至一焉。

【釋文】「南鄉」許亮反。本亦作嚮。

⑰【注】此皆無爲之至也。有其道爲天下所歸而無其爵者，所謂素王自貴也。

【疏】用此無爲而處物上者，天子帝堯之德也；用此虛淡而居臣下者，玄聖素王之道也。夫有其道而無其爵者，所謂玄聖素王，自貴者也，即老君尼父是也。

【釋文】「素王」往況反。注同。

⑱【疏】退居，謂晦迹隱處也。用此道而退居，故能游玩山水，從容閒樂，是以天下隱士無不服從，即巢許之流是也。

【釋文】「而閒」音閑。

⑲【注】此又其次也。故退則巢許之流，進則伊望之倫也。夫無爲之體大矣，天下何所不（無）⑤爲哉！故主上不爲冢宰之任，則伊呂靜而司尹矣；冢宰不爲百官之所執，則百官靜而御事矣；百官不爲萬民之所務，則萬民靜而安其業矣；萬民不易彼我之所能，則天下之彼我靜而自得矣。故自天子以下至於庶人，下及昆蟲，孰能有爲而成哉！是故彌無爲而彌尊也。

【疏】進爲，謂顯迹出仕也。夫妙體無爲而同塵降迹者，故能撫蒼生於仁壽，弘至德於聖朝，著莫測之功名，顯阿衡之政績。是以天下大同，車書共軌，盡善盡美，其唯伊望之倫乎！

⑳【注】時行則行，時止則止。

㉑【注】自然爲物所尊奉。

【疏】其應靜也，玄聖素王之尊；其應動也，九五萬乘之貴；無爲也而尊，出則天子，處則素王。是知道之所在，孰敢不貴也！

㉒【注】夫美配天者，唯樸素也。

【疏】夫淳樸素質，無爲虛靜者，實萬物之根本也。故所尊貴，孰能與之爭美也！

㉓【疏】天地以無爲爲德，故明其宗本，則與天地無逆也。

【疏】夫靈府明靜，神照絜白，而德合於二儀者，固可以宗匠蒼生，根本萬有，冥合自然之道，與天和也。

㉔【疏】夫順天所以應人也，故天和至而人和盡也。

【疏】均，平也。調，順也。且應感無心，方之影響，均平萬有，大順物情，而混迹同塵，故與人和也。

㉕【疏】天樂適則人樂足矣。

【疏】俯同塵俗，且適人世之懽；仰合自然，方欣天道之樂也。

【釋文】「人樂」音洛，下同。

【校】①《闕誤》引張君房本自下有然字。②《闕誤》引張君房本至下有也字。③《闕誤》引張君房本倫作能。④世德堂本作准，本書依《釋文》改。⑤無字依世德堂本刪。

莊子曰：「吾師乎！吾師乎！𩐈萬物而不為戾❶，澤及萬世而不為仁❷，長於上古而不為壽❸，覆載天地刻彫眾形而不為巧❹，此之謂天樂❺。故曰：『知天樂者，其生也天行，其死也物化❻。靜而與陰同德，動而與陽同波❼。』故知天樂者，无天怨，无人非，无物累，无鬼責❽。故曰：『其動也天，其靜也地❾，一心定而王天下；其鬼不祟，其魂不疲❿，一心定而萬物服⓫。』言以虛靜推於天地，通於萬物，此之謂天樂⓬。天樂者，聖人之心，以畜天下也⓭。」

❶【注】變而相雜，故曰𩐈。自𩐈耳，非吾師之暴戾。

【疏】𩐈，碎也。戾，暴也。莊子以自然至道爲師，再稱之者，歎美其德。言我所師大道，亭毒生靈，假令𩐈萬物，亦無心暴怒，故素秋搖落而彫零者不怨。此明雖復斷裁而非義也。

【釋文】「𩐈」子兮反。「為戾」力計反，暴也。

❷【注】仁者，兼愛之名耳；無愛，故無所稱仁。

【疏】仁者，偏愛之迹也。言大道開闔天地，造化蒼生，慈澤無窮而不偏愛，故不爲仁。

❸【注】壽者，期之遠耳；無期，故無所稱壽。

【疏】豈但長於上古，抑乃象帝之先。既其不滅不生，復有何夭何壽也！郭注云，壽者，期之遠耳。

【釋文】「長於」丁丈反。章末同。

❹【注】巧者，爲之妙耳；皆自爾，故無所稱巧。

【疏】乘二儀以覆載，取萬物以刻彫，而二儀以生化爲巧，萬物以自然爲用。生化既不假物，彫刻豈假他人！是以物各任能，人皆率性，則工拙之名於斯滅矣。郭注云，巧者，爲之妙耳。

❺【注】忘樂而樂足。

【疏】所在任適，結成天樂。

【釋文】「天樂」音洛。章內同。

❻【疏】既知天樂非哀樂，即知生死無生死。故其生也同天道之四時，其死也混萬物之變化也。

❼【疏】妙本虛凝，將至陰均其寂泊；應迹同世，與太陽合其波流。

❽【疏】德合於天，故無天怨；行順於世，故無人非；我冥於物，故物不累我；我不負幽顯，有何鬼責也！

❾【注】動靜雖殊，無心一也。

【疏】天地，以結動靜無心之義也。

❿【注】常無心，故王天下而不疲病。

【疏】境智冥合，謂之爲一。物不能撓，謂之爲定。祇爲定於一心，故能王於萬國。既無鬼責，有何禍祟！動而常寂，故魂不疲勞。

【釋文】「而王」往況反。注及下王天同。「祟」雖遂反，徐息類反。李云：禍也。

⓫【疏】一心凝寂者類死灰，而靜爲躁君，故萬物歸服。

⓬【注】我心常靜，則萬物之心通矣。通則服，不通則叛。

【疏】所以一心定而萬物服者，祇言用虛靜之智，推尋二儀之理，通達萬物之情，隨物變轉而未嘗不適，故謂之天樂也。

⓭【注】聖人之心所以畜天下者奚爲哉？天樂而已。

【疏】夫聖人之所以降迹同凡，合天地之至樂者，方欲畜養蒼生，亭毒羣品也。

【釋文】「畜天」許六反。注同。

夫帝王之德，以天地為宗，以道德為主，以无為為常❶。无為也，則用天下而有餘❷；有為也，則為天下用而不足❸。故古之人貴夫无為也。上无為也，下亦无為也，是下與上同德，下與上同德則不臣；下有為也，上亦有為也，是上與下同道，上與下同道則不主❹。上必无為而用天下，下必有為為天下用，此不易之道也❺。故古之王天下者，知雖落天地，不自慮也❻；辯雖彫萬物，不自說也❼；能雖窮海內，不自為也❽。天不產而萬物化，地不長而萬物育❾，帝王无為而天下功❿。故曰莫神於天，莫富於地，莫大於帝王⓫。故曰帝王之德配天地⓬。此①乘天地，馳萬物，而用人羣之道也⓭。

❶【疏】王者宗本於天地，故覆載無心；君主於道德，故生而不有；雖復千變萬化而常自無爲。

盛德如此，堯之爲君也。

❷【注】有餘者，閒暇之謂也。

❸【注】不足者，汲汲然欲爲物用也。欲爲物用，故可得而臣也，及其爲臣，亦有餘也。

【疏】不足者，汲汲之辭。有餘者，閒暇之謂。言君上無爲，智照寬曠，御用區宇，而閒暇有餘；臣下有爲，情慮狹劣，各有職司，爲君所用，匪懈在公，猶恐不足。是知無爲有事，勞逸殊塗。

❹【注】夫工人無爲於刻木而有爲於用斧，主上無爲於親事而有爲於用臣。臣能親事，主能用臣；斧能刻木而②工能用斧；各當其能，則天理自然，非有爲也。若乃主代臣事，則非主矣；臣秉主用，則非臣矣。故各司其任，則上下咸得而無爲之理至矣。

【疏】無爲者，君德也；有爲者，臣道也。若上下無爲，則臣僭君德；上下有爲，則君濫臣道。君濫臣道，則非主矣；臣僭君德，豈曰臣哉！於是上下相混，君臣冒亂，既乖天然，必招危禍。故無爲之言，不可不察。無爲，君也。古之人貴夫無爲。郭注此文，甚有辭理。

❺【注】無爲之言，不可不察也。夫用天下者，亦有用之爲耳。然自得此爲，率性而動，故謂之無爲也。今之爲天下用者，亦自得耳。但居下者親事，故雖舜禹爲臣，猶稱有爲。故對上下，則君靜而臣動；比古今，則堯舜無爲而湯武有事。然各用其性而天機玄發，則古今上下無爲，誰有爲也！

【疏】夫處上爲君，則必須無爲任物，用天下之才能；居下爲臣，亦當親事有爲，稱所司之職任；則天下化矣。斯乃百王不易之道。

❻【疏】謂三皇五帝淳古之君也。知照明達，籠落二儀，而垂拱無爲，委之臣下，知者爲謀，故不自慮也。

【釋文】「知雖」音智。下愚知同。

❼【疏】弘辯如流，彫飾萬物，而付之司牧，終不自言也。

【釋文】「自說」音悅。

❽【注】夫在上者，患於不能無爲而代人臣之所司。使咎繇不得行其明斷，后稷不得施其播殖，則羣才失其任而主上困於役矣。故冕旒垂目而付之天下，天下皆得其自爲，斯乃無爲而無不爲者也，故上下皆無爲矣。但上之無爲則用下，下之無爲則自用也。

【疏】藝術才能冠乎海內，任之良佐而不與焉，夫何爲焉哉？玄默而已。故《老經》云，是謂用人之力。

【釋文】「咎」音羔。「繇」音遙。「明斷」丁亂反。

❾【注】所謂自爾。

【疏】天無情於生產而萬物化生，地無心於長成而萬物成育，故郭注云，所謂自然也。

❿【注】功自彼成。

【疏】王者同兩儀之含育，順四序以施生，任萬物之自爲，故天下之功成矣。◎王念孫曰：案如郭解，則功下須加成字而其義始明。不知功即成也，言無爲而天下成也。《中庸》曰，無爲而成。）《爾雅》曰：功，成也。《大戴禮・盛德篇》曰，能成德法者爲有功。《周官》稾人，乃入功於司弓矢及繕人，鄭注曰：功，成也。《管子・五輔篇》曰，大夫任官辯事，官長任事守職，士脩身功材。功材，謂成材也。《荀子・富國篇》曰，百姓之力，待之而後功，謂待之而後成也。萬物化，萬物育，天下功，相對爲文，是功爲成也。

⑪【疏】夫日月明晦，雲雷風雨，而蔭覆不測，故莫神於天。囊括川原，包容岳瀆，運載無窮，故莫富於地。位居九五，威跨萬乘，日月照臨，一人總統，功德之大，莫先王者。故《老經》云，域中四大，王居其一焉。

⑫【注】同乎天地之無爲也。

【疏】配，合也。言聖人之德，合天地之無爲。

⑬【疏】達覆載之無主，是以乘馭兩儀；循變化之往來，故能驅馳萬物；任黔黎之才，用人羣之道也。

【校】①世德堂本無此字。②《道藏》本無而字。

本在於上，末在於下❶；要在於主，詳在於臣❷。三軍五兵之運，德之末也❸；賞罰利害，五刑之辟，教之末也❹；禮法度數，形名比詳，治之末也❺；鐘鼓之音，羽旄之容，樂之末也❻；哭泣衰絰，隆殺之服，哀之末也❼。此五末者，須精神之運，心術之動，然後從之者也❽。

❶【疏】本，道德也。末，仁義也。言道德淳樸，治之根本，行於上古；仁義澆薄，治之末葉，行於下代。故云，本在於上，末在於下也。

【釋文】「本在於上末在於下」李云：本，天道；末，人道也。

❷【疏】要，簡省也。詳，繁多也。主道逸而簡要，臣道勞而繁冗。繁冗，故有爲而奉上；簡要，故無爲而御下也。

❸【疏】五兵者，一弓，二殳，三矛，四戈，五戟也。運，動也。夫聖明之世，則偃武修文；逮德下衰，則偃文修武。偃文修武，則五兵動亂；偃武修文，則四民安業。德之本末，自此可知也。

❹【疏】賞者，軒冕榮華，故利也。罰者，誅殘戮辱，故害也。辟，法也。五刑者，一劓，二墨，三刖，四宮，五大辟。夫道喪德衰，浮僞日甚，故設刑辟以被黎元，既虧理本，適爲教末也。

【釋文】「之辟」毗赤反。

❺【疏】禮法者，五禮之法也。數者，計算；度〔者〕，丈尺；形者，容儀；名者，字諱；比者，校當；詳者，定審。用此等法以養蒼生，治乖淳古，故爲治末也。

【釋文】「比詳」毗志反。下同。一音如字，云：比較詳審。「治之」直吏反。下治之至、注至治之道同。

❻【疏】樂者，和也。羽者，鳥羽；旄者，獸毛；言采鳥獸之羽毛以飾其器也。夫帝王之所以作樂者，欲上調陰陽，下和時俗也。古人聞樂即知國之興亡，治世亂世，其音各異。是知大樂與天地同和，非羽毛鐘鼓者也。自三代以下，澆浪荐興，賞鄭衛之淫聲，棄雲韶之雅韻，遂使羽毛文采，

盛飾容儀，既非咸池之本，適是濮水之末。

❼【疏】經者，實也。衰，摧也。上曰〔衰〕〔服〕，下曰裳。在首在腰，二俱有絰。隆殺者，言禮有斬衰、齊衰、大功、小功、緦麻五等，哭泣衣裳，各有差降。此是教迹外儀，非情發於衷，故哀之末也。

【釋文】「衰」音崔。「絰」田結反。「隆殺」所界反。

❽【注】夫精神心術者，五末之本也。任自然而運動，則五事之末不振而自舉也。

【疏】術，能也；心之所能，謂之心術也。精神心術者，五末之本也。言此之五末，必須精神心智率性而動，然後從於五事，即非矜矯者也。

末學者，古人有之，而非所以先也❶。君先而臣從，父先而子從，兄先而弟從，長先而少從，男先而女從，夫先而婦從❷。夫尊卑先後，天地之行也，故聖人取象焉❸。天尊，地卑，神明之位也；春夏先，秋冬後，四時之序也❹。萬物化作，萌區有狀❺；盛衰之殺，變化之流也❻。夫天地至神①，而有尊卑先後之序，而況人道乎❼！宗廟尚親，朝廷尚尊，鄉黨尚齒，行事尚賢，大道之序也❽。語道而非其序者，非其道也❾；語道而非其道者，安取道②❿！

❶【注】所以先者本也。

【疏】古之人，謂中古人也。先，本也。五末之學，中古有之，事涉澆僞，終非根本也。

❷【疏】夫尊卑先後，天地之行也。

【釋文】「長先而少」詩照反。

❸【注】言③此先後雖是人事，然皆在至④理中來，非聖人之所作也。

【疏】天地之行者，謂春夏先，秋冬後，四時行也。夫天地雖大，尚有尊卑，況在人倫，而無先後！是以聖人象二儀之造化，觀四序之自然，故能篤君臣之大義，正父子之要道也。

❹【疏】天尊，地卑，不刊之位也。春夏先，秋冬後，次序嶴乎。舉此二條，足明萬物。

❺【疏】夫萬物變化，未始暫停，或起或伏，乍生乍死，千族萬種，色類不同，而萌兆區分，各有形狀。

【釋文】「萌區」曲俱反。

❻【疏】夫春夏盛長，秋冬衰殺，或變生作死，或化故成新，物理自然，非關措意，故隨流任物而所造皆適。

❼【注】明夫尊卑先後之序，固有物之所不能無也。

【疏】二儀生育，有不測之功，萬物之中，最爲神化，尚有尊卑先後，況人倫之道乎！

❽【注】言非但人倫所尚也。

【疏】宗廟事重，必據昭穆，以嫡相承，故尚親也。朝廷以官爵爲尊卑，鄉黨以年齒爲次第，行事擇賢能用之，此理之必然，故云大道之序。

【釋文】「朝廷」直遙反。

❾【疏】議論道理而不知次第者，雖有語言，終非道語；既失其序，不堪治物也。

❿【注】所以取道，爲〔其〕有序〔也〕⑤。

【疏】既不識次第，雖語非道，於何取道而行理之邪！

【校】①《闕誤》引張君房本神下有也字。②《闕誤》引文如海本道下有哉字。③趙諫議本無言字。④趙本無至字。⑤其字也字依宋本及《道藏》本補。世德堂本作爲有序也，無其字。

是故古之明大道者，先明天而道德次之❶，道德已明而仁義次之❷，仁義已明而分守次之❸，分守已明而形名次之❹，形名已明而因任次之❺，因任已明而原省次之❻，原省已明而是非次之❼，是非已明而賞罰次之❽。賞罰已明而愚知處宜，貴賤履位❾；仁賢不肖襲情❿，必分其能，必由其名⓫。以此事上⓬，以此畜下，以此治物，以此修身⓭，知謀不用，必歸其天，此之謂大平，治之至也⓮。

❶【注】天者，自然也。自然既明，則物得其道也。

【疏】此重開大道次序之義。言古之明開大道之人，先明自然之理。爲自然是道德之本，故道德次之。

❷【注】物得其道而和，理自適也。

【疏】先德後仁，先仁後義，故仁義次之。

❸【注】理適而不失其分也。

【疏】既行兼愛之仁，又明裁非之義，次令各守其分，不相爭奪也。

❹【注】得分而物物之名各當其形也。

【疏】形，身也。各守其分，不相傾奪，次勸修身，致其名譽也。

❺【注】無所復改。

【疏】雖復勸令修身以致名譽，而皆須因其素分，任其天然，不可矯性僞情以要令聞也。

❻【注】物各自任，則罪責除也。

【疏】原者，恕免；省者，除廢。雖復因任其本性，而不無其僭過，故宜布之愷澤，宥免其辜也。

❼【釋文】「原省」所景反。原，除；省，廢也。

【注】各以得性爲是，失性爲非。

【疏】雖復赦過有罪，而人心澌薄，次須示其是非，以爲鑒誡也。

❽【注】賞罰者，失得之報也。夫至治之道，本在於天而末極於斯。

【疏】是非既明，臧否斯見，故賞善罰惡，以勗黎元也。

❾【注】官①各當其才也。

【疏】用此賞罰，以次前序而爲治方者，智之明暗，安處各得其宜，才之高下，貴賤咸履其位也。

❿【注】各自行其所能之情。

【疏】仁賢，智也；不肖，愚也。襲，用也。主上聖明，化導得所，雖復賢愚各異，而咸用本情，終不含己效人，矜夸炫物也。

⑪【注】無相易業。

【疏】夫性性不同，物物各異，藝能固別，才用必分，使之如器，無不調適也。

【釋文】「必分」方云反。

⑫【注】名當其實，故由名而實不濫也。

【疏】夫名以召實，而（由）〔當〕實故名。若使實不（當）〔由〕②名，則名過其實。今明名實相稱，故云必由其名也。

⑬【疏】以，用也。言用以前九法，可以爲臣事上，爲君畜下，外以治物，內以脩身也。

⑭【疏】至默無爲，委之羣下，塞聰閉智，歸之自然，可謂太平之君，至治之美也。

【釋文】「知謀」音智。「太平」音泰。

【校】①世德堂本官作言。②當由二字依注文互易。

故書曰：「有形有名。」形名者，古人有之，而非所以先也❶。古之語大道者，五變而形名可舉，九變而賞罰可言也❷。驟而語形名，不知其本也❸；驟而語賞罰，不知其始也❹。倒道而言，迕道而說者，人之所治也，安能治人❺！驟而語形名賞罰，此有知治之具，非知治之道❻；可用於天下，不足以用天下，此之謂辯士，一曲之人也⑦。禮法數度，形名比詳，古人有之，此下之所以事上，非上之所以畜下也⑧。

❶【疏】先，本也。言形名等法，蓋聖人之應迹耳，不得已而用之，非所以迹也。書者，道家之書，既遭秦世焚燒，今檢亦無的據。

❷【注】自先明天以下，至形名而五，至賞罰而九，此自然先後之序也。

【疏】夫爲治之體，必隨世污隆，世有澆淳，故治亦有寬急。是以五變九變，可舉可言。苟其不失次序，則是太平至治也。

❸【疏】驟，數也，速也。季世之人，不知倫序，數語形名，以爲治術，而未體九變，以自然爲宗，但識其末，不知其本也。

❹【疏】速論賞罰，以此馭時，唯見枝條，未知根本。始，猶本也，互其名耳。

❺【注】治人者必順序。

【疏】迕，逆也。不識治方，不知次序，顛倒道理，迕逆物情，適可爲物所治，豈能治物也！

【釋文】「迕道」音悟。司馬云：横也。「而說」徐音悅，又如字。

❻【注】治道先明天，不爲棄賞罰也，但當不失其先後之序耳。

【疏】夫形名賞罰，此乃知治之具，度非知治之要道也。

❼【注】夫用天下者，必大通順序之道。

【疏】若以形名賞罰可施用於天下者，不足以用於天下也。斯乃苟飾華辭浮游之士，一節曲見偏執之人，未可以識通方，悟於大道者也。

❽【注】寄此事於羣才，斯乃畜下也。

【疏】重疊前語。古人有之，但寄羣才而不親預，故是臣下之術，非主上養民之道。總結一章之意，以明本末之旨歸也。

昔者舜問於堯曰：「天王之用心何如❶？」

❶【疏】天王，猶天子也。舜問於堯爲帝王之法，若爲用心以合大道也。

堯曰：「吾不敖无告❶，不廢窮民❷，苦死者，嘉孺子而哀婦人❸。此吾所以用心已❹。」

❶【注】無告者，所謂頑民也。

【疏】敖，侮慢也。無告，謂頑愚之甚，無堪告示也。堯答舜云：「縱有頑愚之民，不堪告示，我亦殷勤教誨，不敖慢棄舍也。」故《老經》云，不善者吾亦善之。敖亦有作教字者，今不用也。

【釋文】「不敖」五報反。

❷【注】恆加恩也。

【疏】百姓之中有貧窮者，每加拯恤，此心不替也。

❸【疏】孺子，猶稚子也。哀，憐也。民有死者，輒悲苦而慰之。稚子小兒，婦人孤寡，並皆矜愍善嘉養恤也。

❹【疏】已，止也。總結以前，用答舜問。「我之用心，止盡於此。」

舜曰：「美則美矣，而未大也❶。」

❶【疏】用心為治，美則美矣，其道狹劣，未足稱大。既領堯答，因發此譏。

堯曰：「然則何如❶？」

❶【疏】堯既被譏，因茲請益，「治道之大，其術如何？」

舜曰：「天德而出寧❶，日月照而四時行，若晝夜之有經，雲行而雨施矣❷。」

❶【注】與天合德，則雖出而靜。

【疏】化育之方，與玄天合德，迹雖顯著，心恆寧靜。

❷【注】此皆不為而自然也。

【疏】經，常也。夫日月盛明，六合俱照，春秋涼暑，四序運行，晝夜昏明，雲行雨施，皆天地之大德，自然之常道者也。既無心於偏愛，豈有情於養育！帝王之道，其義亦然。

【釋文】「雨施」始豉反。

堯曰：「膠膠擾擾乎❶！子，天之合也；我，人之合也❷。」

❶【注】自嫌有事。

【疏】膠膠，擾擾，皆擾亂之貌也。領悟此言，自嫌多事，更相發起，聊此撝謙。

【釋文】「膠膠」交卯反。司馬云：和也。「擾擾」而小反。司馬云：柔也。案如注意，膠膠擾擾，動亂之貌。

❷【疏】堯自謙光，推讓於舜，故言子之盛德，遠合上天，我之用心，近符人事。夫堯舜二君，德無優劣，故寄此兩聖以顯方治耳。

夫天地者，古之所大也❶，而黃帝堯舜之所共美也❷。故古之王天下者，奚為哉？天地而已矣❸。

❶【疏】自此已下，莊生之辭也。夫天覆地載，生育羣品，域中四大，此當二焉。故引古證今，歎美其德。

❷【疏】唯天爲大，唯堯則之。故知軒頊唐虞，皆以德合天地爲其美也。

❸【疏】言古之懷道帝王，何爲者哉？蓋無心順物，德合二儀而已矣。

【釋文】「之王」往況反。

孔子西藏書於周室。子路謀曰：「由聞周之徵藏史有老聃者，免而歸居，夫子欲藏書，則試往因焉❶。」

❶【疏】姓仲，名由，字子路，宣尼弟子也。宣尼覩周德已衰，不可匡輔，故將己所修之書，欲藏於周之府藏，庶爲將來君王治化之術，故與門人謀議，詳其可否。老君，姓李，名聃，爲周徵藏史，猶今之祕書官，職典墳籍。見周室版蕩，所以解免其官，歸休靜處。故子路咨勸孔子，何不暫

試過往，因而問焉。

【釋文】「藏書」司馬云，藏其所著書也。「徵藏」才浪反。司馬云：徵藏，藏名也。一云：徵，典也。「史」藏府之史。「老聃」吐甘反。或云：老聃是孔子時老子號也。「免而歸」言老子見周之末不復可匡，所以辭去也。

孔子曰：「善。」

往見老聃，而老聃不許❶，於是繙十二經以說❷。

❶【疏】老子知欲藏之書是先聖之已陳芻狗，不可久留，恐亂後人，故云不許。

❷【疏】孔子刪《詩書》，定《禮樂》，修《春秋》，贊《易》道，此《六經》也；又加《六緯》，合爲十二經也。委曲敷演，故繙覆說之。

【釋文】「繙」敷袁反。徐又音盤，又音煩。司馬〔云〕：煩冤也。「十二經」說者云：《詩》《書》《禮》《樂》《易》《春秋》《六經》，又加《六緯》，合為十二經也。一說云：《易》上下經並十翼為十二。又一云：《春秋》十二公經也。「以說」如字，又始銳反。絕句。

老聃中其說，曰：「大①謾，願聞其要❶。」

❶【疏】中其說者，許其有理也。大謾者，嫌其繁謾太多，請簡要之術也。

【釋文】「老聃中」丁仲反。「其說」如字。絕句。「曰大」音泰，徐敕佐反。「謾」末旦反，郭武諫反。

【校】①趙諫議本大作太。

孔子曰：「要在仁義❶。」

❶【疏】經有十二，乃得繁盈，切要而論，莫先仁義也。

老耼曰：「請問，仁義，人之性邪❶？」

❶【疏】問：「此仁義率性不乎？」

孔子曰：「然。君子不仁則不成，不義則不生。仁義，真人之性也，又將奚為矣❶？」

❶【疏】然，猶如此。言仁義是人之天性也。賢人君子，若不仁則名行不成，不義則生道不立。故知仁義是人之真性，又將何為是疑之也邪？

老耼曰：「請問，何謂仁義❶？」

❶【疏】前言仁義是人之真性，今之重問，請解所由也。

孔子曰：「中心物愷，兼愛无私，此仁義之情也❶。」

❶【注】此常人之所謂仁義者也，故寄孔老以正之。

【疏】愷，樂也。忠誠之心，願物安樂，茲愛平等，兼濟無私，允合人情，可爲世教也。

【釋文】「中心物」本亦作勿。「愷」開待反。司馬云：樂也。

老聃曰：「意，幾乎後言！夫兼愛，不亦迂乎❶！无私焉，乃私也❷。夫子若欲使天下无失其牧乎❸？則天地固有常矣，日月固有明矣，星辰固有列矣❹，禽獸固有羣矣，樹木固有立矣❺。夫子亦放德而行，循道而趨，已至矣❻；又何偈偈乎揭仁義，若擊鼓而求亡子焉❼？意，夫子亂人之性也❽！」

❶【注】夫至仁者，無愛而直前也。

【疏】意，不平之聲也。幾，近也。迂，曲也。後發之言，近乎浮僞，故興意歎，以〔長〕〔表〕不平。夫至人推理直前，無心思慮，而汝存情兼愛，不乃私曲乎！

【釋文】「曰意」於其反。司馬云：不平聲也。下同。「幾乎」音機。司馬本作頎，云：頎，長也，後言長也。

◎盧文弨曰：舊本後作復①，未詳。「迂乎」音于。

❷【注】世所謂無私者，釋己而愛人。夫愛人者，欲人之愛己，此乃甚私，非忘公而公也。

【疏】夫兼愛於人，欲人之愛己也，此乃甚私，何公之有邪！

❸【疏】牧，養也。欲使天下蒼生咸得本性者，莫若上下各各守分，自全恬養，則大治矣。牧有本作放字者，言君王但放任羣生，則天下太平也。

【釋文】「牧乎」司馬云：牧，養也。

❹【疏】夫天地覆載，日月照臨，星辰羅列，此並自然之理也，非關人事。豈唯三種，萬物悉然，但當任之，莫不備足，何勞措意，妄爲矜矯也！

❺【注】皆已②自足。

【疏】有識禽獸，無情草木，各得生立，各有羣分，豈資仁義，方獲如此！

❻【注】不待於兼愛也。

【疏】循，順也。放任己德而逍遙行世，順於天道而趨步人間，人間至極妙行，莫過於此也。

【釋文】「放德」方往反。

❼【注】無由得之。

【疏】偈偈，勵力貌也。揭，擔負也。亡子，逃人也。言孔丘勉勵身心，擔負仁義，強行於世，以教蒼生，何異乎打擊大鼓而求覓亡子，是以鼓聲愈大而亡者愈離，仁義彌彰而去道彌遠，故無由得之。

【釋文】「偈偈」居謁反，又巨謁反。或云：用力之貌。「揭仁」其謁反，又音桀。

❽【注】事至而愛，當義而止，斯忘仁義者也，常念之則亂真矣。

【疏】亡子不獲，罪在鳴鼓；真性不明，過由仁義；故發噫歎，總結之也。

【校】①《釋文》原本及世德堂本均作復。②世德堂本已作以。

士成綺見老子而問曰：「吾聞夫子聖人也，吾固不辭遠道而來願見，百舍重趼不盡於前❹，而積斂无崖❺。」

而不敢息❶。今吾觀子，非聖人也。鼠壤有餘蔬❷，而棄妹之者，不仁也❸，生熟

❶【疏】姓士，字成綺，不知何許人。舍，逆旅也。趼，腳生泡漿創也。成綺素聞老子有神聖之德，故不辭艱苦，慕義遠來。百經旅舍，一不敢息，塗路既遙，足生重趼。

【釋文】「士成綺」如字，又魚紙反。士成綺，人姓名也。「願見」賢遍反。下同。「百舍」司馬云：百日止宿也。「重」直龍反。「趼」古顯反。司馬云：胝也。胝，音陟其反。許慎云：足指約中斷傷為趼。◎慶藩案《釋文》引許說，本《淮南・脩務篇》注。《淮南》引《莊子》作重趼，趼即趼字之誤也。高注云：趼，足生胝也。趼，又讀若繭。《賈子・勸學篇》百舍重繭，《宋策》墨子百舍重繭，（高注：重繭，累胝也。）皆叚繭作趼也。

❷【注】言其不惜物也。

【疏】昔時藉甚，謂是至人；今日親觀，知無聖德。見其鼠穴土中，有餘殘蔬菜。嫌其穢惡，故發此譏也。

【釋文】「餘蔬」所居反，又音所。司馬云：蔬讀曰糈，糈，粒也。鼠壤內有遺餘之粒，穢惡過甚也。一云：如鼠之堆壤，餘益蔬外也。

❸【注】無近恩，故曰棄。

【疏】妹，猶昧也。闇昧之徒，應須誘進，棄而不教，豈曰仁慈也！

【釋文】「棄妹」一本作妹之老。「不仁」《釋名》云：妹，末也。謂末學之徒，須慈誘之，乃見棄

薄，不仁之甚也。

❹【注】至足，故恆有餘。

【疏】生，謂粟帛；熟，謂飲食。充足之外，不復槩懷，所以飲食資財，目前狼藉。且大聖寬弘而不拘小節，士成庸瑣，以此爲非。細碎之間，格量真聖，可謂以螺酌海，焉測淺深也！

【釋文】「生熟」司馬云：生，膾也。一云：生熟，謂好惡也。

❺【注】萬物歸懷，來者受之，不小立界畔也。

【疏】既有聖德，爲物所歸，故供給聚斂，略無涯（峙）〔涘〕，浩然無心，積散任物也。

【釋文】「而積」子亦反，李子賜反。「斂」力檢反，李狸豔反。

老子漠然不應❶。

❶【注】不以其言槩意。

【疏】塵垢之言，豈曾入耳！漠然虛淡，何足介懷！

士成綺明日復見，曰：「昔者吾有刺於子，今吾心正卻矣，何故也❶？」

❶【注】自怪刺譏之心，所以壞也。

【疏】卻，空也，息也。昨日初來，妄生譏刺，今時思省，方覺己非，所以引過責躬，深懷慚竦。心之空矣，不識何耶。

【釋文】「復見」扶又反。「有刺」（于）〔千〕①賜反。「正卻」去逆反。或云：息也。

【校】①千字依《釋文》原本改。

老子曰：「夫巧知神聖之人，吾自以為脫焉❶。昔者子呼我牛也而謂之牛，呼我馬也而謂之馬❷。苟有其實，人與之名而弗受❸，再受其殃❹。吾服也恆服❺，吾非以服有服。」

❶【注】脫，過去也。

【疏】夫巧智神聖之人者，蓋是迹，非所以迹也。「汝言我欲於聖人乎？我於此久以免脫，汝何爲乃謂我是聖非聖耶？」老君欲抑成綺之譏心，故示以息迹歸本也。郭注云，脫，過去也，謂我於聖已得過免而去也。

【釋文】「夫巧」苦教反，又如字。「知」音智。「為脫」徒活反。注同。

❷【注】隨物所名。

❸【注】有實，故不以毀譽經心也。

【釋文】「毀譽」音餘，下同。

❹【注】一毀一譽，若受之於心，則名實俱累，斯所以再受其殃也。

【疏】昨日汝喚我作牛，我即從汝喚作牛，喚我作馬，我亦從汝喚作馬，我終不拒。且有牛馬之實，是一名也。人與之名，諱而不受，是再殃也。譏刺之言，未甚牛馬，是尚不諱，而況非乎！

❺【注】服者，容行之謂也。不以毀譽自殃，故能不變其容。

【疏】郭注云，服者，容行之謂也。老君體道大聖，故能制服身心，行行容受，呼牛呼馬，唯物是從，此乃恆常，非由措意也。

【釋文】「容行」如字。

❻【注】有爲爲之，則不能恆服。

【疏】言我率性任真，自然容受，非關有心用意，方得而然。必也用心，便成矯性，既其有作，豈曰無爲！

士成綺鴈行避影，履行遂進而問：「修身若何❶？」

❶【疏】成綺自知失言，身心慙愧，於是鴈行斜步，側身避影，隨逐老子之後，不敢履躡其迹，仍徐進問，請修身之道如何。

老子曰：「而容崖然❶，而目衝然❷，而顙頯然❸，而口闞然❹，而狀義然❺，似繫馬而止也❻。動而持❼，發也機❽，察而審❾，知巧而覩於泰❿，凡以為不信⓫。邊竟①有人焉，其名為竊⓬。」

❶【注】進趨不安之貌。

【疏】而，汝也。言汝莊飾容貌，夸駭於人，自爲崖岸，不能舒適。

❷【注】衝出之貌。

【疏】心既不安，目亦馳動，故左盼右睇，睢盱充詘也。

❸【注】高露發美之貌。

【疏】顙頯高亢，顯露華飾，持此容儀，矜敖於物。

【釋文】「顙頯」上息黨反，下去軌反。本又作顯，如字。司馬本作魋。

❹【注】虓豁之貌。

【疏】郭注云，虓豁之貌也。謂志性強梁，言語雄猛，夸張虓豁，使人可畏也。

【釋文】「闞」郭許覽反，又火斬反，又火暫反。「虓」火交反。「豁」火括反。

❺【注】踶跂自持之貌。

【疏】義，宜也。踶跂驕豪，實乖典禮，而修飾容狀，自然合宜也。

【釋文】「踶」直氏反。「跂」去氏反。◎慶藩案義讀為峨。義然，峨然也。說詳俞氏《大宗師篇平議》。郭訓成疏兩失之。

❻【注】志在奔馳。

【疏】形雖矜莊，而心性諠躁，猶如逸馬被繫，意存奔走。

❼【注】不能自舒放也。

【疏】馳情逐境，觸物而動，不能任適，每事拘持。

❽【注】趨捨速也。

【疏】機，弩牙也。攀緣之心，遇境而發，其發猛速，有類弩牙。

❾【注】明是非也。

【疏】不能虛遣，違順兩忘，而明察是非，域心審定。

❿【注】泰者，多於本性之謂也。巧於見泰，則拙於抱朴。

【疏】泰，多也。不能忘巧忘知，觀無爲之一理，而詐知詐巧，見有爲之多事。

⓫【注】凡此十事，以爲不信性命而蕩夫毀譽，皆非修身之道也。

【疏】信，實也。言此十事，皆是虛詐之行，非真實之德也。◎家世父曰：郭象云，凡此十事，以爲不信性命而蕩夫毀譽，於文多一轉折。凡以爲不信，言凡所爲皆出於矯揉，與自然之性不相應，故謂之不信。容也，目也，額也，口也，狀也，一有矜持，若繫馬而制其奔突，不能自信於心也。動而發，一其機應之，而相勝以知巧，不能自信於外也。徵分兩義，不得爲十事。

⓬【注】亦如②汝所行，非正人也。

【疏】竊，賊也。邊蕃境域，忽有一人，不憚憲章，但行竊盜。內則損傷風化，外則阻隔蕃情，蠹政害物，莫斯之甚。成綺之行，其猥亦然，舉動睢盱，猶如此賊也。

【釋文】「邊境」音境。「有人爲其名為竊」邊垂之人，不聞知禮樂之正，縱有言語，偶會墳典，皆是竊盜所得，其道何足語哉！司馬云：言遠方嘗有是人。

【校】①趙諫議本竟作境。②世德堂本如作知。

夫子曰：「夫道，於大不終，於小不遺，故萬物備❶。廣廣乎其无不容也，淵①乎其不可測也❷。形德仁義，神之末也，非至人孰能定之❸！夫至人有世，不亦大乎！而不足以為之累❹。天下奮棅而不與之偕❺，審乎無假而不與利遷❻，極物之真，能守其本❼，故外天地，遺萬物，而神未嘗有所困也❽。通乎道，合乎德❾，退仁義❿，賓禮樂⓫，至人之心有所定矣⓬。」

❶【疏】莊周師老君，故呼為夫子也。終，窮也。二儀雖大，猶在道中，不能窮道之量；秋毫雖小，待之成體，此則於小不遺。既其能小能大，故知備在萬物。

❷【疏】既大無不包，細無不入，貫穿萬物，囊括二儀，故廣廣歎其寬博，淵乎美其深遠。◎慶藩案廣廣，猶言曠曠也。曠曠者，虛無人之貌。〔《漢書》〕《五行志》，師出過時，茲謂廣，李奇曰：廣，音曠，曠與廣，古字義通。（《漢書》）《武五子傳》，橫術（薛瓚曰：術，道路也。）何廣廣兮，蘇林曰：廣，音曠。

❸【疏】夫形德仁義者，精神之末迹耳，非所以迹也，救物之弊，不得已而用之。自非至聖神人，誰能定其粗妙耶！

❹【注】用世，故不患其大也。

【疏】聖人威跨萬乘，王有世界，位居九五，不亦大乎！而姑射汾陽，忘物忘己，即動即寂，何四海之能累乎！

❺【注】靜而順之。

【疏】棅，權也。偕，居也。社稷顛覆，宇內崩離，趨世之人，奮動權棅，必靜而自守，不與並逐也。

【釋文】「奮棅」音柄。司馬云：威權也。李丑倫反。一本作棟。◎家世父曰：《釋文》引司馬云，棅，威權也。《說文》：柄，柯也。柄，或（從）〔作〕棅。《管子・山權數篇》此之謂國權，此謂君棅。操國計之盈虛，謂之國權。制人事之重輕，謂之君棅。棅者，所藉以制事者也。大者制大，小者制小，相與奮起以有為於世，皆有所借者也。《說文》：叚，借也。無所假則無為，無為則因以為弟靡，因以為波流，而隨物以遷焉。無假而不與利遷，斯之謂無為而無不為。郭象云，任真而直往，非也。

❻【注】任真而直往也。

【疏】志性安靜，委命任真，榮位既不關情，財利豈能遷動也！

❼【疏】夫聖人靈鑒洞徹，窮理盡性，斯極物之真者也。而應感無方，動不傷寂，能守其本。

❽【疏】雖復握圖御寓，總統羣方，而忘外二儀，遺棄萬物，是以爲既無爲，事既無事，心閒神王，何困弊之有！

❾【疏】淡泊之心，通乎至道，虛忘之智，合乎上德，斯乃境智相會，能（斯）〔所〕冥符也。

❿【注】進道德也。

⓫【注】以情性爲主也。

【疏】退仁義之澆薄，進道德之淳和，擯禮樂之浮華，主無爲之虛淡。◎俞樾曰：賓當讀爲擯，謂擯斥禮樂也，與上句退仁義一律。郭注曰，以性情爲主也，則以本字讀之，其義轉迂。《達生篇》曰，賓於鄉里，逐於州部，此即假賓爲擯之證。◎慶藩案俞說是也。古賓擯音同，音同之字，往往叚借爲義。《周禮》司儀，賓拜送幣，《釋文》云：賓，音擯。本書《徐 鬼篇》，賓於寡人，司馬本賓作擯，即其證。

⑫【注】定於無爲也。

【疏】恬淡無爲而用不乖寂，定矣。

【校】①《闕誤》引江南《古藏》本重淵字。

世之所貴道者書也❶，書不過語，語有貴也。語之所貴者意也❷，意有所隨。意之所隨者，不可以言傳也❸，而世因貴言傳書。世雖貴之①，我猶不足貴也，為其貴非其貴也❹。故視而可見者，形與色也；聽而可聞者，名與聲也。悲夫，世人以形色名聲為足以得彼之情！夫形色名聲果不足以得彼之情❺，則知者不言，言者不知，而世豈識之哉❻！

❶【疏】道者，言說；書者，文字。世俗之人，識見浮淺，或託語以通心，或因書以表意，持（許）〔誦〕往來，以爲貴重，不知無足可言也。

❷【疏】所以致書，貴宣於語，所以宣語，貴表於意也。

❸【疏】隨，從也。意之所出，從道而來，道既非色非聲，故不可以言傳說。

【釋文】「言傳」丈專反。後同。

❹【注】其貴恆在意言之表。

【疏】夫書以載言，言以傳意，而末世之人，心靈暗塞，遂貴言重書，不能忘言求理。故雖貴之，我猶不足貴者，爲言書糟粕，非可貴之物也。故郭注云，其貴恆在意言之表。

【釋文】「為其」于偽反。

❺【注】得彼〔之〕②情，唯忘言遺書者耳。

【疏】夫目之所見，莫過形色，耳之所聽，唯在名聲。而世俗之人，不達至理，謂名言聲色，盡道情實。豈知玄極，視聽莫偕！愚惑如此，深可悲歎。郭注云，得彼之情，唯忘言遺書者耳。

❻【注】此絕學去知之意也。

【疏】知道者忘言，貴德者不知，而聾俗愚迷，豈能識悟！唯當達者方體之矣。

【釋文】「知者」如字。下同。或並音智。「去尚」起呂反。

【校】①世德堂本之下有哉字。②之字依宋本及疏補。

桓公讀書於堂上。輪扁斲輪於堂下，釋椎鑿而上，問桓公曰：「敢問，公之所讀者①何言邪❶？」

❶【疏】桓公，齊桓公也。輪，車輪也。扁，匠人名也。斲，雕斫也。釋，放也。齊君翫讀，輪扁打車，貴賤不同，事業各異，乃釋放其具，方事質疑。欲明至道深玄，不可傳（集）〔說〕，故寄桓公匠者，略顯忘言之致也。

【釋文】「桓公」李云：齊桓公也，名小白。「輪扁」音篇，又符殄反。司馬云：斲輪人也，名扁。「斲」陟角反。「椎」直追反。「而上」時掌反。

【校】①世德堂本者作爲。

公曰：「聖人之言也❶。」

❶【疏】所謂憲章文武，祖述堯舜，是聖人之言。

曰：「聖人在乎❶？」

❶【疏】又問：「聖人見在以不？」

公曰：「已死矣❶。」

❶【疏】答曰：「聖人雖死，厥教尚存焉。」

曰：「然則君之所讀者，古人之糟魄已夫❶！」

❶【疏】（夫）酒滓曰糟，漬糟曰粕。夫醇酎比乎道德，糟粕方之仁義，已陳芻狗，曾何足云！

【釋文】「糟」音遭。李云：酒滓也。「魄」普各反。司馬云：爛食曰魄。一云：糟爛為魄。本又作粕，音同。許慎云：粕，已漉麤糟也。或普白反，謂魂魄也。「已夫」音符。絕句。或如字。◎慶藩案《釋文》，魄，本又作粕，即司馬本也。《文選》陸士衡《文賦》（《注》）引司馬云：爛食曰粕。

桓公曰：「寡人讀書，輪人安得議乎！有說則可，无說則死❶。」

❶【疏】貴賤禮隔，不可輕言，庸委之夫，輒敢議論。說若有理，方可免辜，如其無辭，必獲死

罪。

輪扁曰：「臣也以臣之事觀之。斲輪，徐則甘而不固，疾則苦而不入。不徐不疾，得之於手而應於心，口不能言，有數存焉於其間。❶臣不能以喻臣之子，臣之子亦不能受之於臣，是以行年七十而老斲輪❷。古之人與其不可傳也死矣，然則君之所讀者，古人之糟魄已夫❸！」

❶【疏】甘，緩也。苦，急也。數，術也。夫斲輪失所則〔不〕①牢固，若使得宜，則口不能言也。況之理教，其義亦然。

【釋文】「甘」如字，又音酣。司馬云：甘者，緩也。苦者，急也。「有數」李云：色注反，數，術也。◎盧文弨曰：案前後俱作色主反，此注字疑譌。

❷【注】此言物各有性，教學之無益也。

【疏】喻，曉也。輪扁之術，不能示其子，輪扁之子，亦不能稟受其教，是以行年至老，不免斤斧之勞。故知物各有性，不可倣效。

❸【注】當古②之事，已滅③於古矣，雖或傳之，豈能使古在今哉！古不在今，今事已變，故絕學任性，與時變化而後至焉。

【疏】夫聖人制法，利物隨時，時既不停，法亦隨變。是以古人古法淪殘於前，今法今人自興於後，無容執古聖迹行乎今世。故知所讀之書，定是糟粕也。

【釋文】「人與」如字，又一音餘。「可傳」直專反。注同。

【校】①不字依正文補。②趙諫議本古作今。③趙本滅作减。

莊子集釋 卷五下

外篇 天運第十四❶

❶【釋文】以義名篇。天運，司馬作天員。

「天其運乎❶？地其處乎❷？日月其爭於所乎❸？孰主張是❹？孰維綱是❺？孰居无事推而行是❻？意者其有機緘而不得已邪❼？意者其運轉而不能自止邪❽？雲者為雨乎？雨者為雲乎❾？孰隆施①是❿？孰居无事淫樂而勸是⓫？風起北方，一西一東，有②上彷徨，孰噓吸是？孰居无事而披拂是⓬？敢問何故⓭？」

❶【注】不運而自行也。

【疏】言天稟陽氣，清浮在上，無心運行而自動。

【釋文】「其運」《爾雅》云：運，徙也。《廣雅》云：轉也。◎慶藩案運，《釋文》司馬本作員，運員二字，古通用也。《越語》廣運百里，韋注曰：東西為廣，南北為運。《西山經》作廣員百里。《墨子・非命上篇》譬猶運鈞之上而立朝夕者也，《中篇》運作員。運，古又讀若云。云與員通。《管子・戒篇》四時云下而萬物化，云即運字。《說文》，鴆，一名運日，劉逵《吳都賦》注運日作云日。云即員也。《書・泰誓》雖則云然，《漢書・韋賢傳》注作員然。《詩出其東門》聊樂我員，《釋文》：員，本作云。《商頌》景員維何，鄭《箋》：員，古文作云。皆其證。

❷【注】不處而自止也。

【疏】地稟陰氣，濁沈在下，亦無心寧靜而自止。

❸【注】不爭所而自代謝也。

【疏】晝夜照臨，出沒往來，自然如是。既無情於代謝，豈有心於爭處！

❹【疏】孰，誰也。是者，指斥前文也。言四時八節，雲行雨施，覆育蒼生，亭毒羣品，誰爲主宰而施張乎？此一句解天運也。

❺【注】皆自爾。

【疏】山岳產育，川源流注，包容萬物，運載無窮，春生夏長，必無差忒。是誰維持綱紀，故得如斯？此一句解地處也。

❻【注】無則無所能推，有則各自有事。然則無事而推行是者誰乎哉？各自行耳。

【疏】夫日月代謝，星辰朗耀，各有度數，咸由自然。誰安居無事，推算而行之乎？此一句解日月爭所。已前三者，並假設疑問，顯發幽微。故知皆自爾耳，無物使之然也。

【釋文】「推而」如字，一音吐回反。司馬本作誰。

❼【疏】機，關也。緘，閉也。玄冬肅殺，夜〔霄〕〔宵〕暗昧，以意億度，謂有主司關閉，事

不得已，致令如此。以理推者，皆自爾也。方地不動，其義亦然也。

【釋文】「緘」古咸反，徐古陷反。司馬本作咸，云：引也。

❽【注】自爾，故不可知也。

【疏】至如青春氣發，萬物皆生，晝夜開明，六合俱照，氣序運轉，致茲生育，尋其理趣，無物使然。圓天運行，其義亦爾也。

❾【注】二者俱不能相爲，各自爾也。

【疏】夫氣騰而上，所以爲雲；雲散而下，流潤成雨。然推尋始末，皆無攸肇，故知二者不能相爲。

【釋文】「為雨」于偽反。下及注同。

❿【疏】隆，興也。施，廢也。言誰興雲雨而洪注滂沱，誰廢甘澤而致茲亢旱也。

【釋文】「隆施」音弛，式氏反。◎俞樾曰：此承上雲雨而言。隆當作降，謂降施此雲雨也。《書·大傳》隆谷，鄭注曰：隆讀如龐降之降。蓋隆從隆聲，古音本同。《荀子·天論篇》隆禮尊賢而王，《韓詩外傳》隆作降。《齊策》歲八月降雨下，《風俗通義·祀典篇》降作隆。是古字通用之證。

⓫【疏】誰安居無事，自勵勸彼，作此淫雨而快樂邪？司馬本作倦字。

【釋文】「淫樂」音洛，又音嶽。「而勸」司馬本勸作倦，云：讀曰隨，言誰無所作，在隨天往來，運轉無已也。

⓬【疏】彷徨，迴轉之貌也。噓吸，猶吐納也。披拂，猶扇動也。北方陰氣，起風之所，故云北

方。夫風吹無心，東西任適，或彷徨而居空裏，或嘘吸而在山中，拂披升降，略無定準。孰居無事而爲此乎？蓋自然也。

【釋文】「有上」時掌反。「彷」薄皇反。「徨」音皇。司馬本作旁皇，云：旁皇，飆風也。「嘘」音虛。「吸」許急反。「披」芳皮反。「拂」芳弗反，郭扶弗反。披拂，風貌。司馬本作翇。

⑬【注】設問所以自爾之故。

【疏】此句總問以前有何意故也。

【校】①《闕誤》引李氏本施作弛。②《闕誤》引張君房本有作在。

巫咸袑曰：「來！吾語女。天有六極五常❶，帝王順之則治，逆之則凶❷。九洛之事，治成德備，監照下土❸，天下戴之，此謂上皇❹。」

❶【注】夫物事之近，或知其故，然尋其原以至乎極，則無故而自爾也。自爾則無所稍問其故也，但當順之。

【疏】巫咸，神巫也，爲殷中宗相。袑，名也。六極，謂六合，四方上下也。五常，謂五行，金木水火土，人倫之常性也。言自然之理，有此六極五常，至於日月風雲，例皆如此，但當任之，自然具足，何爲措意於其間哉！

【釋文】「巫咸袑」赤遙反，郭音條，又音紹。李云：巫咸，殷相也。袑，寄名也。「吾語」魚據反。「女」音汝。後皆同。「六極」司馬云：四方上下也。◎俞樾曰：六極五常，疑即《洪範》之五福六極也。常與祥，古字通。《儀禮・士虞禮記》薦此常事，鄭注曰：古文常為祥，是其證也。《說文・示部》：祥，福也。然則五常即五福也。下文曰，九洛之事，治成德備，其即謂禹所受之《洛書》九類乎！

❷【注】夫假學可變，而天性不可逆也。

【疏】夫帝王者，上符天道，下順蒼生，垂拱無爲，因循任物，則天下治矣。而逆萬國之歡心，乖二儀之和氣，所作凶（勃）〔悖〕，則禍亂生也。

❸【疏】九洛之事者，九州聚落之事也。言王者應天順物，馭用無心，故致天下太平，人歌擊壤。九州聚落之地，治定功成；八荒夷狄之邦，道圓德備。既合二儀，覆載萬物；又齊三景，照臨下土。◎家世父曰：此言天之運自然而已，帝王順其自然，以道應之，天地亦受裁成焉，而風雨調，四時序。九洛之事，即禹所受之九疇也。莊子言道有不詭於聖人者，此類是也。

❹【注】順其自然故也。

【疏】道合自然，德均造化，故衆生樂推而不厭，百姓荷戴而不辭，可謂返樸還淳，上皇之治也。

商大宰蕩問仁於莊子❶。莊子曰：「虎狼，仁也❷。」

❶【疏】宋承殷後，故商即宋國也。大宰，官號，名盈，字蕩。方欲決己所疑，故問仁於莊子。

【釋文】「商大」音泰，下文大息同。「宰蕩」司馬云：商，宋也，大宰，官也，蕩，字也。

❷【疏】仁者，親愛之迹。夫虎狼猛獸，猶解相親，足明萬類皆有仁性也。

曰：「何謂也❶？」

❶【疏】大宰未達深情，重問有何意謂。

莊子曰：「父子相親，何為不仁❶？」

❶【疏】父子親愛，出自天然，此乃真仁，何勞再問！

曰：「請問至仁❶。」

❶【疏】虎狼親愛，厥義未弘，故請至仁，庶聞深旨。

莊子曰：「至仁無親❶。」

❶【注】無親者，非薄德之謂也。夫人之一體，非有親也；而首自在上，足自處下，府藏居內，皮毛在外；外內上下，尊卑貴賤，於其體中各任其極，而未有親愛於其間也。然至仁足矣，故五親六族，賢愚遠近，不失分於天下者，理自然也，又奚取於有親哉！

【疏】夫至仁者，忘懷絕慮，與大虛而同體，混萬物而為一，何親疏之可論乎！泊然無心而順天下之親疏也。

【釋文】「府藏」才浪反。

大宰曰：「蕩聞之，無親則不愛，不愛則不孝。謂至仁不孝，可乎？❶」

❶【疏】夫無愛無親，便是不孝。謂至仁不孝，於理可乎？商蕩不悟深旨，遂生淺惑。莊生爲其顯折，義列下文。

【釋文】「蕩聞之」一本蕩作盈，崔本同。或云：盈，大宰字。

莊子曰：「不然。夫至仁尚矣，孝固不足以言之❶。此非過孝之言也，不及孝之言也❷。夫南行者至於郢，北面而不見冥山，是何也？則去之遠也❸。故曰：以敬孝易，以愛孝難❹；以愛孝易，以忘親難❺；忘親易，使親忘我難❻；使親忘我易，兼忘天下難；兼忘天下易，使天下兼忘我難❼。夫德遺堯舜而不為也❽，利澤施於萬世，天下莫知也❾，豈直大息而言仁孝乎哉❿！夫孝悌仁義，忠信貞廉，此皆自勉以役其德者也，不足多也⓫。故曰，至貴，國爵并焉⓬；至富，國財并焉⓭；至願，名譽并焉⓮。是以道不渝⓯。」

❶【注】必言之於忘仁忘孝之地，然後至耳①。

【疏】至仁者，忘義忘仁，可貴可尙，豈得將愛敬近迹以語其心哉？固不足以言也。

❷【注】凡名生於不及者，故過仁孝之名而涉乎無名之境，然後至焉。

【疏】商蕩之問，近滯域中，莊生之答，遠超方外。故知親愛之旨，非過孝之談，封執名教，不及孝之言也。

❸【注】冥山在乎北極，而南行以觀之；至仁在乎無親，而仁愛以言之；故郢雖見而愈遠冥山，仁孝雖彰而愈非至理也。

【疏】郢地居南，冥山在北，故郭注云，冥山在乎北極，南行以觀之；至仁在乎無親，而仁愛以言之；故郢雖見而愈遠冥山，仁孝雖彰而愈非至道。此注甚明，不勞更解。

【釋文】「郢」以井反，又以政反，楚都也，在江陵北。「冥山」司馬云北海山名。◎慶藩案《史記·蘇秦列傳索隱》引司馬云：冥山在朔州北。與《釋文》異。「愈遠」于萬反。

❹【疏】夫敬在形迹，愛率本心。心由天性，故難；迹關人情，故易也。

【釋文】「孝易」以跂反。下皆同。

❺【疏】夫愛孝雖難，猶滯域中，未若忘親，澹然無係。忘既勝愛，有優有劣，以此格量，難易明之矣。

❻【疏】夫騰蝯斷腸，老牛舐犢，恩慈下流，物之恆性。故子忘親易，親忘子難。自非達道，孰能行之！

❼【注】夫至仁者，百節皆適，則終日不自識也。聖人在上，非有爲也，恣之使各自得而已耳。自得其爲，則眾務自適，羣生自足，天下安得不各自忘我哉！各自忘矣，主其安在乎？斯所謂兼忘也。

【疏】夫兼忘天下者，棄萬乘如脫屣也；使天下兼忘我者，謂百姓日用而不知也。夫垂拱汾陽而游心姑射，揖讓之美，貴在虛忘，此兼忘天下者也。方前則難，比後便易，未若忘懷至道，息智自然，將造化而同功，與天地而合德者，故能恣萬物之性分，順百姓之所爲，大小咸得，飛沈不喪，利澤潛被，物皆自然，上如標枝，民如野鹿。當是時也，主其安在乎？此使天下兼忘我者也，可謂軒頊之前，淳古之君耳。其德不見，故天下忘之。斯則從劣向優，自粗入妙，遣之又遣，玄之又玄也。

❽【注】遺堯舜，然後堯舜之德全耳；若係之在心，則非自得也。

【疏】遺，忘棄也。言堯舜二君，盛德深遠，而又忘其德，任物不爲。斯解兼忘天下難。

❾【注】泯然常適。

【疏】有利益恩澤，惠潤羣生，萬世之後，其德不替，而至德潛被，日用不知。斯解使天下兼忘我難也。

❿【注】失於江湖，乃思濡沫。

【疏】大息，猶嗟歎也。夫盛德同於堯舜，尚能遺忘而不自顯，豈復太息言於仁孝，嗟歎於陳迹乎！

【釋文】「濡沫」音末。

⓫【疏】悌，順也。德者，真性也。以此上八事，皆矯性僞情，勉強勵力，捨己效人，勞役其性，故不足多也。

【釋文】「孝弟」音悌。◎盧文弨曰：舊本作孝悌，音弟。此因今本作悌而妄改也。若作悌字，則更無兩讀，又何用音？此如他卷道音導，亦有倒作導音道者，皆出後人所變亂，今正之。

⑫【注】并，除棄之謂也。夫貴在於身，身猶忘之，況國爵乎！斯貴之至也。

【疏】并者，除棄之謂也。夫貴爵祿者，本爲身也。身猶忘之，況爵祿乎！斯至貴者也。

【釋文】「并焉」必領反。棄，除也。注同。

⑬【注】至富者，自足而已，故除天下之財者也。

【疏】至富者，知足者也。知足之人，以不貪爲寶，縱令傾國資財，亦棄而不用。故《老經》云，知足者富，斯之謂也。

⑭【注】所至願者適也，得適而仁孝之名都去矣。

【疏】夫至願者，莫過適性也。既一毀譽，混榮辱，忘物我，泯是非，故令聞聲名，視之如涕唾也。

⑮【注】去華取實故也。

【疏】渝，變也，薄也。既忘富貴，又遺名譽，是以道德淳厚，不隨物變也。

【釋文】「去華」起呂反。

【校】①世德堂本耳作矣。

北門成問於黃帝曰：「帝張咸池之樂於洞庭之野❶，吾始聞之懼，復聞之怠，卒聞之而惑❷；蕩蕩默默，乃不自得❸。」

❶【疏】姓北門，名成，黃帝臣也。欲明至樂之道，故寄此二人，更相發起也。咸池，樂名。

張，施也。咸，和也。洞庭之野，天（地）〔池〕之閒，非太湖之洞庭也。

【釋文】「北門成」人姓名也。「洞庭」徒送反。

❷【疏】怠，退息也。卒，終也。復，重也。惑，闇也。不悟至樂，初聞之時，懼然驚悚；再聞其聲，稍悟音旨，故懼心退息；最後聞之，知至樂與二儀合德，視之不見，聽之不聞，故心無分別，有同暗惑者也。

【釋文】「之懼」如字。或音句，下同。一本作戄，音況縛反。案《說文》，懼是正字，戄是古文。◎盧文弨曰：《說文》，愳，古文懼字；有㒊字，與聳同，非懼字重文，並無戄字。不知陸氏所據。「復聞」扶又反。下注同。

❸【注】不自得，坐忘之謂也。

【疏】蕩蕩，平易之容。默默，無知之貌。第三聞之，體悟玄理，故蕩蕩而無偏，默默而無知，芒然坐忘，物我俱喪，乃不自得。

帝曰：「汝殆其然哉！吾奏之以人，徵①之以天，行之以禮義，建之以大清❶。夫至樂者，先應之以人事，順之以天理，行之以五德，應之以自然，然後調理四時，太和萬物❷。四時迭起，萬物循生；一盛一衰，文武倫經❸；一清一濁，陰陽調和，流光其聲❹；蟄蟲始作，吾驚之以雷霆❺；其卒无尾，其始无首❻；一死一生，一僨一起；所常无窮❼，而一不可待。汝故懼也❽。

❶【注】由此觀之，知夫至樂者，非音聲之謂也；必先順乎天，應乎人，得於心而適於性，然後發之以聲，奏之以曲耳。故咸池之樂，必待黃帝之化而後成焉。

【疏】殆，近也。奏，應也。徽，順也。禮義，五德也。太清，天道也。黃帝既允北門成第三聞樂，體悟玄道，忘知息慮，是以許其所解，故云汝近於自然也。

【釋文】「徵之」如字。古本多作徽。「大清」音泰。

❷【疏】雖復行於禮義之迹，而忘自然之本者也。此是第一奏也。

❸【疏】循，順；倫，理；經，常也。言春夏秋冬更迭而起，一切物類順序而生；夏盛冬衰，春文秋武，生殺之理，天道之常，但常任之，斯至樂矣。

【釋文】「迭起」大節反。一本作遞，大計反。「循生」似倫反。

❹【注】自然律呂以滿天地之閒，但當順而不奪，則至樂全②。

【疏】清，天也。濁，地也。陰升陽降，二氣調和，故施生萬物，和氣流布，三光照燭，此謂至樂，無聲之聲。◎家世父曰：《樂記》，禮減而進，以進爲文；樂盈而反，以反爲文；故樂闋而後作衰者，闋之餘聲也。始奏以文，復亂以武，以文武紀其盛衰。倫經，猶言經綸。比和分合，所謂經綸也。

❺【注】因其自作而用其所以動。

【疏】仲春之月，蟄蟲始啓，自然之理，驚之雷霆，所謂動靜順時，因物或作，至樂具合斯道也。

【釋文】「蟄蟲」沈執反，郭音執。《爾雅》云：靜也。「霆」音廷，又音挺，徒佞反。雷也。◎家世父曰：雷霆之起，莫知其所自起，莫知其所自竟。其所自起，首也，生之端也；其所自竟，尾也，死之歸也。死生者，萬物之大常，與天為無窮，而忽一至焉，則亦物之所不能待也。以喻樂之變化，動於自然。

❻【注】運轉無極。

【疏】尋求自然之理，無始無終；討論至樂之聲，無首無尾。故《老經》云，迎之不見其首，隨之不見其後也。

❼【注】以變化爲常，則所常者無窮也。

【疏】僨，仆也。夫盛衰生死，虛盈起僨，變化之道，理之常數。若以變化爲常，則所謂常者無窮也。

【釋文】「一僨」方問反。司馬云：仆也。

❽【注】初聞無窮之變，不能待之以一，故懼然悚聽也。

【疏】至一之理，絕視絕聽，不可待之以聲色，故初聞懼然也。◎俞樾曰：一不可待者，皆不可待也。《大戴記・衛將軍文子篇》，則一諸侯之相也，盧注曰：一，皆也。《荀子・勸學篇》，一可以爲法則，《君子篇》，一皆善也謂之聖，楊注曰：一，皆也。是一有皆義。郭注曰，不能待之以一，與語意未合。

【校】①趙諫議本徵作徽。②趙本全下有矣字。

吾又奏之以陰陽之和，燭之以日月之明❶；其聲能短能長，能柔能剛；變化齊一，不主故常❷；在谷滿谷，在阬滿阬❸；塗郤守神❹，以物為量❺。其聲揮綽❻，其名高明❼。是故鬼神守其幽❽，日月星辰行其紀❾。吾止之於有窮❿，流之於无止⓫。予欲慮之而不能知也，望之而不能見也，逐之而不能及也⓬；儻然立於四虛之道⓭，倚於槁梧而吟⓮。目知窮乎所欲見，力屈乎所欲逐，吾既不及已夫①⓯！形充空虛，乃至委蛇。汝委蛇，故怠⓰。

❶【注】所謂用天之道。

【疏】言至樂之聲，將陰陽合其序；所通生物，與日月齊其明。此第二奏也。

❷【注】齊一於變化，故不主故常。

【疏】順羣生之修短，任萬物之柔剛，齊變化之一理，豈守故而執常！

❸【注】至樂之道，無不周也。

【疏】至樂之道，無所不徧，乃谷乃阬，悉皆盈滿。所謂道無不在，所在皆無也。

【釋文】「在阬」苦庚反。《爾雅》云：虛也。

❹【注】塞其兌也。

【疏】塗，塞也。郤，孔也。閉心知之孔郤，守凝寂之精神。郭注云，塞其兌也。

【釋文】「塗郤」去逆反，與隙義同。「其兌」徒外反。

❺【注】大制不割。

【疏】量，音亮。大小修短，隨物器量，終不制割而從己也。

【釋文】「為量」音亮。

❻【注】所謂闡諧。

【疏】揮，動也。綽，寬也。同雷霆之震動，其聲寬也。

❼【注】名當其實，則高明也。

【疏】高如上天，明如日月，聲既廣大，名亦高明。

❽【注】不離其所。

【疏】人物居其顯明，鬼神守其幽昧，各得其所而不相撓。故《老經》云，以道利天下，其鬼不神也。

❾【注】不失其度。

【疏】三光朗耀，依分而行，綱紀上玄，必無差忒也。

【釋文】「不離」力智反。

❿【注】常在極（止）〔上〕②住也。

【疏】止，住也。窮，極也。雖復千變萬化，而常居玄極，不離妙本，動而常寂也。

⓫【注】隨變而往也。

【疏】流，動也。應感無方，隨時適變，未嘗執守，故寂而動也。

⓬【注】故闇然恣使化去。

【疏】夫至樂者，真道也。欲明道非心識，故謀慮而不能知；道非聲色，故瞻望而不能見；道非形質，故追逐而不能逮也。

⑬【注】弘敞無偏之謂。

【疏】儻然，無心貌也。四虛，謂四方空，大道也。言聖人無心，與至樂同體，立志弘敞，接物無偏，包容萬有，與虛空而合德。

【釋文】「儻」敕黨反，一音敞。

⑭【注】無所復爲也。

【疏】弘敞虛容，忘知絕慮，故形同槁木，心若死灰，逍遙無爲，且吟且詠也。

【釋文】「倚於」於綺反。「槁」古③老反。

⑮【注】言物之知力各有所齊限。

【疏】夫目知所見，蓋有涯限，所以稱窮；力〔所〕馳逐，亦有分齊，所以稱屈。至樂非心色等法，不可以限窮，故吾知盡其不及，故止而不逐也。心既有限，故知愛無名。此覆前予欲慮之等文也。

【釋文】「目知」音智。「齊限」才細反。

⑯【注】夫形充空虛，無身也，無身，故能委蛇。委蛇任性，而悚懼之情怠也。

【疏】夫形充虛空，則與虛空而等量；委蛇任性，故順萬境而無心；所謂隳體黜聰，離形去智者也。只爲委蛇任性，故悚懼之情怠息。此解第二聞樂也。

【釋文】「委」於危反。徐如字。「蛇」以支反。又作施，徐音絁。

【校】①趙諫議本夫作矣。②上字依世德堂本改。③世德堂本古作枯。

吾又奏之以无怠之聲❶，調之以自然之命❷，故若混逐叢生❸，林樂而无形❹；布揮而不曳❺，幽昏而无聲❻。動於无方❼，居於窈冥❽；或謂之死，或謂之生；或謂之實，或謂之榮；行流散徙，不主常聲❾。世疑之，稽於聖人❿。聖也者，達於情而遂於命也⓫。天機不張而五官皆備，此之謂天樂⓬，无言而心說⓭。故有焱氏為之頌曰：『聽之不聞其聲，視之不見其形，充滿天地，苞裹六極。』汝欲聽之而无接焉，而故惑也⓮。

❶【注】意既怠矣，乃復無怠，此其至也。

【疏】再聞至樂，任性逶迤，悚懼之心，於焉怠息。雖復賢於初聞，猶自不及後聞，故奏無怠之聲。斯則以無遺怠，故郭注云，意既怠矣，乃復無怠，此其至者也。此是第三奏也。

❷【注】命之所有者，非爲也，皆自然耳。

【疏】調，和也。凡百蒼生，皆以自然爲其性命。所以奏此咸池之樂者，方欲調造化之心靈，和自然之性命也已。

❸【注】混然無係，隨叢而生。

【疏】混，同也。生，出也。同風物之動吹，隨叢林之出聲也。

【釋文】「叢生」才公反。

❹【注】至樂者。適而已。適在體中，故無別形。

【疏】夫叢林地籟之聲，無心而成至樂，適於性命而已，豈復有形也！

【釋文】「林樂」音洛，亦如字。

❺【注】自布耳。

【疏】揮動四時，布散萬物，各得其所，非由牽曳。

【釋文】「布揮」音輝。《廣雅》云：振也。

❻【注】所謂至樂。

【疏】言至樂寂寥，超於視聽，故幽冥昏暗而無聲響矣。◎家世父曰：《說文》：叢木曰林。林樂者，相與羣樂之。五音繁會，不辨聲之所從出，故曰無形。揮者，振而揚之，若布之曳而愈長，而亦無有曳之者。林樂而無形，其聲聚也；布揮而不曳，其聲悠也；幽昏而無聲，其聲淡也。

❼【注】夫動者豈有方而後動哉！

【疏】夫至樂之本，雖復無聲，而應動隨時，實無方所，斯寂而動之也。

❽【注】所謂寧極。

【疏】雖復應物隨機，千變萬化，而深根寧極，恆處窈冥，斯動而寂也。

【釋文】「於窈」烏了反。

❾【注】隨物變化。

【疏】夫春生冬死，秋實夏榮，雲行雨散，水流風從，自然之理，日新其變，至樂之道，豈（常）主〔常〕①聲也！

⑩【注】明聖人應世非唱也。

【疏】稽，留也。夫聖人者，譬幽谷之響，明鏡之象，對之不知其所以來，絕之不知其所以往，物來斯應，應而忘懷，豈預前作法而留心應世！故行留散徙，不主常聲，而世俗之人，妄生疑惑也。

【釋文】「稽於」古兮反。

⑪【注】故有情有命者，莫不資焉。

【疏】所言聖者，更無他義也，通有物之情，順自然之命，故謂之聖。

⑫【注】忘樂而樂足，非張而後備。

【疏】天機，自然之樞機。五官，五藏也。言五藏各有主司，故謂之官。夫目視耳聽，手把腳行，布網轉丸，飛空走地，非由倣效，稟之造物，豈措意而後能爲！故五藏職司，素分備足，天樂之美，其在茲也。

⑬【注】心說在適，不在言也。

【疏】體此天和，非由措意，故心靈適悅而妙絕名言也。

【釋文】「心說」音悅。注同。

⑭【注】此乃無樂之樂，樂之至也。

【疏】焱氏，神農也。美此至樂，爲之章頌。大音希聲，故聽之不聞；大象無形，〔故〕②視之不見；道無不在，故充滿天地二儀；大無不包，故囊括六極。六極，六合也。假欲留意聽之，亦不可以耳根承接，是故體茲至樂，理趣幽微，心無分別，事同愚惑也。

【釋文】「焱氏」必遙反。本亦作炎。「苞裹」音包。本或作包。

【校】①常聲依正文改。②故字依上下文補。

樂也者，始於懼，懼故祟❶；吾又次之以怠，怠故遁❷；卒之於惑，惑故愚；愚故道，道可載而與之俱也❸。」

❶【注】懼然竦聽，故是祟耳，未大和也。

【疏】以下重釋三奏三聽之意，結成至樂之道。初聞至樂，未悟大和，心生悚懼，不能放釋，是故禍祟之也。

【釋文】「祟」雖遂反。

❷【注】迹稍滅也。

【疏】再聞之後，情意稍悟，故懼心怠退，其迹遁滅也。

❸【注】以無知爲愚，愚乃至也。

【疏】最後聞樂，靈府淳和，心無分別，有同闇惑，蕩蕩默默，類彼愚迷。不怠不懼，雅符真道，既而運載無心，與物俱至也。

孔子西遊於衛。顏淵問師金曰：「以夫子之行為奚如❶？」

❶【疏】衛本昆吾之邑，又是康叔之封。自魯適衛，故曰西遊。師金，魯太師，名金也。奚，何也。言夫子行仁義之道以化衛侯，未知此術行用可否邪？

【釋文】「師金」李云：師，魯太師也。金，其名也。「之行」下孟反。

師金曰：「惜乎，而夫子其窮哉❶！」

❶【疏】言仲尼叡哲明敏，才智可惜，守先王之聖迹，執堯舜之古道，所以頻遭辛苦，屢致困窮。

顏淵曰：「何也❶？」

❶【疏】問窮之所以也。

師金曰：「夫芻狗之未陳也，盛以篋衍，巾以文繡，尸祝齊戒以將之❶。及其已陳也，行者踐其首脊，蘇者取而爨之而已；將復取而盛以篋衍，巾以文繡，遊居寢臥其下，彼不得夢，必且數眯焉❷。今而夫子，亦取先王已陳芻狗，聚①弟子游居寢臥其下。故伐樹於宋，削迹於衛，窮於商周，是非其夢邪❸？圍於陳蔡之間，七日不火食，死生相與鄰，是非其眯邪❹？

❶【疏】此下譬喻，凡有六條：第一芻狗，第二舟車，第三桔槔，第四樝棃，第五猨狙，第六妍

醜。芻(狗),草也,謂結草爲狗以解除也。衍,笥也。尸祝,巫師也。將,送也。言芻狗未陳,盛以篋笥之器,覆以文繡之巾,致齊絜以表誠,展如在之將送,庶其福祉,貴之如是。

【釋文】「芻狗」李云:結芻為狗,巫祝用之。「盛」音成。下同。「篋」苦牒反。本或作筐。「衍」延善反,郭怡面反。李云:笥也,盛狗之物也。司馬云:合也。◎慶藩案巾字,疑飾字之誤。《太平御覽》引《淮南》絹以綺繡作飾以綺繡。「齊戒」側皆反。本亦作齋。

❷【注】廢棄之物,於時無用,則更致他妖也。

【疏】踐,履也。首,頭也。脊,背也。取草曰蘇。爨,炊也。眯,魘也。言芻狗未陳,致斯肅敬。既祭之後,棄之路中,故行人履踐其頭脊,蘇者取供其炊爨。方將復取而貴之,盛於筐衍之中,覆於文繡之下,遨遊居處,寢臥其旁,假令不致惡夢,必當數數遭魘。故郭注云,廢棄之物,於時無用,則更致他妖也。

【釋文】「蘇者」李云:蘇,草也,取草者得以炊也。案《方言》云:江淮南楚之間謂之蘇。《史記》云,樵蘇後爨,注云:蘇,取草也。「爨之」七丸反。「將復」扶又反。「必且」如字。徐子餘反。「數」音朔。「眯」李音米,又音美。《字林》云:物人眼為病也。司馬云:厭也。音一琰反。

❸【疏】此合芻狗之譬,並合孔子窮義也。先王,謂堯舜禹湯,先代之帝王也。憲章文武,祖述堯舜,而爲教迹,故集聚弟子,遨遊於仁義之域,臥寢於禮信之鄉。古法不可執留,事同已陳芻狗。伐樹於宋者,孔子曾遊於宋,與門人講說於大樹之下,司馬桓魋欲殺夫子,夫子去後,桓魋惡其坐處,因伐樹焉。削,剗也。夫子嘗遊於衞,衞人疾之,故剗削其迹,不見用也。商是殷地,周

是東周，孔子歷聘，曾困於此。良田執於聖迹，故致斯弊。狼狽如是，豈非惡夢耶！◎俞樾曰：上取字如字，下取字當讀爲聚。《周易・萃象傳》聚以正也，《釋文》曰：聚，荀作取，《漢書・五行志》，內取茲，師古曰：取，讀如《禮記》聚麀之聚。是聚取古通用。

❹【注】此皆絕聖棄知之意耳，無所稍嫌也。夫先王典禮，所以適時用也。時過而不棄，即爲民妖，所以興矯效之端也。

【疏】當時楚昭王聘夫子，夫子領徒宿於陳蔡之地。蔡人見徒衆極多，謂之爲賊，故興兵圍繞，經乎七日，糧食罄盡，無復炊爨，從者餓病，莫之能興，憂悲困苦，鄰乎死地，豈非遭於已陳芻狗而魘耶！

【校】①世德堂本聚作取。

夫水行莫如用舟，而陸行莫如用車。以舟之可行於水也而求推之於陸，則沒世不行尋常。❶古今非水陸與？周魯非舟車與？今蘄行周於魯，是猶推舟於陸也，❷勞而无功，身必有殃。彼未知夫无方之傳，應物而不窮者也。❸

❶【疏】夫舟行於水，車行於陸，至於千里，未足爲難。若推舟於陸，求其運載，終沒一世，不可數尺。

【釋文】「推之」郭吐回反，又如字。下同。

❷【疏】此合（諭）〔喻〕也。蘄，求也。（亦）今古代殊，豈異乎水陸！周魯地異，何異乎舟

車！

【釋文】「陸與」音餘。下同。「今蘄」音祈，求也。

❸【注】時移世異，禮亦宜變，故因物而無所係焉，斯不勞而有功也。

【疏】方，猶常也。傳，轉也。言夫子執先王之迹，行衰周之世，徒勞心力，卒不成功，故削迹伐樹，身遭殃禍也。夫聖人之智，接濟無方，千轉萬變，隨機應物。未知此道，故嬰斯禍也。

【釋文】「无方之傳」直專反，下注同。司馬云：方，常也。◎慶藩案傳讀若轉，言無方之轉動也。《呂氏春秋・必己篇》，若夫萬物之情，人倫之傳，高注：傳，猶轉也。《漢書・劉向傳》禹稷與咎繇傳相汲引，猶轉相汲引也。《淮南・主術篇》生無乏用，死無轉尸，《逸周書・大聚篇》作傳尸。襄二十五年《左傳》注，傳寫失之，《釋文》：傳，一本作轉。

且子獨不見夫桔槔者乎？引之則俯，舍之則仰。彼，人之所引，非引人也，故俯仰而不得罪於人。❶故夫三皇五帝之禮義法度，不矜於同而矜於治❷。故譬三皇五帝之禮義法度，其猶柤梨橘柚邪！其味相反而皆可於口❸。

❶【疏】桔槔，挈水木也。人牽引之則俯下，捨放之則仰上。俯仰上下，引捨以人，委順無心，故無罪。夫人能虛己，其義亦然也。

【釋文】「桔」音結。「槔」音羔。◎慶藩案文穎說烽火云，櫓上有桔槔，以薪置其中，有寇則然之，字從木。《通俗文》，機汲謂之擊㩧，字從手。然則從木者櫓上之物，從手者汲水之物也。據

《莊子》文義，當從《通俗文》爲正。

❷【注】期於合時宜，應治體而已。

【疏】矜，美也。夫三皇五帝，步驟殊時，禮樂威儀，不相沿襲，美在逗機，不治以定，不貴率今以同古。

【釋文】「於治」直吏反，注同。

❸【疏】夫柤梨橘柚，甘苦味殊，至於噉嚼而皆可於口。譬三皇五帝，澆淳異世，至於爲政，咸適機宜也。

【釋文】「柤」側加反。「柚」由救反。

故禮義法度者，應時而變者也❶。今取猨狙而衣以周公之服，彼必齕齧挽裂，盡去而後慊。觀古今之異，猶猨狙之異乎周公也。❷故西施病心而矉其里，其里之醜人見之而美之，歸亦捧心而矉其里。其里之富人見之，堅閉門而不出，貧人見之，挈妻子而去走。❸彼知矉美而不知矉之所以美❹。惜乎，而夫子其窮哉❺！」

❶【注】彼以爲美而此或以爲惡，故當應時而變，然後皆適也。

【疏】帝王之迹，蓋無常準，應時而變，不可執留，豈得膠柱刻船，居今行古也！

❷【疏】慊，足也。周公聖人，譬淳古之世；狙猨狡獸，喻澆競之時。是以禮服雖華，猨狙不以爲美；聖迹乃貴，末代不以爲尊。故毀禮服，猨狙始慊其心；棄聖迹，蒼生方適其性。

【釋文】「猨狙」上音袁，下七餘反。「而衣」於既反。「齕」音紇。「挽」音晚。「盡去」起呂反。「慊」苦牒反。李云：足也。本亦作嗛，音同。

❸【疏】西施，越之美女也，貌極妍麗，既病心痛，嚬眉苦之。而端正之人，體多宜便，因其嚬蹙，更益其美，是以閭里見之，彌加愛重。鄰里醜人，見而學之，不病強嚬，倍增其陋，故富者惡之而不出，貧人棄之而遠走。捨己效物，其義例然。削迹伐樹，皆學嚬之過也。

【釋文】「而矉」徐扶真反，又扶人反。《通俗文》云：蹙額曰矉。「其里」絕句。「捧心」敷勇反，郭音奉。「挈」苦結反。

❹【注】況夫禮義，當其時而用之，則西施也；時過而不棄，則醜人也①。

【疏】所以，猶所由也。嚬之所以美者，出乎西施之好也。彼之醜人，但美嚬之麗雅，而不知由西施之姝好也。

❺【疏】總會後文，結成其旨。窮之事迹，章中具載矣。

【校】①趙諫議本無況夫及二則字。

孔子行年五十有一而不聞道，乃南之沛見老聃❶。

❶【疏】仲尼雖領徒三千，號素王，而盛行五德，未聞大道，故從魯之沛，自北徂南而見老君，以詢玄極故也。

【釋文】「之沛」音貝。司馬云：老子，陳國相人。相，今屬苦縣，與沛相近。

老耼曰：「子來乎？吾聞子，北方之賢者也，子亦得道乎？」孔子曰：「未得也。」❶

❶【疏】聞仲尼有當世賢能，未知頗得至道不？答言未得。自楚望魯，故曰北也。

老子曰：「子惡乎求之哉❶？」

❶【疏】問：「於何處尋求至道？」

【釋文】「惡乎」音烏，下同。

曰：「吾求之於度數，五年而未得也❶。」

❶【疏】數，算術也。三年一閏，天道小成，五年再閏，天道大成，故言五年也。道非術數，故未得之也。

老子曰：「子又惡乎求之哉❶？」

❶【疏】更問：「求道用何方法？」

曰：「吾求之於陰陽，十有二年而未得❶。」

❶【注】此皆寄孔老以明絕學之義也。

【疏】十二年，陰陽之一周也。而未得者，明以陰陽取道，而道非陰陽。故下文云，中國有人，非陰非陽。

老子曰：「然。使道而可獻，則人莫不獻之於其君；使道而可進，則人莫不進之於其親；使道而可以告人，則人莫不告其兄弟；使道而可以與人，則人莫不與其子孫。然而不可者，无佗也，❶中无主而不止❷，外无正而不行❸。由中出者，不受於外，聖人不出❹；由外入者，無主於中，聖人不隱❺。名①，公器也❻，不可多取❼。仁義，先王之蘧廬也❽，止可以一宿而不可久處，覯而多責❾。

❶【疏】夫至道深玄，妙絶言象，非無非有，不自不佗。是以不進獻於君親，豈得告於子弟！所以然者，無佗由也。故託孔老二聖以明玄中之玄也。

❷【注】心中無受道之質，則雖聞道而過去也。

【疏】若使中心無受道之主，假令聞於聖說，亦不能止住於胸懷，故知無佗也。

❸【注】中無主，則外物亦無正己者（也）②，故未嘗通也。

【疏】中既無受道之心，故外亦無能正於己者，故不可行也。◎俞樾曰：正乃匹字之誤。《禮記・緇衣篇》，唯君子能好其正，鄭注曰：正當爲匹，字之誤也，是其例矣。此云中無主而不止，外無匹而不行，與宣三年《公羊傳》自內出者無匹不行，自外至者無主不止，文義相似。自外至者，無主不止，故此言中無主而不止也。自內出者，無匹不行，故此言外無匹而不行也。因匹誤爲正，郭注遂以正己爲說，殊非其義。《則陽篇》，自外入者有主而不執，由中出者有正而不距，正亦當爲匹，誤與此同。

❹【注】由中出者，聖人之道也，外有能受之者乃出耳。

【疏】由，從也。從內出者，聖人垂迹顯教也。良由物能感聖，故聖人顯應，若使外物不能稟受，聖人亦終不出教。

❺【注】由外入者，假學以成性者也。雖性可③學成，然要當內有其質，若無主於中，則無以藏聖道也。

【疏】隱，藏也。由外入者，習學而成性也。由其外稟聖教，宜在心中，若使素無受入之心，則無藏於聖道。◎家世父曰：由中出者，師其成心者也；由外入者，學一先生言，暖暖姝姝而私自說者也。師其成心，則外有所不能受，聖人不能出而強之使受也；學一先生之言而私自說，則中莫得所主，聖人不能隱於其心而爲之主也。

❻【注】夫名者，天下之所共用。

【疏】名，鳴也。公，平也。器，用也。名有二種：一是命物，二是毀譽。今之所言，是毀譽名也。

【釋文】「名公器也」《釋名》云：名，鳴也。公，平也。器，用也。《尹文子》云：名有三科：一曰命物之名，方圓是也；二曰毀譽之名，善惡是也；三曰況謂之名，愛憎是也。今此是毀譽之名也。

❼【注】矯飾過實，多取者也，多取而天下亂也。

【疏】夫令譽善名，天下共用，必其多取，則矯飾過實而爭競斯起也。

❽【注】猶傳舍也。

【釋文】「蘧」音渠。司馬郭云：蘧廬，猶傳舍也。

❾【注】夫仁義者，人之性也。人性有變，古今不同也。故游寄而過去則冥，若滯而係於一方則見。見則僞生，僞生而責多矣。

【疏】蘧廬，逆旅傳舍也。覯，見也，亦久也。夫蘧廬客舍，不可久停；仁義禮智，用訖宜廢。客停久，疵釁生；聖迹留，過責起。

【釋文】「覯」古豆反，見也，遇也。

【校】①《闕誤》引張君房本名下有者字。②也字依趙諫議本删。③世德堂本性可作由假。

古之至人，假道於仁，託宿於義❶，以遊逍遙之虛①❷，食於苟簡之田，立於不貸之圃❸。逍遙，无為也❹；苟簡，易養也❺；不貸，无出也❻。古者謂是采真之遊❼。

❶【注】隨時而變，無常迹也。

❷【疏】古之真人，和光降迹，逗機而行博愛，應物而用人羣，何異乎假借塗路，寄託宿止，暫時遊寓，蓋非真實。而動不傷寂，應不離真，故恆逍遙乎自得之場，彷徨乎無爲之境。

【釋文】「之虛」音墟。本亦作墟。

❸【疏】苟，且也。簡，略也。貸，施與也。知止知足，食於苟簡之田；不損己物，立於不貸之圃。而言田圃者，明是聖人養生之地。

【釋文】「苟簡」王云：苟，且也。簡，略也。司馬本簡作閒，云：分別也。◎慶藩案簡，司馬本作閒。案閒與簡同也。《淮南・要略篇》故節財薄葬，閒服生焉，（閒服，簡服也。閒服，謂三月之服也。）《文選》〔潘安仁〕《夏侯常侍誄注》及《路史後紀》引《淮南》，並作簡服。「不貸」敕代反。司馬云：施與也。「之圃」音補。

❹【注】有爲則非仁義。

❺【注】且從其簡，故易養也。

【疏】只爲逍遙累盡，故能無爲恬淡。苟簡，苟且簡素，自足而已，故易養也。

【釋文】「易養」以豉反。注同。

❻【注】不貸者，不損己以爲物也。

【疏】不損我以益彼，故無所出。此三句覆釋前義也。

【釋文】「以為物」于偽反。

❼【注】遊而任之，斯②真采也。（真）采〔真〕③則色不僞矣。

【疏】古者聖人行苟簡等法，謂是神采真實而無假僞，逍遙任適而隨化遨遊也。

【校】①趙諫議本虛作墟。②世德堂本斯作則。③采真依世德堂本改。

以富為是者，不能讓祿；以顯為是者，不能讓名；親權者，不能與人柄❶。操之則慄，舍之則悲❷，而一無所鑒，以闚其所不休者，是天之戮民也❸。怨恩取與諫教生殺，八者，正之器也❹，唯循大變无所湮者為能用之。故曰，正者，正也。

其心以為不然者，天門弗開矣。❺」

❶【注】天下未有以所非自累者，而各沒命於所是。所是而以沒其命者，非立乎不貸之圃也。

【疏】夫是富非貧，貪於貨賄者，豈能讓人財祿！是顯非隱，滯於榮位者，何能與人名譽！親愛權勢，矜夸於物者，何能與人之柄！柄，權也。唯厭穢風塵，擅臊榮利者，故能棄之如遺。

❷【注】舍之悲者，操之不能不慄也。

【疏】操執權柄，恐失所以戰慄；舍去威力，哀去所以憂悲。

【釋文】「操之」七刀反。「舍之」音捨。注同。

❸【注】言其知進而不知止，則①性命喪矣，所以為戮。

【疏】是富好權之人，心靈愚暗，唯滯名利，一無鑒識，豈能窺見玄理而休心息智者乎！如是之人，雖復楚戮未加，而情性以困，故是自然刑戮之民。

【釋文】「喪」息浪反。

❹【疏】夫怨敵必殺，恩惠須償，分內自取，分外與佗，臣子諫上，君父教下，應青春以生長，順素秋以殺罰，此八者治正之器，不得不用之也。

❺【注】守故不變，則失正矣。

【疏】循，順也。湮，塞也。唯當順於人理，隨於變化，達於物情而無滯塞者，故能用八事治之。正變合於天理，故曰正者正也。其心之不能如是者，天機之門擁而弗開。天門，心也。

【釋文】「湮者」音因。李云：塞也，亦滯也。郭音煙，又烏節反。司馬本作歅，疑也。簡文作甄，云：隔也。「天門」一云：謂心也，一云：大道也。

【校】①趙諫議本無則字。

孔子見老聃而語仁義。老聃曰：「夫播糠眯目，則天地四方易位矣；蚊虻噆膚，則通昔不寐矣。❶夫仁義憯然乃憤吾心，亂莫大焉❷。吾子使天下无失其朴❸，吾子亦放風而動，總德而立矣❹，又奚傑①然若負建鼓而求亡子者邪❺？夫鵠不日浴而白，烏不日黔而黑❻。黑白之朴❼，不足以為辯❽；名譽之觀，不足以為廣❾。泉涸，魚相與處於陸，相呴以溼，相濡以沫，不若相忘於江湖❿！」

❶【注】外物加之雖小，而傷性已大也。

【疏】仲尼滯於聖迹，故發辭則語仁義，夫播糠眯目，目暗故不能辯東西；蚊虻噆膚，膚痛則徹宵不睡。是以外物雖微，爲害必巨。況夫仁非天理，義不率性，捨己効佗，喪其本性，其爲害也，豈眯目噆膚而已哉！噆，齧也。

【釋文】「播」甫佐反，又波我反。「糠」音康。字亦作康。「蚊」音文。字亦作螡。「虻」音盲，字亦作蝱。「噆」子盍反。郭子合反。司馬云：齧也。「通昔」昔，夜也。◎慶藩案昔，猶夕；通昔，猶通宵也。《呂氏春秋・任地篇》曰，孟夏之昔，殺三葉而穫大麥。（《淮南・天文篇》以至於仲春之夕，乃收其藏而閉其寒，正作夕。）《書・大傳》曰，月之朝，月之中，月之夕，鄭注曰：上旬為朝，中旬為中，下旬為夕，字亦作昔。

❷【注】尚之以加其性，故亂。

【疏】仁義憯毒，甚於蚊虻，憒憒吾心，令人煩悶，擾亂物性，莫大於此。本亦作憒字者，不審。

【釋文】「憯然」七感反。「乃憤」扶粉反。本又作憒，古內反。◎慶藩案憤，《釋文》本又作憒，當從之。賁貴形相近，故從賁從貴之字常相混。《潛夫論・浮侈篇》懷憂憤憤，《後漢書・王符傳》作（憤憤）〔憒憒〕②，即其證也。

❸【注】質全而仁義著。

❹【注】風自動而依之，德自立而秉③之，斯易持易行之道也。

【疏】放，縱任也。欲使蒼生喪其淳樸之性者，莫若絕仁棄義，則反冥我極也。仲尼亦宜放無為之風教，隨機務而應物，總虛妄之至德，立不測之神功。亦有作放④，方往反。放，依也。

【釋文】「亦放」方往反。「風而動」司馬云：放，依也。依無為之風而動也。「易持易行」並以豉反。

❺【注】言夫揭仁義以趨道德之鄉，其猶擊鼓而求逃者，無由得也。

【疏】建，擊。傑然，用力貌。夫揭仁義以趨道德之鄉，何異乎打大鼓以求逃亡之子！故鼓聲大而亡子遠，仁義彰而道德廢也。

【釋文】「傑然」郭居竭反，又居謁反，巨竭反。「夫揭」其列其謁二反。

❻【注】自然各已足。

【釋文】「鵠」本又作鶴，同。胡洛反。「日黔」巨淹反，徐其金反。司馬云：黑也。

❼【注】俱自然耳，無所偏尙。

【疏】浴，灑也。染緇曰黔。黔，黑也。辯者，別其勝負也。夫鵠白烏黑，稟之自然，豈須日日浴染，方得如是！以言物性，其義例然。黑白素樸，各足於分，所遇斯適，故不足於分，所以論勝負。亦言：辯，變也，黑白分定，不可變白爲黑也。

❽【注】夫至足者忘名譽，忘名譽乃廣耳。

【疏】修名立譽，招物觀視，〔如〕此〔挾〕〔狹〕劣，何足自多！唯忘遺名譽，方可稱大耳。

【釋文】「之觀」古亂反。司馬本作讙。

❾【注】言仁義之譽，皆生於不足。

【釋文】「泉涸」胡洛反。「相呴」況付反，又況于反。「相濡」如主反，又如瑜反。「以沫」音末。

❿【注】斯乃忘仁而仁者也。

【疏】此總結前文，斥仁義之弊。夫泉源枯竭，魚傳沫以相濡；樸散淳離，行仁義以濟物。及其江湖浩蕩，各足所以相忘；道德深玄，得性所以虛淡。既江湖比於道德，濡沫方於仁義，以此格量，故不同日而語矣。

【釋文】「相忘」並如字。

【校】①《闕誤》引張君房本重傑字，趙諫議本同。②憒憒依《後漢書》改。③趙諫議本秉作乘。④放疑當作倣。

孔子見老聃歸，三日不談❶。弟子問曰：「夫子見老聃，亦將何規哉❷？」

❶【疏】老子方外大聖，變化無常，不可測量，故無所談說也。

【釋文】「不談」本亦作不言。

❷【疏】不的姓名，直云弟子，當是升堂之類，共發此疑。既見老子，應有規誨，何所聞而三日不談說？

孔子曰：「吾乃今於是乎見龍！龍，合而成體，散而成章❶，乘雲氣而養乎陰陽❷。予口張而不能嗋①，予又何規老聃哉❸！」

❶【注】謂老聃能變化。

【疏】夫龍之德，變化不恆。以況至人隱顯無定，故本合而成妙體，妙體窈冥；迹散而起文章，文章煥爛。

❷【注】言其因御無方，自然已足。

【疏】言至人乘雲氣而無心，順陰陽而養物也。

❸【疏】嗋，合也。心懼不定，口開不合，復何容暇聞規訓之言乎！

【釋文】「嗋」許劫反，合也。

【校】①《闕誤》引江南《古藏》本嗋下有舌舉而不能訒六字。

子貢曰：「然則人①固有尸居而龍見，雷聲而淵默，發動如天地者乎②❶？賜亦可得而觀乎？」遂以孔子聲見老聃❷。

❶【疏】言至人其處也若死尸之安居，其出也似龍神之變見，其語也如雷霆之振響，其默也類玄理之無聲，是以奮發機動，同二儀之生物者也。既而或處或出，或語或默，豈有出處語默之異而異之哉！然則至人必有出處默語不言之能，故仲尼見之，口開而不能合。

【釋文】「龍見」賢遍反。

❷【疏】賜，子貢名也。子貢欲（至）觀至人龍德之相，遂以孔子聲教而往見之。

【釋文】「賜亦」本亦作賜也。

【校】①《闕誤》引江南《古藏》本人上有至字。②《闕誤》引張君房本乎作哉。

老聃方將倨堂而應，微曰：「予年運而往矣，子將何以戒我乎❶？」

❶【疏】倨，踞也。運，時也。老子自得從容，故踞堂敖誕，物感斯應，微發其言。「予年衰邁，何以教戒我乎？」

【釋文】「倨堂」居慮反，踑也。

子貢曰：「夫三王①五帝之治天下②不同，其係聲名一也。而先生獨以為非聖人，如何哉？❶」

❶【疏】澆淳漸異，步驟有殊，用力用兵，逆順斯異，故云不同，聲名令聞，相係一也。「先生乃排三王爲非聖，有何意旨，可得聞乎？」

【釋文】「夫三王」本或作三皇，依注，作王是也。餘皆作三皇。

【校】①《闕誤》王作皇。②《闕誤》引江南《古藏》本天下下有也字。

老聃曰：「小子少進！子何以謂不同❶？」

❶【疏】「汝少進前，說不同所由。」

對曰：「堯授舜，舜授禹①，禹用力而湯用兵，文王順紂而不敢逆，武王逆紂而不肯順，故曰不同❶。」

❶【疏】堯舜二人，既是五帝之數，自夏禹以降，便是三王。堯讓舜，舜讓禹，禹治水而用力，湯伐桀而用兵，文王拘羑里而順商辛，武王渡孟津而逆殷紂，不同之狀，可略言焉。

【校】①敦煌本此六字作堯與而舜受。

老聃曰：「小子少進！余語汝三皇①五帝之治天下❶。黃②帝之治天下，使民心一，民有其親死不哭而民不非也❷。堯之治天下，使民心親，民有為其親殺其殺③而民不非也❸。舜之治天下，使民心競，民孕婦十月生子，子生五月而能言❹，不至乎孩而始誰❺，則人始有夭矣❻。禹之治天下，使民心變，人有心而兵有順❼，殺盜非殺❽，人自為種而天下耳❾，是以天下大駭，儒墨皆起❿。其作始有倫，而今乎婦女⓫，何言哉⓬！余語汝，三皇五帝之治天下，名曰治之，而亂莫甚焉⓭。

三皇之知，上悖日月之明，下睽山川之精，中墮四時之施⓮。其知憯於蠆蠆之尾，鮮規之獸，莫得安其性命之情者，而猶自以為聖人，不可恥乎，其无恥也⓯？」

❶【疏】三皇者，伏羲神農黃帝也。五帝，少昊顓頊高辛唐虞也。治天下之（治）〔狀〕，列在下文。

【釋文】「余語」魚據反。下同。

❷【注】若非之，則強哭。

【疏】三皇行道，人心淳一，不獨親其親，不獨子其子，故親死不哭而世俗不非。必也非之，則強哭者眾。

【釋文】「則強」其丈反。

❸【注】殺，降也。言親疏者降殺。

【疏】五帝行德，不及三皇，使父子兄弟更相親愛，爲降殺之服以別親疏，既順人心，亦不非毀。

【釋文】「為其」于偽反。「殺其殺」並所戒反，降也。注同。◎家世父曰：殺其殺者，意主於相親，定省之儀，拜跪之節，凡出於儀文之末者，皆可以從殺也。郭象云親疏有降殺，誤。

❹【注】教之速也。

【疏】舜是五帝之末，其俗漸澆，樸散淳離，民心浮競，遂使懷孕之婦，十月生子，五月能言。古者懷孕之婦，十四月而誕育，生子兩歲，方始能言。澆淳既革，故與古（之）乖異也。

【釋文】「孕」以證反。

❺【注】誰者，別人之意也。未孩已擇人，言其競教速成也。

【疏】未解孩笑，已識是非，分別之心，自此而始矣。

【釋文】「孩」亥才反。《說文》云：笑也。「別人」彼列反。下同。

❻【注】不能同彼我，則心競於親疏，故不終其天年也。

【疏】分別既甚，不終天年，夭折之始，起自虞舜。

❼【注】此言兵有順，則天下已有不順故也。

【疏】去道既遠，澆僞日興，遂使蠢爾之民，好爲禍變。廢無爲之迹，興有爲之心，賞善罰惡，以此爲化。而禹懷慈愛，猶解泣辜，兵刃所加，必順天道也。

❽【注】盜自應死，殺之順也，故非殺。

【疏】盜賊有罪，理合其誅，順乎素秋，雖殺非殺。此則兵有順義也。

❾【注】不能大齊萬物而人人自別，斯人自爲種也。承百代之流而會乎當今之變，其弊至於斯者，非禹也，故曰天下耳。言聖知之迹非亂天下，而天下必有斯亂。

【疏】夫澆浪既興，分別日甚，人人自爲種見，不能大齊萬物。此則解人有心也。聖智之迹，使其如是，非禹之過也，故曰天下耳矣。

【釋文】「為種」章勇反。注同。◎家世父曰：人自為種類以成乎天下，於是乎有善惡之分，是非之辨。兵者，逆人之性而制其死生者也。既有善惡之分，是非之辨，而兵之用繁矣。於是據之以為順，而殺盜者謂之當然，因乎人心之變而兵以施焉，而人之心乃日變而不可窮矣。

⑩【注】此乃百代之弊。

【疏】此總論三皇五帝之迹，驚天下蒼生，致使儒崇堯舜以飾非，墨遵禹道而自是。既而百家競起，九流爭（騖）〔鶩〕，後代之弊，實此之由也。

【釋文】「大駭」胡楷反。

⑪【注】今之以女爲婦而上下悖逆者，非作始之無理，但至理之弊，遂至於此。

【疏】倫，理也。當莊子之世，六國競興，淫風大行，以女爲婦，乖禮悖德，莫甚於茲。故知聖迹始興，故有倫理，及其末也，例同斯弊也。◎家世父曰：《荀子・樂論》，亂世之徵，其服組，其容婦，楊倞注：婦，好貌。此（今）〔云〕而今乎婦女，言諸子之興，其言皆有倫要，而終相與爲諧好以悅人也。

⑫【注】弊生於理，故無所復言。

【疏】從理生教，遂至於此。世澆俗薄，何可稍言！論主發憤而傷歎也。

【釋文】「復言」扶又反。

⑬【注】必弊故也。

【疏】夫三皇之治，實自無爲。無爲之迹，迹生於弊，故百代之後，亂莫甚焉。弊亂之狀，列在下文。

⑭【疏】悖，逆也。睽，（乎）〔乖〕離也。墮，廢壞也。施，澤也。運無爲之智以立治方，後世

執迹，遂成其弊。致星辰悖彗，日月爲之不明；山川乖離，岳瀆爲之崩竭；廢壞四時，寒暑爲之愆敘。

【釋文】「之知」音智，下同。「上悖」補對反。「下睽」苦圭反，又音圭，乖也。「中墮」許規反。「之施」式豉反。

⑮【疏】憯，毒也。蠣蠆，尾端有毒也。鮮規，小貌。言三皇之智，損害蒼生，其爲毒也，甚於（蠆）〔蠣〕蠆，是故細小蟲獸，能遭擾動，況乎黔首，如何得安！以斯爲聖，於理未可。毒害既多，深可羞媿也。

【釋文】「憯於」七感反。「蠣」敕邁反，又音例。本亦作厲。郭音賴，又敕介反。「蠆」許謁反，或敕邁反。或云：依字，上當作蠆，下當作蠍。《通俗文》云：長尾為蠆，短尾為蠍。◎王引之曰：《釋文》云，蠣，敕邁反，又音例，本亦作厲。郭音賴，又敕介反。蠆，許謁反，或敕邁反。或云，依字，上當作蠆，下當作蠍。案陸讀蠣為蠆，讀蠆為蠍，皆非也。蠣，音賴，又音例。陸云本亦作厲，即其證也。蠆，音敕邁反，蠍，音許謁反。蠣，蠆，皆蠍之異名也。《廣雅》曰：蠆，蠤，蠍也。（今本《廣雅》脫蠤字。《一切經音義》卷五引《廣雅》，蠆，蠤，蠍也。《集韻》引《廣雅》，蠤，蠆也。今據補。）蠤，音盧達反。蠆，蠤，皆毒螫傷人之名。蠆之言蛆。（蛆音哲。《一切經音義》卷十引《字林》曰：蛆，螫也。僖二十二年《左傳正義》引《通俗文》曰：蠍毒傷人曰蛆。）蠤之言瘌也。（瘌，音盧達反。郭璞注《方言》曰：瘌，辛螫也。字或作剌。左思《魏都賦》曰，蔡莽螫剌，昆蟲毒噬（也）是〔也〕。）《廣雅·釋詁》云：毒，蛆，瘌，痛也，是其義矣。蠤與蠣，古同聲。《莊子》作蠣，《廣雅》

作蜇，其實一字也。（《史記・秦本紀》厲共公，《始皇紀》作剌龔公。剌之通作厲，猶蜇之通作蠆矣。）

「鮮規之獸」李云：鮮規，明貌。一云：小蟲也。一云：小獸也。

【校】①世德堂本皇作王。②《闕誤》引江南《古藏》本黃上有昔字。③唐寫本其殺作其服。

子貢蹵蹵然立不安❶。

❶【注】子貢本謂老子獨絕三王，故欲同三王於五帝耳。今又見老子通毀五帝，上及三皇，則失其所以爲談矣。

【疏】蹵蹵，驚悚貌也。子貢欲（救）〔效〕三王，同五帝；今見老子詞調高邈，排擯五帝，指斥三皇，心形驚悚，失其所謂，故蹵〔蹵〕然，形容雖立，心神不安。

【釋文】「蹵蹵」子六反。

孔子謂老聃曰：「丘治《詩》《書》《禮》《樂》《易》《春秋》《六經》，自以為久矣，孰知其故矣；以奸者七十二君，論先王之道而明周召之迹，一君无所鉤用。甚矣夫！人之難說也，道之難明邪？」

老子曰：「幸矣子之不遇治世之君也！夫《六經》，先王之陳迹也，豈其所以迹哉❶！今子之所言，猶迹也。夫迹，履之所出，而迹豈履哉！❷夫白鶂之相視，眸子不運而①風化；蟲，雄鳴於上風，雌應於下風而風化❸；類自為雌雄，故②風化❹。性不可易，命不可變，時不可止，道不可壅❺。苟得於道，无自而不可❻；失焉者，无自而可❼。」

❶【注】所以迹者，真性也。夫任物之真性者，其迹則《六經》也。

【釋文】「奸」音干。《三蒼》云：犯也。「鉤用」鉤，取也。「甚矣夫」音符，篇末同。「難說」始銳反。「治世」直吏反。

❷【注】況今之人事，則以自然爲履，《六經》爲迹。

❸【注】鶂以眸子相視，蟲以鳴聲相應，俱不待合而便生子，故曰風化。

【釋文】「白鶂」五歷反。《三蒼》云：鶬鶂也。司馬云：鳥子也。「之相視眸」茂侯反。「子不運而風化」司馬云：相待風氣而化生也。又云：相視而成陰陽。「蟲雄鳴於上風雌應於下風而化」一本作而風化③。司馬云：雄者，黿類；雌者，鼈類。

❹【注】夫同類之雌雄，各自有以相感。相感之異，不可勝極，苟得其類，其化不難，故乃有遙感而風化也。

【釋文】「類自為雌雄故風化」或說云：方之物類，猶如草木異種而同類也。《山海經》云：亶爰之山有獸焉，其狀如狸而有髮，其名曰師類；帶山有鳥，其狀如鳳，五采文，其名曰奇類，皆自牝牡也。「可勝」音升。

❺【注】故至人皆順而通之。

【釋文】「可壅」於勇反。

❻【注】雖化者無方而皆可也。

❼【注】所在皆不可也。

【校】①《闕誤》引張君房本而下有感字，下句而下同。②《闕誤》引張君房本故下有曰字。③今書而化作而風化。

孔子不出三月，復見曰：「丘得之矣。烏鵲孺，魚傅沫，細要者化❶，有弟而兄啼❷。久矣夫丘不與化為人！不與化為人，安能化人❸！」

❶【注】言物之自然，各有性也。

【疏】鵲居巢內，交尾而表陰陽；魚在水中，傅沫而爲牝牡；蜂取桑蟲，祝爲己子。是知物性不同，稟之大道，物之自然，各有性也。

【釋文】「復見」扶又反。下賢遍反，又如字。「烏鵲孺」如喻反。李云：孚乳而生也。「魚傅」音附，又音付。本亦作傳，直專反。「沫」音末。司馬云：傅沫者，以沫相育也。一云：傅口中沫，相與而生子也。「細要」一遙反。「者化」蜂之屬也。司馬云：取桑蟲祝使似己也。案即《詩》所謂螟蛉有子，果蠃負之是。◎慶藩案《列子・釋文》上引司馬云：稺蜂細要者，取桑蟲祝之，使似己之子也。視《釋文》所引為詳。

❷【注】言人之性舍長而（視）〔親〕①幼，故啼也。

【疏】有弟而兄失愛，舍長憐幼，故啼。是知陳迹不可執留，但當順之，物我無累，〔郭云，〕言人性舍長視幼故啼也。

【釋文】「舍」音捨。「長」張丈反。

❸【注】天與化爲人者，任其自化者也。若播《六經》以說則疏也。

【校】①親字依《道藏》本改。

老子曰：「可。丘得之矣！」